Tecnonatureza, Transumanismo e Pós-humanidade

O Direito na Hiperaceleração Biotecnológica

Agripino Alexandre
dos Santos Filho

TECNONATUREZA, TRANSUMANISMO E PÓS-HUMANIDADE

O Direito na Hiperaceleração Biotecnológica

2020

EDITORA
JusPODIVM
www.editorajuspodivm.com.br

EDITORA *Jus*PODIVM
www.editorajuspodivm.com.br

Rua Território Rio Branco, 87 – Pituba – CEP: 41830-530 – Salvador – Bahia
Tel: (71) 3045.9051
• Contato: https://www.editorajuspodivm.com.br/sac

Capa: Ana Caquetti

S237t Santos, Agripino.
Tecnonatureza, transumanismo e pós-humanidade: o direito na hiperaceleração biotecnológica/ Agripino Santos – Salvador: Editora JusPodivm, 2020.
320 p.

Bibliografia.
ISBN 978-85-442-3024-4.

1. Engenharia Genética e Meio Ambiente. 2. Patrimônio Genético. 3. Direito Ambiental. I. Santos, Agripino. II. Título.

CDD 341.3478

Emmanuely, insisto nas palavras do poeta,
"é sempre só você que me entende do início ao fim".

Dedico este livro aos meus filhos Heitor (in memoriam), Alice e Alana.

"O caminho da vida pode ser o da liberdade e da beleza, porém nos extraviamos. A cobiça envenenou a alma dos homens. Levantou no mundo as muralhas do ódio. E tem-nos feito marchar a passo de ganso para a miséria e os morticínios. Criamos a época da velocidade, mas nos sentimos enclausurados dentro dela. A máquina, que produz abundância, tem-nos deixado em penúria. Nossos conhecimentos fizeram-nos céticos; nossa inteligência, empedernidos e cruéis. Pensamos em demasia e sentimos bem pouco. **Mais do que de máquinas, precisamos de humanidade. Mais do que de inteligência, precisamos de afeição e doçura.** Sem essas virtudes, a vida será de violência e tudo será perdido" (Charles Chaplin, em *O Grande Ditador*).

SUMÁRIO

INTRODUÇÃO

A ciência dos Modernos cresceu e se multiplicou, ampliando seu poder sobre os céus e toda a face da Terra, alterando a dinâmica dos ecossistemas, transformando as paisagens, desencantando a Natureza para torná-la mais um artefato disposto para bem-estar da humanidade, instituindo o *antropoceno*, a era do humano.

Todavia, o avanço contínuo, linear, crescente e infinito das intervenções da ciência moderna na dinâmica dos ecossistemas produz seus próprios riscos e imprevisibilidades, imiscuindo-se cada vez mais nos processos ecossistêmicos, instituindo um momento de crise no campo ambiental, que já não consegue fornecer soluções que conciliem as contradições entre esse modelo de desenvolvimento estabelecido com a Modernidade e a representação moderna da Natureza.

Apesar de as consequências da crise ambiental na alta Modernidade terem se tornado uma evidência, afetando paradoxalmente o bem-estar humano que pretendia promover, este processo de crise não se desenvolve ao ponto da transição para outro modelo civilizacional. A crise ambiental adiada se agrava, abrindo uma senda de possibilidades, cenários diversos, nos quais a condição humana poderá estar presente ou não.

No estágio da alta Modernidade, a biotecnociência moderna se hipertrofiou ao ponto de se tornar o meio e o modo como os humanos compreendem e vivenciam o seu mundo. A dependência da tecnologia é de tal modo absoluta que já não é possível determinar quem de fato é o senhor e possuidor de quem. Tudo é visto pelo filtro da tecnologia. Engenharia genética, Inteligência Artificial, robótica, física quântica, nanotecnologia, tantas e novas áreas do conhecimento tornam o futuro antecipado no presente algo assustador e fascinante.

Os cenários possíveis dessas experimentações biotecnocientíficas são recebidos com exaltação por alguns, com preocupação por outros, mas com a compreensão por todos de que essas novas tecnologias causam um impacto inevitável sobre o campo ambiental das sociedades no estágio da alta Modernidade.

Em face de tudo isto, o presente estudo enfrenta dois problemas:

(i) O problema atual consiste em investigar se o campo jurídico das sociedades que se encontram no estágio da alta Modernidade pode ser um espaço para superação dos bloqueios sistêmicos que obstam o desenvolvimento da crise ambiental ao seu momento crítico, possibilitando uma transição paradigmática.

(ii) O problema futuro é indagar se o campo jurídico pode ser utilizado para atuar como limitador e orientador do ritmo da hiperaceleração biotecnológica, no horizonte da pós-humanidade.

A hipótese a ser testada é que o campo jurídico, por suas características peculiares, pode ser o espaço para superação dos bloqueios sistêmicos existentes no campo ambiental das sociedades que se encontram no estágio da alta Modernidade, com vistas à construção de outro paradigma capaz de orientar e limitar o ritmo da hiperaceleração biotecnológica, no horizonte da pós-humanidade.

Observe-se que a ideia do pós-humano põe em movimento vetores complexos acerca do que se deve entender por Dignidade Humana, quem e quantos a possuem formal e materialmente, como se distribuem os benefícios, prejuízos e riscos do desenvolvimento biotecnocientífico. Surgem cosmovisões diferentes, que são determinantes para as decisões acerca do futuro da condição humana ou mesmo seu esmaecimento na hiperaceleração biotecnológica.

Nesse ponto, revela destacar que a presente análise se centra no campo jurídico das sociedades que se encontram no estágio da alta Modernidade, uma vez que os conceitos de Dignidade Humana e Natureza também são trabalhados em outros campos, notadamente a filosofia e a teologia. A compreensão do que nos torna humanos é um problema em aberto, não havendo aqui a menor pretensão de esgotar todos os aspectos envolvidos na alteração e introdução de novas potencialidades no corpo humano ou mesmo na superação da necessidade do corpo orgânico como *hardware* da consciência.

Este estudo recupera os argumentos e conclusões postos em meu livro anterior "Crise Ambiental Moderna: um diagnóstico interdisciplinar", avançando no aperfeiçoamento dos conceitos de *Tecnonatureza* e de *Paradigma Ambiental*, bem como incorporando as conclusões da minha Tese de Doutorado em Desenvolvimento e Meio Ambiente (UFS/PRODEMA).

Desse modo, inicialmente, este estudo apresentará um conceito de *Paradigma Ambiental*, construído a partir do diálogo entre as ideias de Thomas Kuhn, Pierre Bourdieu e Jürgen Habermas, com vistas a utilizá-lo como ferramenta teórica para compreensão da estrutura e dinâmica do campo ambiental e de suas crises, apresentadas como crises essencialmente paradigmáticas. Na sequência, será empreendida uma análise da crise que afeta o campo ambiental das sociedades que se encontram no estágio da alta Modernidade, a fim de analisar suas características.

Também serão analisadas as consequências da hipertrofia, do esgotamento e da procrastinação do paradigma ambiental moderno, com a apresentação de cenários possíveis que ameaçam a Dignidade Humana, bem como a necessidade de construção de outro paradigma ambiental, fundado na ideia de *Tecnonatureza*, com vistas a tratar os problemas que estão além da capacidade do atual paradigma estruturante do campo ambiental das sociedades na alta Modernidade.

O estudo segue com a análise do campo jurídico das sociedades modernas, a partir das categorias "Estado Moderno" e "Direito Moderno", definindo seus contornos e dinâmica de funcionamento, para tratar acerca da necessidade de sua reconfiguração, a fim de lidar com os problemas que emergem no horizonte pós-humano, seguindo-se as conclusões.

Utiliza a estratégia de projetar uma análise de cenários futuros empregando narrativas literárias como ponto de ancoragem reflexiva. A propósito, a interseção entre o Direito e a Literatura contribui para reavivar a letra fria da lei pela emoção da narrativa literária. Nesse sentido, Streck considera a *imbricação do Direito com a Literatura um verdadeiro "tesouro jusfilosófico"* (STRECK, 2013). A interdisciplinaridade é a pedra angular deste estudo, que se vale como referenciais teóricos autores de áreas distintas do conhecimento.

Trata-se, sobretudo, de uma reflexão acerca do lugar e função do Direito na disciplina dos impactos das novas tecnologias sobre o campo ambiental das sociedades da alta Modernidade, com uma mirada no horizonte pós-humano que se descortina.

CAPÍTULO 1

O PARADIGMA AMBIENTAL

1.1. SOCIEDADE E NATUREZA

Sociedade

A ideia de uma sociabilidade humana inata remonta aos estudos de Aristóteles (384 a.C. – 322 a.C.), a partir da premissa posta em sua obra "A Política", de que o ser humano necessita dos demais para se completar. Após apresentar o desenvolvimento das comunidades, desde a necessária união entre o homem e a mulher para assegurar perpetuação da espécie, fazendo surgir as famílias e, a partir da união destas, os povoados e as cidades[1].

Para o filósofo estagirita, o ser humano é gregário e tende a viver em sociedade, organizando-se em cidades sob pena de se reduzir a uma condição desprezível, sendo a capacidade de comunicação através da linguagem falada uma evidência da sociabilidade inata. Assim, em Aristóteles, a cidade emerge como ponto de chegada de um processo natural de desenvolvimento do convívio humano, propiciando um ambiente capaz de possibilitar uma vida plena e feliz, razão pela qual a cidade é uma instituição natural e o ser humano naturalmente vive na cidade[2].

---

1. "Estas considerações deixam claro que a cidade é uma criação natural, e que o homem é por natureza um animal social, e um homem que por natureza, e não por mero acidente, não fizesse parte de cidade alguma, seria desprezível ou estaria acima da humanidade (como o "sem clã, sem leis e sem lar" de que Homero fala com escárnio, pois ao mesmo tempo ele é ávido de combates), e se poderia compará-lo a uma peça isolada do jogo de gamão" (ARISTÓTELES, 1253a, p. 15, 1985).
2. "Agora é evidente que o homem, muito mais que a abelha ou outro animal gregário, é um animal social. Como costumamos dizer, a natureza nada faz sem propósito, e o homem é o único entre os animais que tem o dom da fala. Na verdade, a simples

Desse modo, Aristóteles classificava o ser humano como um "animal social por natureza", que se organiza em cidades para desenvolver suas potencialidades pelo convívio com os demais. A cidade se constitui de seres racionais, livres e unidos por um laço de pertencimento a uma mesma comunidade, na qual se encontram e se complementam, cooperando uns com os outros, ou seja, o ser humano só se completa na vida em sociedade, sendo a cidade constituída naturalmente e caracteriza uma comunidade política plena, onde o ser humano desenvolve suas potencialidades e pode alcançar a felicidade.

A ciência política surge em torno dessa ideia de uma sociabilidade inata do ser humano, com vistas a tentar justificar o exercício do poder dos que governam. Nicolau Maquiavel (1469-1527) se dedicou a estudar o novo arranjo institucional que viria a se chamar Estado, em sua *opus magnum* intitulada *O príncipe* (1532), que se trata de um estudo pragmático acerca da obtenção e manutenção do poder[3].

Maquiavel inicia sua análise afirmando que os "dois tipos de estado, as duas formas de governo que sempre houve ou que há sobre os homens ou são repúblicas ou principados", detendo-se na análise destes que classifica como principados antigos (hereditários), principados novos (inteiramente novos), principados mistos (anexados a outro) e principados eclesiásticos. Cada um deles é detidamente estudado, com exemplos históricos, a fim de determinar as ações e omissões que conduzem à glória ou à ruína, à manutenção ou à perda do poder.

Adotando a premissa de que os seres humanos em geral são "ingratos, volúveis, fingidos, covardes ante o perigo e gananciosos", Maquiavel defende que o príncipe deve ter *virtù*, mas sob uma ótica laica, ou seja, uma virtude

---

voz pode indicar a dor e o prazer, e os outros animais a possuem (sua natureza foi desenvolvida somente até o ponto de ter sensações do que é doloroso ou agradável e externá-las entre si), mas a fala tem a finalidade de indicar o conveniente e o nocivo, e portanto também o justo e o injusto; a característica específica do homem em comparação com os outros animais é que somente ele tem o sentimento do bem e do mal, do justo e do injusto e de outras qualidades morais, e é a comunidade de seres com tal sentimento que constitui a família e a cidade" (ARISTÓTELES, 1253a, p. 15, 1985).

3. "(...) quero escrever coisas úteis, tratando da realidade efetiva, e não do imaginário. Muitos têm imaginado repúblicas e principados nunca vistos e de que nunca se teve notícia, mas o modo como se vive é muito diferente do modo como se imagina que se deveria viver. Quem negligencia a realidade, preocupando-se com o que imagina que deveria ser feito, antes procura a própria ruína do que preservar-se" (MAQUIAVEL, 2002, p. 199).

que em nada se refere aos preceitos morais cristãos que dominaram a Idade Média, mas que consiste na capacidade de entender as correlações de forças do momento (*fortuna*) e agir para obter e manter o poder, inclusive não se importando em "ser considerado cruel se isso for necessário para manter os seus súditos unidos e com fé" (MAQUIAVEL, 2002, pp. 207-208).

A *virtù* em Maquiavel se compreende pelo contraponto com a ideia de *fortuna*, de modo que o príncipe virtuoso é aquele capaz de se antecipar aos fatos e domá-los, mantendo o poder e garantindo a segurança do Estado. O príncipe virtuoso se antecipa aos fatos estrategicamente, preparando-se para as eventualidades que possam lhe retirar do poder, diminuindo tanto quanto possível a margem para o acaso da Fortuna, que deve ser domada com vigor e ousadia. Analisando os exemplos históricos de Moisés, Ciro, Rômulo e Teseu, que agiram apoiando-se em seu próprio valor mais que no favorecimento da sorte[4].

Há uma dinâmica permanente entre a *virtù* e a *fortuna*, uma vez que ambas são necessárias para obtenção da glória e da honra para o príncipe e seu estado. Sem as circunstâncias favoráveis da fortuna, mesmo o príncipe virtuoso se arruinará, pois "como a sorte muda e cada homem se mantém obstinadamente em seu modo de proceder, os homens são felizes quando suas condutas condizem com a sorte, mas são infelizes quando essa combinação não ocorre" (MAQUIAVEL, 2002, p. 267).

Em Maquiavel, há uma separação entre a *virtude política* e a *virtude cristã*, de modo que a moral do homem de estado deve se orientar pela obtenção de um resultado útil, substituindo a moral cristã por uma moral laica, na qual tudo é permitido desde que seja para alcançar o objetivo de manter o poder para a defesa da nação e de seus súditos. Um exemplo dessa separação está na assertiva de Maquiavel no sentido de que "(...) um príncipe prudente não pode, nem deve, cumprir sua palavra quando isso lhe for prejudicial e já tenha cessado o motivo que o levara a fazer a promessa" (MAQUIAVEL, 2002, p. 214), em contraposição à exortação bíblica de que "seja, porém, a tua palavra: sim, sim; não, não. O que passar disso provém do maligno." (Mateus 5:37).

Observe-se que não se trata de opor a ética do cristão à ética do príncipe, mas de argumentar que se tratam de ordem axiológicas distintas, orientada

4. "Examinando-lhes a vida e ações, conclui-se que eles receberam da sorte unicamente a oportunidade de poderem moldar as coisas como acharam melhor, porque, sem as oportunidades que tiveram as suas habilidades não teriam sido aproveitadas e, sem as habilidades deles, as oportunidades teriam sido desperdiçadas" (MAQUIAVEL, 2002, p. 142).

para fins diversos: a primeira almeja a salvação da alma, a segunda pretende a manutenção do poder para proteção do Estado e de seus súditos. Portanto, para Maquiavel, o príncipe virtuoso não deve pôr a sua moral individual acima das necessidades do Estado, logo, sempre que for necessário sacrificar seus valores morais para obter um resultado útil à nação, o príncipe deve fazê-lo, lançando assim o embrião da doutrina da "razão de estado"[5].

Desse modo, o agir do príncipe não se acha limitado por regras morais aplicáveis ao indivíduo, precisamente porque tem como meta a manutenção de todo o corpo social, fazendo tudo o que as circunstâncias determinarem para a manutenção do poder, inclusive o mal e até mesmo o bem, sendo muito mais seguro ser temido do que amado, mas acautelando-se para não ser odiado, porque "a melhor fortificação com que um príncipe deve contar é não ser odiado pelo povo" (MAQUIAVEL, 2002, p. 240).

Maquiavel analisou a dinâmica da política e permitiu inferir a necessidade de um poder ilimitado nas mãos do príncipe virtuoso para a defesa do estado, mas o conceito de soberania como poder político só viria a ser sistematizado por Jean Bodin (1530-1596), com a edição da obra *Os seis livros da República* (1576), na qual a doutrina do direito divino dos reis foi consolidada.

Com efeito, embora o termo *souverainité* já existisse, Bodin o reinterpretou e preencheu o seu significado, adequando-o ao momento histórico turbulento em que vivia, marcado por disputas teológicas sangrentas, que instabilizavam o Estado e geravam desordem. A França de Bodin era uma

5. "Assim como a ética do cristão, para Maquiavel, não se confunde com a ética do político, o bem-estar do Estado tem exigências diferentes das exigências do individual. Quando a necessidade impõe, o príncipe pode recorrer ao que se convencionou chamar *razão de Estado.* Isto é, aquela razão pela qual o governante, em virtude da exigência de segurança do Estado, pode ser levado a infringir tanto a moral corrente quanto as normas legais em nome da manutenção da ordem interna e da segurança externa, já que o príncipe deve ser o detentor exclusivo do uso da força. Também neste ponto não há conflito moral para Maquiavel. Os fins do Estado são supremos. Não requerem terror perpétuo, mas podem impor o uso da força e da astucia. Esta concepção de Razão de Estado está fundamentada na convicção de que é impossível garantir a ordem pública e evitar a anarquia no corpo político sem uma autoridade estatal forte capaz de impor aos súditos seus comandos de forma irresistível. Por isso a conduta violenta dos "fundadores de estado", reivindicada por Maquiavel, se justifica objetivamente: a criação de uma autoridade estatal forte é condição indispensável para que o Estado possa exercer sua função ordenadora e civilizadora. Essa condição indispensável ao Estado, a força, seria substituída na sociedade moderna pelo direito" (KRITSH, 2001, pp. 186-187).

terra arrasada pela guerra entre os católicos e os protestantes huguenotes, que culminou na Noite de São Bartolomeu (1572), que manchou de sangue a história francesa. O problema enfrentado por Bodin era saber qual a melhor forma de assegurar a ordem e a paz, sendo sua terapêutica expressa na concentração de poder nas mãos de um rei forte o bastante para conter o caos político e social.

Nesse sentido, Bodin dedicou todo o Capítulo VIII do Livro primeiro para tratar da Soberania, logo definida como um poder *perpétuo* e *absoluto*. A perpetuidade se caracteriza pelo fato da Soberania não encontrar limite de tempo, o que a distingue de outras formas de poder como aquele dos magistrados, dos tenentes e de todos os que tenham mandato por tempo certo. O caráter absoluto se revela no fato do soberano não encontrar limites na lei, precisamente porque dele emana a lei e a ela não se vincula, estando submetido apenas às leis naturais, pois estas emanam de Deus. Para Bodin, o poder político do rei é uma investidura divina, por isso trata-se de um poder supremo e inquestionável (BODIN, 2011).

Para Bodin, a soberania não era simplesmente o poder de exercer a força no âmbito do território, mas o poder de exercer a força com legitimidade, mediante a edição de atos normativos, sem influência de nenhuma outra fonte de autoridade externa, civil ou eclesiástica[6]. Ainda que Bodin nunca tenha utilizado a expressão Estado, preferindo República ou *Civitas*, é inegável que o conceito de soberania nasceu irmanado com o surgimento do

---

6. "A resposta de Bodin aos revolucionários huguenotes é direta e inflexível: nenhum ato público de resistência de um súdito contra um soberano legítimo pode ser justificável. Esse argumento é exposto principalmente no decorrer da discussão sobre os diferentes tipos de governo, no início do livro II. Depois de distinguir (p. 200) três formas de monarquia - a "real", a "senhorial" e a "tirânica" -, Bodin indaga, no capítulo 5, "se é lícito usar de violência contra um tirano" (p. 218). Observa, em alusão direta aos textos revolucionários dos huguenotes, que em tempos recentes foram "impressos publicamente" diversos livros afirmando que "os súditos podem pegar em armas contra seu príncipe" em todos os casos de alegada tirania, e que podem legitimamente "tirá-lo do caminho" em nome do bem público (p. 224). Para esses, suas censuras são as mais ásperas, e argumenta que jamais pode ser lícito "que um súdito em particular, ou todos em geral, atentem coisa alguma por vias de fato ou pela justiça, contra a honra, a vida ou a dignidade do soberano, ainda que ele tenha cometido toda a perversidade, impiedade e crueldade que se possa descrever" (p. 222). Acrescenta que "se algum homem chegar a conceber a ideia de ultrajar" seu príncipe soberano, ele "merece a morte", muito embora possa "não ter perpetrado coisa alguma" (p. 222). E conclui citando, com aprovação, a tese de Cícero segundo a qual nenhuma causa pode ser "justa ou suficiente para que peguemos em armas contra nosso país" (p. 225)" (SKINNER, p. 557).

"Estado-Nação", servindo como um instrumento para superar um ambiente histórico politicamente instável e manter uma sociedade coesa internamente e livre de interferências externas, tendo como núcleo conceitual o monopólio do poder legislativo do Estado e o monopólio do uso da força ou da coerção física dentro de um território determinado. Em Bodin, a soberania se confundia com o poder de editar leis, a partir da lei divina, da lei natural e dos costumes, de modo que os súditos deveriam temer ao soberano e este deveria temer a Deus[7].

A doutrina do direito divino dos reis teve o bispo Jacques-Bénigne Bossuet (1627-1704) como outro expoente, notadamente sua obra *Política extraída das próprias palavras da Santa Escritura,* escrita para orientar a educação de Luís, o grande Delfim da França, o filho do rei Luís XIV, publicada postumamente em 1709. A tese central de Bossuet é que o próprio Deus estabelece o poder político para conduzir as sociedades, de acordo com a razão e os costumes, iluminando os súditos como o sol ilumina o dia[8].

---

7. "Esta é uma forma de soberania fundamentada juridicamente para dar sustentação ao poder do soberano; baseia-se, portanto, no poder legislativo do soberano, a partir das leis divina, natural e consuetudinária. Estas são recebidas do poder emanado por Deus e postas em prática pelos magistrados, que representam os agentes do rei, simbolicamente, as mãos do corpo estatal. Embora discretamente, Bodin é um herdeiro constitucionalista, posto que constrói sua hierarquia judiciária a partir dos costumes e das leis naturais e divinas. Bodin entende o bom rei como aquele que é temeroso a Deus e seus súditos como obedientes ao soberano, mostrando-se envolvido em uma religiosidade cristã transconfessional. Segundo esta premissa, os atributos do soberano estão fundamentados no poder de legislar, sendo que todo o restante é decorrente deste pressuposto. Desta forma, a aplicação da Lei, no sentido mais amplo, indica a necessidade de definir os direitos de soberania que, relacionados por Bodin, são: decidir sobre a guerra e a paz que definem a queda ou segurança do Estado; nomear e exonerar funcionários do alto escalão; o direito de decisão sobre a última instância; conceder perdão aos condenados; da lealdade de súditos e vassalos; decretar o valor da moeda e do câmbio; regular pesos e medidas e tributar impostos e alfândegas" (LENZ, 2004, pp. 128-129).
8. "No livro terceiro da Politique, também redigido de 1677 a 1679, Bossuet retoma a doutrina paulina, aceita por quase todos os cristãos de seu tempo, e afirma que todos os governantes são estabelecidos por Deus. Ancorado no capítulo XIII da Epístola aos romanos, do apóstolo Paulo, Bossuet salienta que "todo poder vem de Deus" (BOSSUET, 1967, p. 64). Recorda Bossuet que, ainda que Deus governasse o povo de Israel de uma maneira particular, não foram apenas os israelitas que tiveram seus reis estabelecidos por Deus, mas todos os povos:

   É afim de que não se acredite que isso seja particular aos israelitas de terem reis estabelecidos por Deus, eis o que diz o Eclesiástico 'Deus dá a cada povo seu governo, e Israel lhe é manifestamente reservado'. Ele governa então todos os povos, e lhes

Desse modo, em Bossuet, o poder político é uma providência de Deus, que escolhe o governante ao seu alvedrio para servir aos seus propósitos divinos, razão pela qual a ascensão e queda dos reis é uma decisão que cabe apenas ao Criador, que é, portanto, a fonte primária da Soberania. Em suma, o rei recebe seu poder político diretamente de Deus, não do povo ou do clero, razão pela qual não se submete a nada nem a ninguém, apenas ao Criador.

A ideia aristotélica de sociabilidade inata esteve presente na construção da tradição da ciência política ocidental, até que os chamados "contratualistas" propuseram uma nova explicação para a origem e o funcionamento das sociedades. Abbagnano aclara que o contratualismo "reconhece como origem ou fundamento do Estado (ou, em geral, da comunidade civil) uma convenção ou estipulação (contrato) entre seus membros" (ABBAGNANO, 2012, p. 239).

Saliente-se que não há uma uniformidade no pensamento contratualista, mas o denominador comum entre os adeptos desta doutrina "(...) é a negativa do impulso associativo natural, com a afirmação de que só a vontade humana justifica a existência da sociedade, o que vem a ter alcance fundamental nas considerações sobre a organização social, sobre o poder social e sobre o próprio relacionamento dos indivíduos com a sociedade" (DALLARI, 2013, p. 13).

De fato, não há consenso entre os contratualistas, especialmente em relação ao conteúdo dos conceitos de "estado de natureza" e de "contrato social", no entanto, há um núcleo comum consistente na defesa da ideia de que a sociabilidade não é um atributo inato do ser humano, mas sim adquirido, em trilha diametralmente à teoria aristotélica do *zoon politikon*. Para os contratualistas, a vida em sociedade não é uma necessidade natural, mas uma decisão racional dos seres humanos.

A propósito, Thomas Hobbes (1588-1679) inaugura sua obra *De Cive* (1642) afirmando que a doutrina aristotélica do *zoon politikon* se fundamenta em uma consideração superficial da natureza humana, uma vez que os seres humanos se associam por acidente e não por natureza[9].

---

dá a todos seus reis, ainda que ele governe Israel de uma maneira mais particular e mais declarada. (BOSSUET, 1967, p. 65)

Bossuet não admite nenhuma delegação do poder do rei feita pelo povo, como defendiam Tomás de Aquino e os teólogos tomistas, menos ainda que o poder originava-se no povo, conforme apregoavam Grócio e os monarcômacos. Da mesma forma que os juristas galicanos, Bossuet entende que o rei recebe o seu poder diretamente de Deus, o povo não pode transmitir o poder, já que ele não o possui" (LE BRUN in BOSSUET, 1967, p. XXVIII). (OLIVEIRA, 2013, 288).

9. "Pois aqueles que perscrutarem com maior precisão as causas pelas quais os homens se reúnem, e se deleitam na companhia uns dos outros, facilmente hão de notar

O projeto teórico de Hobbes foi retomar o conceito de Soberania para enfrentar o problema da justificação do poder do rei, especialmente mediante suas obras *De Cive* (1642) e *Leviatã* (1651), legitimando o poder do rei absoluto com base em uma teoria contratualista, diversa da teoria do direito divino dos reis.

Assim como Maquiavel, Hobbes partiu da premissa de que os seres humanos são naturalmente inclinados a ofender uns aos outros, defendendo que antes da institucionalização do estado civil os homens viviam no "estado de natureza", onde todos eram iguais, livres para agir de acordo com seus próprios interesses e todos com direito a tudo, razão pela qual havia um clima constante de guerra e insegurança, pois cada homem tentava fazer prevalecer seus interesses sobre os demais. Hobbes afirmava que a reunião de homens livres, iguais, egoístas e maus por natureza só poderia resultar em anarquia, medo, caos e desordem, ou seja, em guerra[10].

Em Hobbes, este "estado de natureza" é definido de forma sintética como sendo a "guerra de todos contra todos" (*bellum omnium contra omnes*), um estágio evolutivo sem regras que orientassem a conduta dos indivíduos, guiados tão somente pela lei do mais forte, criando um ambiente de constante instabilidade, no qual "o homem é o lobo do próprio homem" (*homo homini lupus*), por isso a convivência se tornava insuportável e a existência de uma sociedade organizada inexequível. Trata-se de um estágio inicial em que cada ser humano tem como limite à própria liberdade apenas a fraqueza do outro, onde todos têm direito a tudo e, por isso mesmo, ninguém tem direitos assegurados a coisa alguma[11].

---

que isto não acontece porque naturalmente não poderia suceder de outro modo, mas por acidente. Isso porque, se um homem devesse amar outro por natureza – isto é, enquanto homem – não poderíamos encontrar razão para que todo homem não ame igualmente todo homem, por ser tão homem quanto qualquer outro, ou para que frequente mais aqueles cuja companhia lhe confere honra ou proveito. Portanto, não procuramos a companhia naturalmente e só por si mesma, mas para dela recebermos alguma honra ou proveito; estes nós desejamos primariamente, aquela só secundariamente" (HOBBES, 2012, p. 26).

10. "Considerando-se que os homens têm, por natureza, tendência a ofender uns aos outros, e que, além disso, o direito de todo homem a todas as coisas permite que, quando um invade com direito, o outro resiste com direito, os homens vivem em uma perpétua desconfiança, estudando como surpreender uns aos outros; o estado dos homens nessa liberdade natural é o estado de guerra. De fato, a *guerra* nada mais é que o tempo em que a vontade e a intenção de contender por meio da força são suficientemente demonstradas pelas palavras ou pelas ações; e o tempo que não é de guerra, é a *paz*" (HOBBES, 2010, p. 70).

11. "Tendo assim deitado estes alicerces, demonstro em primeiro lugar que a condição dos homens fora da sociedade civil (condição esta que podemos adequadamente

Nesse estágio inicial das relações humanas, a "natureza natural" do ser humano (ou primeira natureza) é caracterizada por dois aspectos: (i) egoísmo inato que busca a satisfação de todos seus desejos até o limite da fraqueza do outro; (ii) medo da morte, especialmente da morte violenta pelas mãos do outro. Desse modo, não é possível estabelecer uma união que garanta a paz e possibilite a estabilidade social no estado de natureza, onde as alianças são temporárias e frágeis, uma vez que todos os seres humanos querem tudo e temem a morte violenta provocada pelo outro, igualmente livre e também com direito e desejo de ter tudo[12].

Para Hobbes, a razão natural que os seres humanos possuem os força a querer a sair desse "estado de natureza" e buscarem a paz, com vistas a se protegerem da morte violenta nas mãos do outro. Esta saída ocorre pela instituição da sociedade civil ou cidade, mediante a celebração de um hipotético contrato social, pelo qual todos os seres humanos transferem sua vontade a um só homem ou a um conselho, abdicando totalmente de sua liberdade em favor do monarca absoluto, cujas decisões não precisam repousar em fundamentos éticos, mas no resultado prático de sua ação (a conservação da paz e da vida), mantendo apenas o direito de cada um defender a própria vida[13].

Dessa forma, para evitar a morte violenta nas mãos do outro, a solução para a sobrevivência de todos é a celebração de um "contrato social", pelo qual os seres humanos abdicam totalmente de sua liberdade em favor do monarca absoluto, que deveria utilizar seu poder ilimitado e indivisível para manter a ordem e assegurar a paz. Por isso, utilizando sua razão natural,

---

chamar que estado de natureza) nada mais é que uma simples guerra de todos contra todos, na qual todos os homens têm igual direito a todas as coisas; e, a seguir, que todos os homens, tão cedo chegam a compreender essa odiosa condição, desejam (até porque a natureza a tanto os compele) libertar-se de tal miséria" (HOBBES, 2002, p. 16).

12. "A natureza deu a cada um direito a tudo; isso quer dizer que, num estado puramente natural, ou seja, antes que os homens se comprometessem por meio de convenções ou obrigações, era lícito cada um fazer o que quisesse, e contra quem julgasse cabível, e portanto possuir, usar e desfrutar tudo o que quisesse ou pudesse obter. (...) de tudo isso então decorre que, no estado de natureza, para todos é legal ter tudo e tudo cometer. E é este o significado daquele dito comum, 'a natureza deu tudo a todos', do qual portanto entendemos que, no estado de natureza, a medida do direito está na vantagem que for obtida" (HOBBES, 2002, p. 33).

13. "Uma cidade, portanto, assim como a definimos, é uma pessoa cuja vontade, pelo pacto de muitos homens, há de ser recebida como sendo a vontade de todos eles; de modo que ela possa utilizar todo o poder e as faculdades de cada pessoa particular, para preservação da paz e da defesa comum" (HOBBES, 2002, p. 97).

os seres humanos aceitam transferir quase integralmente a sua liberdade à cidade, para evitar a morte violenta, mediante a celebração de um contrato social, submetendo-se a um só homem ou a um conselho para conservação da paz e da vida[14].

A filosofia política hobbesiana se assentava em bases racionais, na esteira da ciência moderna que nascia com Galileu, compreendendo a política orientada pela técnica, segundo uma concepção mecânica da Natureza, de modo que seria possível ordenar a convivência humana como Galileu ordenou o universo.

Assim, Hobbes transformou o conceito de soberania em um instrumento a serviço da potência absoluta do monarca, livre de qualquer limite jurídico, um mero dado da realidade política do Estado absoluto. Com Hobbes, a soberania é compreendida como o próprio poder supremo, ilimitado e personificado na figura do monarca absoluto. Um poder exercido sem subordinação jurídica alguma, pertencente como objeto a uma pessoa determinada, que se encontrava acima e além de qualquer lei humana, razão pela qual o exercício do poder do monarca absoluto reclamava apenas eficácia, em verdade não dependia do consenso, apenas da força, pois estava legitimado pela celebração do contrato social. Thomas Hobbes retira o fundamento do poder político da providência divina e o transfere ao contrato social, de modo que a legitimidade do poder absoluto deriva da transferência de direitos dos indivíduos para o rei, operada de uma vez e integralmente, a fim de assegurar a paz, ressalvando apenas o direito a autopreservação, que não poderia ser cedido.

A terapêutica hobbesiana perde força a partir das revoluções inglesa (1688), americana (1776) e francesa (1789), que demarcam o desmoronamento do Estado Absoluto sob o peso de suas contradições, principiando

14. "O importante em sua obra, porém, foi trazer o método dito galilaico – que consistia em *resolver* o objeto dado em seus elementos constituintes, para depois *compô-lo* novamente em sua complexidade – para a consideração da política. Pretendeu com isso tornar a política uma ciência (dirá, mais tarde, que a 'ciência política' não é mais antiga que seu livro *Do Cidadão*) e, sobretudo fazê-la irrefutável. (...) O próprio Hobbes não acredita muito nessa possibilidade, porque, como repetirá várias vezes em suas obras, vê uma grande diferença entre as verdades da ciência física, que não contradizem nossos apetites, e as da política ou de nossa psicologia, que se chocam diretamente com nossas paixões; por isso, é quase vão pregar aos homens; mas, ainda assim, ele geometriza a política, melhor dizendo, procura submetê-la a uma demonstração dedutiva, na qual o elemento simples a que chega é o contrato" (HOBBES, 2002, p. XXIII).

a construção de outro modelo de Estado, cujo primado era a garantia da igualdade formal de todos perante a lei, prestigiando os interesses da burguesia, classe social excluída durante o arranjo político que sustentava o Estado Absoluto.

Os burgueses defenderam a liberdade individual e o direito à propriedade como Direitos Humanos oponíveis ao Estado, cuja atuação deveria se restringir ao mínimo necessário para garanti-los (*laisser-faire*). O Estado de Direito emerge na esteira do triunfo da classe burguesa contra o Estado Absoluto[15].

O surgimento do Estado de Direito impõe a reformulação do contratualismo, tarefa empreendida inicialmente por John Locke (1632-1704). Já no ano seguinte à Gloriosa Revolução Inglesa de 1688, que depôs o rei Jaime II e entronizou o rei Guilherme de Orange, Locke publicou seus *Dois Tratados sobre o Governo Civil* (1689), apresentando a fundamentação do novo regime político, cuja legitimidade se assentava no consentimento do povo.

Assim como Hobbes, Locke também defendia a existência de um prévio "estado de natureza", superado pela celebração de um "contrato social", mas se distancia de Hobbes ao afirmar que esse "estado de natureza" não era conflituoso, mas harmônico e pacífico, onde cada homem era senhor de sua propriedade, sendo regido pelo direito natural[16]. Para a correta compreensão do conceito de "estado de natureza" em Locke, é importante esclarecer que

---

15. *Estado de Direito* é o Estado em que, para garantia dos direitos dos cidadãos, se estabelece juridicamente a divisão do poder e em que o respeito pela legalidade (seja a mera legalidade formal, se – mais tarde – a conformidade com valores materiais) se eleva a critério de ação dos governantes.

    O Estado constitucional, representativo ou de Direito surge como Estado *liberal*, assente na ideia de liberdade e, em nome dela, empenhado em limitar o poder político tanto internamente (pela divisão) como externamente (pela redução ao mínimo das suas funções perante a sociedade (MIRANDA, 2003, pp. 48-49).

16. "O 'estado de Natureza' é regido por um direito natural que se impõe a todos, e com respeito à razão, que é este direito, toda a humanidade aprende que, sendo todos iguais e independentes, ninguém deve lesar o outro em sua vida, sua saúde, sua liberdade ou seus bens; todos os homens são obra de um único Criador todo-poderoso e infinitamente sábio, todos servindo a um único senhor soberano, enviados ao mundo por sua ordem e a seu serviço; são portanto sua propriedade, daquele que os fez e que os destinou a durar segundo sua vontade e de mais ninguém. Dotados de faculdades similares, dividindo tudo em uma única comunidade da natureza, não se pode conceber que exista entre nós uma "hierarquia" que nos autorizaria a nos destruir uns aos outros, como se tivéssemos sido feitos para servir de instrumento às necessidades uns dos outros, da mesma maneira que as ordens

o seu conceito de *propriedade* era bastante amplo, compreendendo a vida, a liberdade e os bens, razão pela qual todos eram considerados "proprietários", ainda que não possuíssem bens materiais.

Em Locke, a existência do indivíduo nesse "estado de natureza" precede a existência da sociedade e do Estado, sendo oportuno destacar que Locke considerava o "estado de natureza" um estágio real do desenvolvimento histórico da humanidade, e não apenas um recurso teórico para compreender o surgimento da sociedade civil. Nesse estágio pré-social, todos os seres humanos livres e iguais, dotados de razão, já possuíam o direito natural de propriedade[17].

Em Locke, o direito de propriedade assume a feição de um direito natural do indivíduo, antecedente à celebração do "contrato social", compreendendo a vida, a liberdade e os bens necessários para garanti-las, obtidos mediante o trabalho. A superação do "estado de natureza" pela celebração do "contrato social" ocorreu precisamente para assegurar a permanência do direito natural de propriedade, mediante a renúncia ao seu poder natural por parte de todos, que o transferem à comunidade. Ao contrário de Hobbes, que via o direito de propriedade como consequência da celebração do "contrato social", ou seja, posterior ao surgimento da sociedade política, Locke entende que o "contrato social" foi celebrado precisamente para garantir o direito preexistente à propriedade privada[18].

---

inferiores da criação são destinadas a servir de instrumento às nossas" (LOCKE, 2001, pp. 83-84).

17. "O homem nasceu, como já foi provado, com um direito à liberdade perfeita e em pleno gozo de todos os direitos e privilégios da lei da natureza, assim como qualquer outro homem ou grupo de homens na terra; a natureza lhe proporciona, então, não somente o poder de preservar aquilo que lhe pertence – ou seja, sua vida, sua liberdade, seus bens – contra as depredações e as tentativas de outros homens, mas de julgar e punir as infrações daquela lei em outros, quando ele está convencido que a ofensa merece, e até com a morte, em crimes em que ele considera que a atrocidade a justifica" (LOCKE, 2001, p. 132).

18. "Se todos os homens são, como se tem dito, livres, iguais e independentes por natureza, ninguém pode ser retirado deste estado e se sujeitar ao poder político de outro sem o seu próprio consentimento. A única maneira pela qual alguém se despoja de sua liberdade natural e se coloca dentro das limitações da sociedade civil é através de acordo com outros homens para se associarem e se unirem em uma comunidade para uma vida confortável, segura e pacífica uns com os outros, desfrutando com segurança de suas propriedades e melhor protegidos contra aqueles que não são daquela comunidade. Esses homens podem agir desta forma porque isso não prejudica a liberdade dos outros, que permanecem como antes, na liberdade do estado de natureza. Quando qualquer número de homens decide

Em Locke, o Estado não institui o direito de propriedade, que lhe é pré-existente, razão pela qual o Estado deve assegurar a livre iniciativa e a propriedade privada, na forma e nos limites da lei, mas não deve intervir na dinâmica das relações entre os proprietários. Locke entende que os indivíduos possuem o direito de resistência em face das intervenções abusivas do governo no direito individual de propriedade privada.

Locke firma as bases da teoria do estado de direito liberal, cuja função é garantir o direito natural de propriedade privada, mediante o Direito e o monopólio do uso da violência, mas sem interferir na liberdade econômica dos indivíduos, que se regem em suas relações de mercado como iguais e livres, ditando para si mesmos suas próprias regras. Assim, entre o Estado e os indivíduos, emerge um espaço livre da interferência estatal, a sociedade civil, em relação a qual o Estado deve apenas assegurar as regras de funcionamento e arbitrar seus conflitos, mas sem inferir na sua regulação, bastando assegurar a liberdade dos proprietários para reger suas relações econômicas.

Para evitar o renascimento do monarca absoluto hobbesiano, Locke retira do governante o atributo de editar leis, transferindo-o ao Parlamento, composto pelos representantes do povo, considerado por Locke o poder supremo, superior aos demais poderes do Estado, cristalizando o Estado de Direito na fórmula *The rule of law.*

Por fim, Locke afirmava que, na hipótese de o monarca se insurgir contra a lei e atentar contra os direitos dos súditos, estes teriam assegurado o "direito de resistência", isto é, o direito de depor o tirano. Nem mesmo o "poder supremo" (Poder Legislativo) pode dispor livremente dos bens dos indivíduos sem o seu consentimento, razão pela qual as "leis justas e boas" devem ser produzidas por uma "assembleia de composição variável", que exerça o poder transitoriamente[19].

---

constituir uma comunidade ou um governo, isto os associa e eles formam um corpo político em que a maioria tem o direito de agir e decidir pelo restante" (LOCKE, 2001, p. 139).

19. "O poder supremo não pode tirar de nenhum homem qualquer parte de sua propriedade sem seu próprio consentimento. Como a preservação da propriedade é o objetivo do governo, e a razão por que o homem entrou em sociedade, ela necessariamente supõe e requer que as pessoas devem ter propriedade, senão isto faria supor que a perderam ao entrar em sociedade, aquilo que era seu objetivo que as fez se unirem em sociedade, ou seja, um absurdo grosseiro demais que ninguém ousaria sustentar. Visto que os homens que vivem em sociedade são proprietários, têm o direito de possuir todos os bens que lhe pertencem em virtude da lei da comunidade social, dos quais ninguém tem o direito de privá-los ou de qualquer

Locke elaborou essencialmente um tratado contra o absolutismo, no qual se defendeu que os seres humanos possuem o direito natural à propriedade privada, cuja existência não se submetia ao arbítrio do governante, que deveria respeitá-lo. O exercício do poder político estava subordinado ao Poder Legislativo, que se manifestava na edição de leis justas e boas. Em última análise, Locke firmava o princípio da legalidade, segundo o qual a lei é a fonte primária do poder político, a fim de limitar o seu exercício. Trata-se de um modelo de Estado que tem por objetivo garantir a não interferência na liberdade econômica dos indivíduos, a partir de uma igualdade formal de todos perante a lei.

Influenciado pelos escritos de John Locke, Charles-Louis de Secondat, o Barão de la Brède e de Montesquieu (1689-1755), publicou *O Espírito das Leis* (1748), uma das obras políticas mais importantes da história, que serve até hoje de base para os sistemas constitucionais democráticos. Montesquieu se preocupou em definir uma forma de exercício do poder que garantisse a estabilidade social e política, sem cair na armadilha do absolutismo de Hobbes. No Capítulo XI do livro *O Espírito das Leis,* Montesquieu explica sua compreensão do conceito de liberdade política como o "o direito de fazer tudo o que as leis permitem; e se um cidadão pudesse fazer o que elas também proíbem ele já não teria liberdade, porque os outros também teriam este poder" (MONTESQUIEU, 2005, p. 166).

Destarte, a ideia de liberdade política em Montesquieu está atrelada à existência de limites jurídicos ao exercício do poder, pois a liberdade ilimitada conduz inevitavelmente ao despotismo e ao arbítrio do forte. Para evitar esse resultado, Montesquieu afirma que "é preciso que, pela disposição das coisas, o poder limite o poder" (MONTESQUIEU, 2005, p. 166). Nesse sentido, o sistema político deve ser estruturado de modo a limitar o poder pela separação das funções Executiva, Legislativa e Judiciária, a fim de evitar o arbítrio e o abuso (sistema de freios e contrapesos)[20].

---

parte deles, sem seu próprio consentimento; sem isso, eles não são proprietários de nada. Eu realmente não tenho nenhum direito de propriedade sobre aquilo que outra pessoa pode por direito tomar de mim quando lhe aprouver, sem o meu consentimento. Por isso é um erro acreditar que o poder supremo ou legislativo de qualquer comunidade social possa fazer o que ele desejar, e dispor arbitrariamente dos bens dos súditos ou tomar qualquer parte delas como bem entender" (LOCKE, 2001, pp 166-167).

20. "Quando, na mesma pessoa ou no mesmo corpo da magistratura, o poder legislativo está reunido ao poder executivo, não existe liberdade; porque se pode temer que o mesmo monarca ou o mesmo senado crie leis tirânicas para executá-las tiranicamente.

Montesquieu afirmou a necessidade de pôr limites ao exercício do poder dos governantes argumentando que "trata-se de uma experiência eterna que todo homem que possui poder é levado a dele abusar; ele vai até onde encontra limites. Quem diria! Até a virtude precisa de limites." (MONTESQUIEU, 2005, p. 166).

A ideia da tripartição de poderes em Montesquieu introduz o princípio da moderação nos governos republicanos, deixando de sustentá-los na virtude dos homens para apoiá-los nas instituições, cada qual com parcela do poder, iguais e independentes, controlando-se reciprocamente, permitindo o exercício estável da soberania através do equilíbrio interno das forças políticas. Com Montesquieu, a ideia de Estado de Direito se consolida como aquele no qual todos estão submetidos ao império da lei, inclusive os governantes, com vistas a evitar que o governo degenere em corrupção.

A separação das funções de legislar, administrar e julgar entre órgãos distintos e independentes, que se controlam reciprocamente, é o modo pelo qual o exercício do poder político poderia melhor combater a sua degradação. A predisposição do ser humano para abusar do poder seria contida pelo sistema de freios e contrapesos da separação das funções essenciais de legislar, administrar e julgar, fundado no controle reciproco do poder.

Jean-Jacques Rousseau (1712-1778) foi outro importante contratualista, que tratou da passagem do "estado de natureza" para o "estado civil" em sua obra *Do contrato social* (1762), também enfrentando o problema da legitimidade do exercício do poder político.

Rousseau se afasta de Hobbes, descrevendo o "estado de natureza" como um momento em que o ser humano vivia de forma livre, saudável e feliz, isolado dos demais e em harmonia com a natureza orientando-se por suas necessidades básicas, reduzido às suas paixões e orientado pela satisfação das sensações animais, extraindo sua sobrevivência da Natureza,

---

Tampouco existe liberdade se o poder de julgar não for separado do poder de legislativo e do executivo. Se estivesse unido ao poder legislativo, o poder sobre a vida e a liberdade dos cidadãos seria arbitrário, pois o juiz seria o legislador. Se estivesse unido ao poder executivo, o juiz poderia ter a força de um opressor.

Tudo estaria perdido se o mesmo homem, ou o mesmo corpo dos principais, ou dos nobres ou do povo, exercesse os três poderes: o de fazer as leis, o de executar as resoluções públicas e o de julgar os crimes ou as querelas entre particulares" (MONTESQUIEU, 2005, p. 168).

então farta, pródiga e abundante[21]. No "estado de natureza", o ser humano selvagem não é bom nem mau, ele simplesmente existe em uma dimensão biológica, vivendo "disperso pelos bosques entre os animais" e "sem domicílio fixo nem a menor necessidade um do outro", encontrando-se talvez "apenas uma ou duas vezes na vida, sem se conhecer e sem se falar" (ROUSSEAU, 2005, p. 178).

Observe-se que, para Rousseau, a saída do "estado de natureza" está umbilicalmente atada à invenção da propriedade privada, marco das desigualdades entre os seres humanos e razão das misérias e horrores que acometem o gênero humano[22]. O advento da propriedade privada forçou a coexistência na sociedade civil, no âmbito da qual esta propriedade privada está garantida. Rousseau se afasta de Locke, pois não entende a propriedade privada como um direito natural preexistente à sociedade e sim como o marco da origem da desigualdade entre seres humanos, que termina por corrompê-los.

Rosimeire Guimarães já vislumbra na crítica de Rousseau a separação entre o natural e o artificial, entre a Natureza e a Cultura, que está no cerne da Modernidade:

> A crítica social de Rousseau vai além, enfocando a dicotomia entre o "natural" e o "artificial": a subsistência do homem na floresta, enquanto durou a sua condição pré-social, ou o estado de natureza, manteve-o afastado das relações sociais; mas quando o proprietário tomou as terras dos primitivos, cercou-as e debruçou-se no seu cultivo, a vida natural terminou e a igualdade se extinguiu. A mutação do humano do que é para o que *parece ser* se efetiva agora na ambição, na riva-

21. "(...) e o homem selvagem, privado de qualquer tipo de luzes, só experimentará as paixões desta última espécie; seus desejos não ultrapassarão suas necessidades físicas. Os únicos bens que conhece no universo são a alimentação, uma fêmea e o descanso; os únicos males que teme são a dor e a fome; digo a dor, e não a morte, pois nunca um animal saberá o que é morrer, e o conhecimento da morte e de seus terrores é uma das primeiras aquisições que o homem faz ao distanciar-se da condição animal" (ROUSSEAU, 2005, p. 13).

22. "O primeiro que, tendo cercado um terreno, atreveu-se a dizer: isto é meu e encontrou pessoas simples o suficiente para acreditar nele, foi o verdadeiro fundador da sociedade civil. Quantos crimes, guerras, assassínios, quanta miséria e horrores não teria poupado ao gênero humano aquele que, arrancando as estacas ou enchendo o fosso, houvesse gritado aos seus semelhantes: evitai ouvir esse impostor. Estareis perdidos se esquecerdes que os frutos são de todos e que a terra não é de ninguém!" (ROUSSEAU, 2005, p. 203).

lidade de interesses, na artificialidade das relações e na dominação (GUIMARÃES, 2010, p. 41).

Contudo, a vida em sociedade se revela o ambiente ideal para o desenvolvimento do ser humano[23]. Rousseau defende que o ser humano não está condicionado totalmente pela Natureza, distinguindo-se precisamente porque é o único animal dotado de *perfectibilidade*, que é a capacidade de se aperfeiçoar, com a ajuda das circunstâncias, transcendendo aos instintos biológicos. À primeira natureza biológica, soma-se uma segunda natureza construída racionalmente, que aperfeiçoa as potencialidades do ser humano, tornando-o autor do seu próprio destino[24].

A vida em sociedade é uma circunstância fundamental para o desenvolvimento do ser humano[25], que não apenas existe, mas essencialmente

---

23. "A passagem do estado de natureza ao estado civil produz no homem uma mudança considerável, substituindo em sua conduta o instinto pela justiça, e conferindo às suas ações a moralidade que antes lhes faltava. Só então, assumindo a voz do dever o lugar do impulso físico, e o direito o do apetite, o homem, que até então não levara em conta senão a si mesmo, se viu obrigado a agir com base em outros princípios e a consultar sua razão antes de ouvir seus pendores. Conquanto nesse estado se prive de muitas vantagens concedidas pela natureza, ganha outras de igual importância: suas faculdades se exercem e se desenvolvem, suas ideias se alargam, seus sentimentos se enobrecem, toda sua alma se eleva a tal ponto que, se os abusos dessa nova condição não o degradassem à miúde a uma condição inferior àquela de que saiu, deveria bendizer sem cessar o ditoso instante que dela o arrancou para sempre, transformando-o de um animal estúpido e limitado num ser inteligente, num homem" (ROUSSEAU, 1999, pp. 25-26).

24. "Vejo em todo o animal somente uma máquina engenhosa, a quem a natureza deu sentidos para funcionar sozinha e para garantir-se, até certo ponto, contra tudo quanto tende a destruí-la ou a desarranjá-la. Percebo precisamente as mesmas coisas na máquina humana, com a diferença de que a natureza faz tudo sozinha nas operações do animal, ao passo que o homem concorre para as suas qualidades de agente livre (...).

    A natureza manda em todos os animais, e o bicho obedece. O homem sente a mesma impressão, mas se reconhece livre para aquiescer ou para resistir" (ROUSSEAU, 2005, pp. 172-173).

25. "Mas, ainda que as dificuldades que envolvem todas essas questões deixassem algum ponto incontroverso sobre essa diferença entre o homem e o animal, há outra qualidade muito específica que os distingue, e sobre a qual não pode haver contestação: a faculdade de aperfeiçoar-se; faculdade essa que, com a ajuda das circunstâncias, desenvolve todas as outras, e reside, entre nós, tanto na espécie quanto no indivíduo; ao passo que um animal é, ao cabo de alguns meses, o que será por toda a sua vida, e sua espécie, ao cabo de mil anos, o que era no primeiro ano desses mil anos" (ROUSSEAU, 2005, pp. 173-174).

coexiste e sem o exercício do convívio não se aperfeiçoa, na medida em que o ser humano isolado não se apropria de uma linguagem, permanecendo em sua condição meramente animal[26].

A passagem para a sociedade civil é instrumentalizada através do "contrato social", pelo qual os seres humanos mantêm sua liberdade abdicando dela. Este aparente paradoxo é solucionado por Rousseau com a ideia de "vontade geral", que se forma com participação de todos os indivíduos da sociedade e se materializa na lei. Deste modo, ao se submeter apenas ao império da lei, Rousseau conclui que o indivíduo permanece livre, pois ninguém pode ser escravo de si mesmo, na medida em que a vontade do indivíduo integra a vontade geral instituidora da lei que o constrange. A participação na formação da "vontade geral" é a explicação de Rousseau para a aparente incongruência em abdicar totalmente de sua liberdade e permanecer igualmente livre, submetido apenas à lei, em cuja criação participou[27].

Nesse diapasão, a soberania é o exercício da "vontade geral" contida na lei, que subordina o poder estatal ao Direito através do consenso entre os cidadãos livres e politicamente iguais, surgindo a ideia de *soberania popular* inalienável e indivisível, pertencente ao povo, que a exerce diretamente e sem representantes. A República é instituída pelo contrato social, sendo conceituada por Rousseau como "todo Estado regido por leis, qualquer que seja a sua forma de administração, porque só então o interesse público go-

---

26. "(...) Que progressos poderia fazer o gênero humano disperso nos bosques entre os animais? E até que ponto poderiam aperfeiçoar-se e esclarecer-se mutuamente homens que, não tendo domicílio fixo nem a menor necessidade um do outro, talvez se encontrassem apenas duas vezes na vida, sem se conhecer e sem se falar?

    Se pensarmos quantas ideias devemos ao uso da palavra, como a gramática exercita e facilita as operações do espírito; e se pesarmos nos esforços inconcebíveis e no tempo infinito que deve ter custado a primeira invenção das línguas; se juntarmos essas reflexões às anteriores, avaliaremos quantos milhares de séculos foram necessários para desenvolver no espírito humano as operações de que era capaz" (ROUSSEAU, 2005, pp. 178-179).

27. "'Encontrar uma forma de associação que defenda e proteja com toda a força comum a pessoa e os bens de cada associado, e pela qual cada um, unindo-se a todos, obedeça apenas, contudo, a si mesmo, e permaneça tão livre quanto antes'. Este é o problema fundamental cuja solução é fornecida pelo contrato social (...) Se, pois, retirarmos do pacto social o que não é de sua essência, veremos que ele se reduz aos seguintes termos: *Cada um de nós põe em comum sua pessoa e todo o seu poder sob a suprema direção da vontade geral; e recebemos, coletivamente, cada membro como parte indivisível do todo*" (ROUSSEAU, 1999, pp. 20-22).

verna e a coisa pública significa algo. Todo governo legítimo é republicano" (ROUSSEAU, 1999, pp. 48).

Enfim, a vontade do povo passa a ser a fonte da soberania, que deixa de ter um caráter teocrático, razão pela qual Rousseau é considerado o precursor da doutrina democrática da soberania. Com Rousseau, a soberania é titularizada pelo povo, que expressa a vontade geral na forma da lei. A própria ideia de soberania, em Rousseau, confunde-se com a expressão da vontade geral pertencente ao povo, que não pode ser dividida nem alienada.

Neste ponto, importa destacar que, apesar das diferenças marcantes entre a doutrina naturalista de Aristóteles e a doutrina dos contratualistas, é possível divisar um traço comum: a sociedade é o ambiente mais propício para o desenvolvimento das potencialidades do ser humano.

Com efeito, os seres humanos se aperfeiçoam no convívio social, instituindo um mundo humano mediante o uso da linguagem, aprendendo a conhecer os fenômenos naturais, a fim desenvolver técnicas para extrair da natureza externa os bens ambientais necessários à sobrevivência, transmitindo esse conhecimento acerca da Natureza às gerações futuras.

O ser humano também é um, mas diverso dos demais animais, que nascem perfeitos, isto é, com todas as informações biológicas para ser aquilo que serão por toda sua existência, o ser humano possui liberdade para transcender aos seus instintos e moldar o mundo de acordo com suas necessidades.

O ser humano nasce e morre só, mas nesse intervalo tem que aprender a conviver, comunicando-se com os demais, falando, ouvindo, aprendendo, ensinando, coexistindo. Por natureza ou por necessidade, os seres humanos estão sempre se relacionando, comunicando-se entre si, formando relações interpessoais, ora relações de coordenação (interesses convergentes), ora relações de concorrência (interesses divergentes), mas sempre interagindo para desenvolver todas as suas potencialidades.

Todavia, é possível vislumbrar uma propensão egoísta no ser humano, agravada pela finitude dos recursos em relação às necessidades humanas sempre crescentes, que faz surgir inevitavelmente conflitos entre os interesses da coletividade e os interesse dos indivíduos ou destes entre si, cujo impulso inicial é serem resolvidos mediante a imposição da vontade do indivíduo mais forte, criando um ambiente de instabilidade social semelhante ao "estado de natureza" hobbesiano, onde a vida social se torna impossível.

Desse modo, as sociedades se organizam e instituem processos de adaptação social para moldar o caráter humano ao convívio, prevenindo e resolvendo os conflitos de interesse que possam resultar na desagregação social.

Posta a ideia de sociabilidade e da inevitabilidade dos conflitos de interesse que instabilizam as relações sociais, impõem-se uma discussão acerca do conteúdo do conceito de Natureza.

Natureza

O ser humano já nasce em um mundo humano, imerso em uma cultura, cujas instituições, valores e conceitos determinam o horizonte compartilhado de pré-compreensão da Natureza. Esse mundo cultural em que nascemos é constituído pelo conjunto de informações construídas, aprendidas e transmitidas socialmente entre os membros de determinada comunidade, mediante a linguagem.

Esse conjunto de significados instituídos mediante a linguagem, já existe antes do nosso nascimento e condiciona nossa compreensão da realidade, razão pela qual os seres humanos devem aprender essa linguagem e utilizá-la para conhecer a natureza, pois não "só o mundo é mundo apenas quando vem à linguagem, como a própria linguagem só tem sua verdadeira existência no fato de que nela se representa o mundo" (GADAMER, 2008, p. 572).

Nos limites de cada cultura, os seres humanos se organizam em sociedades com diferentes estruturas, buscando uma compreensão sempre crescente dos fenômenos da Natureza, atribuindo-lhe valor e significado, de acordo com o estágio de desenvolvimento cultural e de aprendizado de cada sociedade. Ao longo da história, cada sociedade constrói seu modo de vivenciar a Natureza, cuja compreensão varia no tempo e no espaço. Ao contrário dos demais animais, que se relacionam com a Natureza apenas na forma de processos biofisicoquímicos, o ser humano compreende a Natureza mediante a linguagem.

As sociedades não são culturalmente uniformes entre si e sequer internamente, coexistindo diversas cosmovisões da Natureza, representando as crenças e os valores compartilhados entre os diversos grupos sociais nela existentes, orientando as decisões coletivas sobre o modo de intervir na Natureza. As decisões dos membros do grupo acerca do modo de intervenção na Natureza, que implicam na sobrevivência do grupo social, não decorrem de escolhas individuais isoladas, mas são essencialmente determinadas pelas instituições da sociedade, que se organizam em regras preestabelecidas de acordo com os valores compartilhados pelos membros do grupo social (DOUGLAS, 1998).

O conteúdo do conceito de Natureza é determinado culturalmente[28], na medida em que as representações da Natureza são indissociáveis das

28. "Toda sociedade, toda cultura cria, inventa, institui uma determinada idéia do que seja a natureza. Nesse sentido, o conceito de natureza não é natural, sendo na

relações sociais praticadas pelos seres humanos durante o processo de construção da nossa história, e segue a trilha do desenvolvimento cultural das sociedades. No curso da história, o conteúdo do conceito de Natureza[29] apresenta variações que acompanham o desenvolvimento cultural e determinam o modo como os recursos naturais são utilizados, apropriados e distribuídos.

O conceito de Natureza é um constructo cultural, que varia no tempo e no espaço, estabelecendo os critérios para determinar quais bens ambientais devem ser preservados, quais podem ser utilizados, como podem ser apropriados e como devem ser distribuídos, bem como a forma de repartição dos riscos, prejuízos e benefícios decorrentes das intervenções antrópicas nos processos naturais.

Observe que é possível pensar sobre uma "primeira natureza" ou "natureza natural" (*natura naturata*), que antecede ao surgimento dos seres humanos e poderá continuar a existir após uma eventual extinção da espécie humana. Contudo, essa *natura naturata* é inacessível ao ser humano, na medida em que a compreensão que se tem dela é mediada desde sempre pelo conceito de Natureza. Não podemos dizer o que é a Natureza em si, mas apenas o que ela significa para determinada sociedade, em certo tempo e local.

A construção do conceito de Natureza ocorre dentro do campo ambiental da sociedade, que é orientado e tem seus limites gizados pelo paradigma ambiental dominante.

Desse modo, é importante apresentar um conceito de "paradigma ambiental" e de "campo ambiental", a serem utilizado como ferramenta de

---

verdade criado e instituído pelos homens. Constitui um dos pilares através dos qual os homens erguem as suas relações sociais, sua produção material e espiritual, enfim, a sua cultura" (GONÇALVES, p. 23, 2005).

29. "O signo natureza vem sendo empregado, combatido e defendido desde a Grécia Antiga, passando pelo medievalismo e modernismo, para a contemporaneamente assumir o palco das atenções, principalmente no confronto das especulações sociobiológicas com setores da sociologia.

O início das especulações naturalistas se perde no tempo. As citações se reportam aos pré-socráticos (sec. VII-V a.C). Tal reflexão vai se delineando de um contexto onde não havia leis promulgadas. Tudo estava na dependência das imposições do soberano, as quais eram consideradas de natureza divina, portanto inquestionáveis. O costume (Δίκη) inalterável guiava o destino dos homens. A reflexão sobre o mundo e o homem, no entanto, vai tomando forma e as hipóteses precursoras do conhecimento filosófico e científico da civilização ocidental se formulam na chamada *filosofia da natureza*" (HEEMANN, 2001. p. 71).

análise do campo ambiental das sociedades concretas, com vistas a uma melhor compreensão da estrutura e da dinâmica das crises ambientais.

1.2. PARADIGMA AMBIENTAL

O conceito de paradigma ambiental aqui proposto foi construído mediante a aproximação dos conceitos de *paradigma* em Thomas Khun e de *campo* em Pierre Bourdieu.

Inicialmente será apresentada a ideia de paradigma na obra "A Estrutura das Revoluções Científicas", tratando dos conceitos de "paradigma", "ciência normal", "ciência extraordinária" e "crise paradigmática".

Na sequência, a ideia de "campo" de Pierre Bourdieu será apresentada a partir da obra "O Poder Simbólico", trabalhando os conceitos "poder simbólico", "agente", "campo", "capital", "*habitus*". Por fim, será proposto um diálogo entre Kuhn e Bourdieu para construção dos conceitos de "paradigma ambiental" e de "campo ambiental".

O conceito de paradigma se encontra no centro da *teoria das revoluções científicas* de Thomas Kuhn, cujo cerne consiste na afirmação de que o empreendimento científico se desenvolve de forma descontínua e não-cumulativa, através de rupturas (ciclo das crises e revoluções científicas), não mediante um processo meramente gradativo de acumulação de conhecimento.

O conceito de paradigma foi construído originalmente por Kuhn em referência à ideia de "comunidade científica", ou seja, algo compartilhado entre os membros de um grupo muito específico, com características, formação acadêmica e objetivos comuns[30].

Kuhn esclarece a gênese do termo paradigma:

> Ele apareceu em *A estrutura das revoluções científicas* por que eu, historiador e autor do livro, quando examinei as condições e pertencimento às comunidades científicas, não pude recuperar um número suficiente de leis compartilhadas para explicar o caráter não proble-

---

30. "(...) uma comunidade científica consiste dos profissionais de uma especialidade científica. Unidos por elementos comuns em sua educação e aprendizado, consideram-se e são considerados responsáveis pela busca de um conjunto de objetivos compartilhados, entre eles a formação de seus sucessores. Tais comunidades são caracterizadas pela relativa integridade da comunicação no interior do grupo e pela relativa unanimidade dos juízos coletivos em questões profissionais" (KUHN, 2011, p. 314).

mático a conduta de pesquisa. Concluí em seguida que os exemplos compartilhados de práticas bem-sucedidas poderiam fornecer o que o grupo não possuía com as regras. Esses exemplos eram seus paradigmas e, como tais, eram essenciais à continuidade de sua pesquisa" (KUHN, 2011, p. 337).

O conceito de paradigma foi construído por Kuhn como exemplos compartilhados de práticas bem-sucedidas entre os membros de uma comunidade científica, cuja apresentação ocorreu na sua *opus magnum* "A Estrutura das Revoluções Científicas" (KUHN, 2011, p. 314). A ideia que norteia o pensamento kuhniano é que a prática da ciência, no interior da comunidade científica, exige a presença de um horizonte compartilhado e não problematizado, capaz de permitir a comunicação na busca pelo consenso profissional. Esse horizonte compartilhado é composto por elementos (generalizações simbólicas, modelos e exemplares), que em seu conjunto formam a "matriz disciplinar" que chamamos de *paradigma*. O paradigma de uma comunidade científica orienta sua atividade de produzir e validar conhecimento.

Com efeito, o paradigma se compõe das crenças, dos valores e das generalizações simbólicas que constituem a matriz disciplinar, unificadora da cosmovisão compartilhada entre os membros da comunidade científica, bem como as teorias, os métodos para avaliar as teorias e os exemplos compartilhados de problemas já solucionados (chamados por Kuhn de *quebra-cabeças*), que servem de guia para outras aplicações da teoria.

O paradigma vigente condiciona o modo pelo qual o cientista compreende a Natureza, determinando o objeto de estudo, o método e as possíveis soluções para os problemas pesquisados em sua área de estudo, sendo em si mesmo inquestionável, e o seu sucesso consiste na sua capacidade de resolver os problemas existentes e na promessa de que poderá resolver problemas futuros[31], que por sua vez são definidos nos limites do próprio paradigma. O período em que os cientistas utilizam com sucesso o paradigma para resolver os *quebra-cabeças* é chamado de *ciência normal*, onde de fato se vislumbra uma acumulação gradativa de conhecimento.

---

31. "A ciência normal consiste na atualização dessa promessa, atualização que se obtém ampliando-se o conhecimento daqueles fatos que o paradigma apresenta como particularmente relevantes, aumentando-se a correlação entre esses fatos e as predições do paradigma e articulando-se ainda mais o próprio paradigma" (KUHN, 1995, p. 44).

O período de ciência normal é "uma tentativa vigorosa e devotada de forçar a natureza a esquemas conceituais fornecidos pela educação profissional" (KUHN, 1995, p. 24). A prática da ciência normal ocorre nos limites do paradigma que a orienta[32].

Um aspecto merece realce, o paradigma fornece não apenas as soluções, mas também determina quais problemas merecem atenção, razão pela qual os cientistas se aperfeiçoam na utilização do paradigma, a fim de aumentar a sua capacidade de identificar e resolver problemas, nos limites das teorias decorrentes do paradigma.

Todavia, quanto mais os cientistas se aperfeiçoam na utilização do paradigma, tanto mais aumentam as possibilidades de se depararem com *anomalias*, isto é, problemas que não encontram solução nos limites do paradigma vigente[33].

Ou seja, quanto mais os cientistas se aperfeiçoam no domínio do paradigma, mais aumentam as possibilidades de que se depararem com anomalias resistentes a uma solução nos limites do paradigma, de modo que "a novidade normalmente emerge apenas para aquele que, sabendo com precisão o que deveria esperar, é capaz de reconhecer que algo saiu errado. A anomalia aparece somente contra o pano de fundo proporcionado pelo paradigma" (KUHN, 1995, p. 92).

O cientista profissional é treinado para resolver problemas a partir dos *exemplares*, isto é, dos problemas e soluções anteriormente encontrados pela comunidade científica, que são aplicados por analogia aos novos problemas que são identificados, de modo que assim "que um problema é visto como análogo a um problema já resolvido, segue-se tanto um formalismo apro-

32. "A ciência normal não tem como objetivo trazer à tona novas espécies de fenômenos; na verdade, aqueles que não se ajustam aos limites do paradigma frequentemente nem são vistos. Os cientistas também não estão constantemente procurando inventar novas teorias; frequentemente mostram-se intolerantes com aquelas inventadas por outros. Em vez disso, a pesquisa científica normal está dirigida para a articulação daqueles fenômenos e teorias já fornecidos pelo paradigma" (KUHN, 1995, p. 45).

33. "Em condições normais, o cientista pesquisador não é um inovador, mas um "resolvedor" de enigmas, e os enigmas em que se concentra são apenas aqueles que acha que pode enunciar e solucionar no âmbito da tradição científica existente.

(...)

(...) Nas ciências maduras, o prelúdio a muitas descobertas e a toda teoria original não é a ignorância, mas o reconhecimento de que alguma coisa deu errado no conhecimento e nas crenças existentes" (KUHN, 2011, pp. 250-251).

priado como um novo modo de vincular suas consequências simbólicas à natureza" (KUHN, 2011, p. 324).

A primeira reação da comunidade científica ante uma *anomalia* é a defesa do paradigma, identificando-a como um erro de aplicação e intensificando as pesquisas e estudos, razão por que Kuhn identifica uma permanente *tensão essencial* entre o pensamento convergente na defesa do paradigma e o pensamento divergente em criticar o paradigma ante a necessidade de resolver uma anomalia persistente[34].

Caso a anomalia persista, mesmo após as tentativas de solução nos limites do paradigma, isto é, quando "uma anomalia parece ser algo mais que um novo quebra-cabeças da ciência normal, é sinal de que se iniciou a transição para a crise e para a ciência extraordinária" (KUHN, 1995, p. 114).

A resistência contínua da anomalia afeta gradativamente a legitimidade do paradigma, instaurando um período que Kuhn nomeia de *ciência extraordinária*, durante o qual a capacidade do paradigma em identificar e resolver problemas é questionada, instaurando uma luta pela interpretação da Natureza, na medida em que pessoas que operam com paradigmas distintos vivenciam e veem o mundo de formas distintas, devendo decidir qual concepção de mundo deverá prevalecer e orientar a prática científica.

O período chamado de *ciência extraordinária* inicia um momento de crise paradigmática, que resulta da dissociação entre a cosmovisão decorrente do paradigma vigente e o modo como a Natureza se comporta. Kuhn defende que o "falseamento" deve ser reservado a estes momentos críticos, em que a capacidade do paradigma esteja em questão, a fim de que se possa viver os referenciais, antes de mudá-los[35].

---

34. "(...) um 'pensamento convergente' é tão essencial ao avanço científico quanto o divergente. Uma vez que esses modos de pensamento se encontram inevitavelmente em conflito, segue daí que a capacidade para suportar uma tensão, que ocasionalmente pode beirar o insustentável, é uma das principais condições para o que há de melhor em termos de pesquisa científica" (KUHN, 2011, p. 242).

35. "É preciso viver com os referenciais, e explorá-los, antes de poder rompê-los. Mas isso não implica que os cientistas não devam ter como objetivo um perpétuo rompimento de referenciais, não importa quão inatingível seja essa meta. 'Revoluções permanentes' poderia ser o nome de um importante imperativo ideológico. Se Sir Karl e eu temos alguma discordância a respeito da ciência normal, ela reside nesse ponto. Ele e seu grupo sustentam que o cientista deveria tentar, sempre, ser um crítico e um proliferador de teorias alternativas, Insisto na desejabilidade de uma estratégia alternativa que reserve tal comportamento para ocasiões especiais" (KUHN, 2006, p. 170).

Portanto, uma *crise paradigmática* é deflagrada por uma anomalia (evento externo), que instabiliza a credibilidade do paradigma vigente, fazendo com que a comunidade científica questione a capacidade do paradigma em identificar e resolver os problemas, passando a analisar outros candidatos a paradigma, a fim de decidir qual deles melhor orienta a prática científica. A *crise paradigmática* se origina do fracasso persistente na resolução de um problema relevante, que abala a crença no paradigma vigente e abre a perspectiva da busca de um novo paradigma, do qual decorra uma nova interpretação da Natureza capaz de solucionar a *anomalia*, mas também capaz de preservar boa parte da capacidade de resolução de problemas do paradigma esgotado. A *crise paradigmática* instaura uma luta pela interpretação da Natureza, na medida em que pessoas que operam com paradigmas distintos vivenciam e veem o mundo de formas distintas, devendo decidir qual concepção de mundo deverá prevalecer e orientar a prática científica. Nesse sentido, uma *crise paradigmática* é, sobretudo, um momento de tomada de decisão sobre a forma de conciliar a cosmovisão com as experiências vivenciadas nesse mesmo mundo, na medida em que a sua caracterização demanda "que a natureza solape a segurança profissional, fazendo com que as explicações anteriores pareçam problemáticas" (KUHN, 1995, pp. 211-212).

Durante os períodos de *crise paradigmática*, vários candidatos a paradigma são analisados e a escolha entre eles se realiza dentro da comunidade científica, mediante um processo de aprendizado da linguagem na qual está expresso o novo paradigma e, após dominarem a nova compreensão linguística, os cientistas escolhem qual dos paradigmas é o melhor para resolver a anomalia e orientar a prática científica.

A decisão acerca da escolha entre paradigmas é sempre da comunidade científica, e não do cientista isoladamente considerado[36]. A comunidade científica decide de quais referenciais definirão seu campo de pesquisa e de atuação,

36. "Em particular, confrontada com o problema da escolha de teorias, a estrutura de minha resposta é mais ou menos a seguinte: tome um *grupo* das pessoas disponíveis mais capazes, com a motivação mais apropriada; treine-as em alguma ciência e nas especialidades relevantes para a escolha em questão; impregne-as do sistema de valores, da ideologia, corrente em sua disciplina (e, em grande medida, também corrente em outros campos científicos); e, finalmente, *deixe que elas façam a escolha*. Se essa técnica não explicar o desenvolvimento científico como o conhecemos, nenhuma outra o fará. Não pode haver nenhum conjunto adequado de regras de escolha para ditar o comportamento *individual* desejado nos casos concretos que os cientistas no decurso de suas carreiras. Seja lá o que for progresso científico, temos de explicá-lo examinando a natureza do grupo científico, descobrindo o que ele valoriza, o que tolera e o que desdenha." (KUHN, 2006, p. 164).

uma vez a ciência normal "é, precisamente, a pesquisa dentro de um referencial" (KUHN, 2006, p. 169). A transição paradigmática também depende de uma tomada de decisão da comunidade científica sobre a emergência e adoção de outro paradigma, com novos referenciais teóricos, instaurando um novo período de ciência normal, evento chamado por Kuhn de *revolução científica*.

Deste modo, a revolução científica decorre do julgamento realizado pela comunidade científica para determinar qual paradigma melhor resolve os problemas, fazendo surgir uma nova interpretação da Natureza, uma forma distinta de compreender o mundo, melhor adequada aos fatos, mas para que isto ocorra é preciso que o novo paradigma conserve boa parte da capacidade de resolução do paradigma esgotado[37].

Em suma, diante de uma anomalia séria, ou seja, de um problema persistente considerado relevante pela comunidade científica, ocorre a passagem do período de *ciência normal* para um período de *ciência extraordinária*, onde há intenso debate na comunidade científica entre os defensores do paradigma vigente e aqueles que propõem e defendem candidatos a novo paradigma, debate em torno de qual proposta tem capacidade para melhor resolver a anomalia e orientar a prática científica futura[38]. Com o tempo, uma das propostas começa a ganhar mais adeptos, a ser mais citada em revistas especializadas e encontros científicos, a ter mais livros publicados, a ser mais utilizada na academia e na prática científica, até o ponto em que ganha a aceitação geral e passa a nortear a prática científica naquele campo de estudo, promovendo uma ruptura na tradição, operando a chamada *revolução científica*, que inaugura um novo período de *ciência normal*[39].

---

37. "Além disso, mesmo nos casos em que isso ocorre e um novo candidato a paradigma aparece, os cientistas relutarão em adotá-lo, a menos que sejam convencidos de que duas condições primordiais foram preenchidas. Em primeiro lugar, o novo candidato a paradigma deve parecer capaz de solucionar algum problema extraordinário, reconhecido como tal pela comunidade e que não possa ser analisado de nenhuma outra maneira. Em segundo, o novo paradigma deve garantir a preservação de uma parte relativamente grande da capacidade objetiva de resolver problemas, conquistada pela ciência com auxílio dos paradigmas anteriores" (KUHN, 1995, p. 212).

38. "Todas as teorias historicamente significativas concordaram com os fatos; mas somente de uma forma relativa. Não podemos dar uma resposta mais precisa que essa à questão que pergunta se e em que medida uma teoria individual se adequa aos fatos. Mas questões semelhantes podem ser feitas quando teorias são tomadas em conjunto ou mesmo aos pares. Faz muito sentido perguntar qual das duas teorias existentes que estão em competição adequa-se *melhor* aos fatos" (KUHN, 1995, p. 187).

39. "Se todos os membros de uma comunidade respondessem a cada anomalia como se fosse uma fonte de crise ou abraçassem cada nova teoria apresentada por um

Desta forma, para Kuhn, a *revolução científica* não ocorre por acumulação, mas por ruptura, onde a emergência de um novo paradigma promove uma reconstrução do campo de estudo. A transição paradigmática, que instaura um novo período de *ciência normal*, é uma reconstrução da área de estudo, que altera os conceitos, teorias, métodos e aplicações a partir da cosmovisão determinada pelo novo *paradigma* (KUHN, 1995, p. 116).

Por fim, saliente-se que Kuhn reconheceu a polissemia do termo "paradigma", mas a reduziu a dois sentidos fortes:

> De um lado, indica toda a constelação de crenças, valores, técnicas, etc..., partilhadas pelos membros de uma comunidade determinada. De outro, denota um tipo de elemento dessa constelação: as soluções concretas de quebra-cabeças que, empregadas como modelos ou exemplos, podem substituir regras explícitas como base para a solução dos restantes quebra-cabeças da ciência normal (KUHN, 1995, 218).

Desse modo, temos duas perspectivas para compreensão do conceito de paradigma: (i) as "realizações científicas universalmente reconhecidas, que durante algum tempo, fornecem problemas e soluções modelares para uma comunidade de praticantes de uma ciência" (KUHN, 1995, p. 13); (ii) cosmovisão compartilhada pelos membros de determinada comunidade científica, que a unifica, a organiza e orienta sua maneira de conceber o mundo e de praticar ciência, estabelecendo uma "matriz disciplinar" (KUHN, 1995, p. 226). Em ambas as acepções, o paradigma é uma construção compartilhada, pois o "conhecimento científico, como a linguagem, é intrinsecamente a propriedade comum de um grupo ou então não é nada" (KUHN, 1995, p. 257).

Thomas Kuhn pretendeu utilizar o conceito de paradigma em seu primeiro sentido forte, ou seja, como conjunto de exemplares de determinada comunidade científica, que permite o diálogo entre os membros da comunidade científica, com base no conhecimento produzido pela solução de problemas anteriores, possíveis de serem utilizados como exemplos-padrões para solução de problemas, aplicando-os por analogia, mas sem descartar a possibilidades de novas conexões, mas o presente estudo adotará o segundo sentido forte de paradigma, compreendendo-o como a matriz disciplinar, da qual os exemplares são apenas um dos seus elementos constitutivos.

---

colega, a ciência deixaria de existir. Se, por outro lado, ninguém reagisse às anomalias ou teorias novas, aceitando riscos elevados, haveria pouca ou nenhuma revolução" (KUHN, 1995, p. 231).

A construção do conceito de *paradigma ambiental* demanda ainda a análise do conceito de campo ambiental, a partir da ideia de *campo* em Pierre Felix Bourdieu (1930-2002).

Bourdieu nomeou sua teoria social de construtivismo estruturalista, a fim de expressar sua ideia central, no sentido de que existem estruturas sociais capazes de condicionar a compreensão que os agentes possuem da realidade, definindo o modo como agem, mas essas estruturas objetivas são construídas socialmente e podem ser mudadas pelos agentes. Bourdieu apresenta uma teoria social a um só tempo objetiva e subjetiva, defendendo a interação entre a ação do agente que constrói a estrutura e a atuação da estrutura sobre o agir do agente.

Para Bourdieu, na medida em que as sociedades se tornam mais complexas, espaços nos quais os agentes sociais travam lutas pelo poder simbólico, com vistas a legitimar suas representações e práticas, nomeando estes espaços simbólicos de *"campos"*, compreendidos como estruturas sociais, com regras que condicionam a percepção que os agentes possuem da realidade e orientam o seu o agir. Assim, a sociedade é dividida em campos, no interior dos quais os agentes disputam a posse de *capitais* e os utilizam para legitimar suas práticas e suas cosmovisões.

Observe-se que, em Bourdieu, o conceito de "capital" é amplo, ultrapassando a dimensão apenas econômica, alcançando qualquer espécie de poder no âmbito das relações sociais e não apenas o poder econômico. Desta forma, temos o *capital social* (rede de influência e conexões sociais), o *capital cultural* (conhecimento erudito, escolar) e o *capital simbólico* (prestígio dos agentes no campo, que lhes dá autoridade reconhecida).

A correlação de posse dessas várias espécies de capitais aproxima ou afasta os agentes, determinando as posições dentro do campo, delineando os contornos das relações de poder nele travadas. Essas relações de poder determinam a estrutura objetiva de cada campo, que é internalizada nos seus membros. Dentro do mesmo campo se desenvolvem identidades, a partir da qual os agentes se reconhecem como participantes de uma mesma cosmovisão, que se internaliza nos indivíduos[40].

---

40. "Considerando a impossibilidade de justificar as práticas a não ser pela revelação sucessiva da série dos *efeitos* que se encontram na sua origem, a análise faz desaparecer, em primeiro lugar, a estrutura do estilo de vida característico de um agente ou de uma classe de agentes, ou seja, a unidade que se dissimula sob a diversidade e a multiplicidade do conjunto das práticas realizadas em campos dotados de lógicas

Os agentes que ocupam a posição de dominação em um campo lutam para mantê-la, universalizando o seu *habitus* e assim naturalizando a dominação, com vistas a legitimar suas práticas pela aceitação dos dominados[41].

Bourdieu nomeia de *habitus* a este sistema de disposições para a prática, que se internaliza nos indivíduos, orientando sua conduta e determinando sua cosmovisão. Agentes com *habitus* diversos veem o mundo de maneira diferente e travam uma luta simbólica para impor sua cosmovisão, utilizando o chamado *poder simbólico*, que é "(...) esse poder invisível o qual só pode ser exercido com a cumplicidade daqueles que não querem saber que lhe estão sujeitos ou mesmo que o exercem" (BOURDIEU, 2009, pp. 7-8).

Os agentes travam lutas pelo "*poder simbólico*" dentro de cada um dos diversos campos sociais para fazer prevalecer sua cosmovisão, com vistas a legitimar suas representações e práticas. O *poder simbólico* é utilizado para fazer com que os dominados aceitem a dominação, mediante um processo chamado por Bourdieu de *violência simbólica*, que consiste precisamente em fazer crer que os interesses particulares da classe dominante são universais, internalizando-os nos agentes, que terminam por legitimar a própria dominação.

Os agentes disputam esse *poder simbólico* nos campos sociais para fazer prevalecer sua cosmovisão, universalizando seus interesses para obter a concordância dos demais à sua própria visão de mundo. Portanto, o poder simbólico é utilizado para fazer com que os dominados aceitem a dominação, mediante o uso da *violência simbólica*, universalizando seu *habitus* para obter a concordância dos demais.

Bourdieu explica esse mecanismo complexo:

> Os agentes que estão em concorrência no campo de manipulação simbólica têm em comum o fato de exercerem uma ação simbólica.

---

diferentes, portanto, capazes de impor formas diferentes de realização, segundo a formula: [(*habitus*) (capital)] + campo = prática" (BOURDIEU, 2007, p. 97).

41. "Os agentes que estão em concorrência no campo de manipulação simbólica têm em comum o fato de exercerem uma ação simbólica. São pessoas que se esforçam para manipular as visões de mundo (e, desse modo, para transformar as práticas) manipulando a estrutura da percepção do mundo (natural e social, manipulando as palavras, e, através delas, os princípios da construção da realidade social (a chamada teoria de Sapir-Worf, ou de Humboldt-Cassirer, segundo a qual a realidade é construída através das estruturas verbais, é totalmente verdadeira quando se trata do mundo social). Todas essas pessoas que lutam para dizer como se deve ver o mundo são profissionais de uma forma de ação mágica, que, mediante palavras capazes de falar ao corpo, de "tocar", fazem com que se veja e se acredite, obtendo desse modo efeitos totalmente reais, ações" (BOURDIEU, 2004, pp. 121-122).

> São pessoas que se esforçam para manipular as visões de mundo (e, desse modo, para transformar as práticas) manipulando a estrutura da percepção do mundo (natural e social, manipulando as palavras, e, através delas, os princípios da construção da realidade social (a chamada teoria de Sapir-Worf, ou de Humboldt-Cassirer, segundo a qual a realidade é construída através das estruturas verbais, é totalmente verdadeira quando se trata do mundo social). Todas essas pessoas que lutam para dizer como se deve ver o mundo são profissionais de uma forma de ação mágica, que, mediante palavras capazes de falar ao corpo, de "tocar", fazem com que se veja e se acredite, obtendo desse modo efeitos totalmente reais, ações (BOURDIEU, 2004, pp. 121-122).

Para Bourdieu, o *habitus* decorre da internalização da estrutura objetiva de ação e pensamento, que determina a identidade social dos agentes, condicionando sua representação da realidade e suas práticas. A estrutura do campo funciona para reproduzir a ordem simbólica dos dominantes, universalizando e internalizando o seu *habitus* nos agentes, que passam a legitimar as práticas sociais, aceitando a dominação.

Por fim, com Pierre Bourdieu, é possível inferir que as sociedades tendem a se complexificar e se fragmentar em diversos campos, de modo que os agentes sociais participam de diversos campos, razão pela qual o *habitus* também pode ser compreendido com um papel, cabendo ao agente o desempenho de diversos papéis na sociedade, a depender do campo em que esteja atuando.

Nesse ponto, propõe-se um diálogo entre Pierre Bourdieu e Thomas Kuhn, a fim de construir um conceito de paradigma ambiental, como vetor de constituição e interpretação do campo ambiental.

As sociedades não são culturalmente uniformes, coexistindo diversas cosmovisões sobre a Natureza dentro do mesmo sistema social. Entretanto, em razão da luta simbólica travada no campo ambiental, uma delas se torna dominante, estabelecendo o sistema de referência para construção do conceito de Natureza, possibilitando a unidade mínima necessária para a permanência e funcionamento do campo ambiental, legitimando as ações instrumentais e condicionando o modo como os recursos ambientais são apropriados, utilizados e distribuídos entre os agentes.

O *campo ambiental* das sociedades é instituído e se organiza em torno de um *paradigma ambiental*, que estabelece uma cosmovisão compartilhada pelos membros da sociedade acerca da Natureza, que orienta as práticas sociais em relação ao uso, apropriação e distribuição dos bens ambientais, bem como a repartição dos benefícios e riscos decorrentes das intervenções humanas na Natureza.

A compreensão humana dos fenômenos naturais ocorre nos limites do *paradigma ambiental* e mediante a linguagem, pela qual se representa o mundo na forma de constructos teóricos produzidos historicamente[42].

Neste diapasão, o *paradigma ambiental* consiste no conjunto de crenças, valores, conceitos, teorias, padrões de conduta, normas e linguagem, determinantes da pré-compreensão da Natureza, construído no campo ambiental de uma sociedade determinada no espaço e no tempo, que estabelece a cosmovisão predominante entre os seus membros acerca do conceito de Natureza.

A cosmovisão unificadora do paradigma ambiental predominante possibilita o consenso inicial e serve de base para o retorno do consenso abalado por problemas ecológicos, sendo utilizado para resolver os problemas que afetam o bem-estar dos seres humanos, notadamente aqueles decorrentes das intervenções antrópicas nos processos naturais biofisicoquímicos, que agravam a pegada ecológica[43], perturbando a normalidade dos ecossistemas[44].

---

42. "Assim, o conceito de mundo circundante é a princípio um conceito social que busca expressar a dependência do indivíduo em relação ao mundo social, e que, portanto, só se refere ao homem. Mas, num sentido mais amplo, esse conceito do mundo circundante pode ser aplicado a todos os seres vivos para reunir num conjunto as condições de que depende sua existência. Mas é exatamente isso que esclarece a diferença entre o homem e todos os demais seres vivos, a saber, que o homem tem "mundo", na medida em que aqueles não têm uma relação com o mundo no mesmo sentido, ficando de certo modo confiados ao seu mundo circundante. Na verdade, a expansão do conceito de mundo circundante a todos os seres vivos acabou modificando seu verdadeiro sentido.

    Quase já não se pode contestar que o que caracteriza a relação do homem com o mundo, em oposição a todos os demais seres vivos, é a sua *liberdade frente ao mundo circundante.* Essa liberdade implica a constituição de mundo que se dá na linguagem. Um faz parte do outro. Elevar-se acima das coerções do que vem ao nosso encontro a partir do mundo significa ter linguagem e ter mundo" (GADAMER, 2008, pp. 572-573).

43. "A área dos ecossistemas produtivos (terra de cultivo e de floresta, corpos de água e áreas naturais não desenvolvidas) fora de uma cidade e que é exigida para sustentar a vida nela é chamada de pegada ecológica de uma cidade (Rees e Wackernagel, 1994; Wackernagel e Rees, 1996).

    (...)

    O conceito de pegada também pode ser aplicado *per capita.* Por exemplo, a pegada ecológica de um cidadão individual dos Estados Unidos é estimada em 5,1 hectare por pessoa; de um cidadão do Canadá, 4,3 hectares por pessoa; e de um cidadão da Índia, 0,4 hectare por pessoa (Wackernagel e Rees, 1996)" (ODUM; BARRETT, 2008, p. 74).

44. "O termo *ecossistema* é usado para denotar a comunidade biológica *junto com* o ambiente abiótico em que ela está estabelecida. Assim, os ecossistemas normal-

O conceito de Natureza, decorrente do paradigma ambiental, determina o modo como as intervenções humanas ocorrem e a forma de lidar com suas consequências, bem como os critérios de uso, apropriação e distribuição dos recursos ambientais.

Em outra ocasião, pontuei o que segue:

> O paradigma ambiental orienta a construção do modelo de desenvolvimento social, identificando e solucionando os problemas ecológicos considerados relevantes, bem como determina os critérios de uso, distribuição e apropriação dos bens ambientais, e fixa os limites da capacidade de aprendizagem social durante os processos de domesticação da natureza interna e da natureza externa, a partir da ideia de uma ideia específica de Natureza. (SANTOS, 2015, p. 92).

Neste ponto, é imprescindível salientar que um *paradigma ambiental* é construído em meio à disputa de poder por espaço de decisão no campo ambiental, onde são forjados os conteúdos de conceitos tais como "natureza", "meio ambiente" e "sustentabilidade", que determinam o modo como os seres humanos se apropriam, utilizam e distribuem os recursos ambientais. Os agentes sociais constroem esses conceitos impregnando-os com os seus valores e posteriormente tentam fazer com que estes conceitos prevaleçam no debate político, norteando a produção legislativa e as decisões administrativas para satisfação dos seus interesses. Os paradigmas ambientais são construções culturais, que emergem da luta simbólica travada no campo ambiental, entre agentes que disputam o capital natural e a hegemonia no domínio do campo, com vistas a universalizarem seus interesses e determinarem o modo de apropriação, distribuição e uso dos recursos ambientais.

A instituição de um *paradigma ambiental* possui três objetivos:

(i) orientar o modo pelo qual a Natureza é compreendida, estabelecendo uma cosmovisão compartilhada que fortalece a sensação de pertencimento ao grupo social.

(ii) determinar os critérios de uso, distribuição e apropriação dos bens ambientais, bem como a forma de repartição dos benefícios, prejuízos e riscos decorrentes das intervenções humanas nos processos naturais, a partir de uma ideia específica de Natureza.

---

mente incluem produtores primários, decompositores e detritívoros, uma certa quantidade de matéria orgânica morta, herbívoros, carnívoros e parasitos *mais* o ambiente fisioquímico que proporciona as condições para a vida e atua como uma fonte e um dreno para energia e matéria" (BEGON et al., 2007, p. 499).

(iii) delimitar o desenvolvimento do campo ambiental, dentro do qual os problemas ecológicos considerados relevantes são identificados e solucionados, notadamente os problemas decorrentes das intervenções antrópicas nos processos naturais biofisicoquímicos, que agravam a pegada ecológica, perturbando a normalidade dos ecossistemas.

O *campo ambiental* é construído em torno do *paradigma ambiental*, dentro do qual os problemas ecológicos considerados relevantes são identificados e solucionados, determinando os critérios de uso, distribuição e apropriação dos bens ambientais, bem como a forma de repartição dos benefícios, prejuízos e riscos decorrentes das intervenções humanas nos processos naturais, a partir de uma ideia específica de Natureza[45].

Destaque-se bem, um *paradigma ambiental* é construído em meio à disputa de poder por espaço de decisão no campo ambiental, onde são forjados os conteúdos de conceitos tais como "natureza", "meio ambiente" e "sustentabilidade", que determinam o modo como os seres humanos se apropriam, utilizam e distribuem os recursos ambientais. Os agentes sociais constroem esses conceitos impregnando-os com os seus valores e posteriormente tentam fazer com que estes conceitos prevaleçam no debate político, norteando a produção legislativa e as decisões administrativas para satisfação dos seus interesses. Em cada sociedade coexistem várias cosmovisões da Natureza, representando as crenças e os valores compartilhados entre os diversos grupos sociais nela existentes. Mediante uma permanente luta pelo poder simbólico dentro do campo ambiental, um desses grupos consegue se tornar dominante e universaliza seus interesses para legitimá-los, de modo que a sua cosmovisão passa a determinar a compreensão da Natureza, que orienta as decisões sociais quanto ao uso, distribuição e apropriação dos recursos ambientais.

Assim, em razão da luta simbólica travada no campo ambiental, uma dos paradigmas ambientais se torna dominante, estabelecendo o sistema de referência para construção do conceito de Natureza, possibilitando a

45. "Quais bens ambientais devem ser preservados, conservados ou utilizados? Quais valores norteiam o uso, apropriação e distribuição dos bens ambientais? Quais são os limites ao uso da técnica sobre a Natureza? Quais os problemas ecológicos relevantes e como tratá-los? Estas e outras questões do mesmo jaez são respondidas nos limites do paradigma ambiental vigente, na medida em que este determina a forma como vemos o mundo e todos os membros de uma sociedade já nascem imersos na forma de compreender a Natureza determinada pelo paradigma ambiental de sua respectiva sociedade, no âmbito do qual se atribui significado a Natureza, mediante a utilização da linguagem" (SANTOS, 2015, p. 93).

unidade mínima necessária para a permanência e funcionamento do campo ambiental, legitimando as ações instrumentais e condicionando o modo como os recursos ambientais são apropriados, utilizados e distribuídos entre os agentes.

Um paradigma ambiental possui duas funções:

(i) fornecer uma cosmovisão integradora, capaz de possibilitar a instituição de:

  (i.i) uma base normativa capaz de justificar racionalmente as ações instrumentais;

  (i.ii) um modelo de desenvolvimento, que promova a domesticação da Natureza, possibilitando a reprodução da existência humana;

(ii) propiciar soluções para os problemas ecológicos decorrentes do modelo de desenvolvimento instituído.

O *paradigma ambiental* mantém coesa a rede de compromissos compartilhados que gera a sensação de pertencimento social, bem como orienta e legitima as ações instrumentais, fornecendo uma cosmovisão compartilhada capaz de instituir um modelo de desenvolvimento eficaz na distribuição tão simétrica quanto possível dos benefícios, dos riscos e dos prejuízos decorrentes das intervenções humanas na Natureza e, ainda, proporcionando soluções para os problemas ecológicos decorrentes desse mesmo modelo de desenvolvimento.

Enquanto o paradigma ambiental cumpre suas funções, o campo ambiental se desenvolve normalmente, permitindo o acúmulo de conhecimento acerca dos processos naturais, ampliando a capacidade de intervenção nos processos ecossistêmicos, bem como reforçando os laços de interação. Nesse período de normalidade, a cosmovisão integradora do *paradigma ambiental* é capaz de gerar um sentimento de pertencimento e unificar a interpretação acerca da Natureza.

No entanto, quando o paradigma ambiental perde a capacidade de cumprir suas funções, o campo ambiental inicia um processo de crise.

Este desenvolvimento permeado pela alternância de estados de normalidade e estados de crise caracteriza o ciclo vital dos paradigmas ambientais.

1.3. O CICLO VITAL DOS PARADIGMAS AMBIENTAIS

Os paradigmas ambientais são construções culturais, que emergem da luta simbólica travada no campo ambiental, entre agentes que disputam o capital natural e a hegemonia no domínio do campo, com vistas a universalizarem e legitimarem seus interesses, determinando o modo de apropriação, distribuição e uso dos recursos ambientais. Os paradigmas ambientais possuem um ciclo vital, permeado por *crises ambientais*, cuja compreensão será empreendida pelo diálogo entre os conceitos de "crise paradigmática" de Kuhn e de "crise social" de Habermas.

Inicialmente, importa consignar que o termo "crise" é empregado largamente na atualidade, nas mais diversas áreas do conhecimento humano, cada vez com mais intensidade, havendo diversas concepções de crise. Não há uma só crise, existem crises. Fala-se em crise política, crise econômica, crise cultural, crise social, crise científica, crise histórica, crise ambiental etc. A contemporaneidade parece estar marcada pelo sinete indelével da "crise"[46].

Recorrendo à etimologia grega da palavra *krisis*, que traduz a ideia de decisão e remete à medicina hipocrática[47], é possível compreender uma crise como um momento de reflexão acerca de determinada situação-limite, que exige um julgamento para a tomada de uma decisão, no sentido de mantê-la, alterá-la parcialmente ou modificá-la totalmente.

Nesse sentido amplo, a ideia de crise remete a um processo de ruptura, de descontinuidade e de transição, aplicando-se tanto aos fenômenos estudados pelas ciências naturais, quanto às questões relacionadas com as ciências humanas. Trata-se de um momento em que se decidirá acerca de alternativas possíveis, surgindo dessa decisão cenários conservadores ou transformadores[48].

---

46. "A novidade talvez esteja toda nesse ponto: o conceito de crise alcançou hodiernamente uma abrangência que o faz perpassar por praticamente todas as esferas do real. Em princípio, nada mais consegue furtar-se à iminência ameaçadora da crise, desde o mais inocente dos teoremas matemáticos até as alturas do esplendor divino, desde as comoções da adolescência até a instabilidade que tudo avassala – nada mais consegue sobrepor-se aos embates desconcertantes das crises" (BORNHEIM, 1996, p. 47).

47. "Termo de origem médica que, na medicina hipocrática, indicava a transformação decisiva que ocorre no ponto culminante de uma doença e orienta o seu curso em sentido favorável ou não (Hipócrates, *Prognosticon*, 6, 23-24; *Epidemias*, I, 8, 22). Em época recente, esse termo foi estendido, passando a significar transformações decisivas qualquer aspecto da vida social" (ABBAGNANO, 2012, p. 259).

48. "Se o primeiro sentido oferecido pela etimologia grega (krisis) corresponde à fase decisiva de uma doença, é, mais geralmente, **um momento de desequilíbrio**, 'um estado de transição entre duas assinaláveis, nas quais se vai decidir uma transformação onde ainda não está decidida' (M. Serres). Quer se trate na história de uma ciência do requestionamento de noções e princípios (assim falou-se de uma 'crise do

Infere-se que há uma luta pela definição do conteúdo da ideia de crise, que poderá ser utilizada para manutenção de uma situação presente, hipótese em que o vocábulo crise assume uma conotação negativa, como também poderá ser reivindicada para promover a transformação de uma situação presente, hipótese em que o vocábulo crise assume um caráter positivo.

Em verdade, os processos orgânicos e inorgânicos, assim como os sociais, são organizados com base em um padrão regulador, que é utilizado inclusive para corrigir os problemas que eventualmente ocorram. Quando surgem desvios no processo, que não podem ser revertidos com base no padrão regulador, surge uma situação de crise, que culminará com uma decisão capaz de corrigir o desvio ou promover uma mudança, por isso não é possível exercer um juízo de valor sobre uma crise com antecedência, principalmente em se tratando de uma crise social[49]. Precisamente por se tratar de um momento de transição, uma crise não é em si uma situação boa ou ruim, embora a percepção inicial é de que se trata de algo perigoso[50].

Posta essa premissa, além da ideia de crise paradigmática em Thomas Kuhn, é importante analisar o conceito científico de crise social proposto por Habermas como pano de fundo para compreensão da ideia de *crise ambiental*, a partir da ideia de que uma crise social possui duas dimensões, objetiva e subjetiva, conjugando as noções de interação social e integração sistêmica[51]:

---

determinismo'), quer, nos campos psicológico e moral, um indivíduo constate que os valores admitidos precisam ser modificados, ou, mais globalmente, o conjunto de uma cultura ou de uma civilização questione sua própria história e seu futuro (evoca-se com freqüência, sob esse aspecto, uma 'crise do Ocidente')" (DUROZOI; ROUSSEL, 1996, pp. 111-112).

49. "As crises sociais não são necessariamente disfunções, já que podem ser fator de mudança. A tal respeito E. Durkheim fala de 'crises afortunadas' (El suicídio. Buenos Aires, Schapire, 1965, p. 192)" (MIRANDA, 1986, p. 284).

50. "A crise 'resolve', portanto, uma situação, mas ao mesmo tempo designa o ingresso numa nova situação que suscita seus próprios problemas. No significado habitual, de 'crise', é essa nova situação e seus problemas que se acentuam. Por esse motivo, costuma-se entender por 'crise' uma fase perigosa da qual pode resultar algo benéfico ou algo pernicioso para a entidade que a experimenta. Em geral, não se pode, por conseguinte, avaliar uma crise *a priori* positiva ou negativamente" (MORA, 2004, p. 613).

51. "El problema consiste, entonces, en averiguar cuándo aparecen problemas de autogobierno que cumplan con esta condición. Según eso, un concepto de crisis apto para las ciencias sociales tiene que captar la conexión entre 'integración social' e 'integración sistémica'" (HABERMAS, 1999, p. 25).

Nesse sentido, cuidando das crises sociais, Habermas defende que uma crise só emerge quando o sistema social supera o nível máximo de aprendizado e perde sua capacidade de condução, ameaçando sua própria existência ou identidade. O conceito habermasiano de crise social, portanto, envolve dois planos: (i) a integração social está relacionada às instituições que socializam sujeitos capazes de agir e falar, mediante símbolos comunicacionais que estruturam normativamente o *mundo da vida*; (ii) a integração sistêmica se refere à eficiência de condução do *sistema*, para enfrentar os problemas que ameaçam seus limites e patrimônio, dominando a complexidade do ambiente externo.

Habermas compreende as sociedades em uma perspectiva dual[52], de modo que estas podem ser percebidas como um *mundo da vida* intersubjetivamente compartilhado ou como um *sistema* de condução das ações humanas.

O *mundo da vida* é o pano de fundo partilhado pelos membros de uma sociedade, que contém as convicções aceitas sem problematização, que servem de referência para o entendimento. O ser humano nasce desde sempre imerso nesse mundo da vida composto por suposições linguísticas e culturais previamente aceitas pelos membros do seu grupo social. Está relacionado com o agir comunicativo e integrado pelos "atos de fala"[53], que o articulam em três esferas: cultura, sociedade e personalidade[54].

---

52. "Este concepto dual de sociedad se acredita en una teoría de la evolución social, que distingue entre racionalización del mundo de la vida y aumento de complejidad de los sistemas sociales, con la finalidad de captar debidamente, es decir, de hacer accessible a un analyses empírico la conexión que Durkheim tiene la vista entre formas de integración social y etapas de diferenciación sistémica" (HABERMAS, 2010, p. 595).

53. "Os atos de fala elementares apresentam uma estrutura na qual se combinam três componentes: o elemento proposicional para expor (ou mencionar) estado de coisas, o elemento ilocucionário para contrair relações interpessoais e, finalmente, os componentes lingüísticos que expressam as intenções dos falantes" (HABERMAS, 2002, p. 434).

54. "Considerado como *recurso* e segundo os componentes "fornecidos" dos atos de fala, isto é, seu elemento proposicional, ilocucionário e intencional, o mundo da vida divide-se em cultura, sociedade e personalidade. Denomino *cultura* o acervo de saber de que se suprem com interpretações suscetíveis de consenso aqueles que agem comunicativamente ao se entenderem sobre algo no mundo. Denomino *sociedade* (no sentido estrito de um componente do mundo da vida) as ordens legítimas a partir das quais os que agem comunicativamente, ao contraírem relações interpessoais, criam uma solidariedade apoiada sobre pertenças e grupos. *Personalidade* serve como termo técnico para designar competências adquiridas

Desse modo, o *mundo da vida* é estruturado normativamente pelas instituições que socializam sujeitos capazes de agir e falar, mediante símbolos comunicacionais, e constitui o horizonte no qual se descortinam a reprodução cultural, a integração social e a socialização dos indivíduos, possibilitando a coexistência social, mediante processos racionais de entendimento, na busca de um consenso, bem como a permanência e transcendência dos marcos culturais para as próximas gerações.

O contraponto ao *mundo da vida* é precisamente o *sistema* de ações, que se constitui pelos processos de produção de bens necessários à reprodução material da sociedade, cuja lógica se orienta pelo resultado. O *sistema* é um mecanismo de condução das ações humanas, com vistas ao domínio da complexidade do ambiente externo para manutenção dos limites do sistema social. Nessa ótica, a sociedade é compreendida como um sistema global, que possui subsistemas econômico (mercado, meio de condução *dinheiro*) e político (Estado, meio de condução *poder*), cuja finalidade é promover a integração sistêmica. O *sistema* deve ser eficiente para dominar a complexidade do ambiente externo, enfrentando os problemas que ameacem os seus limites.

Portanto, o *mundo da vida* é o horizonte de pré-compreensão do mundo, intersubjetiva e linguisticamente compartilhado, no qual se descortinam as relações comunicacionais entre os membros e se estabelecem os valores, crenças, símbolos e conceitos compartilhados, constitutivo do quadro normativo dentro do qual há a possibilidade do entendimento recíproco, com a promoção da integração social (processos de socialização), enquanto o *sistema* é um sofisticado mecanismo de condução das ações, que objetiva manter os limites do sistema social, reduzindo a complexidade externa e promovendo a integração sistêmica (processos de produção) e o domínio da Natureza[55].

Na perspectiva habermasiana, as sociedades se desenvolvem pela diferenciação do *mundo da vida* e do *sistema*[56]. As sociedades continua-

---

que tornam o sujeito capaz de falar e agir, pondo-o em condições de participar de processos de entendimento em um contexto sempre dado, e de afirmar sua própria identidade em relações de interação mutáveis" (HABERMAS, 2002, p. 476).

55. "Respecto de la forma específica en que se reproduce la vida sociocultural, sin decisivos los procesos de intercambio con la naturaleza exterior e interior. En ambos casos se trata de procesos de apropiación social en los cuales el sistema de sociedad 'incorpora' naturaleza. La naturaleza exterior es apropiada mediante procesos de producción, y la naturaleza interior mediante procesos de socialización" (HABERMAS, 1999, p. 32).

56. "(...) entender la sociedad como una entidad que en el curso de la evolución se diferencia lo mismo como sistema que como mundo de la vida. La evolución

mente aperfeiçoam suas normas sociais e suas regras técnicas, aumentando sua capacidade de socialização e de produção, o que permite uma melhor resposta aos problemas e variações externas que possam afetar sua normalidade, em um permanente e progressivo processo de aprendizagem social e de diferenciação[57] entre "interação"[58] (domesticação da natureza interna) e "trabalho"[59] (domesticação da natureza externa).

Habermas afirma que as sociedades humanas promovem simultaneamente a domesticação da natureza interna e a domesticação da natureza externa[60], aquela mediante *processos de socialização*, que moldam o caráter do ser humano ao convivo social, desde o momento em que ele nasce e por toda sua vida, tornando-o membro de um sistema social, com capacidade de falar e agir, enquanto esta ocorre mediante os *processos de produção*, que consistem em ações instrumentais, baseadas em regras técnicas. A sociedade necessita de ambas as formas de integração social e sistêmica.

Os *processos de socialização* promovem a adaptação social da natureza interna por meio de normas que admitem *pretensões de validade*, ou seja,

---

sistémica se mide por el aumento de la capacidade de regulación o control (*Steurungskapazität*) de una sociedade, mientras la separación de cultura, sociedade, y personalidade constituye un indicador del estado evolutivo de un mundo de la vida, cuya estrutura es una estaructura simbólica" (HABERMAS, 2010, p. 636).

57. "Entiendo la evolución social como un proceso de diferenciación de segundo orden: al aumentar la complejidad del uno y la racionalidad del otro, sistema y mundo de la vida no sólo se diferencian internamente como sistema y mundo de la vida, sino que también se diferencian simultáneamente el uno del otro" (HABERMAS, 2010, p. 637).
58. "Por outro lado, entendo por *acção comunicativa* uma interação simbolicamente mediada. Ela orienta-se segundo *normas de vigência obrigatória* que definem as expectativas recíprocas de comportamento e que têm de ser entendidas e reconhecidas, pelo menos, por dois sujeitos agentes. As normas sociais são reforçadas por sanções" (HABERMAS, 2001, p. 57).
59. "A acção instrumental orienta-se *por regras técnicas* que se apóiam no saber empírico. Estas regras implicam em cada caso prognoses sobre eventos observáveis, físicos ou sociais; tais prognoses podem revelar-se verdadeiras ou falsas. O comportamento da escolha racional orienta-se por *estratégias* que se baseiam num saber analítico" (HABERMAS, 2001, p. 57).
60. "Respecto de la forma específica en que se reproduce la vida sociocultural, sin decisivos los procesos de intercambio con la naturaleza exterior e interior. En ambos casos se trata de procesos de apropiación social en los cuales el sistema de sociedad "incorpora" naturaleza. La naturaleza exterior es apropiada mediante procesos de producción, y la naturaleza interior mediante procesos de socialización" (HABERMAS, 1999, p. 32).

normas que disciplinam a conduta humana e necessitam de justificação. As normas que organizam o comportamento humano em sociedade são produzidas linguisticamente, o que pressupõe uma estrutura intersubjetiva que permita a comunicação. A normatização social supera o subjetivismo do indivíduo pela generalização de valores materializada em normas válidas, dotadas de legitimidade, que asseguram um significado comunitário, capaz de instituir um *Mundo da Vida* compartilhado intersubjetivamente. Essa cosmovisão compartilhada assegura a identidade da sociedade e permite a integração social. Nessa dimensão subjetiva ou de interação, objetivo do agir humano é o controle da natureza interna, moldando no caráter humano um padrão de comportamento capaz de tornar a vida social possível, a partir de expectativas de comportamento garantidas pela força do grupo social, padrões de comportamento uniformizados mediante processos de adaptação social que atuam sobre os indivíduos desde o seu nascimento.

A "interação" é compreendida como a ação comunicativa orientada para o consenso, que ocorre mediante normas de conduta reciprocamente reconhecidas como válidas pelos membros de uma sociedade, que instituem expectativas de comportamento, reforçadas por sanções. Uma norma de conduta prescreve um comportamento no plano do "dever ser", estruturada sob a fórmula "se for A deve ser B. Se não for B, deve ser S", ou seja, caso o comportamento prescrito pela norma não ocorrer, aquele que descumpriu a norma poderá sofrer uma sanção. As normas sociais não perdem a validade quando a hipótese nela prevista não ocorre, porque a sociedade possui meios para impor uma sanção ao membro que a descumpriu, inclusive utilizando o monopólio da violência, legitimado pela aceitação de obrigatoriedade das normas pelos membros da sociedade, que reconhecem a sua validade.

Já os *processos de produção* promovem a adaptação social da natureza externa pelo trabalho (ação instrumental), de forma organizada e com base em regras técnicas que admitem *pretensões de verdade*, ou seja, o controle da natureza externa ocorre mediante regras empíricas que se pretendem verdadeiras e que são redimíveis discursivamente, podendo ser reconstruídas racionalmente. Nessa dimensão objetiva ou instrumental, os seres humanos desenvolvem as técnicas de intervenção na Natureza para dela extrair as condições materiais de reprodução da existência, promovendo alterações nos ecossistemas e neles depositando os resíduos dessa atividade. O objetivo do agir humano nessa dimensão é o controle da natureza externa para satisfação das necessidades humanas, mediante a utilização, a apropriação e a distribuição dos bens ambientais.

O "trabalho" é compreendido como a ação instrumental orientada para a obtenção de resultados, mediante a utilização de regras técnicas, cujo objetivo é a dominação da Natureza externa e o aumento da produção, submetida ao critério de veracidade e utilidade. Uma regra técnica descreve as relações de causalidade no plano do "ser", estruturada sob a fórmula "se for A é B" e, caso a natureza se comporte de modo diverso do descrito, a regra técnica é considerada falsa e descartada por ter se tornado inútil.

Portanto, Habermas compreende a ação instrumental como descritiva do fenômeno natural ou social, com base em regras técnicas, com vistas ao domínio da Natureza e ao aumento da produção, submetidas ao critério de veracidade, enquanto a ação comunicativa é "uma interação simbolicamente mediada", com base em regras de conduta social, cuja validade é aceita pelos indivíduos e garantida por sanções, que estabelecem "expectativas obrigatórias de comportamento" (HABERMAS, 2001, pp. 32-33).

Observe-se que, em Habermas, os conceitos de "trabalho" e "interação" são tidos como díspares e irredutíveis um ao outro, mas interligados, sendo importante destacar que a emancipação material pelo trabalho não conduz necessariamente à emancipação do espírito, precisamente por isso o desenvolvimento social deve avançar em ambas as dimensões. Ou seja, segundo Habermas, para promover a emancipação do ser humano não basta apenas o desenvolvimento das forças produtivas, mas também se faz imprescindível desenvolver os processos de comunicação voltada para o consenso livre e racional, sob o risco de uma interpretação mecanicista, que reduziria a práxis à técnica. Em suas palavras:

> A *emancipação relativamente à fome e à miséria* não converge necessariamente com a *libertação a respeito da servidão e da humilhação*, pois não existe uma conexão evolutiva automática entre interacção e trabalho. Apesar de tudo, existe uma relação entre os dois momentos. (HABERMAS, 2001, p. 42).

A partir da interligação necessária entre ação instrumental e ação comunicativa, Habermas afirma que o processo de racionalização das sociedades deve avançar em ambas as direções, tanto na instituição de um *mundo da vida* e de um *sistema*.

A dinâmica de uma crise social se processa pela relação entre as dimensões sistêmica e social. Diante de problemas de condução irresolvidos, o sistema social reage tentando reduzir a complexidade do conjunto, iniciando um processo de aprendizagem social que busca variar seus elementos, sem comprometer sua identidade ou sua existência, alterando seus limites para absorver a perturbação sistêmica, mas essa capacidade de variação não é ilimitada.

A crise social emerge precisamente quando esses problemas de condução não conseguem ser resolvidos nos limites de aprendizagem do sistema social, ou seja, quando o sistema não consegue tratar adequadamente suas contradições, perdendo a legitimidade e a capacidade de se auto reproduzir.

Portanto, uma crise social, sob a perspectiva habermasiana, pode ser compreendida como o resultado de problemas de condução que não puderam ser resolvidos nos limites de aprendizado do sistema social, determinados pelo princípio de organização da sociedade, produzindo uma desintegração social que ameaça o sistema com a perda de sua identidade ou fim de sua existência.

Com efeito, os processos sociais, assim como os processos orgânicos e inorgânicos, são estabelecidos e se desenvolvem com base em um padrão regulador, que serve de parâmetro para correção de problemas. Quando surge um problema persistente, que resiste às tentativas de solução dentro do padrão regulador, a permanência do sistema passa a ser ameaçada, o que pode conduzir a três cenários:

(a) o problema é corrigido, mediante o *aperfeiçoamento* do padrão regulador, ampliando seus limites;

(b) o problema é corrigido mediante a *mudança* do padrão regulador;

(c) o problema não é corrigido, agravando-se até comprometer a permanência do sistema pela perda da integridade da sua estrutura.

Portanto, já o dissemos, é possível compreender uma *crise em sentido amplo* como um momento de decisão, em que o padrão regulador de um determinado processo é questionado acerca de sua capacidade de solucionar um desvio ou problema persistente, razão pela qual uma crise não é boa nem má, mas um momento a ser vivido para uma tomada de decisão[61].

O conceito de crise ambiental.

Uma crise ambiental resulta da perda da capacidade do paradigma ambiental em cumprir suas funções, comprometendo a permanência do

61. "A crise "resolve", portanto, uma situação, mas ao mesmo tempo designa o ingresso numa nova situação que suscita seus próprios problemas. No significado habitual, de 'crise', é essa nova situação e seus problemas que se acentuam. Por esse motivo, costuma-se entender por 'crise' uma fase perigosa da qual pode resultar algo benéfico ou algo pernicioso para a entidade que a experimenta. Em geral, não se pode, por conseguinte, avaliar uma crise *a priori* positiva ou negativamente" (MORA, 2004, p. 613).

sistema social. Trata-se de uma crise paradigmática e sistêmica, decorrente de problemas não resolvidos no campo ambiental, que ameaça sua permanência.

De fato, enquanto o paradigma ambiental consegue cumprir suas funções, o campo ambiental a sociedade se desenvolve normalmente, acumulando conhecimentos acerca da Natureza e aperfeiçoando suas ações instrumentais. Também proporciona soluções para os problemas ecológicos decorrentes do modelo de desenvolvimento, construído dentro dos seus limites. Além disso, o paradigma ambiental logra êxito em fornecer uma cosmovisão compartilhada capaz de instituir um modelo de desenvolvimento eficaz na distribuição tão simétrica quanto possível dos benefícios, dos riscos e dos prejuízos decorrentes das intervenções humanas na Natureza, reforçando os laços de interação. Nesse período de normalidade, a cosmovisão integradora do paradigma ambiental é capaz de gerar um sentimento de pertencimento e unificar a interpretação acerca da Natureza.

Todavia, quando surgem problemas ecológicos persistentes, que não conseguem ser equacionados nos limites do paradigma ambiental, a cosmovisão dele decorrente passa a ser questionada, a ter sua legitimidade posta à prova, na medida em que os problemas ecológicos não resolvidos forçam os limites do paradigma ambiental, que é testado em sua capacidade de continuar exercendo suas funções essenciais. Ocorre uma dissociação entre a cosmovisão predominante, decorrente do paradigma ambiental e o modo como a Natureza se comporta, a capacidade do paradigma ambiental em cumprir suas funções começa a ser questionada.

Essas *anomalias ambientais* (problemas ecológicos irresolvidos nos limites do paradigma ambiental), em razão de sua persistência, geram um acúmulo crescente de outros problemas que se espraiam pelos subsistemas sociais, gerando várias outras crises, que forçam ainda mais a capacidade do paradigma ambiental em cumprir suas funções, estabelecendo uma crise no campo ambiental da sociedade.

Nesse diapasão, uma *crise ambiental* surge no campo ambiental de uma sociedade determinada quando a interferência das ações humanos nos ecossistemas ultrapassa a capacidade de resiliência ecológica, gerando problemas que não conseguem ser identificados e resolvidos nos limites do paradigma ambiental vigente, ameaçando a continuidade do sistema social[62].

62. "Uma crise ambiental emerge quando a cosmovisão predominante, decorrente do paradigma ambiental, não se coaduna com as experiências vivenciadas pelos membros da sociedade, ou seja, a crise ambiental resulta da dissociação entre o modelo de desenvolvimento decorrente da concepção de mundo predominante e

Uma crise ambiental decorrente, por tudo e antes de tudo, do esgotamento da capacidade do paradigma ambiental vigente em cumprir suas funções, permitindo o acúmulo crescente de problemas irresolvidos no campo ambiental. A crise ambiental evidencia a contradição fundamental do paradigma ambiental vigente, que o impede de identificar e resolver os problemas ecológicos que estão afetando o bem-estar humano. Essas *anomalias ambientais* passam a se deslocar pelos subsistemas da sociedade, produzindo crises variadas, que se interferem e se retroalimentam, forçando cada vez mais os limites do paradigma ambiental em identificar os problemas ecológicos relevantes e fornecer soluções para estes problemas. A permanência da crise ambiental compromete a integridade da cosmovisão que unifica a interpretação dos membros da sociedade acerca da Natureza, fragilizando a sensação de pertencimento social e ameaçando a continuidade da base material de reprodução da existência humana em condições dignas.

Uma crise ambiental produz uma dissociação entre a estrutura social organizada em torno do paradigma ambiental e a cosmovisão, os valores e as experiências vivenciadas pelos membros da sociedade em crise, que já não conseguem ver o mundo do mesmo modo, perdendo sua identidade social. Este momento crítico decorre de um problema ecológico persistente, que não consegue ser resolvido nos limites do paradigma ambiental, produzindo uma contradição entre a cosmovisão decorrente do paradigma ambiental e o modo como a Natureza reage às intervenções humana, comprometendo a base integradora que sustenta o convívio, conduzindo o sistema social à perda da identidade ou mesmo da própria existência.

Portanto, só há de fato uma crise ambiental quando ocorrerem problemas ecológicos irresolvidos, que comprometam a capacidade do paradigma ambiental em fornecer uma interpretação da Natureza, apta a produzir a integração social. Uma crise ambiental traduz uma perda da capacidade do paradigma ambiental em cumprir suas funções, comprometendo a cosmovisão integradora, de modo que os membros da sociedade começam a perder a noção de pertencimento, pondo em risco a legitimação das decisões sobre o uso, apropriação e distribuição dos bens ambientais.

Dessa forma, as crises ambientais afetam indissociavelmente ambas as dimensões do desenvolvimento das sociedades, por isso tendo sua estrutura constituída por duas dimensões interligadas e interdependentes:

---

o modo como a Natureza se comporta, fazendo surgir o questionamento acerca da capacidade do paradigma ambiental em cumprir suas funções" (SANTOS, 2015, p. 93).

(i) uma *dimensão objetiva*, na qual a crise ambiental se exterioriza na forma de problemas ecológicos decorrentes das intervenções humanas nos processos naturais, em patamar incompatível com a capacidade de resiliência dos ecossistemas, ameaçando-os de interrupção global, comprometendo a base material que permite a continuidade da vida humana em condições dignas[63]. Estes problemas irresolvidos se deslocam entre os diversos subsistemas sociais, produzindo várias crises (ecológica, científica, econômica, política, jurídica, social e cultural), que pressionam a eficácia do paradigma ambiental em promover a integração social e a integração sistêmica;

(ii) uma *dimensão subjetiva*, que corresponde à crise do próprio paradigma ambiental, que conduz a um momento de transição, onde o paradigma ambiental vigente passa a ser questionado quanto à capacidade de cumprir suas funções, emergindo a possibilidade de ressignificar a ideia de Natureza, mediante o questionamento do padrão civilizatório de determinada sociedade, em seu tempo e espaço.

Uma crise ambiental possui sempre duas dimensões, uma dimensão objetiva (problema ecológico) e uma dimensão subjetiva (limite do sistema social às variações ambientais).

Observe-se que os processos orgânicos e inorgânicos possuem limites espaço-temporais determinados, que não podem jamais ser ultrapassados, sob pena de desagregação, enquanto que os processos sociais admitem uma margem de variação em seus limites sem comprometer a permanência de sua estrutura essencial.

Assim, um problema ecológico persistente só se tornará uma crise se comprometer a capacidade do paradigma ambiental em fornecer uma cosmovisão integradora, ameaçando a integridade do sistema social. A emergência de uma crise ambiental não se resume apenas à dimensão objetiva (problema ecológico), possuindo também uma dimensão subjetiva, consistente em uma ameaça séria de desintegração social, decorrente do fato de que o paradigma ambiental já não fornece uma cosmovisão capaz de integrar os indivíduos. A perda do sentimento de pertencimento fragiliza a cosmovisão decorrente do paradigma ambiental

---

63. "Para a Ecologia, resiliência é a capacidade que um ecossistema possui de tolerar distúrbios sem entrar em colapso. Um ecossistema resiliente pode suportar choques e se reconstruir quando necessário. Para os sistemas sociais, resiliência significa a capacidade de prospecção, se fortalecendo no enfrentamento de problemas e vislumbrando soluções" (KLABIN, 2011, p. 76).

A estrutura de uma crise ambiental possui sempre estas duas dimensões, objetiva e subjetiva, que se interferem e se retroalimentam permanentemente, caracterizando essencialmente uma crise paradigmática. Há uma dinâmica permanente entre as dimensões objetiva e subjetiva da estrutura da crise ambiental, na medida em que o paradigma ambiental orienta o modo de utilização, apropriação e distribuição dos bens ambientais, ampliando sempre a capacidade interventiva do ser humano sobre os processos naturais, até que estas intervenções antrópicas produzem um conjunto de problemas ecológicos, que não conseguem ser resolvidos nos limites do paradigma ambiental, demandando uma nova forma de compreender e lidar com os bens ambientais, instaurando um momento de crise, que se desenvolve até um ponto máximo de resiliência[64], conduzindo a um de três cenários possíveis:

(a) *correção* do paradigma ambiental vigente, ampliando seus limites, de modo que este recupere sua capacidade para identificar os problemas decorrentes da crise ambiental e oferecer soluções, voltando a cumprir suas funções essenciais;

(b) *transição* para outro paradigma ambiental, capaz de resolver os problemas decorrentes da crise ambiental, permitindo a continuidade da reprodução da existência humana em condições dignas;

(c) *colapso* da sociedade, que não consegue promover a mudança paradigmática e o acúmulo crescente de problemas ecológicos se deslocam entre os campos sociais, gerando crises (ecológica, científica, econômica, política, jurídica, social e cultural), conduzindo à perda total da eficácia do paradigma ambiental, que não consegue mais identificar e propor soluções para os problemas ecológicos decorrentes das intervenções humanas nos processos naturais. A consequência última é o fim da sensação pertencimento e a desagregação da sociedade pela incapacidade de se adaptar aos limites ecossistêmicos, cuja inobservância elimina as condições materiais de reprodução da existência dos membros daquela sociedade em condições dignas.

O biólogo estadunidense e ganhador do Prêmio Pulitzer Jared Diamond, em seu livro *Colapso*, fez uma análise acerca das escolhas paradigmáticas ambientais e suas consequências para as sociedades, mediante o cotejo entre as decisões das "sociedades do passado" e das "sociedades modernas". O autor

64. "Cada sistema socioecológico possui um determinado nível de resiliência. Uns suportam mais agressões, outros são mais frágeis. Mas há sempre um limite e, após muitas alterações, um sistema pode mudar definitivamente para um estado corrompido. É o que ocorre quando se desmata demais uma floresta, além de seu ponto de regeneração" (KLABIN, 2011, pp. 76-77).

trata das consequências das escolhas acerca do uso dos recursos naturais disponíveis, comprovando que há uma relação necessária e problemática do ser humano com a natureza circundante, permitindo inferir a complexidade da estrutura de uma crise ambiental, que não se circunscreve à sua dimensão objetiva, meramente ecológica, evidenciada pelo dano ambiental[65].

Diamond nomeia o uso dos recursos naturais além do limite de resiliência ecossistêmica de "suicídio ecológico ou ecocídio"[66], apresentando vários exemplos históricos de sociedades que colapsaram por decisões erradas em face dos problemas ambientais.

Analisando os casos expostos por Diamond dentro da estrutura da crise ambiental proposta na presente pesquisa, constata-se que os momentos extraordinários, em que o paradigma ambiental passa a ser questionado em sua capacidade de identificar e resolver os problemas ecológicos, terminam com a desintegração social pela má condução dos seguintes fatores: (i) crescimento populacional desordenado; (ii) utilização irracional, má distribuição e esgotamento dos recursos naturais; (iii) não identificação das ameaças e avaliação equivocada ou inexistente dos riscos; (iv) e, por fim, ausência de aprendizado social e mudança de comportamento. Todos esses fatores se somam e geram uma espiral crescente de outros problemas, culminando no colapso da sociedade pela sua incapacidade de identificar e resolver os problemas ambientais, nos limites do seu paradigma ambiental já esgotado.

Com efeito, Diamond utiliza exemplos paradigmáticos de sociedades do passado para reforçar sua argumentação, analisando as escolhas realizadas por sociedades diversas, mas com um ambiente natural em condições

---

65. "Além disso, não conheço nenhum caso em que o colapso de uma sociedade possa ser atribuído integralmente a dano ambiental: sempre há outros fatores que contribuem. Quando comecei a planejar este livro, não gostei de tais complicações e ingenuamente pensei que o livro seria apenas sobre dano ambiental. Finalmente, cheguei a uma estrutura de cinco pontos de possíveis fatores que podem contribuir e que agora considero ao tentar entender qualquer suposto colapso ambiental. Quatro desses fatores - dano ambiental, mudança climática, vizinhança hostil e parceiros comerciais amistosos - podem ou não se mostrar significativos para uma sociedade em particular. O quinto fator - as respostas da sociedade aos seus problemas ambientais - sempre se mostrou significativo" (DIAMOND, 2007, p. 16).

66. "A suspeita de suicídio ecológico não intencional - ecocídio - vem sendo confirmada por descobertas em décadas recentes feitas por arqueólogos, climatologistas, historiadores, paleontólogos e palinologistas (cientistas especialistas em pólen)" (DIAMOND, 2007, p. 10).

semelhantes, cujos resultados foram diametralmente opostos, o que permite reforçar o caráter paradigmático da crise ambiental, na medida em que conclui que o colapso ambiental das sociedades decorre não apenas da falta de conhecimentos técnicos, mas também da incapacidade de aprendizado e de modificação de seus padrões de comportamento[67].

Os escritos de Diamond reforçam o entendimento de que uma crise ambiental possui sempre duas dimensões, uma vez que decorrem de problemas ecológicos irresolvidos nos limites do paradigma ambiental, que produzem um quadro crescente de outros problemas, culminando com a perda da capacidade do paradigma ambiental em proporcionar uma cosmovisão integradora, capaz de manter a permanência do sistema social.

A compreensão do conceito de crise ambiental limitada à dimensão objetiva desconsidera de alteração do paradigma ambiental para resolver novos problemas ecológicos. Assim, um problema ecológico tanto pode conduzir ao aperfeiçoamento do paradigma ambiental, quanto à perda de sua capacidade. Não se pode determinar *a priori* se está ocorrendo a regeneração ou a dissolução do paradigma ambiental.

Destarte, a exata compreensão desse momento de crise ambiental demanda um olhar interdisciplinar, com vistas a percebê-la como um ponto de inflexão de diversas crises (social, econômica, política, científica, jurídica), que em seu conjunto caracterizam um momento de questionamento acerca da capacidade de um paradigma ambiental em cumprir suas promessas, reclamando uma tomada de decisão: mantê-lo, aperfeiçoá-lo ou substitui-lo.

Entender a dinâmica das crises ambientais como transições paradigmáticas é o modo mais eficiente para identificar o esgotamento de um paradigma

---

67. "Os exemplos das páginas anteriores ilustram situações nas quais uma sociedade não tenta resolver problemas identificados porque a manutenção desses problemas é boa para algumas pessoas. Em contraste com o chamado comportamento racional, outro modo de falhar na tentativa de solucionar problemas identificados envolve o que os cientistas sociais consideram "comportamento irracional": i.e., comportamento nocivo para todos. O comportamento irracional sempre surge quando cada um de nós está individualmente prejudicado pelo conflito de valores: podemos ignorar um mau status quo porque é favorecido por alguns valores profundamente arraigados aos quais nos aferramos. "Persistência no erro", "cabeça-dura", "recusa em inferir a partir de sinais negativos" e "estagnação mental" estão entre as frases que Barbara Tüchman aplica a esta característica humana comum. Os psicólogos norte-americanos usam o termo "sunk-cost effect" para definir um atributo relacionado: sentimo-nos relutantes em abandonar políticas (ou vender ações) nas quais já investimos muito" (DIAMOND, 2007, p. 480).

ambiental, atuando para a promoção de uma transição paradigmática capaz de reconciliar a narrativa conceitual com a vivência experimentada.

É preciso abandonar o imaginário da crise ambiental apenas como um problema a ser resolvido, mas compreendê-la como um momento de questionamento acerca da capacidade de um paradigma ambiental em cumprir suas promessas, reclamando uma tomada de decisão: mantê-lo, aperfeiçoá-lo ou substituí-lo.

O campo ambiental das sociedades modernas também se organiza em torno de um paradigma que determina a pré-compreensão da Natureza e orienta o modo pelo qual seus agentes se apropriam, utilizam e distribuem os bens ambientais, bem como repartem os riscos e prejuízos das intervenções humanas nos processos ecossistêmicos.

O advento da Modernidade promoveu uma transição paradigmática, reconfigurando o campo ambiental em torno de um novo paradigma.

CAPÍTULO 2

O CAMPO AMBIENTAL DAS SOCIEDADES MODERNAS

A Modernidade pode ser compreendida como um processo de racionalização, que desencantou o mundo, promovendo a crescente racionalização dos subsistemas da sociedade[1]. O advento da Modernidade representou uma ruptura na tradição, promovendo uma revolução no campo ambiental, com a afirmação de outro paradigma, que trouxe uma nova concepção de Natureza.

A compreensão deste paradigma ambiental moderno será empreendida a partir da análise da transição entre o paradigma ambiental das sociedades antigas para o paradigma ambiental das sociedades modernas.

O contraponto entre as cosmovisões antiga e moderna da Natureza permitirá apreender a ideia inicial de *natura ex machina*, apresentada mediante o recorte referencial-teórico centrado nos escritos de Francis Bacon, Galileu Galilei e René Descartes, que delinearam o projeto e os propósitos dos Modernos em relação à Natureza, nos primeiros estágios da Modernidade.

Essa compreensão do ideal dos primeiros Modernos será utilizada para analisar a hipertrofia e o esgotamento do paradigma ambiental moderno.

2.1. A NATUREZA ENCANTADA E CHEIA DE DEUSES

Dentro do recorte teórico do presente estudo, é necessário investigar o desenvolvimento do conceito de Natureza a partir da ideia de *physis*,

1. "As novas estruturas sociais são caracterizadas pela diferenciação daqueles dois sistemas, funcionalmente interligados, que se cristalizam em torno dos núcleos organizadores da empresa capitalista e do aparelho burocrático do Estado" (HABERMAS, 2002, p. 4).

compreendida pela narrativa do Mito, que explicava os fenômenos naturais como consequência da vontade inexorável, inexplicável e inquestionável dos deuses, sem separação entre o mundo cultural e o mundo natural. A história humana e a história natural eram compreendidas como uma só realidade.

O Mito era uma narrativa cuja autoridade derivava da autoridade do narrador, pois as narrativas míticas eram aceitas sem questionamento, caracterizando uma crença sagrada, incontestável e inquestionável. A autoridade do Mito decorria precisamente de seu caráter sagrado.

O conceito mítico de Natureza dos Antigos compreendia os elementos naturais como anímicos e personificados na forma de diversos deuses, que exprimiam sentimentos humanos[2] como o ódio, o amor, a alegria, a ira etc. Os seres humanos se relacionavam pessoalmente com esses elementos naturais divinizados, em um processo contínuo, agradando-os com oferendas para receber suas benesses e evitar sua cólera. A Natureza era compreendida como *physis*[3], que traduzia a ideia de totalidade, onde todos os elementos estão interligados em um processo contínuo, linear e infinito, que se desenvolve por si mesmo, sem finalidade pré-determinada.

Em contraposição à tradição mítica, o pensamento filosófico foi inventado no século VI a.C., na Grécia, região da Jônia, no contexto das cidades-estados (*polis*), operou-se a passagem do argumento de autoridade (*mythos*) à autoridade da razão (*logos*), inaugurando uma nova forma de pensar, submetida à crítica pública. A filosofia traz uma nova linguagem, submeti-

2. "[...] característica da mentalidade primitiva é a polaridade ou simbiose entre emoções humanas e forças naturais. Um fluxo contraditório de angústias, entusiasmos, repulsões e simpatias liga o primitivo ao seu ambiente natural, em função das necessidades elementares e dos instintos de sobrevivência. A ambivalência amor-ódio tinge a relação infantil, a-lógica, com o mundo e os seus terríveis poderes. Os estudiosos indicam para o sentido primordial do 'sacro' a atribuição de omnipotência a um objeto concreto, que se deve simultaneamente temer e adorar, propiciar e evitar" (CASINI, 1979, p. 17).

3. "O termo grego *phusis* evoca o que nasce e se desenvolve (de *phuomai*, 'pôr-se a crescer', 'aumentar'). É usado na *Odisseia* para designar as virtudes de uma planta que deve defender Ulisses dos sortilégios de Circe. A sua utilização filosófica, pelos Milesianos, alarga-lhe o sentido: a *phusis* designa então o conjunto do processo que, do princípio ao fim, explica a constituição de uma coisa particular, ou a da natureza na sua totalidade, a do mundo. Isso compreende ao mesmo tempo o princípio, ou substância primordial, de onde todas as coisas saíram, o processo (crescimento ou diferenciação) que as faz acontecer e o resultado desse processo, o conjunto do que é produzido, e suas propriedades características" (LARRÈRE; LARRÈRE, 1997, p. 31).

da ao crivo da crítica, que discute os problemas para encontrar soluções. O Mito narra o que é ou o que foi, cuja legitimidade deriva da autoridade do narrador, enquanto a filosofia se preocupa em explicar racionalmente como e porque as coisas são o que são, não se baseando na autoridade do filósofo, mas na força dos seus argumentos.

Observe-se que essa nova forma de pensar dos *filósofos da natureza* não operou uma brusca ruptura com a tradição mítica, uma vez que foi utilizada a estrutura do Mito, agora racionalizado[4]. Com efeito, a preocupação dos primeiros físicos era compreender a origem de todas as coisas, buscando identificar o elemento essencial (a água, o ar, o fogo, a terra, o átomo, o número etc.), mas os filósofos jônicos ainda não distinguiam o natural do sobrenatural, pois a *physis* englobava todo o universo, inclusive os seres humanos e os deuses, totalidade concebida como uma ordem regida por leis imutáveis, sintetizada na ideia de *kosmos*[5]. Não se podia falar em cosmologia, uma vez que a estrutura mítica foi preservada, mas de uma cosmogonia pré-socrática, na qual a Natureza era um todo que se desenvolvia por si, em uma sucessão de eventos causais, sem uma finalidade pré-determinada.

Nesse estágio cultural, ainda não havia separação entre o mundo cultural e o mundo natural, na medida em que se percebia uma força vital que a tudo integra. A separação conceitual entre o mundo da Natureza e o mundo da Cultura se inicia com o advento da filosofia socrática, que promoveu uma nova revolução no conceito de Natureza.

Sócrates (470 a.C. - 399 a.C.) rompeu definitivamente com o mito, apartando-se dos primeiros físicos, introduzindo um novo conceito de Natureza, separando-a do ser humano, única criatura racional, com consciência de si mesmo e do mundo que o cerca.

---

4. "As noções fundamentais em que se apóia esta construção dos jônios – segregação a partir de uma unidade primordial, luta e união incessante dos opostos, mudança cíclica eterna – revelam o fundo do pensamento mítico onde enraíza a sua cosmologia. Os filósofos não precisaram inventar um sistema de explicação do mundo: acharam-no já pronto" (VERNANT, 1990, p. 353).
5. "A curiosidade pelos diversos fenómenos e o engenho das explicações mais específicas estão ligadas, nos 'físicos' de Mileto, à necessidade de englobar o todo, o universo, numa definição geral. Assim, a natureza é concebida como uma ordem regida por leis universais, tomando forma a ideia de *kosmos*. O termo provém do pensamento político e jurídico: passando para a linguagem naturalista, projecta sobre as forças desconhecidas do mundo físico a ordem imposta pelo intelecto à vida social" (CASINI, 1979, p. 25).

A filosofia de Sócrates e de seus discípulos se voltou para o mundo interior da consciência humana, investigando os problemas morais e os decorrentes do uso da linguagem, menosprezando a investigação das coisas materiais, promovendo uma "revolução intelectual" [6]. A filosofia socrática se desenvolve na Pólis (cidade-estado), onde seus cidadãos decidiam os assuntos de interesse comum discutindo, debatendo e argumentando como iguais, superando a tradição baseada no mito e no argumento de autoridade do monarca. Na democracia grega, os cidadãos podiam questionar, criticar e contra argumentar as explicações propostas na *Ágora*, mediante um debate racional e público.

Sócrates defendeu a existência de uma "moral natural", que norteia a organização da cidade e o estabelecimento das regras morais, que servem de base para o agir humano. Em contraponto aos filósofos da natureza e sua concepção de *physis*, Sócrates se orientou para a moral, exaltando o intelecto em detrimento da matéria e seus fenômenos puramente causais, iniciando a separação entre a Natureza e o ser humano. A preocupação de Sócrates e seus discípulos era compreender o ser humano moral[7], com suas virtudes e vícios, a fim de determinar o que é o Justo, a Coragem, o Bom e o Belo etc.

No pensamento socrático, a Natureza resulta de um princípio inteligente, conduzindo à compreensão da Natureza como um processo orientado rumo a um fim determinado, havendo uma "moral natural", que serve de base para o agir humano. Nesse contexto, a Natureza passou a ser compreendida não mais como *physis*, e sim como a ordem natural orientada teleologicamente, que permite nortear a organização da cidade e o estabelecimento de regras morais.

O argumento central era precisamente a existência de uma finalidade, uma ordem teleológica na Natureza, razão pela qual as regras morais não seriam meras convenções humanas. A cidade deveria reproduzir a ordem natural, de modo que a excelência moral só poderia ser alcançada na cidade,

---

6. "O sentido desta revolução intelectual está bem expresso numa célebre passagem de *Fédon* em que Sócrates – protagonista do diálogo – percorre seu itinerário espiritual. O seu entusiasmo inicial por aquilo a que chama ironicamente de altíssima ciência' dos físicos desaparecera quando viu que as suas explicações e descrições dos fenómenos naturais não passavam de névoa de palavras: Aquilo que eu antes sabia com clareza... por efeito daqueles estudos obscureceu-se-me totalmente (Fed., 96c)" (CASINI, 1979, p. 36).
7. "O desinteresse de Sócrates pela física e pelos seus cultores correspondia ao seu interesse pela procura do belo, do bom, do justo 'em si': qualquer coisa que se encontra para lá dos simples fenómenos e acções" (CASINI, 1979, p. 37).

onde os seres humanos conviviam segundo uma ordem finalisticamente orientada. Para Sócrates, há uma ordem no cosmos que as convenções humanas devem seguir, por isso as convenções humanas não são arbitrárias.

Seguindo a trilha aberta por seu mestre, Platão (427 a.C. - 347 a.C.) aprofundou a crítica ao Milésios, propondo a separação entre o mundo físico e o mundo das ideias inatas, este alcançado apenas pela reflexão, onde estaria o verdadeiro, o essencial. O mundo sensível, isto é, o mundo dos fenômenos acessíveis aos sentidos, seria uma cópia mal-acabada, um conjunto de sombras refletidas na parede de uma caverna, uma vez que a verdade estava no plano ideal, no mundo das ideias inatas, só alcançável pela superação dos enganos dos sentidos mediante a contemplação. A Natureza, em Platão, era ordenada pela ação de uma inteligência divina, um "demiurgo" que modelou a matéria preexistente, dando-lhe forma e finalidade[8].

Aristóteles (384 a.C. - 322 a.C.) afastou-se da concepção platônica de Natureza, compreendendo-a como "um princípio interno de mudança e de estar em repouso", estabelecendo uma distinção entre a *substância* e o *acidente*. A primeira é o conjunto de atributos e qualidades essenciais, sem as quais o ser deixaria de ser o que é; o segundo são atributos ou qualidades que não interferem na essência, sendo estes apenas acidentais, podendo existir ou não, sem alterar a essência do ser[9].

Para Aristóteles, a Natureza[10] é a substância de uma coisa, o princípio de movimento que lhe é inerente. Dessa forma, o Natural e o Artificial não

8. "A referência à subjectividade do conhecimento e à contemplação das ideias tornava por definição impossível uma ciência da natureza baseada na experiência e que procedesse indutivamente dos fenómenos para as suas causas" (CASINI, 1979, p. 38).

9. "No início do segundo livro da *Física* propõe definições para o termo 'natureza'. Começa por excluir da sua esfera os artefactos e manufacturas do homem. As coisas que são 'por natureza' geram-se sem intervenção humana, movem-se por movimento autónomo. Portanto, deste primeiro ponto de vista, 'a natureza é um princípio e uma causa do movimento e do repouso de tudo o que existe de per si'. Mas o Estagirita acrescenta que se pode igualmente definir como 'natureza' destas coisas o seu 'substracto' ou a sua 'matéria-prima'; ou ainda a sua 'forma', a qual 'é mais natureza que matéria'. E continua, com uma frase ainda mais sibilina: Á natureza, entendida como geração, é uma via para a verdadeira natureza... efetivamente aquilo que nasce, porquanto nasce, vai de qualquer coisa para qualquer coisa (*Phys.*, B 192b, segs)" (CASINI, 1979, p. 42).

10. "Por este motivo a N. assume o significado de forma, de *substância* ou essência necessária: uma coisa possui sua N. quando alcançou sua forma, quando é perfeita em sua substância. Em conclusão, segundo Aristóteles, a melhor definição da N.

se confundem porque os objetos naturais se movem por si sós, enquanto os objetos artificiais se movem por causas que lhes são externas.

Os objetos naturais podem se auto reproduzem e se auto organizam, enquanto os objetos artificiais são produzidos pela vontade humana, com um propósito pré-determinado pelo artífice, sem possibilidade de se auto reproduzir. Ademais disto, os objetos naturais possuem a essência primeira que lhes deu causa e podem transmitir essa essência, a exemplo de uma árvore que dá frutos que podem gerar outra árvore, enquanto os objetos artificiais são fabricados para o fim que se destinam e só, não possuindo a essência do artífice nem transmitindo essa essência a outro objeto[11]. Nesse estágio cultural, essa distinção entre objeto natural e objeto artificial é necessária porque não se concebia a possibilidade de a técnica alterar a ordem da Natureza[12]. O artefato era visto como complemento e imitação da Natureza, mas que não podia ir além dela[13].

Em Aristóteles, o universo é compreendido como circular e fechado, dividido em uma esfera sublunar e uma esfera celeste, posto em movimento por uma causa primeira, um primeiro motor imóvel e eterno[14], concepção

---

é a seguinte: "A substância das coisas que têm o princípio do movimento em si próprias"; nesta definição podem ser incluídos todos os significados do termo (*Met.*, V, 4, 1015 a 13)" (ABBAGNANO, 2012, p. 814).

11. "(...) cualquier artefacto es totalmente distinto a lo natural, pues carece de una forma que pueda ser causa de otro individuo como él. Esta carencia es tan importante que es por lo que se hace necesaria la intervención de una causa formal que no coincide con la que se encuentra en acto en la cosa misma y que en cierto modo le es ajena, causa que será, según Aristóteles, la forma específica en potencia en el alma del productor. A partir de esta característica se puede llegar a considerar verosímil que los productos técnicos no sean propiamente substancias o que si lo son lo sean devaluadas" (REYNÉS, 2009, p. 297).
12. "En la antigüedad, por lo tanto, la distinción entre lo natural y lo artificial no tomó nunca la forma de una alternativa. No se pudo llegar a pensar, en ese primer momento de la historia fi losófica, una fuerza o un poder capaz de alterar la naturaleza de las cosas" (REYNÉS, 2009, p. 298).
13. "En definitiva, lo natural y lo artificial confluyen en un orden único que tiene su patrón en la naturaleza misma. A nuestros efectos, es importante tener en cuenta este extremo porque una de las características que presenta hoy en día la confrontación que se lleva a cabo entre el ámbito natural y el artificial es que vemos a este último capaz de contravenir la naturaleza, de separarse de ella. Con Aristóteles, desde luego, una cosa así no tiene sentido" (REYNÉS, 2009, 293).
14. "Inconcebido, o universo é fechado, acabado e eterno. O movimento dos corpos celestes, nas "regiões superiores", é um movimento eterno de translação circular. Mas esse movimento cíclico de realidades automotoras é ele próprio movido, do

que se consolidou no pensamento ocidental com a obra de Ptolomeu[15]. O filósofo estagirita propôs um modo de pensar para chegar ao conhecimento da substância das coisas, apresentado em sua obra completa *Organum*, que significa precisamente "instrumento", na qual pretendeu estabelecer regras para a estrutura do pensamento, a fim de melhor compreender a Natureza das coisas, mediante a utilização de silogismos[16].

A concepção platônico-aristotélica da Natureza foi apropriada de modo muito particular pela tradição católica medieval, especialmente a concepção aristotélica-ptolomaica de um universo geostático, pronto e fechado, aprofundando ainda mais a separação entre o mundo natural e o mundo cultural.

A tradição católica medieval concebeu um universo teocêntrico e hierarquizado, onde Deus ocupava o ápice, representando a perfeição, a Natureza era compreendida como a obra de Deus, pronta e acabada, mas havia um hiato entre o Criador e a sua criação, naquele a perfeição, nesta a imperfeição. O Deus católico não se confunde com o demiurgo de Platão, na medida em que este apenas organiza a matéria já existente, enquanto aquele é de fato o Criador de toda a realidade.

Nessa construção teológica, o ser humano ocupa lugar de destaque na criação de Deus, por ser a única criatura feita à imagem e semelhança do Criador[17]. O ser humano estava duplamente separado: de Deus pelo pecado e

---

exterior de si mesmo, por um primeiro motor. Este último, realidade primeira, incorporal, é imóvel, não pertence à física. A coerência da natureza depende de uma sobrenatureza. Incapaz de produzir ele mesmo a sua própria perfeição, o cosmos tende para ela, é movido pelo desejo de excelência do primeiro motor.

A finalidade, em Aristóteles, não significa, como acontece com Platão, a presença de um desígnio inteligente no mundo. Ela manifesta a tensão para com a excelência, ou perfeição, de uma natureza que a não pode produzir completamente" (LARRÈRE; LARRÈRE, 1997, pp. 44-45).

15. "A tese geostática, com seu sistema de esferas concêntricas, encontrou a sua consagração definitiva na obra de Cláudio Ptolomeu (cerca de 120-150 d.C.), síntese enciclopédica e sistemática de todo saber astronómico dos antigos: a *Grande Síntese*, mais conhecida pelo nome árabe *Almagesto*" (CASINI, 1979, p. 51).

16. "Método de dedução de uma conclusão a partir de duas premissas, por implicação lógica. Para Aristóteles, considerado o primeiro formulador da teoria do silogismo, 'o silogismo é um argumento em que, estabelecidas certas coisas, resulta necessariamente delas, por serem o que são, outra coisa distinta do anteriormente estabelecido' (*Primeiros analíticos*, I, 24)" (JAPIASSU; MARCONDES, 1990, p. 224).

17. "Mas foi sobretudo com a influência judaico-cristã que a oposição *homem-natureza* e *espírito-matéria* adquiriu maior dimensão. Os cristãos vão afirmar decididamente

da Natureza pela sua condição de semelhante a Deus. Esta condição única e diversa do restante da criação, alça o ser humano ao patamar de despenseiro da Natureza, com a responsabilidade de "cuidar do jardim" e dele extrair as condições materiais para reprodução de sua existência, por isso mesmo a Natureza estava posta à sua disposição. No entanto, observe-se que ainda não havia uma relação de dominação entre o ser humano e a Natureza, e sim de contemplação e respeito para com os mistérios da Natureza, uma obra de Deus.

Destarte, no pensamento medieval havia três ordens de legalidade: as leis eternas de Deus, as leis da Natureza e as leis humanas. A ordem divina era diretamente inacessível à razão humana, que a alcançava pela contemplação da ordem natural e pela revelação das Sagradas Escrituras, que a expressavam indiretamente. O ser humano alcançava a verdade divina pela fé e, assim, poderia produzir a ordem terrena, não havendo porque investigar diretamente a Natureza[18].

Cassirer expõe, com bastante clareza, a relação entre a razão e a fé no pensamento medieval:

> Para o pensamento medieval subsiste, a par da lei divina, tanto no domínio teórico quanto no prático, uma esfera psíquica, relativamen-

---

que 'Deus criou o homem à imagem e semelhança'. Note bem: o homem foi criado à imagem e semelhança de Deus (Deus aparece aqui com letra maiúscula e não como para os pré-socráticos). O homem é, assim, dotado de um privilégio. Com o cristianismo no Ocidente, Deus sobe aos céus e, de fora, passa a agir sobre o mundo imperfeito do dia-a-dia dos mortais. Localizado num lugar privilegiado, estratégico, do alto, Deus a tudo vê e controla. A assimilação aristotélico-platônica que o cristianismo fará em toda a idade média levará à cristalização da separação entre espírito e matéria" (GONÇALVES, 2005, p. 32).

18. "Feito à imagem de Deus, o homem é separado da natureza. Instala-se então a configuração ética que, apresentando a liberdade como o que se tira da necessidade, coloca o homem e a sua finidade, num domínio do sentido cuja globalidade lhe foge. A moralidade tem algo a ver com a salvação. O homem não pertence ao reino da natureza. Não tem que ir lá à procura de normas. O homem pertence ao reino na graça; seguir a natureza não tem nenhum sentido moral. Esta abordagem exalta o homem, mais do que o esmaga sob a realidade do pecado e a ameaça da condenação. Se a reflexão, que remonta aos começos do cristianismo, sobre o mal, é tão importante, não é tanto porque ela desculpa Deus, mas sobretudo porque imputa a responsabilidade ao homem e porque faz dele um ser autónomo. A estrutura do cristianismo, que põe o homem em relação direta com Deus, fora da natureza, abre assim a possibilidade de o homem ocupar o lugar de Deus" (LARRÈRE; LARRÈRE, 1997, pp. 67-68).

> te autônoma, da lei natural, esfera que é acessível à razão humana e talvez dominada e explorada por ela. Não obstante, a *Lex naturalis* constitui o primeiro grau e o ponto de fixação da *Lex divina*, a única que está em condições de restaurar o conhecimento primitivo perdido pelo pecado. A razão continua sendo a serva da revelação (*tanquam famula et ministra*); no nível das faculdades, intelectuais e espirituais, ela coloca o espírito no caminho da revelação, prepara o terreno da revelação (CASSIRER, 1992, p. 69).

Não havia no pensamento medieval propriamente uma oposição entre fé e razão, mas o reconhecimento das limitações desta, que somente com o auxílio daquela poderia alcançar a verdade revelada nas Escrituras Sagradas e na ordem natural. O ser humano, separado da Natureza e de Deus, deveria utilizar a fé para se reaproximar da vontade do Criador e reger adequadamente sua conduta ética, superando o pecado original e se reconciliando com Deus.

O ser humano medieval estava mais preocupado com a vida após a morte, em um plano sobrenatural e eterno, do que em investigar a natureza externa. A autoridade das afirmações sobre os fenômenos naturais repousava na tradição dos textos clássicos, interpretados à luz da Bíblia, que expressavam a verdade aceita pela Igreja.

Essa concepção medieval de uma Natureza separada do ser humano e de Deus, embora considerasse a Natureza uma obra divina, estabeleceu as condições de possibilidade para a construção da ideia moderna de Natureza, razão pela qual se infere que o embrião da Modernidade já estava gestado desde o medievo[19].

O advento da Modernidade promoveu uma revolução[20] no conceito de Natureza, na medida em que a Modernidade é autorreferida, produzindo

19. "É preciso esperar dezessete séculos para que o princípio ético da modernidade, surgido com o cristianismo, encontre finalmente a concepção de natureza que lhe convém: a de uma natureza despojada de todo o mistério, de todo o encantamento, a de uma natureza criada, de que se pode dispor e que é possível manipular. Uma natureza a que já nem sequer é preciso chamar de natureza" (LARRÈRE; LARRÈRE, 1997, p. 68).
20. "Os intelectuais dessa época pensam em termos de ruptura, não de continuidade. Não é uma Escola que sucede outra. É toda uma *Weltanschauung* (cosmovisão) diferente que irrompe e se impõe. Toda essa *revolução* está centrada em alguns temas fundamentais: a) a rejeição de uma concepção religiosa e hermética do saber; b) a valorização da técnica e do caráter hipotético ou realista do conhecimento do mundo; c) a aplicação dos modelos da filosofia mecanicista; d) a construção de

sua normatividade sem recorrer a modelos externos, fundamentando-se a si mesma e em direção ao futuro. Com a Modernidade, a autonomia privada no uso da razão foi prestigiada, esvaziando a moral do seu conteúdo sagrado e submetendo-a à subjetividade, que se torna o diapasão para justificar racionalmente a normatividade social.

Os Modernos se apropriaram da ideia de ordem natural como uma regularidade necessária, que deve ser compreendida pelo ser humano, desencantando-a de quaisquer mistérios, a fim de colocá-la para funcionar em prestígio das necessidades humanas. O conceito de Natureza foi dessacralizado, tornando definitiva a separação entre o mundo natural e o mundo cultural.

De fato, enquanto as sociedades pré-modernas se organizavam em torno de uma mesma compreensão da Natureza como *res sacra*, encantada e imprevisível, que englobava conceitualmente tudo o que existia acima e abaixo dos céus, as sociedades modernas dessacralizaram o conceito de Natureza, apartando-a do ser humano, compreendendo-a como uma máquina, mais um artefato, um objeto submetido ao conhecimento do sujeito ser humano. A Natureza dos Modernos é só matéria quantificável, a ser medida, pesada, dividida e descrita matematicamente para desvendar seus mecanismos de funcionamento, submetendo-a ao ser humano, que se torna senhor e possuidor da Natureza pelo uso da sua razão e pelo poder do seu saber.

Max Weber (1864-1920) analisou o processo de modernização das sociedades ocidentais, a partir das consequências do avanço da ciência e da técnica, enfatizando que este processo substituiu as formas tradicionais e carismáticas de dominação pela dominação racional-legal, que se desenvolveu gradativamente no aparelho burocrático do Estado e do seu ordenamento jurídico.

Nas sociedades tradicionais, a cosmovisão, as crenças e os valores compartilhados entre os membros da sociedade regulavam imediatamente a organização social, de modo que as normas de conduta social eram justificadas desde sempre. A legitimidade do ordenamento social repousava na autoridade da tradição. Nas sociedades modernas, não há uma única cosmovisão compartilhada que justifica previamente o regramento da conduta, legitimando o ordenamento social, mas coexistem várias visões de mundo.

Assim, as sociedades modernas já não podem recorrer à tradição como meio de legitimação das normas de conduta, emergindo o Direito Moderno

---

uma nova imagem de Deus como Relojoeiro; e) a introdução da dimensão *tempo* no estudo dos fatos naturais" (JAPIASSU, 2007, p. 15).

como meio para promoção da integração social, de modo que a dominação se exerce pelo lugar que a autoridade ocupa na hierarquia do aparelho burocrático do Estado, garantido pelo Direito, não mais pela tradição ou pelo carisma do líder.

Weber afirma:

> Tal como todos os agrupamentos políticos que historicamente o precederam, o Estado consiste numa relação de *dominação* do homem sobre o homem, fundada no instrumento da violência legítima (isto é, da violência considerada como legítima). O Estado só pode existir, portanto, sob condição de que os homens dominados se submetam à autoridade dos dominadores. (WEBER, 2011, p. 57).

Weber aclara que, a partir da Modernidade, a dominação não se exerce mais pela tradição ou pelo carisma do líder, mas em razão do lugar que a autoridade ocupa na hierarquia burocrática, sendo garantida pelo Direito, no âmbito do Estado. Weber considera monopólio da violência física legítima, no âmbito de determinado território, como sendo o signo distintivo da instituição do Estado Moderno, entendendo-o como:

> (...) aquela comunidade humana que, dentro de determinado território - este, o "território", faz parte da qualidade característica -, reclama para si (com êxito) o monopólio da coação física legítima, pois o específico da atualidade é que a todas as demais associações ou pessoas individuais somente se atribui o direito de exercer coação física na medida em que o Estado o permita. Este é considerado a única fonte do "direito" de exercer coação (WEBER, 2004, pp. 525-526).

No Estado Moderno, a dominação carismática é substituída por uma dominação racional-legal, garantida pelo monopólio estatal do uso legítimo da violência física em duas frentes: (a) administrativa, pela qual o Estado organiza e administra a sociedade; (b) política, pela qual o Estado garante a apropriação assimétrica do excedente socialmente produzido. A ação instrumental e sistêmica é orientada pelo paradigma ambiental moderno e sua cosmovisão, da qual decorre uma nova concepção de Natureza-máquina.

Para Weber, o processo de modernização, que massifica as relações sociais, despersonaliza o ser humano, que se submete no dia-a-dia à mesma racionalidade instrumental das esteiras de produção fabris, uma lógica calculista entre os meios e fins, com vistas ao resultado prático, o que conduz à alienação do indivíduo, que perde a sua criatividade e capacidade de reflexão, deixando de se identificar com suas realizações. A racionalidade instrumental da burocracia estatal se estende sempre mais e mais a todas as áreas da vida, redundando em uma "jaula de ferro" técnico-econômica, que aprisiona o indivíduo a uma racionalidade teleológica massificante, pois a burocracia é uma estrutura impessoal, facilmente conduzida por qualquer grupo que dela se apodere, que passa a utilizá-la sem alterar sua lógica, antes dela se beneficiando. Assim, enfrentar a racionalidade instrumental da burocracia dos Estados modernos, para Weber, é o mesmo que enfrentar a própria estrutura burocrática, o que seria impossível ao indivíduo.

A propósito, Durkheim demonstrou que a instituição e a permanência de uma sociedade depende da existência de "solidariedade social", ou seja, de um consenso entre os seus membros acerca das normas que orientarão o comportamento recíproco, promovendo o surgimento de uma cosmovisão compartilhada, transmitida entre as gerações, constituindo uma consciência coletiva, que forma a identidade do grupo social e permite a sensação de pertencimento. Nesse sentido, Durkheim compreende o processo de modernização das sociedades a partir da transição entre as formas de solidariedade predominantes, da solidariedade mecânica até a solidariedade orgânica. Assim, nas sociedades pré-modernas, essa consciência coletiva se sobrepõe às consciências individuais, de modo que os membros da sociedade se percebem iguais e fundamentam suas ações em um consenso baseado na tradição, nomeado por Durkheim de "solidariedade mecânica".

A modernização da sociedade, em Durkheim, segue a trilha da diferenciação social do trabalho, pela qual os indivíduos passam a exercer funções distintas e interligadas, assemelhando-se às funções exercidas pelos diferentes órgãos de um ser vivo, de modo que a consciência individual se sobrepõe à consciência coletiva, estabelecendo uma espécie de solidariedade nomeada por Durkheim de "solidariedade orgânica". Quanto mais complexas as relações sociais, com a divisão e o intercâmbio de atividades, que se complementam e se tornam interdependentes, há a passagem da solidariedade mecânica para a solidariedade orgânica. Além disto, a função de integração social do paradigma ambiental moderno é reforçada pelo Direito Moderno, que estabelece uma rede compartilhada de compromissos mais segura e de longo prazo, porque as expectativas de comportamento recíproco estão garantidas pela possibilidade de imposição de sanções estatais.

A Modernidade trouxe um novo paradigma ambiental, instituído em torno de outra concepção de Natureza, compreendida agora como uma máquina, um objeto externo ao ser humano, sujeito ao conhecimento e ao controle. Os modernos se apropriaram da ordem natural como uma regularidade necessária, que deve ser compreendida pelo ser humano.

O paradigma ambiental moderno foi construído no âmbito da chamada Revolução Científica, que instituiu uma forma de conhecimento que nega o caráter racional a todas as outras formas de saber, auto conferindo-se o monopólio da racionalidade.

2.2. A NATUREZA DESENCANTADA E CHEIA DE MÁQUINAS

Muitos pensadores contribuíram para a consolidação da concepção moderna de Natureza, que surgia concomitantemente com uma nova forma de conhecimento, que não se limitava a observar, mas, sobretudo, pretendia *experimentar*, ou seja, compreender a Natureza empiricamente para dela fazer uso[21].

Dentre os diversos pensadores que contribuíram para a instituição da Ciência Moderna, é possível exemplificar:

(a) Nicolau Copérnico (1473-1543), que apresentou a concepção heliocêntrica, destruindo a suposição geocêntrica de que a Terra era o centro do universo, sustentada por Ptolomeu, com apoio na teologia católica;

(b) Giordano Bruno (1548-1600), queimado vivo pela Inquisição, por sua defesa do sistema heliocêntrico;

(c) Francis Bacon (1561-1626), que foi o idealizador do método experimental-indutivo;

(d) Galileu Galilei (1564-1642), que fundou essa nova ciência experimental e matemática, com vistas ao descobrimento das leis de funcionamento da Natureza;

(e) Johanes Kepler (1571-1630), que aperfeiçoou o telescópio refrator, contribuindo para confirmar as descobertas de Galileu, e apresentou as leis da mecânica celeste, que serviram de base para a elaboração da Teoria da Gravitação por Sir Isaac Newton;

---

21. "De Descartes a Locke, Leibniz, Berkeley, Hume, Kant (e tantos outros), bem se pode dizer que a filosofia moderna assumiu a tarefa de medir a amplidão das transformações induzidas pela física moderna, ou mecânica clássica: avaliar seus fundamentos epistemológicos, ajudar a sua extensão aos outros domínios do saber, interrogar as suas consequências éticas ou estéticas. Em suma, foi o conjunto de um paradigma (uma visão de mundo unificada por uma racionalidade científica) ou de um 'quadro conceptual' (as repercussões das formas do saber científico sobre o conjunto das nossas representações) que a filosofia moderna procurou destacar, considerando a importância da revolução científica" (LARRÈRE; LARRÈRE, 1997, pp. 71 e 72).

(f) René Descartes (1596-1650), que sistematizou esse novo paradigma filosófico, a partir da compreensão do ser em dois graus, *res cogitans* (mente) e *res extensa* (matéria), atribuindo a esta uma expressão mecanicista de funcionamento, passível de ser explicada segundo leis calculáveis;

(g) Sir Isaac Newton (1643-1727), cuja física consolidou a concepção mecânica e matemática da Natureza.

Estes pensadores e muitos outros contribuíram para a chamada Revolução Científica[22], que firmou uma nova cosmovisão, a partir da qual toda a matriz teórica e conceitual utilizada para compreender a Natureza se alterou, substituindo a ideia aristotélica de um cosmo finito e acabado, cujas leis universais de movimento podiam ser compreendidas, sem uma preocupação com a origem desse movimento.

Para os fins do presente estudo, serão apresentadas as ideias centrais do pensamento de Francis Bacon, de Galileu Galilei e de René Descartes, a fim de traçar o quadro conceitual no qual foi construído o conceito moderno de Natureza, iniciando pelo idealizador da Modernidade.

Francis Bacon (1561-1626) é considerado o precursor da ideia de que é preciso conhecer a Natureza para dominá-la, a fim de satisfazer às necessidades humanas, exposta na sua obra inacabada, intitulada *Instauration Magna Sciencitarum*, especificamente na segunda parte, intitulada *Novum Organum*, numa clara contraposição ao *Organum* de Aristóteles.

Esse método indutivo preconizado por Bacon permitiria "curar a mente" do engano e das falsas noções, a fim de que o ser humano pudesse conhecer a Natureza e aumentar seu poder sobre ela, a fim de utilizar este conhecimento como instrumento para extrair os segredos da Natureza em benefício da humanidade[23].

---

22. "A chamada Revolução Científica – que muitos 'medievalistas' procuraram apagar da história do Ocidente – teve realmente o caráter 'revolucionário' que foi tantas vezes sublinhado, porque não consistiu na modificação de resultados parciais no âmbito de um sistema aceito, mas no questionamento de todo esse sistema, na adoção de princípios contrários à 'razão' e à 'experiência', tal como vinham se configurando dentro da tradição, na construção de um novo quadro do mundo no qual se tornam problemáticas ou privadas de sentido muitas 'verdades' que tinham sido óbvias por quase dois milênios, enfim, na elaboração de um novo conceito de razão', de 'experiência', de 'natureza', de 'lei natura'" (ROSSI, 1992, p. 34).

23. "Resta, como única salvação, reempreender-se inteiramente a cura da mente. E, nessa via, não seja ela, desde o início, entregue a si mesma, mas permanentemente regulada, como que por mecanismos. Se os homens tivessem empreendido os trabalhos mecânicos unicamente com as mãos, sem o arrimo e a força dos instru-

Assim como as máquinas auxiliam o trabalho braçal dos seres humanos, potencializando suas forças, o método indutivo seria o instrumento posto à disposição dos seres humanos para fazerem melhor uso da mente, aumentando o seu poder sobre a Natureza e forçando-a a revelar seus mistérios[24].

A ideia central do pensamento baconiano era superar a visão grega meramente contemplativa da Natureza, estendendo o poder do ser humano sobre os processos naturais, mediante um método experimental indutivo que revelasse as leis de funcionamento da Natureza, a fim de aprimorar as técnicas a serem utilizadas para atender às necessidades humanas. A partir de Bacon, inicia-se a cosmovisão moderna, com uma nova matriz teórica e conceitual, cuja ideia-força era a conversão do saber em poder sobre a Natureza. Rossi comenta este importante aspecto:

> O saber mudou de *função*: não é nem contemplação nem tentativa de decifrar as últimas estruturas do real. Bacon concebe a ciência como *venatio*, como caça, como tentativa de penetrar em território desconhecido com vistas a fundar o *regnum hominis*. (...) A luz da ciência é pura e sem malefício. Seu uso pode ser pervertido, os homens podem extrair 'instrumentos de vício e de morte' das artes mecânicas. A luz da ciência, entretanto, enquanto desejo da descoberta, não pode de modo algum ser manchada por elas (ROSSI, 1992, p. 80).

Bacon investiu contra os silogismos da lógica aristotélica, que em seu entender não proporcionavam um conhecimento da Natureza[25], que só pode ser obtido pela experimentação metódica. A lógica indutiva utiliza a razão para conhecer a Natureza examinando-a, para extrair dela seus segredos e

---

mentos, do mesmo modo que sem vacilação atacaram as empresas do intelecto, com quase apenas as forças nativas da mente, por certo muito pouco se teria alcançado, ainda que dispusessem para o seu labor de seus extremos recursos" (BACON, 1979, p. 6).

24. "Nem a mão nua nem o intelecto, deixados a si mesmos, logram muito. Todos os feitos se cumprem com instrumentos e recursos auxiliares, de que dependem, em igual medida, tanto o intelecto quanto as mãos. Assim como os instrumentos mecânicos regulam e ampliam o movimento das mãos, os da mente aguçam o intelecto e o precavêm" (BACON, 1979, p. 13).

25. "O silogismo consta de proposições, as proposições de palavras, as palavras são o signo das noções. Pelo que, se as próprias noções (que constituem a base dos fatos) são confusas e temerariamente abstraídas das coisas, nada que delas depende pode pretender solidez. Aqui está por que a única esperança radica na verdadeira indução" (BACON, 1979, p. 15).

dominá-la, diferente da lógica aristotélica que extrai a verdade da própria razão, antes da experiência, ficando refém ídolos e noções falsas[26].

O método baconiano seria o "novo instrumento" posto à disposição da humanidade para auxiliá-la no mister de conhecer, do mesmo modo que os instrumentos mecânicos ampliam as forças físicas. Bacon propôs um método indutivo para afastar as falsas noções, nomeadas por ele de "ídolos"[27], que confundem o intelecto e impedem o conhecimento verdadeiro e sólido da Natureza.

A doutrina dos ídolos de Francis Bacon, exposta no *Novum Organum*, consiste na ideia de que o conhecimento verdadeiro da Natureza demanda a superação dos ídolos, que são imagens falsas da realidade, que o ser humano possui antes da experiência e que o impedem de conhecer a verdade, sendo esses ídolos de quatro espécies:

a) os ídolos da tribo (*idola tribus*), noções falsas comuns à espécie humana, decorrentes da tendência humana de julgar a realidade apenas com base nas percepções obtidas pelos sentidos, obtendo um conhecimento parcial e distorcido dos fenômenos naturais[28].

b) os ídolos da caverna (*idola specus*), noções falsas referentes a cada indivíduo em particular, decorrentes de suas idiossincrasias, que mantém o ser humano isolado em sua "caverna" pessoal, atado às suas convicções e preconceitos, numa alusão metafórica à alegoria da caverna, exposta por Platão, em seu livro "A República"[29].

---

26. "Os ídolos e noções falsas que ora ocupam o intelecto humano e nele se acham implantados não somente o obstruem a ponto de ser difícil o acesso da verdade, como, mesmo depois de seu pórtico logrado e descerrado, poderão ressurgir como obstáculo à própria instauração das ciências, a não ser que os homens, já precavidos contra eles, se cuidem o mais que possam" (BACON, 1979, pp. 20-21).
27. "Os ídolos e noções falsas que ora ocupam o intelecto humano e nele se acham implantados não somente o obstruem a ponto de ser difícil o acesso da verdade, como, mesmo depois de seu pórtico logrado e descerrado, poderão ressurgir como obstáculo à própria instauração das ciências, a não ser que os homens, já precavidos contra eles, se cuidem o mais que possam" (BACON, 1979, pp. 20-21).
28. "Os *ídolos da tribo* estão fundados na própria natureza humana, na própria tribo ou espécie humana. É falsa a asserção de que os sentidos do homem são a medida das coisas. Muito ao contrário, todas as percepções, tanto dos sentidos como da mente, guardam analogia com a natureza humana e não com o universo. O intelecto humano é semelhante a um espelho que reflete desigualmente os raios das coisas e, dessa forma, as distorce e corrompe" (BACON, 1979, p. 21).
29. "Os *ídolos da caverna* são os dos homens enquanto indivíduos. Pois, cada um – além das aberrações próprias da natureza humana em geral – tem uma caverna ou uma

c) os ídolos do foro ou da feira (*idola fori*), noções falsas referentes ao uso da linguagem nas relações sociais, uma vez que as mesmas palavras permitem emprego em sentidos distintos, permitindo falsos consensos sobre o conhecimento da verdade, cristalizadas nos preconceitos da opinião pública[30].

d) os ídolos do teatro (*idola theatri*), noções falsas referentes aos sistemas filosóficos, decorrentes do argumento de autoridade, que faz o ser humano aceitar preconceitos sem submetê-los à crítica. As filosofias seriam como peças teatrais que inventam uma falsa realidade, aceita como expressão da verdade[31].

O método experimental indutivo deveria ser utilizado para exorcizar esses ídolos, afastando as falsas noções da realidade para obter um conhecimento verdadeiro da Natureza, ampliando o domínio humano sobre ela, possibilitando o progresso e o bem-estar humano, uma vez que a "verdadeira e legítima meta das ciências é dotar a vida humana de novos inventos

---

cova que intercepta e corrompe a luz da natureza: seja devido à natureza própria e singular de cada um; seja devido à educação ou conversação com os outros; seja pela leitura dos livros ou pela autoridade daqueles que se respeitam e admiram; seja pela diferença de impressões, segundo ocorram em ânimo preocupado e predisposto ou em ânimo equânime e tranqüilo; de tal forma que o espírito humano – tal como se acha disposto em cada um – é coisa vária, sujeita a múltiplas perturbações, e até certo ponto sujeita ao acaso. Por isso, bem proclamou Heráclito que os homens buscam em seus pequenos mundos e não no grande ou universal" (BACON, 1979, pp. 21-22).

30. "Há também os ídolos provenientes, de certa forma, do intercurso e da associação recíproca dos indivíduos do gênero humano entre *si*, a que chamamos de *ídolos do foro* devido ao comércio e consórcio entre os homens. Com efeito, os homens se associam graças ao discurso, e as palavras são cunhadas pelo vulgo. E as palavras, impostas de maneira imprópria e inepta, bloqueiam espantosamente o intelecto. Nem as definições, nem as explicações com que os homens doutos se munem e se defendem, em certos domínios, restituem as coisas ao seu lugar. Ao contrário, as palavras forçam o intelecto e o perturbam por completo. E os homens são, assim, arrastados a inúmeras e inúteis controvérsias e fantasias" (BACON, 1979, p. 22).

31. "Há, por *fim*, ídolos que imigraram para o espírito dos homens por meio das diversas doutrinas filosóficas e também pelas regras viciosas da demonstração. São os *ídolos do teatro:* por parecer que as filosofias adotadas ou inventadas são outras tantas fábulas, produzidas e representadas, que figuram mundos fictícios e teatrais. Não nos referimos apenas às que ora existem ou às filosofias e seitas dos antigos. Inúmeras fábulas do mesmo teor se podem reunir e compor, por que as causas dos erros mais diversos são quase sempre as mesmas. Ademais, não pensamos apenas nos sistemas filosóficos, na universalidade, mas também nos numerosos princípios e axiomas das ciências que entraram em vigor, mercê da tradição, da credulidade e da negligência. [...]" (BACON, 1979, pp. 22-23).

e recursos. Mas a turba, que forma a grande maioria, nada percebe, busca o próprio lucro e a glória acadêmica" (BACON, 1979, p. 49).

Destarte, Bacon preconizou um método de conhecimento que se contrapõe à contemplação filosófica dos antigos pela observação e estudo da Natureza com fins práticos, produzindo um conhecimento efetivo da Natureza, com vistas à invenção de objetos e artefatos capazes de modificar e dominar a Natureza para melhorar a vida humana, o que implicou na revalorização das artes mecânicas. Posteriormente, o conhecimento experimental revalorizado produziu técnicas e artefatos que mudaram o modo como o ser humano se relacionava com a Natureza e a compreendia. De fato, as ideias de Bacon abriram a perspectiva para a posterior construção de um método experimental e matemático para conhecer e dominar a Natureza, com o fim específico de promover o bem-estar humano.

Bacon defendeu que o objetivo da ciência é a invenção de artefatos que ampliem o poder da humanidade sobre os fenômenos naturais, proporcionando melhores condições de vida para todos os seres humanos, ou seja, a finalidade do artefato é determinada pela necessidade do ser humano que o fabrica. Bacon pretendia um conhecimento científico da Natureza livre dos preconceitos de qualquer espécie, que pudesse ser utilizado para o benefício da humanidade, enfrentando inclusive a crítica de que os segredos da Natureza não deveriam ser desvendados, mas apenas contemplados, por se tratar da obra de Deus. Para Bacon, o ser humano não se encontra no mesmo patamar das demais criaturas, por ser o único feito à imagem e semelhança do Criador, motivo pela qual não ofende a Deus que o ser humano utilize sua razão para subjugar a Natureza e assim "ganhar o pão com o suor do seu rosto". O ser humano caído, expulso do Éden, sujeito ao pecado e à morte, deveria utilizar sua razão para forçar a Natureza a revelar seus segredos, dominando-a para dela extrair a sua sobrevivência e bem-estar[32].

A ciência é o instrumento de domínio da Natureza, extraindo dela o conhecimento necessário para aprimorar a técnica, que por sua vez seria utilizada para melhorar as condições da vida humana. O saber se

---

32. "Pelo pecado o homem perdeu a inocência e o domínio das criaturas. Ambas as perdas podem ser reparadas, mesmo que em parte, ainda nesta vida; a primeira com a religião e com a fé, a segunda com as artes e com as ciências. Pois a maldição divina não tornou a criatura irreparavelmente rebelde; mas, em virtude daquele diploma: *Comerás do pão com o suor de tua fronte*, por meio de diversos trabalhos (certamente não pelas disputas ou pelas ociosas cerimônias mágicas), chega, enfim, ao homem, de alguma parte, o pão que é destinado aos usos da vida humana" (BACON, 1979, pp. 230-231).

converte em poder, na medida em que é utilizado para fabricar invenções que dominem a Natureza, controlando a sua imprevisibilidade, com vistas a promoção do bem-estar humano, razão pela qual a utilização da técnica deveria ser orientada pela razão. É possível extrair do pensamento baconiano que o fazer deveria se submeter ao saber, orientando-se para o progresso de toda a humanidade, ou seja, a técnica em si mesma não é boa nem má, devendo ser guiada pela reta razão para o benefício da humanidade[33].

Bacon insiste na imperiosa necessidade de construir um conhecimento verdadeiro acerca da Natureza, fundado na experimentação, superando os equívocos de um conhecimento vulgar, fundado em rumores, não submetidos ao crivo da verificação experimental, a fim de que a humanidade pudesse progredir, embora reconhecesse o risco de perversão do seu uso.

Em sua obra póstuma "Nova Atlântida", cujo título é uma contraposição à Atlântida proposta por Platão em "A República", *Sir* Francis Bacon escreveu uma utopia com o propósito declarado de "apresentar um modelo ou a descrição de um colégio instituído para a interpretação da Natureza e produção de grandes e maravilhosas obras para o benefício dos homens". O livro narra uma fracassada viagem de veleiro à China e ao Japão, na qual os marinheiros já cansados, doentes e preparados para a morte conseguem aportar em uma ilha, travando contato com um povo bastante culto e possuidor de avançada tecnologia.

Os náufragos encontram um Estado utópico chamado "ilha de Bensalém", fundado pelo Rei Legislador Solamona, dotado de um "grande coração" e "totalmente dedicado a tornar seu reino e seu povo felizes" (BACON, 1979, p. 251). O reino da ilha de Bensalém estava organizado de forma autossuficiente, capaz de custear as necessidades dos cidadãos, com uma economia baseada na troca de equivalentes, como permite inferir a fala do governador da Casa dos Estrangeiros aos náufragos: "Com respeito à mercadoria que trouxestes, terá bom uso, e recebereis, quando voltardes, o equivalente em mercadoria ou em ouro e prata; para nós é a mesma coisa" (BACON, 1979, p. 243).

33. "O saber mudou de *função*: não é nem contemplação nem tentativa de decifrar as últimas estruturas do real. Bacon concebe a ciência como *venatio*, como caça, como tentativa de penetrar em território desconhecido com vista a fundar o *regnum hominis*. [...] A luz da ciência é pura e sem malefício. Seu uso pode ser pervertido, os homens podem extrair 'instrumentos de vício e de morte' das artes mecânicas. A luz da ciência, entretanto, enquanto desejo da descoberta, não pode de modo algum ser manchada por elas" (ROSSI, 1992, p. 80).

O centro da ordem social de Bensalém era uma ordem ou sociedade de sábios sacerdotes nomeada a "Casa de Salomão" ou "Colégio da Obra dos Seis Dias", instituída pelo Rei Legislador, que tinha por finalidade a investigação metódica e experimental dos fenômenos naturais, a fim de propiciar um conhecimento da Natureza de todas as coisas[34].

Durante a narrativa, é possível perceber que o povo da ilha de Bensalém possuía tecnologia para produzir artefatos que se assemelhavam ou mesmo excediam aos objetos naturais, sempre com vistas a melhorar a vida humana, mediante a compreensão do funcionamento da Natureza e a utilização de diversas artes mecânicas, ao ponto de poderem inventar metais artificiais utilizados até mesmo para curar doenças, extrair água doce da água salgada, ampliar a capacidade do corpo humano e até mesmo reproduzir "sabores capazes de enganar qualquer paladar" (BACON, 1984).

Bacon descreve a Casa de Salomão dotada pelo Estado de toda a infraestrutura necessária para a realização de experimentos os mais diversos, realizados por uma equipe de pesquisadores, mediante uma divisão interna de atividades, a fim de tornar o trabalho de pesquisa científica mais eficiente e guiado apenas pela busca do conhecimento útil, fora e acima do controle político da sociedade. Ou seja, pela importância do conhecimento científico, o Estado deveria fornecer as condições de funcionamento para que os sábios da Casa de Salomão pudessem se ocupar apenas em desvendar os mistérios da Natureza.

A propósito desse aspecto, Bacon registra, também no aforismo CXIII do Livro I do *Novum Organum*, a importância de se investir mais recursos na pesquisa científica, deixando de desperdiçar tempo e dinheiro com coisas e estudos sem importância e utilidade, a fim de que os cientistas pudessem se dedicar à descoberta da verdade, trabalhando de forma associada, o que contribuiria para o progresso do conhecimento humano[35].

---

34. "O fim da nossa instituição é o conhecimento das causas e dos segredos dos movimentos das coisas e a ampliação dos limites do império humano para a realização de todas as coisas que forem possíveis" (BACON, 1979, p. 262).

35. "Considerem em seguida quanto se poderia esperar (tomando o meu exemplo) de homens com todo o seu tempo disponível, associados no trabalho, tendo pela frente todo o tempo necessário e levando-se em conta também que se trata de um caminho que pode ser percorrido não apenas por um indivíduo (como no caminho racional), mas que permite que o trabalho e a colaboração de muitos se distribuam perfeitamente (em especial para a coleta de dados da experiência). Aí então os homens começarão a conhecer as suas próprias forças, isto é, não quando todos se dediquem à mesma tarefa, mas quando cada um a uma tarefa diferente" (BACON, 1979, p. 74).

Bacon antecipou a ciência como um empreendimento coletivo, destinado a conhecer a Natureza na busca de resultados úteis para o bem-estar humano. Os cientistas deveriam distribuir suas forças, conjugando-as para a ampliação do saber humano, que seria posteriormente utilizado para fabricar artefatos capazes de facilitar a vida humana e dominar a Natureza. Entretanto, precisamente pela possibilidade dos desvios no uso desse conhecimento científico, Bacon intuiu a necessidade de impor limites morais ao exercício do poder dos cientistas sobre a Natureza[36].

A fábula da "Nova Atlântida" faz saltar aos olhos a ideia moderna de que é preciso conhecer o funcionamento da Natureza para dela extrair tudo o que for possível, a fim de melhorar a vida humana, mediante a observação e experimentos, com vistas a produzir inventos úteis, já sendo possível perceber em Bacon, que os artefatos produzidos pelo ser humano possuem a capacidade de não apenas complementar, mas também modificar e até substituir os objetos naturais. A ideia antiga de um conhecimento contemplativo da Natureza cede espaço para a compreensão moderna cristalizada na máxima baconiana "Saber é Poder", pois a liberdade do ser humano consiste em Bacon precisamente no poder de conhecer o funcionamento da Natureza para dela fazer uso, inclusive nela intervindo e modificando-a pelo uso da técnica, com vistas à satisfação das necessidades humanas.

Essa ideia de Natureza como conjunto de regras, que constituem uma ordem possível de ser descrita matematicamente, esteve presente nos albores da modernidade, razão pela qual Francis Bacon chegou a afirmar que só é possível dominar a Natureza obedecendo-lhe, isto é, conhecendo as regras de seu funcionamento, a fim de produzir artefatos mecânicos capazes de melhorar a vida humana.

Francis Bacon não ficou alheio às consequências da utilização da ciência sem limites éticos, discorrendo sobre este aspecto em sua análise do mito

36. "Essas limitações são muito importantes, diz Bacon, para que a ciência não se converta em alimento das emoções humanas, dando origem à ansiedade entre seus praticantes. No fundo, ele estabelece um ponto para além do qual os cientistas não devem sondar a misteriosa vontade de seu Deus calvinista. Lamenta o fato de muitos cientistas terem perdido a fé por acreditarem que sua sabedoria deste mundo pudesse conduzi-los ao perfeito conhecimento das coisas divinas: "Muitos homens de saber se tornaram hereges por quererem remontar até os segredos da deidade com as asas de cera dos sentidos". Contudo, os cientistas precisavam investigar a criação de Deus, a fim de forçar a Natureza a exprimir todas as suas potencialidades" (JAPIASSU, 1995, p. 98).

de Dédalo. Bacon analisou o significado implícito de algumas fábulas da antiguidade, dentre elas a que trata do personagem Dédalo, um gênio capaz de produzir excelentes artefatos mecânicos, "tanto para honra dos deuses quanto para o adorno e a magnificência de cidades ou locais públicos". Todavia, Dédalo era destituído de caráter, notabilizando-se pela produção de "artifícios desonestos e suas aplicações pervertidas", dentre os quais Bacon destaca a invenção de uma máquina que permitiu a Pasifaé copular com um touro, trazendo como consequência o nascimento do monstro Minotauro, devorador de jovens atenienses. A análise baconiana do mito de Dédalo conduz à conclusão de que o mau uso da ciência pode trazer consequências monstruosas[37].

Apesar desse risco, Bacon acreditava que o próprio conhecimento científico poderia enfrentar as consequências do seu mau uso e ser controlado pelo poder do Estado, a exemplo do Minotauro, que foi enfrentado com o auxílio de outros artifícios engendrados por Dédalo, o labirinto e o novelo, bem como reprimido pelo Rei Minos.

Esclarece Bacon:

> De fato, as artes mecânicas costumam ser vir ao mesmo tempo para a cura e a doença e, pela maior parte, possuem o poder de desfazer seu próprio bruxedo.
>
> Além disso, os artifícios ilícitos, e mesmo as artes em si, são geralmente perseguidos por Minos – isto é, pelas leis. Estas os condenam e proíbem o povo de usá-los. Ainda assim se preservam às ocultas e por toda parte encontram asilo e recepção (BACON, 2002, pp. 64-65).

Bacon acreditava que as consequências nefastas do mau uso da ciência poderiam ser corrigidas por ela mesma, bem como pelas limitações impostas pelo poder do Estado, materializadas nas leis.

Além dessa limitação estatal ao poder da ciência, é possível divisar no pensamento baconiano a necessidade de limites morais e éticos na investigação científica, na medida em que os sábios da Casa de Salomão deveriam

---

37. "As passagens seguintes, referentes ao emprego desses talentos, são claríssimas. Decerto a vida humana muito lhes deve, pois daí se tiram inúmeras coisas úteis ao aparato religioso, ao ornamento do Estado e ao universo da cultura. No entanto, da mesma fonte promanam os instrumentos da luxúria e até da morte. Pois, sem falar das práticas dos alcoviteiros, os venenos mais insidiosos, as armas de guerra e outros engenhos letais são frutos da invenção mecânica – e bem sabemos quão mais cruéis e perniciosos se mostram do que o próprio Minotauro" (BACON, 2002, p. 64).

previamente deliberar sobre quais descobertas científicas seriam "dadas a conhecer ao público"[38].

Por fim, a ciência também seria limitada pela consequência da soberba dos próprios cientistas, que terminam caindo em descrédito e perecendo quando não reconhecem seus próprios limites, a exemplo do filho de Dédalo, que morreu ao tentar voar alto demais, com as asas de cera inventadas por seu pai[39].

Calha ressaltar que Bacon foi um teórico, não inventou nem realizou nada, e seu pensamento ainda pode ser considerado pré-científico em relação ao de Galileu, bastando recordar que Bacon negou o movimento da Terra em torno do Sol, quando seus contemporâneos já o admitiam sem reservas.

Apesar disso, Bacon preconizou que o conhecimento científico deveria ser utilizado para promover o bem-estar da humanidade, ou seja, o domínio da Natureza serviria para prevenir catástrofes, inventar máquinas que facilitassem nossa existência, bem organizar as cidades modernas, curar doenças, enfim, melhorar a condição da vida humana[40].

Bacon defendeu que o conhecimento racional deveria ser utilizado para conhecer e dominar a Natureza, superando o misticismo, promovendo o

---

38. "E fazemos ainda o seguinte: realizamos consultas para decidir a respeito de quais invenções e experiências, por nós descobertas, devam ser dadas a conhecer ao público, e quais as que não. Todos nós prestamos um juramento de guardar segredo de tudo o que entendermos conveniente, e algumas coisas revelamos às vezes ao Estado, outras não" (BACON, 1979, p. 271).
39. "No entanto, essas artes ilegais e curiosas perdem com o passar do tempo a estima (pois muitas não cumprem suas promessas), como Ícaro a despencar do céu, são escarmentadas e perecem pelo excesso de ostentação. Porquanto, a falar a verdade, não são tanto contidas pelas leis quanto condenadas pela própria vanglória" (BACON, 2002, p. 65).
40. "Não resta dúvida que o universo de Bacon ainda é bastante pré-científico. Mas ele contribuiu para lançar o homem na conquista da Natureza. Homem de transição, uma espécie de Moisés, mostrou à humanidade a terra prometida. Mas não conseguiu entrar nela. Foi profeta da revolução científica, não seu realizador, seu herói e seu mártir. Este papel coube à Galileu. É no plano da intenção que Bacon é o iniciador dessa revolução. Lançou as bases do pensamento moderno. Nesse sentido, ele é um velho moderno, não um novo como Galileu e Descartes. Todavia, com ele, já nos sentimos na casa da ciência. Diria que o inventor do método experimental não teve tempo ou oportunidade para praticá-lo. Apenas relata algumas experiências dos outros. Teórico da prática, não se preocupou em adquirir prática de sua teoria. Sua grande fraqueza: não produziu nenhum resultado positivo. Sua grande força: reconheceu que a felicidade dos homens passa por uma política devendo encontrar, na ciência, seus fundamentos" (JAPIASSU, 1995, p. 22).

progresso e o bem-estar de toda a humanidade, lançando as bases teóricas da mentalidade científica moderna[41].

Desse modo, Bacon inaugurou uma nova concepção de Natureza como objeto de conhecimento empírico e não mais contemplativo, cujo norte era o aprimoramento da técnica para o progresso da humanidade, sintetizando seu projeto na máxima "Saber é Poder", firmando a base teórica sobre a qual Galileu fundou a ciência moderna.

Deveras, embora pensada por Bacon, a ciência moderna nasceu efetivamente com o gênio italiano Galileu Galilei (1564-1642). As descobertas astronômicas apresentadas na obra *Sidereus Nuncius* (1610) puseram uma pá de cal na concepção aristotélico-ptolomaica de um Cosmos finito, circular, geocêntrico, hierarquizado e fechado, já abalada desde a edição das obras *De Revolutionibus Orbium Coelestium* (1543) de Nicolau Copérnico (1473-1543) e *Astronomia Nova* (1609) de Johannes Kepler (1571-1630), que apresentaram o sistema heliocêntrico e a órbita elíptica dos planetas, efetivando a Revolução Científica preconizada por Bacon e que seria finalizada por Isaac Newton[42] (1642-1727).

Galileu Galilei concretizou a ciência idealizada por Francis Bacon, mediante a observação da regularidade dos fenômenos naturais, demonstrada matematicamente e comprovada mediante experimentos, rompendo definitivamente com a física tradicional aristotélica, mediante a demonstração de que dois corpos de massas distintas caem com aceleração constante, atingindo o solo ao mesmo tempo, quando lançados da mesma altura, contrariando as afirmações de Aristóteles em sentido diametralmente oposto[43]. Além disso,

---

41. "Apesar de seu alheamento à matemática, Bacon capturou bem a mentalidade da ciência que se fez depois dele. O casamento feliz entre o entendimento humano e a natureza das coisas que ele tem em mente é patriarcal: o entendimento que vence a superstição deve imperar sobre a natureza desencantada" (ADORNO; HORKHEIMER, 1985, p. 18).

42. "Todos sabemos que, com os *Philosophiae naturalis principia mathematica* de Newton (1687), a Ciência Moderna, profetizada por Bacon, instaurada por Galileu e tematizada por Descartes, afirma sua maturidade e ganha a estabilidade de uma rocha. O gênio experimental se associa ao gênio matemático. Fica concluída e sistematizada, tanto no plano do método quanto no das soluções, a triunfante revolução científica moderna. Esta obra monumental irá fornecer os elementos essenciais do credo científico e filosófico do século XVIII. Todo esse século vai viver no mais deslumbrante encantamento com a Física Experimental newtoniana, que desaloja por completo a dos princípios cartesianos" (JAPIASSU, 2007, p. 287).

43. "Visto em sua totalidade, o método de Galileu pode ser decomposto em três etapas, *intuição* ou *resolução*, *demonstração* e *experiência*. Empregando-se em cada caso

os inventos de Galileu, tais como o aperfeiçoamento do telescópio e as consequentes descobertas astronômicas, apresentadas na obra *Sidereus Nuncius*, destruíram a concepção aristotélica de um universo fechado e finito[44].

O pensamento de Galileu obliterou a visão aristotélica de uma natureza qualitativa, apresentando-a quantitativamente, como um sistema matematicamente ordenado, cujas regularidades poderiam ser estudadas e compreendidas, ou seja, as relações naturais seguem uma causalidade mecânica necessária, que se reproduz e se repete, passível de demonstração matemática e comprovação experimental.

Galileu propôs a matemática, notadamente a geometria, como a linguagem a ser utilizada para descobrir as leis de funcionamento da Natureza, afirmando que "o livro da natureza é escrito em linguagem matemática", estabelecendo as bases para a construção de um novo método e fundando a ciência moderna.

Seguindo o método matemático experimental de Galileu, em um primeiro momento, o cientista determina e isola o fenômeno, a fim de determinar sua regularidade em termos matemáticos, quantificando os processos naturais em estudo, possibilitando o enunciado de hipóteses sobre o seu funcionamento. Trata-se, portanto, da definição do problema e de sua possível solução, em termos matemáticos. Galileu defendeu que esse método possibilita o enunciado de leis universais, a partir da demonstração puramente matemática do acerto da hipótese, sem necessidade de voltar ao fenômeno natural já matematicamente representado[45].

---

os termos prediletos. Ao encarar o mundo da experiência sensorial, isolamos e examinamos, da maneira mais completa possível, um certo fenômeno típico, em primeiro lugar, com o objetivo de intuir os elementos simples e absolutos em termos dos quais o fenômeno pode ser traduzido à forma matemática da maneira mais fácil e completa; em outras palavras, isso representa uma resolução do fato sensorial nos termos de tais elementos, em combinações quantitativas" (BURTT, 1983, p. 65).

44. "É Galileu quem destrói definitivamente a imagem do Cosmos para substituí-la pelo esquema de um Universo físico unitário, submetido à disciplina rigorosa da física matemática chamada a axiomatizar cada vez mais todos os setores do conhecimento, tanto na ordem das ciências da natureza quanto na das ciências do homem. Essa destruição constitui a peripécia central da história ocidental do saber, acontecimento sem precedentes e sem segundo. Porque todas as revoluções epistemológicas, ao lado da revolução galeliana, não passam de golpes de palácio cuja esfera de influência permanece bastante limitada." (JAPIASSU, 2007, pp. 75-76).

45. "Visto em sua totalidade, o método de Galileu pode ser decomposto em três etapas, *intuição* ou *resolução*, *demonstração* e *experiência*. Empregando-se em cada caso

Desse modo, havendo a correta representação matemática do fenômeno natural, a teoria basta para demonstrar o acerto da hipótese, permitindo a elaboração de leis universais sobre o fenômeno natural em estudo. No entanto, com vistas a expor as conclusões ao público leigo, Galileu defendeu a necessidade de demonstrações experimentais, que a rigor não são necessárias, mas de todo convenientes[46].

O método matemático experimental de Galileu consolida a instrumentalização e a matematização da Natureza, permitindo o conhecimento mecânico do universo[47]. A Natureza agora era compreendida como uma imensa máquina, que funciona de forma coerente, segundo leis matemáticas imutáveis, passíveis de compreensão, de modo que a nova ciência fundada por Galileu se caracteriza pelo conhecimento matemático das regularidades da natureza, cujas teorias produzidas são confirmadas por experimentos. Essa descrição matemática da Natureza é feita a partir da distinção entre (a) qualidades primárias (movimento, número, forma e figura), que são objetivas, necessárias, independentes da vontade humana, sendo passíveis de demonstração matemática, e (b) qualidades secundárias (sabor, cor, odor), que são subjetivas e sofrem a interferência dos sentidos. Desse modo, Galileu firmou a separação conceitual entre o reino da Natureza, onde estão as qualidades primárias, e o reino humano, composto pelas qualidades secundárias.

A ciência moderna produz um conhecimento específico que não se confunde e supera o conhecimento vulgar, este obtido sem qualquer método e não sujeito à comprovação mediante experimentos, fundando-se apenas

---

os termos prediletos. Ao encarar o mundo da experiência sensorial, isolamos e examinamos, da maneira mais completa possível, um certo fenômeno típico, em primeiro lugar, com o objetivo de intuir os elementos simples e absolutos em termos dos quais o fenômeno pode ser traduzido à forma matemática da maneira mais fácil e completa; em outras palavras, isso representa uma resolução do fato sensorial nos termos de tais elementos, em combinações quantitativas" (BURTT, 1983, p. 65).

46. "Uma vez realizado esse procedimento com propriedade, já não necessitaremos recorrer aos fatos sensoriais; os elementos assim obtidos são seus componentes reais e as demonstrações dedutíveis a partir deles pela matemática pura (segunda etapa) devem sempre ser corretas com relação a instâncias similares do fenômeno, mesmo que seja eventualmente impossível confirmá-las empiricamente. Isso explica o tom corajoso de suas passagens apriorísticas" (BURTT, 1983, p. 65).

47. "[...] sendo a Natureza inexorável e imutável e jamais ultrapassando os limites das leis a ela impostas, como aquela que nada se preocupa se suas recônditas razões e modos de operar estão ou não ao alcance da capacidade dos homens" (GALILEI, 2009, p. 60).

nas experiências sensíveis do dia-a-dia e na autoridade da tradição cultural ou religiosa.

Na Modernidade, a compreensão da Natureza deve ocorrer mediante um árduo processo de investigação metódica e sistemática, sem o qual não é possível penetrar em seus mistérios. O conhecimento vulgar não vai além das primeiras impressões dos sentidos, não se prestando a produzir um conhecimento verdadeiro sobre os fenômenos naturais escritos no "livro aberto do céu"[48].

De fato, Galileu afirmava que o conhecimento verdadeiro sobre a Natureza somente poderia ser obtido mediante a observação direta dos fenômenos naturais, cujos "achados e feitos" deveriam ser posteriormente submetidos à comprovação experimental. Os fenômenos naturais passaram a ser compreendidos como uma ordem matemática, necessária e que independe da vontade humana, que poderia ser observada, demonstrada e experimentada, com vistas ao seu controle e posterior aplicação desses conhecimentos em benefício do bem-estar humano.

A ciência moderna ultrapassa a separação entre o saber e o fazer, associando-se à técnica, constituindo um conhecimento teórico que se aplica na prática. Essa nova concepção de Natureza rompe com a tradição medieval, que compreendia a Natureza como uma obra de Deus, a ser contemplada e não estudada. Por isso, Galileu teve que enfrentar a crítica e a desconfiança de seus contemporâneos, especialmente em razão de sua defesa do sistema heliocêntrico, proposto por Copérnico na obra *De revolitionibus orbium coelestium* (Das revoluções dos orbes celestes).

Em carta encaminhada à Senhora Cristina de Lorena, Grã-Duquesa Mãe de Toscana, Galileu defendeu inexistir oposição entre o sistema heliocêntrico e as Sagradas Escrituras, uma vez que a ciência e a fé não são opostas, estando ambas a serviço da verdade, mas com propósitos distintos, na medida em que a fé se destina à salvação das almas, enquanto a ciência objetiva o conhecimento da Natureza, razão pela qual "nas discussões de problemas concernentes à Natureza, não se deveria começar com a autorida-

48. "Nem haja quem creia que a leitura dos altíssimos conceitos que estão escritos naquelas páginas termine apenas no ver o esplendor do Sol e das estrelas e o seu nascer e pôr-se, que é o termo até onde penetram os olhos dos animais e do vulgo. Mas há, aí dentro, mistérios tão profundos e conceitos tão sublimes que as vigílias, as fadigas e os estudos de centenas e centenas de agudíssimas inteligências não os penetram ainda inteiramente com as investigações levadas adiante por milhares e milhares de anos" (GALILEI, 2009, pp. 76-77).

de de passagens das Escrituras, mas com as experiências sensíveis e com as demonstrações necessárias" (GALILEI, 2009, p. 59). A teologia se ocupa da beatitude, não das questões da Natureza, que devem ser estudadas mediante a observação e o experimento, com vistas a compreender as regularidades dos fenômenos naturais, não se devendo invocar textos da Bíblia em questões concernentes ao funcionamento da natureza. Galileu compara a atitude dos religiosos, que invocam a autoridade da Bíblia em assuntos científicos, com a de um príncipe absoluto, que não tem conhecimentos científicos, mas se vale de seu poder para determinar como estes devam ser aplicados[49]:

Com efeito, Galileu defendeu que o Espírito Santo inspirou a redação das Sagradas Escrituras com o propósito de ensinar o caminho para a redenção das almas, não tendo como objetivo expor teorias matemáticas ou astronômicas. A Bíblia não foi escrita para ensinar matemática, astronomia, física ou assuntos semelhantes, mas para esclarecer o caminho pelo qual o ser humano pode se reconciliar com Deus[50].

A explicação de Galileu para a aparente contradição entre algumas passagens das Sagradas Escrituras e as conclusões acerca da Natureza, obtidas "com experiências sensíveis, com observações cuidadosas e com demonstrações necessárias", decorre das limitações da inteligência humana para compreender os verdadeiros ensinamentos da Bíblia.

Galileu se auto proclamou um "astrônomo católico", que jamais pretendeu tornar falsas as Sagradas Escrituras, estando convicto de que as "Sagradas Escrituras concordam muitíssimo bem com as verdades demonstradas sobre

---

49. "Não deveriam, pois, seus ministros e professores arrogar-se autoridade de decretar nas profissões não exercidas nem estudadas por eles. Isso seria como se um príncipe absoluto, sabendo que pode ordenar livremente e fazer-se obedecer, quisesse, não sendo ele nem médico nem arquiteto, que se medicasse e construísse a seu modo, com grave perigo para a vida dos míseros enfermos e manifesta ruína dos edifícios" (GALILEI, 2009, p. 72-73).

50. "Destas coisas, descendo mais ao nosso particular, resulta por conseqüência necessária que, não tendo o Espírito Santo querido nos ensinar se o céu se move ou permanece parado, nem se sua forma é a de uma esfera, a de um disco ou estendida como um plano, nem se a terra está contida no centro deste ou de um lado, menos intenção terá tido de certificar-nos de outras conclusões do mesmo gênero, de tal modo ligadas com as acima mencionadas que, sem a determinação destas, não se pode firma esta ou aquela conclusão; desse tipo é o determinar do movimento e do repouso desta Terra e do Sol. Se o mesmo Espírito Santo, com belo zelo, deixou de ensinar-nos tais proposições, pois em nada concernem à sua intenção, isto é, à nossa salvação, como se poderá então afirmar que sustentar sobre estas tal opinião e não tal outra seja tão necessário que uma é de Fé, e a outra errônea?" (GALILEI, 2009, p. 64).

a Natureza", de modo que são as interpretações equivocadas da Bíblia, levadas a cabo por "teólogos não astrônomos", que ameaçam falsear as Escrituras e não as descobertas científicas[51]. Por tudo isso, Galileu afirmou sua defesa do sistema heliocêntrico de Copérnico, de modo enfático[52]:

Apesar dos argumentos de Galileu, a teoria heliocêntrica foi considerada herética pela Inquisição e o livro de Copérnico *Das revoluções dos orbes celestes* incluído no índice de livros proibidos (*Index librorum prohibitorum*). Por sua defesa do sistema heliocêntrico de Copérnico, Galileu terminou condenado pela Inquisição à pena de prisão por tempo indeterminado, posteriormente comutada para prisão domiciliar, sendo inclusive obrigado a abjurar publicamente suas afirmações.

Entretanto, a Terra continuou se movendo e a ciência moderna fundada por Galileu, com sua nova concepção matemática de Natureza, promoveu uma revolução paradigmática, abrindo caminho para a construção do *dualismo cartesiano*, que iria firmar definitivamente a separação conceitual entre o ser humano e a Natureza.

René Descartes estabeleceu a razão como instrumento para o conhecimento verdadeiro da Natureza, superando os equívocos produzidos pelos sentidos, bem como tentou conciliar a fé e a ciência, preocupação presente nos primeiros Modernos. Descartes afirmou que sua meta era "utilizar toda minha vida no cultivo da minha razão e em adiantar-me tanto quanto possível no conhecimento da verdade, de acordo com o método que me prescrevera" (DESCARTES, 1998, p. 55).

Esse método foi exposto em sua obra principal, intitulada precisamente *Discurso do Método*, livro escrito em primeira pessoa, com seis partes, no qual defendeu o conhecimento verdadeiro da Natureza como um instrumento para sua dominação, subjugando-a e colocando-a à disposição da satisfação das necessidades humanas. O objetivo do cartesianismo era promover o bem geral de todos os seres humanos, a partir da constatação de que:

---

51. "Se a Terra, 'de fato', se move, nós não podemos mudar a Natureza e fazer com que ela não se mova. Mas podemos muito bem remover a oposição da Escritura, apenas confessando não termos penetrado o seu verdadeiro sentido. Portanto, o caminho da segurança de não errar é começar pelas pesquisas astronômicas e de ciência da Natureza, e não pelas escriturísticas" (GALILEI, 2009, pp. 121-122).

52. "Em suma, se não é possível que uma conclusão seja declarada herética enquanto se duvida se ela pode ser verdadeira, vã deverá ser a fadiga daqueles que pretendem condenar a mobilidade da Terra e a estabilidade do Sol se primeiro não demonstrarem que ela é impossível e falsa" (GALILEI, 2009, p. 95).

> [...] é possível adquirir conhecimentos muito úteis para vida e que, em lugar dessa filosofia especulativa que se ensina nas escolas, pode-se encontrar uma filosofia prática pela qual conhecendo a força e a ação do fogo, da água, do ar, dos céus e de todos os outros corpos que nos rodeiam, tão distintamente quanto conhecemos os diferentes ofícios de nossos artífices, fosse-nos possível aplicá-los do mesmo modo a todos os usos a que se prestam, fazendo-os como que senhores e possuidores da natureza (DESCARTES, 1998, p. 114).

Descartes partiu da premissa de que todo ser humano é dotado de razão, que o diferencia dos demais animais, sendo a diversidade de pensamentos causada pela existência de diferentes caminhos para conduzi-los. Ademais disso, o ser humano possui preconceitos, noções falsas, que o impedem de alcançar o conhecimento verdadeiro, preconceitos que não derivavam da razão, mas eram impostos pela força, precisamente por não se fundarem em argumentos racionais. O caminho para alcançar o conhecimento verdadeiro sobre a Natureza é separá-lo do falso, ou seja, afastar os preconceitos que impedem a descoberta da verdade, utilizando um método racional, à semelhança dos geômetras[53].

Saliente-se que, para Descartes, a construção desse conhecimento científico, capaz de separar o verdadeiro do falso, era um empreendimento individual, pelo qual o pesquisador utiliza o método para expurgar as noções falsas da sua mente e caminhar em direção ao conhecimento verdadeiro, uma vez que a ciência nas mãos de muitos conduzia à imperfeição e à falta de unidade. Assim, o cientista deveria inicialmente despojar-se de todas as opiniões prévias, tidas como verdadeiras, duvidando do conhecimento que já possuía, a fim de submetê-lo a exame e, só posteriormente, após validá-lo pelo método, poder estar seguro de que se tratar de um conhecimento verdadeiro. O racionalismo cartesiano parte da "dúvida metódica", para alcançar a verdade pela dedução, utilizando a observação e experimentação apenas para confirmar as conclusões já alcançadas pela razão, isto é, o cientista deve tomar todo seu conhecimento prévio como falso. Importa

53. "Essas longas cadeias de razões simples e fáceis, das quais usam os geômetras servir-se para atingir as suas mais difíceis demonstrações deu-me azo a imaginar que todas as coisas que podem ser submetidas ao conhecimento dos homens seguem-se do mesmo modo, e que, desde que se possa evitar ter como verdadeira alguma coisa que não o seja e desde que se consiga conservar sempre a ordem necessária para fazer a dedução uma das outras, não existirão tão distantes que não sejam alcançadas, nem tão escondidas que não sejam descobertas" (DESCARTES, 1998, pp. 40-41).

destacar que Descartes expressamente apartou a sua "dúvida metódica" do procedimento dos céticos, que "duvidam por duvidar"[54].

Os sentidos enganam, por isso o cientista deve partir da dúvida metódica, questionando todo o seu conhecimento prévio, exceto a sua própria capacidade de pensar, que é a condição de possibilidade para o conhecimento verdadeiro, razão pela qual a base do cartesianismo repousa sobre a máxima *cogito ergo sum* ("penso, logo existo" ou "penso, logo sou") que é uma evidência. Desse modo, só as coisas dotadas de clareza e distinção, evidentes à alma racional, podem ser consideradas verdadeiras, pois os sentidos do corpo enganam, de modo que "seja acordados, seja dormindo, jamais devemos deixar-nos persuadir senão pela evidência de nossa razão" (DESCARTES, 1998, p. 76)[55].

Observe-se que Descartes reconhece a dualidade do ser humano, a um só tempo corpo e mente, pois não pode "fingir não ter corpo", mas afirma que a essência do ser humano reside unicamente em pensar[56].A Natureza em Descartes é compreendida a partir desse dualismo entre corpo (matéria) e mente (razão), onde Deus, o Ser perfeito, pura essência, sem corpo ou sentidos, cria a Natureza, como pura matéria, regida por leis universais e regulares, que podem ser conhecidas pela razão. Trata-se de uma concepção mecânica de Natureza, compreendida como matéria sem vida, regida por processos causais, que independem da ação humana.

Essa concepção mecânica da Natureza fica bem exposta quando Descartes compara o corpo dos animais com os "autômatos diferentes ou as máquinas móveis" engendradas pela indústria humana, afirmando que o corpo dos animais pode ser considerado "como uma máquina que, tendo

---

54. "Não imitava nesse procedimento os céticos, que apenas duvidam por duvidar e dão demonstrações de estarem irresolutos; todo o meu propósito tendia, pelo contrário, a adquirir a certeza, a afastar a areia movediça e a terra, para descobrir a rocha ou a argila" (DESCARTES, 1998, p. 58).

55. "Mas, logo depois, observei que, enquanto eu desejava considerar assim tudo como sendo falso, era obrigatório que eu, ao pensar, fosse alguma coisa, Percebi, então, que a verdade **penso, logo existo** era tão sólida e tão exata que sequer as mais extravagantes suposições dos céticos conseguiriam abalá-las" (DESCARTES, 1998, pp. 66-67).

56. "[...] concluí de tudo isso que eu era uma substância cuja essência ou natureza reside unicamente em pensar e que, para que exista, não necessita de lugar algum nem depende de nada material, de modo que eu, isto é, a alma, pela qual sou o que sou, é totalmente diversa do corpo e mesmo mais fácil de ser reconhecida do que este e, ainda que o corpo não existisse, ela não deixaria de ser tudo o que é" (DESCARTES, 1998, p. 67).

sido obra das mãos de Deus, é sem comparação possível mais bem arrumada e tem em si movimentos mais admiráveis do que qualquer daquelas que os homens possam inventar" (DESCARTES, 1998, p. 102).

O pensamento cartesiano entende que os fenômenos seguem necessariamente essa regularidade causal, passível de ser compreendida pela razão para proveito humano, decompondo e estudando suas partes, como se fosse uma máquina. Apenas o ser humano racional tem a possibilidade de dominar e subjugar a Natureza para seu proveito, uma vez que os demais animais estão a ela submetidos.

A propósito, ainda discorrendo sobre a distinção entre o ser humano e os demais animais, Descartes explicita que os demais animais não agem conscientemente, mas apenas atuam em razão da disposição de seus órgãos, submetidos ao "poder da matéria", o que prova não terem espírito[57]. O ser humano transcende o corpo, não se submetendo ao "poder da matéria", podendo superar os instintos dos seus órgãos e dominar a Natureza com a sua razão, pois, embora tenha corpo, isto é, também seja matéria, o ser humano possui uma alma racional, "de natureza completamente independente do corpo e não está, por isso, sujeita a morrer com ele; pois que não vendo outras causas que a destruam, somos induzidos, evidentemente, a concluir que ela é imortal" (DESCARTES, 1998, p. 107).

Calha ressaltar que Descartes defendeu o controle e a intervenção na Natureza com o objetivo proporcionar o bem-estar humano, uma vez que o conhecimento acerca do funcionamento dos fenômenos naturais permitiria aos seres humanos dominá-los, prevenindo a humanidade de uma série de infortúnios, notadamente a morte precoce em razão de doenças as mais variadas, provocadas pelas condições insalubres de vida e pela falta de aprimoramento da medicina[58].

57. "[...] mas isto é antes prova de eles não possuem espírito e que a natureza é que age neles conforme a disposição dos seus órgãos, do mesmo modo que um relógio, sendo formado exclusivamente de rodas e molas, pode contar as horas e medir o tempo com mais exatidão do que nós com toda nossa prudência" (DESCARTES, 1998, p. 106).

58. "E isso é tanto mais desejável não só levando-se em conta a invenção de uma infinidade de artifícios que nos possibilitariam gozar, sem nenhum trabalho, dos frutos da terra e de todas as comodidades que se acham nela, porém especialmente a manutenção da saúde, que é indubitavelmente o primeiro bem e o fundamento de todos os demais bens desta vida; [...] poderíamos nos livrar de uma infinidade de moléstias, seja do corpo seja do espírito, e talvez mesmo do enfraquecimento que a velhice provoca, se possuíssemos conhecimento suficiente de suas causas e de todos os remédios que a natureza possibilita" (DESCARTES, 1998, pp. 114-115).

Desse modo, do exposto até aqui, constata-se que a ideia moderna de Natureza foi construída em um longo processo histórico de separação conceitual entre a Natureza e o ser humano, considerado o único ser dotado de racionalidade e capacidade para compreender os processos naturais, a fim de dominá-los e submetê-los às necessidades humanas. A Natureza passou a ser entendida como pura matéria, desencantada, compreendida como máquina, passível de ser desmontada e remontada de acordo com nossas necessidades, tornada um artefato semelhante aos fabricados pelo engenho humano[59].

Após a Modernidade, a ideia de uma Natureza imaculada, um lugar no planeta inacessível ao agir humano, permaneceu apenas como um ideal mítico, uma vez que os Modernos a desvendaram seus mistérios, despojando--a dos seus encantos, para dominá-la, subjugá-la e controlá-la como mais um artefato.

Para os Modernos, a Natureza é compreendida a partir do modelo da máquina, reconhecida apenas como matéria, fonte de recursos, sem qualquer valor intrínseco, um objeto inerte e dessacralizado, à semelhança do mecanismo de um relógio, que pode ser desmontado peça por peça, a fim de aperfeiçoar o seu funcionamento. O artefato possui um fim que determina a sua existência, ele é fabricado e existe para atender a uma necessidade pré-determinada pelo artífice que o fabricou, ou seja, o fim do artefato é determinado pela necessidade do ser humano que o fabrica.

A Natureza resta à mercê da técnica, que pode manipulá-la para forçá--la a satisfazer as necessidades humanas. Nos mesmos moldes das demais máquinas fabricadas pelo ser humano, a Natureza tornada máquina também não tem outra finalidade senão atender às necessidades humanas. A Natureza, tornada um artefato, também não tem uma finalidade em si mesma, equiparando-se aos demais artefatos fabricados humanos, uma vez que o conhecimento científico permite manipulá-la para o atendimento de fina-

59. "Experimentar é produzir artificialmente fenómenos que não podem ser constatados por uma observação espontânea, mas que, no entanto, são declarados "naturais" porque obedecem às leis gerais da natureza. A condição de validade da experimentação é portanto a identidade entre do artificial e do natural. O experimentador produz (e reproduz à vontade, segundo processos conhecidos) um dispositivo no exterior do qual ele se encontra e que pode mostrar a diferentes testemunhas. A experimentação supõe a exterioridade do sujeito e do objecto. É necessário um objecto mensurável e um sujeito abstracto que possa substituir qualquer outro" (LARRÈRE; LARRÈRE, 1997, p. 76).

lidades pré-determinadas pelo ser humano, que se torna de fato o senhor e possuidor da Natureza[60].

Importa destacar que os primeiros modernos pensaram sua ciência como um conhecimento capaz de orientar a técnica, possibilitando a invenção e produção de artefatos que facilitariam a vida humana, por exemplo, melhorando a produção agrícola para enfrentar a fome e ampliando os conhecimentos médicos e descobrindo novos remédios, capazes de aumentar a expectativa e a qualidade da vida humana.

É muito importante destacar que a ideia moderna de *natura ex machina* não foi construída com o propósito de destruir a Natureza e por fim à humanidade, como ressoa em alguns discursos extremados. Cada geração enfrenta os problemas de seu tempo e os Modernos buscavam a emancipação de todos os seres humanos das imprevisibilidades da Natureza, tornando-nos senhores de nosso próprio destino.

E, de fato, ao longo do seu desenvolvimento histórico, a ciência dos Modernos foi bem-sucedida em seu intento de promover o bem-estar humano, possibilitando a diminuição dos índices de mortalidade infantil, ampliando a expectativa de vida, aumentando a produção de alimentos, facilitando a comunicação e o transporte de pessoas e bens. Os avanços tecnológicos propiciados pela ciência moderna possibilitam ao ser humano viver mais e melhor na Modernidade que em períodos históricos anteriores, com uma população maior e em crescimento constante. Os inventos e descobertas científicas da ciência dos Modernos permitiram o controle humano dos fenômenos naturais, incrementando o bem-estar humano e ampliando a expectativa e qualidade de vida.

Nesse sentido, o projeto dos Modernos foi essencialmente a emancipação do indivíduo do reino da necessidade, mediante o uso da razão para o controle e domínio da Natureza, sob o primado da ciência experimental e racional-matemática, superando o misticismo e colocando o ser humano na condição de produtor de sua própria história.

---

60. "Sobre a concepção moderna de Natureza, Larrére aclara: "É porque não há finalidade na natureza, porque esta não tem sentido (ela não nos fala, não tem nada a dizer-nos ou a responder-nos), que nós podemos fazer dela o que quisermos: não há fins a respeitar, que permitiriam estabelecer a diferença entre o que se faz de acordo com a natureza ou contra ela. A natureza é neutra, é um campo de acções e de recursos indefinidamente disponíveis ao ser humano e á sua acção livre, que nada (para além dele próprio) vem limitar." (LARRÈRE, 2004, p. 173).

Os Modernos e sua ciência pretendiam estabelecer as condições para a promoção do bem-estar e do progresso material e moral de todos os seres humanos, mediante o conhecimento e controle da Natureza, a fim de estender o poder do ser humano sobre os fenômenos naturais, mediante uma linguagem e um método libertos da tradição teológica medieval, que entendia a Natureza como uma obra de Deus, merecedora de contemplação, não de estudo. Os Modernos reconheciam o indivíduo como um sujeito autônomo, livre e consciente, capaz de pensar por si. A emancipação do ser humano ocorreria pela extensão do seu domínio sobre a Natureza.

Os Modernos promoveram uma revolução no campo ambiental, instituindo um paradigma fundado na separação entre o natural e o artificial, com predomínio deste sobre aquele. Os Modernos aperfeiçoaram este paradigma ambiental para ampliar o saber sobre os processos naturais, a fim dominá-los, logrando êxito em desencantar a Natureza, aumentando a produção de alimentos, descobrindo novos remédios, melhorando as tecnologias em geral, notadamente nas áreas de comunicações e transportes, proporcionando bem-estar ao ser humano. Enquanto os pré-modernos temiam a imprevisibilidade dos fenômenos naturais e reverenciavam a Natureza repleta de deuses e encantos, os Modernos a sujeitaram, libertando-se do jugo da natureza-mãe, tornando-a natureza-máquina.

No entanto, o moto-contínuo do desenvolvimento da ciência moderna ultrapassou os limites de resiliência dos processos ecossistêmicos que sustentam a reprodução da existência humana, instituindo um paradoxo que tornou a Modernidade refém do seu próprio sucesso.

2.3. A HIPERTROFIA E O ESGOTAMENTO DO PARADIGMA AMBIENTAL MODERNO

O advento da Modernidade trouxe um novo paradigma ambiental, sendo importante destacar, de logo, que a ciência fundada no paradigma ambiental moderno nasce no contexto histórico-social da Europa do século XVII, com a ascensão da classe burguesa ao poder[61], o que implicou na hegemonia de um conjunto de novos valores socioculturais, que prestigiavam o saber prático em relação ao teórico, razão pela qual a ciência moderna está associada à técnica, ultrapassando a separação

61. "Trata-se de uma ciência que surgiu em condições socioculturais bem precisas. Nunca é demais insistir no seguinte fato: o período da revolução científica coincide com o começo do capitalismo moderno" (JAPIASSU, 2007, p. 33).

entre o saber e o fazer para constituir um conhecimento teórico que se aplica na prática[62].

O processo de modernização das sociedades ocorreu na esteira da Revolução Científica, com a emergência do paradigma ambiental moderno e sua nova concepção mecânica da Natureza separada conceitualmente do ser humano, coincidindo com a passagem das sociedades tradicionais para as sociedades capitalistas.

O paradigma ambiental moderno foi construído mediante um longo processo histórico de racionalização, que dessacralizou a autoridade e desencantou a Natureza, quebrando a cosmovisão tradicional unificada, em prestígio do "sujeito-ser humano" que utiliza sua razão para compreender a "Natureza-objeto". Todas as instituições modernas são construídas em prestígio da subjetividade e da autonomia privada dos indivíduos, em torno de uma cosmovisão que separa o ser humano da Natureza, subjugando-a ao poder interventivo da ciência moderna, a fim de emancipar o ser humano, tornando-o senhor do seu próprio destino.

A ciência moderna não surgiu como um movimento puramente teórico, uma busca desinteressada pelo conhecimento da Natureza, mas se revelou desde o início um fenômeno umbilicalmente ligado ao surgimento da empresa capitalista e das necessidades da nova classe dominante em potencializar a produção para aumentar seus lucros, mediante a utilização mais eficiente e eficaz da Natureza, o que demandou investimentos em pesquisas e invenção de novas máquinas, recursos estes que em boa medida viabilizaram as descobertas científicas da ciência moderna[63].

É possível compreender a modernização das sociedades como uma transição paradigmática, que alterou substancialmente a matriz teórica, a

62. "Desde os primórdios, a ciência vem se impondo como um poderoso instrumento de ação, um empreendimento operatório e o saber que melhor responde às exigências de eficácia prática. Na escolha mesma de seus temas (cinemática, dinâmica, hidráulica, etc.) e de seus procedimentos (quantificação, experimentação) já se mostra solícita às principais exigências da sociedade" (JAPIASSU, 2007, p. 118).

63. "Portanto, desde sua origem, a ciência esteve mais ou menos mancomunada com a ideologia dominante da sociedade que tornou possível sua emergência, sua instauração e seu progresso. A chamada "pesquisa pura" ou simplesmente teórica ou desinteressada só pode ser uma atividade lúdica. Sabemos que a burguesia nascente assume o controle da vida social graças ao poder que lhe confere o conhecimento científico, permitindo-lhe o domínio das coisas. Lança mão dos seguintes meios: da objetividade, da quantificação, da experimentação e da lógica da implicação. Ao apropriar-se da racionalidade científica, torna-a cúmplice do poder" (JAPIASSU, 2007, p. 121).

cosmovisão dominante, a estrutura social e as relações sociais subjacentes, decorrente de um complexo de causas em que se destacam a Reforma Protestante, o Renascimento, a Revolução Científica, a generalização do modo de produção capitalista e a industrialização, que conjuntamente conduziram a um novo modelo de desenvolvimento, lastreado nas ideias de: (i) Estado nacional, com sua burocracia e o seu Direito, instituído, interpretado e aplicado racionalmente; (ii) de ciência e de política racionais, relacionadas à técnica; e (iii) de organização racional do trabalho.

O paradigma ambiental moderno substituiu o paradigma anterior esgotado, que já não conseguia cumprir suas funções, na medida em que o modelo de desenvolvimento já não conseguia resolver os problemas de integração sistêmica e social, nos limites de uma cosmovisão geocêntrica de um cosmo finito, circular e fechado, onde a Natureza possuía mistérios e encantos. O processo de crise do paradigma ambiental aristotélico-ptolomaico culminou com o advento de um novo quadro conceitual, dentro do qual emergiu a ideia de Natureza-Máquina, na esteira da superação da astrologia pela astronomia newtoniana, tendo como ideia central a separação entre Natureza e Cultura, isto é, de um lado está a Natureza e do outro o ser humano sujeito, aquela externa a este, tratada como objeto plenamente manipulável.

A Modernidade separou o Natural do Artificial, dignificando este em detrimento daquele. situando-os no mesmo patamar dos objetos naturais. Desde *A Nova Atlântida* já é possível inferir que a ideia de *natura ex machina* enfraquece a distinção entre os objetos naturais e os objetos artificiais, uma vez que a pretensa identificação da Natureza com a máquina implica por consequência a identificação do ser humano e suas máquinas com a Natureza. No entanto, importa destacar que, na Modernidade inicial, a distinção entre os objetos naturais e artificiais ainda era de fácil percepção, mesmo quando o objeto artificial era constituído de partes naturais, a exemplo de uma mesa de madeira.

Os Modernos se distanciaram dos Antigos na medida em que consideram a técnica capaz de intervir na Natureza, desmistificando os processos naturais para dominá-los. O ser humano moderno negou a Natureza que existe em si mesmo, separando-se dela, rejeitando-a para se compreender como superior e dominador.

A Modernidade foi construída em torno desta grande divisão entre Natureza e Cultura, com prestígio da razão humana sobre os fenômenos naturais[64].

64. "Liberados da hipoteca religiosa, tornaram-se capazes de criticar o obscurantismo dos antigos poderes ao desvelarem os fenômenos naturais que estes dissimulavam

A dessacralização do conceito de Natureza e a instituição da ciência moderna são elementos inseparáveis do mesmo fenômeno de modernização das sociedades, de modo que a racionalidade científica e o seu método gradativamente passaram a ser vistos como critérios para definição do conhecimento verdadeiro, expandindo a racionalidade científica para os demais campos do saber, que restaram submetidos à mesma lógica das ciências ditas naturais. O paradigma ambiental da Modernidade foi construído em torno da ideia de separação conceitual entre Natureza e Cultura, aquela tomada como um objeto à mercê da *tecnologia* do ser humano, que se posiciona diante da Natureza para dominá-la.

Nesse ponto, é preciso destacar que o conceito de tecnologia não deve ser compreendido em um sentido limitado aos artefatos (*softwares* e *hardwares*), mas avançar para incluir, sobretudo, as relações sociais intermediadas pela tecnologia, além dos produtos materiais e imateriais que decorrem dessas relações. A tecnologia se revela um fenômeno que vai além dos artefatos, afetando a identidade, a subjetividade e a cultura dos seres humanos, servindo de base para construção de uma ética em torno de um conceito de Natureza.

O desenvolvimento do paradigma ambiental moderno, notadamente a partir da Revolução Industrial, permitiu um crescimento linear e contínuo da tecnologia interventiva do ser humano sobre a Natureza, potencializada pelos crescentes investimentos em novas invenções, que tornaram a ciência e a tecnologia indissociáveis, com vistas a sua utilização para fins práticos. A tecnociência moderna enfrentou a imprevisibilidade dos processos naturais, que era uma ameaça ao bem-estar e à própria continuidade da vida humana,

– ao mesmo tempo em que inventavam os fenômenos na redoma artificial do laboratório. As leis da natureza permitiram que as primeiras Luzes demolissem totalmente as pretensões mal fundamentadas dos preconceitos humanos. Ao aplicar seu padrão de leitura, viram nos antigos híbridos apenas misturas indevidas que era preciso purificar, separando os mecanismos naturais das paixões, dos interesses ou da ignorância dos humanos. Todas as formas de pensar de outrora tornaram-se ineptas ou aproximativas. Ou, antes, a simples aplicação da Constituição moderna define um "outrora" absolutamente diferente do belo presente (ver abaixo). O obscurantismo das idades passadas, que misturavam indevidamente necessidades sociais e realidade natural, foi substituído por uma aurora luminosa que separava claramente os encadeamentos naturais e a fantasia dos homens. As ciências naturais definiam a natureza e cada disciplina foi vivenciada como uma revolução total através da qual se separava enfim do Antigo Regime. Ninguém é moderno se não sentiu a beleza desta aurora e não vibrou com suas promessas" (LATOUR, 1994, pp. 40-41).

mediante o conhecimento, a previsibilidade e a intervenção na Natureza, melhorando a condição da vida humana em diversas frentes.

O êxito da empreitada dos Modernos foi tamanho que é possível questionar se o projeto de domínio da Natureza não estaria consumado, resultando em uma Natureza plenamente manipulada e tornada apenas mais um artefato idêntico aos fabricados pela Cultura. Esta hipótese da instrumentalização plena da Natureza, submetida totalmente ao conhecimento humano, permite inclusive falar em uma nova era geológica nomeada *antropoceno*, tendo em vista não haver lugar do ecossistema terrestre não transformado pela ação humana.

Todavia, no curso do desenvolvimento histórico do paradigma ambiental moderno, notadamente a partir da Revolução Industrial, o paradigma ambiental construído pelos Modernos, em torno da ideia de *natura ex machina*, cujo uso estava livre de qualquer controle ou limite ético ou moral, hipertrofiou-se.

O paradigma ambiental moderno, fundamentado na separação conceitual entre o ser humano e a Natureza, esgotou a sua capacidade de identificar e resolver os problemas ecológicos, porque esses problemas questionam a contradição entre um desenvolvimento crescente e linear em um mundo de recursos naturais finitos, acarretando um descompasso entre a cosmovisão decorrente do paradigma ambiental e o modo como a Natureza se comporta.

Os seres humanos dependem do uso da Natureza, pois dela extraem as condições de possibilidade de sua existência, mas o uso moderno intenso, crescente e desordenado dos bens ambientais conduziu ao comprometimento do ciclo de renovação dos ecossistemas, ameaçando-o de interrupção, o que caracteriza uma séria ameaça ao bem-estar humano. Paradoxalmente, a imprevisibilidade do domínio humano sobre a Natureza se tornou a verdadeira ameaça, na medida em que o prometeu moderno perdeu o controle sobre as ações do seu *golem* tecnocientífico.

A ciência moderna definitivamente passou a ser um instrumento para o incremento da produção, passando a orientar-se pela mesma racionalidade instrumental, recebendo volumes crescentes de investimento. A grande divisão entre o natural e o artificial, entre a Natureza e a Cultura, que fundamenta o paradigma ambiental moderno, consolidou o caráter utilitarista e pretensamente neutro das intervenções humanas na Natureza, sem qualquer espécie de limites, tendo como critério de avaliação das ações instrumentais apenas a relação entre meios e resultados, desviando-se do projeto original de emancipação do ser humano. A extensão da racionalidade instrumental, que se tornou hegemônica e bloqueou outras formas de racionalidade, conduziu a uma hipertrofia do paradigma ambiental moderno.

A hipertrofia da Modernidade conduziu precisamente à negação de sua premissa, com o aprisionamento da racionalidade e a privação da autonomia. O desenvolvimento do poder interventivo da técnica e da ciência estabeleceu as condições pelas quais o seu mau uso pode interromper globalmente os processos naturais, inviabilizando a continuidade da vida humana.

A Modernidade hipertrofiada liberou o agir instrumental tecnocientífico, orientado apenas pela eficiência e eficácia, avançando sobre tudo, medindo, pesando, quantificando, coisificando, massificando, na busca do controle total da Natureza. A lógica da ação instrumental, necessária para produção do conhecimento, estendeu-se aos demais campos sociais, subjugando-os.

A racionalidade instrumental do paradigma ambiental moderno se sobrepôs a todas as outras formas de racionalidade, fundada no caráter prático e utilitarista da ação voltada para a obtenção de resultados, sem considerações morais quanto aos meios justificando todas as ações que alcançam o fim predeterminado, desconsiderando quaisquer limites, sejam éticos, morais ou físicos.

A hipertrofia do paradigma ambiental moderno permitiu a ampliação dessa racionalidade instrumental, forçando os limites ecossistêmicos e comprometendo a reprodução dos processos naturais, o que acarreta consequências ecológicas, que põem em risco o bem-estar humano (tsunamis, enchentes, terremotos, escassez de água potável, aquecimento global, derretimento das calotas polares, perda da biodiversidade etc.) e provocam uma série de outras crises que se deslocam entre os campos sociais.

Assim, a Modernidade se desenvolveu para negar a si mesma, desviando-se do ideal de autonomia e emancipação do ser humano, que justificou a secularização e o desencantamento do mundo, para a hegemonia de uma racionalidade instrumental hipertrofiada, instituída apenas com base na relação utilitária entre meios e fins, que sufocou as outras formas de racionalidade, destruindo a base das convicções compartilhadas que fundamentavam as expectativas de comportamento recíproco de longo prazo, coisificando a Natureza e os próprios seres humanos.

Com efeito, o projeto inicial da modernidade partiu da ideia de exterioridade do ser humano em relação à Natureza, esta compreendida como matéria inerte, sem propósito ou valor intrínseco, sujeita ao conhecimento e ao controle ilimitado pelo ser humano como único ser moral, tendo como meta a emancipação do ser humano do reino da necessidade, com vistas ao progresso material e moral de toda a humanidade. O conhecimento tecnocientífico moderno não se limitava a contemplar, imitar ou completar a Natureza, mas intencionava fazê-la funcionar em benefício do ser humano, como os demais artefatos, inclusive possibilitando a invenção de outros artefatos, em uma linha ascendente e infinita de acumulação de conhecimento e poder interventivo sobre a Natureza[65]. O ser humano moderno pretendeu se emancipar das imprevisibilidades naturais, conhecendo e comandando a Natureza como um relojoeiro controla o maquinário de seus relógios[66].

O paradigma ambiental moderno permitiu o conhecimento experimental da Natureza instrumentalizada, submetendo-a ao domínio do ser humano na condição de sujeito externo à Natureza objeto, cujas imprevisibilidades foram pretensamente controladas e desencantadas, tomada apenas como matéria, submetida à técnica interventiva, que a manipula sem limites[67], uma nova forma de compreender a Natureza a partir do modelo da máquina, traçando um paralelo entre as regras de funcionamento da Natureza e as regras de funcionamento da máquina, permitindo inverter a máxima aristotélica para concluir que a Natureza imita a máquina, pois aquela é compreendida a partir do funcionamento desta, sendo constituída apenas de regularidades, sem qualquer encantamento.

---

65. "A ciência moderna assume, neste contexto, uma função peculiar. Diferente das ciências filosóficas de tipo antigo, as modernas ciências experimentais desenvolvem-se desde a era de Galileu, num marco metodológico de referência que reflecte o ponto de vista transcendental da possível disposição técnica. As ciências modernas geram por isso um saber que, pela sua *forma* (não pela sua intenção subjetiva), é um saber tecnicamente utilizável, embora as oportunidades de aplicação, em geral, só tenham surgido posteriormente" (HABERMAS, 2001, pp. 66-67).

66. "En el siglo XVII, cuando el universo empezó a ser percebido, explicado y manipulado a partir de la metáfora del reloj, la ciência de inspiración prometeica se decidcó a observar un mundo que funcionaba de acuerdo con una serie de leyes precisamente definidas y universalmente válidas, con tidas sus piezas sincronizadas en una orquestra de admirable rigor" (SIBILIA, 2005, p. 133).

67. "Em primeiro lugar, a ciência coloca naturalmente à nossa disposição certo número de conhecimentos que nos permitem dominar tecnicamente a vida por meio da previsão, tanto no que se refere à esfera das coisas exteriores como ao campo da atividade dos homens. (...)

    Em segundo lugar, a ciência nos fornece algo que o comércio de legumes não nos pode, por certo, proporcionar: métodos de pensamento, isto é, os instrumentos e uma disciplina. (...) Temos a possibilidade de apontar para uma terceira vantagem: a ciência contribui para a clareza" (WEBER, 2007, p. 45).

A hipertrofia do paradigma ambiental moderno permitiu que sua ideia-força restasse capturada por um modelo de uso, de distribuição e de apropriação dos bens ambientais sem um mínimo de razoabilidade, que força sempre mais os limites ecossistêmicos, movido pelo motor do consumo contínuo como um fim em si mesmo. Assim, a ideia moderna de *natura ex machina* foi capturada pela lógica de um modelo de desenvolvimento linear e crescente, que desconsidera o fato de que os processos ecossistêmicos possuem limites e não podem fornecem os bens e os serviços indispensáveis à perpetuação da vida indefinidamente, muito menos suportar o depósito ilimitado de resíduos, o que gera problemas ecológicos que não podem ser resolvidos nos limites do paradigma ambiental, que esgotou sua capacidade, instaurando uma crise ambiental.

O paradigma ambiental moderno capturado pela lógica da produção para o consumo é incompatível com a manutenção dos processos ecossistêmicos precisamente porque não reconhece limites à exploração, pois isto reduziria o crescimento linear e infinito. Nesse contexto, apenas os riscos e prejuízos das intervenções antrópicas devem ser equitativamente repartidos entre os membros da sociedade, enquanto os benefícios são apropriados restritamente[68].

Entretanto, é importante não reduzir a crise ambiental à dimensão econômica, tratando-a como um subproduto das contradições entre a lógica do modo de produção capitalista e os limites físicos da Natureza, pautando o debate entre os que pretendem corrigi-lo para torná-lo "sustentável" e os que pretendem substitui-lo pelo modo de produção socialista, supostamente já "sustentável" em si mesmo. A crise ambiental não é só uma crise econômica, por isso mesmo não pode ser resolvida nos limites do subsistema econômico. As relações entre o modo de produção (subsistema econômico) e as relações políticas e culturais, travadas no âmbito da sociedade, não são verticais, mas circulares, não sendo possível pensar a crise ambiental contemporânea

68. "A regra básica do empreendedor dentro da lógica capitalista é a maximização do seu lucro. Regulação e restrições só são assimiladas quando definidas e punidas pelo setor público, ou quando a auto-regulação mostra vantagens mercadológicas significativas por melhorar a imagem do produto ou da empresa diante do mercado consumidor ou investidor. (...) Portanto, questão ambiental nunca será a prioridade maior de suas gestões, mas sim um problema a contornar ou utilizar para gerar melhores resultados econômicos a médio prazo. Resta à sociedade, por instrumentos que puder estruturar, fazer valer sua opinião sobre que riscos se dispõe a correr; e com que objetivos." (DUPAS, 2006, p. 248).

adequadamente senão de modo interdisciplinar, considerando a integração sistêmica e a integração social.

É preciso destacar também que a chamada proposta "ecossocialista" não elimina o cerne do paradigma ambiental moderno, mantendo a mesma relação sujeito-objeto entre a sociedade e a Natureza. O problema de compatibilizar uma produção crescente em um mundo de recursos finitos permanece, ainda que o modo de produção socialista possa ser considerado menos agressiva. A crise ambiental moderna não é mero subproduto da crise econômica, não podendo ser tratada adequadamente pela mera substituição de um modo de produção por outro, demandando uma transição paradigmática, que é mais abrangente que apenas uma transformação do modo de produção.

De fato, já vimos que um paradigma ambiental deve cumprir concomitantemente duas funções essenciais: (i) fornecer uma cosmovisão integradora; (ii) propiciar soluções para os problemas ecológicos. Todavia, o paradigma ambiental moderno não consegue cumprir nenhuma delas, porque se hipertrofiou e foi vitimado pelo seu próprio êxito.

O paradigma ambiental moderno hipertrofiado não consegue compatibilizar a cosmovisão dele decorrente com a assimetria entre os riscos, benefícios e prejuízos decorrentes do modelo de desenvolvimento por ele instituído. A consequência é o acúmulo de problemas ecológicos que não conseguem ser resolvidos nos seus limites, porque isso demandaria confrontar suas contradições.

Esses problemas ecológicos irresolvidos se deslocam inicialmente para o subsistema econômico, uma vez que a noção de Natureza como objeto externo permite desconsiderar os limites ecossistêmicos na utilização, apropriação e distribuição dos bens ambientais, chocando-se com os limites físicos de reprodução dos ecossistemas, gerando um acúmulo de problemas que se deslocam para outros subsistemas sociais, afastando-se sempre mais e mais do projeto inicial da modernidade voltado para a promoção do bem-estar da humanidade globalmente considerada.

Os problemas ecológicos irresolvidos se estendem a todos os demais setores sociais e se agravam, multiplicando crises sistêmicas, e as promessas da Modernidade não se cumprem, apesar dos inegáveis avanços na melhoria do bem-estar humano. Vê-se por toda parte o adensamento das consequências das intervenções humanas na Natureza, fazendo reviver a advertência de Adorno e Horkheimer:

> No sentido mais amplo do progresso do pensamento, o esclarecimento tem perseguido sempre o objetivo de livrar os homens do medo e de

> investi-los na posição de senhores. Mas a terra totalmente esclarecida resplandece sob o signo de uma calamidade triunfal (ADORNO; HORKHEIMER, 1985, p. 17).

O paradigma ambiental moderno, fundamentado na separação conceitual entre o ser humano e a Natureza, esgotou a sua capacidade de identificar e resolver os problemas ecológicos, porque esses problemas questionam a contradição entre um desenvolvimento crescente e linear em um mundo de recursos naturais finitos, acarretando um descompasso entre a cosmovisão decorrente do paradigma ambiental e o modo como a Natureza se comporta. Os seres humanos dependem do uso da Natureza, pois dela extraem as condições de possibilidade de sua existência, mas o uso moderno intenso, crescente e desordenado dos bens ambientais conduziu ao comprometimento do ciclo de renovação dos ecossistemas, ameaçando-o de interrupção, o que caracteriza uma séria ameaça ao bem-estar humano.

A modernidade se voltou contra si mesma, aprisionando a razão na jaula de ferro weberiana. De fato, o paradigma ambiental moderno foi construído mediante um longo processo histórico de racionalização, que dessacralizou a autoridade e desencantou a Natureza, quebrando a cosmovisão tradicional unificada, em prestígio do sujeito-ser humano que utiliza sua razão para compreender a Natureza-objeto. Todas as instituições modernas são construídas em prestígio da subjetividade e da autonomia privada dos indivíduos, em torno de uma cosmovisão que separa o ser humano da Natureza, subjugando-a ao poder interventivo da tecnociência, a fim de emancipar o ser humano, tornando-o senhor do seu próprio destino.

Assim, a modernidade se desenvolveu para negar a si mesma, convertendo o ideal de autonomia, que justificou a secularização e o desencantamento do mundo, em uma racionalidade instrumental hipertrofiada, instituída apenas com base na relação utilitária entre meios e fins, que sufocou as outras formas de racionalidade, destruindo a base das convicções compartilhadas que fundamentavam as expectativas de comportamento recíproco de longo prazo, coisificando a Natureza e os próprios seres humanos.

Eis o dilema que reside no cerne da crise ambiental moderna: conciliar a continuidade e extensão do desenvolvimento humano com a preservação ambiental, de modo a assegurar a reprodução da existência humana em condições dignas, atendendo às necessidades de uma população que já ultrapassa sete bilhões de almas e não para de crescer, em um mundo cujos bens ambientais são finitos.

No entanto, a crise no campo ambiental das sociedades modernas, que se encontram estágio da Modernidade avançada ou avançada, não se desenvolve ao ponto da transição paradigmática. Houve uma alteração na sua dinâmica, que a tornou crônica, diferenciando-a de todas as outras crises ambientais já ocorridas em períodos históricos anteriores.

CAPÍTULO 3

A CRISE AMBIENTAL NA ALTA MODERNIDADE

3.1. MODERNIDADE E(M) CRISE

Inicialmente, importa esclarecer que não há uma terminologia única para descrever o estágio atual da Modernidade, ao contrário, o vocabulário conceitual é tão extenso e diverso quanto são os estudiosos que dele se ocupam. Dentre outros conceitos, fala-se em Modernidade Líquida (Bauman), Modernidade Reflexiva (Beck, Giddens e Lash), Modernidade Tardia (Habermas), Hipermodernidade (Lipovetsky) e até mesmo em Pós-Modernidade (Lyotard).

Aqui, o tempo presente será compreendido como um estágio avançado da Modernidade, no qual a hipertrofia do paradigma ambiental moderno permitiu que a tecnologia se tornasse o meio e o modo como os humanos veem e vivenciam o seu mundo. As sociedades fragmentadas da alta Modernidade não possuem uma matriz identitária, ao contrário, são marcadas pela pluralidade cultural em um horizonte de ambiguidades autorreferenciadas. Na era do antropoceno, tudo é visto pela lente da tecnologia. A dependência da tecnologia é de tal modo absoluta que já não é possível determinar quem de fato é o senhor e possuidor de quem. Quem é a criatura e o criador? Uma característica específica da alta Modernidade é o risco gerado por ela própria contra si mesma, na medida em que o controle pleno da Natureza pela tecnociência produz riscos maiores para as sociedades modernas que a imprevisibilidade da Natureza causava para as sociedades antigas.

A Modernidade rompeu com a Tradição, desencantando, dessacralizando e racionalizando o Mundo, expandindo a racionalidade científica para legitimar as metanarrativas explicativas da realidade. O estágio atual da modernidade presencia o fracasso das metanarrativas, com a fragmentação da realidade, que se torna instantânea, em rede, amorfa, fluida, acelerada, em uma permanente perplexidade, mediada pela tecnologia.

Nesse estágio avançado da modernidade se operou uma mudança na estrutura do campo ambiental. Os agentes que dominam o campo ambiental das sociedades na alta Modernidade capturaram o aparelho do Estado, que assumiu uma nova função de administrar artificialmente a crise ambiental para garantir a continuidade do paradigma ambienta moderno e consequentemente do modelo de desenvolvimento econômico dele decorrente, erguendo bloqueios para manter suas contradições imunes às críticas.

A crise ambiental é deslocada para o campo político, onde são erguidos *bloqueios sistêmicos* que ocultam a crise ambiental, a fim de manter a distribuição assimétrica dos riscos, benefícios e prejuízos decorrentes do desenvolvimento econômico, permitindo o acúmulo de problemas tanto no campo ecológico, quanto no campo econômico. A sinergia entre o Estado e o Mercado sustenta um paradigma ambiental esgotado, utilizando uma estrutura de protelação da crise ambiental para evitar a emergência de outro paradigma, capaz de reorganizar o campo ambiental da sociedade.

Desse modo, no estágio avançado da Modernidade, os bloqueios sistêmicos obstam a autorreflexão, utilizando todos os aparelhos ideológicos do Estado para garantir a aceitação de decisões políticas ecologicamente irracionais, mas necessárias para manter a crise do paradigma ambiental moderno adiada.

Deveras.

Todos os seres vivos provocam alterações físicas, químicas e biológicas nos ecossistemas, inclusive a espécie humana. De fato, desde o surgimento da espécie humana, nosso agir interfere nas relações ecossistêmicas, na medida em que a história é construída mediante a intervenção técnica na Natureza, para dela extrair as condições materiais de nossa existência, razão pela qual sempre houve problemas ambientais decorrentes da atividade humana e do depósito dos resíduos dessa atividade, apenas variando o grau de impacto nos ecossistemas. A existência de problemas ambientais em decorrência das intervenções técnicas dos seres humanos não é um fenômeno moderno.

Entretanto, as características do intelecto humano nos permitem ir além do nosso corpo biológico, produzindo ferramentas que potencializam nosso agir e nossa capacidade de modificar os ecossistemas. Com a chegada à Modernidade, o avanço do nosso poder sobre a Natureza foi tamanho, que já se fala no advento do *antropoceno*, a era do ser humano, uma vez que não haveria espaço no planeta que já não tenha sido antropisado.

Com o aumento crescente, linear e sem limites das intervenções humanas nos processos ecossistêmicos, notadamente a partir da 2ª Guerra Mundial, sustentado por avanços técnicos e científicos que ampliaram o potencial interventivo da ação humana sobre os ecossistemas, emergiu o risco de uma ruptura global da capacidade de renovação ecossistêmica, com consequências diretas sobre a qualidade de vida e a própria existência da humanidade.

Destarte, o tema da crise ambiental alcançou a centralidade da agenda política mundial, identificada com o conjunto dos crescentes problemas ecológicos, que se agravaram especialmente na última quadra do século XX, dentre os quais se destacam o aquecimento global e as mudanças climáticas, a diminuição da camada de ozônio, a escassez de água potável, a diminuição da cobertura florestal, a degradação dos solos cultiváveis, as dificuldades crescentes no manejo do lixo, a perda de biodiversidade, o esgotamento das fontes de recursos naturais, que afetam os ecossistemas e ameaçam a própria continuidade da vida.

A Modernidade avançou a um estágio tardio, em que se tornou vítima de seu próprio sucesso. A tecnociência ultrapassou a razão que a instituiu, tornou-se autônoma e submeteu tudo à racionalidade instrumental. A Modernidade nos conduziu a duas guerras mundiais, descortinou os horrores da guerra nuclear, o holocausto dos judeus conduzido cientificamente pelos nazistas, totalitarismo, fascismo, o terrorismo global, o êxodo dos refugiados das dezenas de guerras civis. A prometida iluminação se converteu em trevas espessas, sob as bênçãos da tecnociência, que deveria ter domesticado a Natureza para nos dar autonomia, saúde e felicidade gerais.

Em face desse esgotamento do paradigma ambiental moderno, seguindo o ciclo vital das crises ambientais, a dinâmica estrutural da crise ambiental moderna deveria se desenvolver até o momento de instauração de um período de transição, capaz de permitir o questionamento do paradigma ambiental da modernidade, mediante o surgimento de candidatos a novo paradigma ambiental, que iriam disputar a primazia na condução da ação instrumental, até que um deles se afirmasse como novo paradigma ambiental, operando a chamada revolução paradigmática.

Entretanto, apesar da evidência do esgotamento do paradigma ambiental moderno, a crise ambiental moderna não se desenvolve ao ponto de transição paradigmática, razão pela qual se faz oportuno investigar sua dinâmica no estágio da alta Modernidade, a fim de compreender as razões de sua protelação.

A protelação da crise ambiental moderna decorre de uma alteração na sua dinâmica, na medida em que as sociedades na alta Modernidade desenvolveram estruturas protelam a crise ambiental, inclusive utilizando o aparelho do Estado para afastar o questionamento das contradições inerentes a um modelo de desenvolvimento econômico infinito e linear em um mundo de recursos naturais limitados e finitos.

O aparelho estatal, capturado pela lógica deste desenvolvimento econômico linear e sempre crescente, assumiu a função de mantê-lo, ao tempo em que estabelece medidas jurídicas de proteção do *sistema*. O Estado passou a exercer a função de intervir na economia apenas para manter o desenvolvimento econômico em constante crescimento. O Estado só se abstém de atuar na economia enquanto o processo de desenvolvimento econômico crescente permanece em curso. Havendo interrupções, o Estado é chamado a intervir para garantir a permanência do fluxo linear e infinito de crescimento econômico.

O *paradigma ambiental* que permitiu a instituição desse modelo de desenvolvimento tecnológico crescente e linear se hipertrofiou, iniciando um processo de crise que se estende a outros campos, produzindo um complexo de outras crises que, no conjunto, caracterizam uma crise do modelo de civilização instaurado com a Modernidade.

A crise ambiental nas sociedades da alta Modernidade não se desenvolve ao ponto da transição paradigmática, em razão de bloqueios sistêmicos que operam para procrastiná-la, mantendo incólume a divisão assimétrica entre os riscos, prejuízos e benefícios dos avanços tecnológicos.

No estágio tardio da modernidade, desenvolveu-se uma estrutura sistêmica que procrastina o paradigma ambiental moderno hipertrofiado e já esgotado, utilizando o Estado e seu aparelho para estabilizar o sistema social, sem enfrentar as contradições do paradigma ambiental, da qual decorrem os problemas ecológicos, resultantes das intervenções tecnocientíficas sem limites nos processos ecossistêmicos.

O sistema social se organiza para manter o paradigma ambiental moderno, a fim de sustentar o modelo de desenvolvimento que reparte assimetricamente os benefícios, prejuízos e riscos das intervenções humanas na Natureza, mesmo ante a evidência de que o modelo é insustentável ecologicamente.

Na alta Modernidade, os agentes que dominam o campo ambiental ergueram sofisticados bloqueios sistêmicos, que mantém a crise ambiental em um estado crônico, evitando que ela se desenvolva ao ponto da transição paradigmática, utilizando aparelho ideológico do Estado para ocultação das contradições do paradigma ambiental esgotado, bem como utilizando as instituições e os processos de legitimação da democracia formal, a fim de obter a aceitação dos demais membros da sociedade ao modelo de repartição assimétrica das consequências do mau uso da Natureza.

A utilização desses sofisticados processos de ocultação da realidade permitem aos agentes que dominam o campo ambiental obter a lealdade das massas, ao mesmo tempo em que evitam sua participação efetiva nos processos de tomada de decisão política, capaz enfrentar as contradições do paradigma ambiental moderno, instituindo uma cidadania passiva, que legitima o processo decisório e o mantém autônomo, mantendo os cidadãos despolitizados mediante a utilização de uma estratégia de distribuição de recompensas dadas pelo sistema.

As sociedades modernas que se encontram nesse estágio tardio da modernidade trouxeram o Estado como garantidor da permanência da lógica de funcionamento do sistema, baseado no domínio e na exploração da Natureza e dos seres humanos, ambos tratados como coisas, mantendo indefinidamente o paradigma ambiental moderno já esgotado, que sustenta uma divisão assimétrica na partilha dos bens ambientais e dos riscos e prejuízos decorrentes da produção[1].

Os aparelhos superestruturais exercem a função de sustentar a ideologia do consumo, instituindo necessidades imaginárias, notadamente por processos de educação e propaganda, a fim de associar autoestima e aceitação no grupo social com a posse de produtos recentemente postos no mercado.

Esses mecanismos de evitação da crise ambiental mantêm a contradição do paradigma ambiental moderno imune às críticas, protelando-a indefinidamente, com vistas a dar continuidade à instrumentalização e exploração da

1. "Nenhum desses países se dizia socialista. Todos eles refletiam a transformação da economia capitalista numa economia mista de governo e grandes empresas, tornando-se cada vez mais difícil distinguir as operações de cada setor. A principal questão já não era saber se o Estado devia participar ativamente da economia, ou até que ponto. O que se indagava era como deveria ele controlar a economia, até que ponto deveria abster-se de assumir postos-chave da economia até então desocupados, por desejar presenteá-los à iniciativa privada, e quais deveriam ser os objetivos de seu controle" (HOBSBAWN, 1983, p. 230).

Natureza, bem como dos seres humanos, que também se tornam produtos descartáveis.

Na alta Modernidade, o Estado atua para sublimar a contradição fundamental do paradigma ambiental moderno, inclusive utilizando o discurso cientificista como argumento de autoridade, erguendo bloqueios sistêmicos, sempre com vistas a protelar indefinidamente a crise ambiental. Nesse estágio de desenvolvimento, o Estado moderno atua estabelecendo inclusive o marco jurídico no qual será travado o debate ambiental, regulando, controlando e limitando a atuação dos demais atores na construção das políticas públicas ambientais, razão pela qual Habermas explica que na modernidade avançada:

> [...] uma economia organizada sob a forma do mercado se entrelaça funcionalmente com o Estado que monopoliza a violência, se autonomiza em relação ao mundo da vida, tornando-se uma parte de sociabilidade isenta de normas, e opõe aos imperativos da razão os seus próprios imperativos, fundados na conservação do sistema (HABERMAS, 2002, p. 484).

Desse modo, a crise ambiental moderna, no estágio avançado da modernidade, possui a mesma estrutura dúplice, o mesmo caráter paradigmático e mantém a escala global, mas agrega outra característica: é uma crise ambiental artificialmente protelada, cujo cerne é ideologicamente ocultado, garantida pela existência de bloqueios sistêmicos que impedem a emergência de outro paradigma ambiental, capaz de alterar a matriz conceitual e axiológica dominante.

3.2. OS BLOQUEIOS SISTÊMICOS

Seguindo a dinâmica das crises ambientais, o esgotamento do paradigma ambiental moderno deveria ter instaurado um momento de transição paradigmática, após o qual os problemas ecológicos poderiam ser tratados adequadamente, reforçando os laços sociais e compatibilizando o agir instrumental com os limites ecossistêmicos.

Entretanto, na alta Modernidade, a crise ambiental não consegue se desenvolver ao ponto de alcançar o momento de transição paradigmática, protelando-se e ameaçando a continuidade da reprodução de uma existência humana digna.

A crise ambiental moderna se tornou crônica, encontrando-se bloqueada, procrastinada indefinidamente, o que permite a manutenção do paradigma ambiental já esgotado, com a acumulação dos problemas irresolvidos em seus limites. Essa dinâmica corrompida da crise ambiental na alta Modernidade obsta a construção e a implementação de um paradigma ambiental alternativo, capazes de enfrentar o esgotamento do paradigma ambiental moderno e suas contradições. Os bloqueios sistêmicos são utilizados para manter indefinidamente um paradigma ambiental já esgotado, impedindo que o cerne da crise ambiental moderna seja criticado.

Nesse estágio avançado da modernidade, a crise ambiental moderna passou a se deslocar permanentemente do subsistema econômico para o subsistema político, onde o conteúdo dos conceitos utilizados nos discursos ambientalistas se convertem em objeto de disputa política, em uma interação permanente entre os campos (i) econômico, (ii) sociopolítico, (iii) científico e (iv) jurídico, nos planos local, regional e internacional. Os bloqueios sistêmicos atuam basicamente em três níveis horizontais, interligados e que se retroalimentam.

(i) Bloqueios sistêmicos no campo econômico.

A compreensão e a valoração que os membros de uma sociedade possuem acerca dos bens ambientais são determinadas pelo paradigma ambiental vigente. Quais recursos devem ser preservados, conservados ou consumidos à exaustão são escolhas políticas e econômicas, submetidas a critérios determinados pelo paradigma ambiental, em torno do qual se estrutura a sociedade.

O conjunto de valores compartilhados, que decorre do paradigma ambiental vigente em cada sociedade, condiciona as decisões políticas e econômicas acerca das possibilidades de interação com a Natureza, com vistas a enfrentar o dilema ambiental: os seres humanos precisam intervir na Natureza para dela extrair as condições materiais de sua existência, mas a intervenções humanas na Natureza produzem problemas que ameaçam a interrupção dos processos ecossistêmicos, colocando em risco a existência digna dos seres humanos.

O modelo de desenvolvimento econômico, que decorre do paradigma ambiental da modernidade, hipertrofiado e já esgotado, desconsidera esse dilema ambiental, porque enfrentá-lo significaria questionar sus contradição. Por isso, a economia das sociedades modernas não enfrenta a impossibilidade de transformar indefinidamente os recursos renováveis e não renováveis em novos produtos, olvidando as consequências negativas do crescimento linear das atividades produtivas em relação ao equilíbrio ecossistêmico, com repercussão no bem-estar humano, notadamente os resíduos decorrentes das atividades produtivas.

Os processos de produção, distribuição e consumo de bens utilizam os recursos extraídos da Natureza (renováveis e não renováveis), fazendo surgir o problema da manutenção de um desenvolvimento econômico linear, destinado a tender necessidades humanas infinitas, em um mundo finito de recursos naturais e que não pode suportar indefinidamente o depósito dos resíduos da atividade produtiva. Os bloqueios sistêmicos no plano econômico ocultam as contradições entre um modelo de desenvolvimento econômico linear, crescente e que não reconhece quaisquer limites e um mundo natural de bens ambientais finitos.

O modelo de desenvolvimento das sociedades modernas compreende os processos ecossistêmicos apenas sob o prisma das utilidades economicamente mensuráveis, capazes de atender às necessidades humanas, sem a preocupação com a manutenção desses processos naturais que dão suporte à renovação dos bens ambientais, ou seja, uma ação que promova o desenvolvimento econômico, embora coloque em risco o equilíbrio ecossistêmico global, ainda pode ser considerada útil.

Discorrendo sobre o tema, Latouche pondera:

> Ao adotar o modelo da mecânica clássica newtoniana, nota Nicholas Georgescu-Roegen, a economia exclui a irreversibilidade do tempo. Assim, ignora a entropia, ou seja, a não reversibilidade das transformações da energia e da matéria. Por isso, os resíduos e a poluição, apesar de serem produtos da atividade econômica, não entram nas funções padrão de produção. (LATOUCHE, 2009, p. 14).

A propósito, observe-se que o principal indicador econômico das sociedades modernas, o Produto Interno Bruto (PIB), desconsidera o valor dos bens e serviços ambientais para a definição de bem-estar e desenvolvimento humano[2].

O caráter eminentemente quantitativo do PIB não permite compreender o progresso econômico em atenção ao bem-estar humano, em toda a sua complexidade, que envolve não apenas os aspectos relativos à subsistência, incluindo também a formação do ser humano em todas as suas dimensões, física, mental e espiritual. Em face dessa insuficiência do PIB, atividades que

---

2. "O PIB mede a produção total de um determinado país – produção agropecuária, industrial e de serviços. O crescimento econômico é medido pela taxa de crescimento do PIB e, principalmente, pela taxa do PIB real *per capita* – isto é, já descontados a inflação e o crescimento populacional" (KLABIN, 2011, p. 263).

o impactam positivamente traduzem situações diametralmente opostas ao bem-estar humano[3].

Ou seja, resta evidente que o crescimento do PIB não reflete necessariamente o aumento do bem-estar do ser humano, portanto, é preciso avançar para a utilização de um indicador que avalie o progresso econômico, considerando também os fatores outros não contabilizados pelo PIB, tais como os gastos com a degradação dos ecossistemas e o valor dos serviços ambientais prestados pela Natureza, capazes de refletir o bem-estar individual e coletivo de uma sociedade[4].

A superação dos bloqueios sistêmicos no subsistema econômico tem como marco fundamental a inclusão da degradação ambiental no cálculo da contabilidade das nações, mediante a mensuração monetária dos bens e serviços ecológicos, que também são bem escassos e cuja degradação gera custos mensuráveis, a exemplo dos custos para despoluir uma praia na qual tenha havido derramamento de óleo.

Em face da crescente demanda por bens ambientais, o valor econômico potencial dos bens e serviços fornecidos pelos ecossistemas só tende a aumentar, razão pela qual deve ser um indicativo importante a ser considerado pelos atores econômicos[5].

---

3. "Quando um processo produtivo se baseia essencialmente na exaustão dos recursos naturais, cujo caso clássico foi o da destruição de florestas da Indonésia, o PIB registra aumentos excepcionais, pois seus fundamentos metodológicos não preveem qualquer dedução que reflita a depreciação do capital natural. Quando um derramamento de petróleo compromete ecossistemas litorâneos, o PIB aumenta graças às despesas de reparação que geram transações monetarizadas, mas não se altera por serviços de limpeza baseados em trabalho voluntário. Os constantes acidentes viários ajudam a aumentar o PIB na medida em que pagamentos dos consertos de veículos e de tratamentos, ou enterros, das vítimas levem à emissão de notas fiscais ou recibos de prestação de serviços. Mas o PIB não é afetado se as carcaças dos veículos forem abandonadas ou se assistência aos acidentados for assumida por suas próprias famílias. A mesma coisa acontece com pneus usados importados do Japão ou Europa. Os recauchutados e os que viram asfalto ajudam a aumentar o PIB. Mas os demais, cujo destino é incerto, causam degradação ambiental que não traduz em abatimento" (VEIGA, 2007, pp. 36-37).
4. "Os serviços ambientais que a floresta nos presta (qualidade do solo, fixação do carbono ou a proteção dos recursos hídricos) garantem a vida, mas não geram valor e não entram no PIB. Por outro lado, madeira vendida entra no cálculo do PIB" (KLABIN, 2011, pp. 269-270).
5. "A visão mecanicista do mundo produzida pela razão cartesiana e pela dinâmica newtoniana converteu-se no princípio constitutivo da teoria econômica, predominando sobre os paradigmas organicistas dos processos da vida e orientando o

Destarte, é preciso reconhecer que diversas atividades, embora produzam riqueza e crescimento econômico, comprometem a reprodução dos ecossistemas e ameaçam o bem-estar e a própria perpetuação da espécie humana em condições dignas, superando a visão econômica limitada, que decorre do paradigma ambiental moderno, no sentido de que os indicadores relativos a Natureza são meras externalidades. Schumacher adverte acerca da necessidade de incorporar a sabedoria ao raciocínio econômico, a partir da ideia de permanência[6].

Com esteio nessa premissa, é possível pensar outro modelo de desenvolvimento econômico que internalize na economia a ideia de compatibilização do fluxo de energia e de materiais com a dinâmica dos ecossistemas, tomando como base as leis da termodinâmica, reconhecendo a natureza entrópica do processo econômico, com vistas a reconciliar o mundo econômico e o mundo natural, compatibilizando os processos econômicos de produção, distribuição e consumo com os fluxos constantes de matéria e energia dos processos naturais.

A construção desse outro modelo econômico deve pressupor a integração da dinâmica dos ecossistemas como variável importante para a definição das políticas econômicas, tendo em vista o limite de resiliência ecossistêmica e os impactos que sua inobservância pode causar para o bem-estar dos seres humanos, seguindo a ideia norteadora de que um fluxo econômico linearmente crescente não é desejável, porque embora seja quantitativamente

---

desenvolvimento *antinatura* da civilização moderna. Dessa forma, a racionalidade econômica desterrou a natureza da esfera da produção, gerando processos de destruição ecológica e degradação ambiental que foram aparecendo como *externalidades* do sistema econômico" (LEFF, 2006, p. 134).

6. "A economia da permanência implica uma profunda reorientação da ciência e da tecnologia, que têm de abrir suas portas à sabedoria, devendo com efeito incorporá-la à sua própria estrutura, "soluções" científicas ou tecnológicas que envenenem o ambiente ou degradem a estrutura social e o próprio homem não são benfazejas, por mais brilhantemente concebidas ou por maior que seja seu atrativo superficial. Máquinas cada vez maiores, que impõem concentrações ainda maiores do poderio econômico e exercem violência sempre maior sobre o meio ambiente, não constituem progresso: elas são uma negação da sabedoria. A sabedoria exige uma nova orientação da ciência e da tecnologia para o orgânico, o suave, o não-violento, o elegante e o belo. A paz, conforme tem sido repetido com frequência, é indivisível; como, então poderia ser ela construída sobre alicerces de ciência indiferente e tecnologia violenta? Temos de contar com uma revolução na tecnologia que nos dê invenções de máquinas capazes de inverter as tendências destrutivas que ora ameaçam todos nós" (SCHUMACHER, 1983, p. 14).

promissor, gerando crescimento, compromete a longo prazo a possibilidade de perpetuação da existência humana em condições dignas.

Saliente-se que, desde a Conferência das Nações Unidas sobre o Meio Ambiente Humano, realizada em Estocolmo (1972), firmou-se o princípio de que cidadãos e comunidades, empresas e instituições, em todos os planos, devem aceitar as responsabilidades que possuem na proteção aos ecossistemas e recursos naturais, e que todos eles participem equitativamente, no esforço comum de conservá-los[7].

Nesse diapasão, a Declaração do Rio sobre Meio Ambiente e Desenvolvimento[8], produzida na Conferência das Nações Unidas sobre o Meio Ambiente e Desenvolvimento, realizada no Rio de Janeiro (1992), afirmou textualmente em seu Princípio 16:

> As autoridades nacionais devem procurar promover a internacionalização dos custos ambientais e o uso de instrumentos econômicos, tendo em vista a abordagem segundo a qual o poluidor deve, em princípio, arcar com o custo da poluição, com a devida atenção ao interesse público e sem provocar distorções no comércio e nos investimentos internacionais.

É preciso avançar em direção a uma reestruturação dos processos de produção e consumo, que considere os limites ecossistêmicos e o valor dos bens e serviços ambientais, prestigiando e incentivando as ações de conservação, bem como prevenindo e reprimindo as ações que comprometam o ciclo de renovação ecossistêmica[9].

---

7. www.mma.gov.br/estruturas/agenda21/_arquivos/estocolmo.doc.
8. http://www.mma.gov.br/port/sdi/ea/documentos/convs/decl_rio92.pdf.
9. "Olivieri aclara a chamada Teoria da Modernização Ecológica (TME) nestes termos: "Em síntese, para a TME os processos econômicos de produção e consumo têm sido analisados, avaliados e também desenhados tanto de um ponto de vista econômico como (ao mesmo tempo) de um ponto de vista ecológico. A emergência de uma racionalidade ecológica paralela a uma racionalidade econômica está no cerne desse processo "emancipador". Este último processo de emancipação (ou diferenciação) da esfera ecológica em relação à esfera econômica é considerado vital e tem como resultado o reconhecimento (equitativo) dos dois interesses e das duas racionalidades - econômica e ecológica – interagindo complexamente nos processos de produção e consumo industriais na modernidade tardia. A racionalidade ecológica está centrada no redirecionamento desses desenvolvimentos e processos econômicos de acordo com critérios, interesses e objetivos ecológicos" (OLIVIERI, 2012, pp. 41-42).

Portanto, faz-se imprescindível inserir a dinâmica dos ecossistemas como indicador para a tomada de decisão sobre as elaboração e implementação de políticas públicas, especialmente no tocante às escolhas quanto ao uso, distribuição e apropriação dos bens ambientais, o que nos conduz aos bloqueios no subsistema sociopolítico.

(ii) Bloqueios sistêmicos no campo sociopolítico.

Os bloqueios sistêmicos ocultam a assimetria entre os grupos sociais que disputam o uso, a apropriação e a distribuição dos bens ambientais, pretendendo fazer crer que há igualdade de oportunidades para a participação na formação das políticas públicas ambientais, quando em verdade o debate ambiental segue fortemente "despolitizado". Nesse plano, os bloqueios sistêmicos dificultam o questionamento das contradições do paradigma ambiental vigente, inclusive instituindo óbices ao acesso do conjunto da sociedade à informação consistente, a fim de dificultar uma tomada de consciência acerca da estrutura dúplice da crise ambiental moderna. No mais de vezes, a crise ambiental chega ao grande público na forma de slogans ou manifestações panfletárias, deturpadas pelos interesses políticos e econômicos, utilizando-se a ideologia do progresso, combinada com a ideia da posse de bens como medida do sucesso, para reforçar o individualismo do homem moderno e desmobilizar politicamente os membros da sociedade.

Habermas aclara:

> A relação de dependência do especialista relativamente ao político parece ter-se invertido – este último torna-se órgão executor de uma inteligência científica que desenvolve, sob circunstâncias concretas, a coacção material tanto das técnicas e fontes auxiliares disponíveis como das estratégias de optimização e dos imperativos de controlo (HABERMAS, 2001, p. 109).

Quando se ergue o véu ideológico, tem-se que a crise ambiental deflagra uma disputa por espaço de decisão na arena política, onde os grupos sociais disputam influência na construção do paradigma que orienta o debate ambiental, forjando o conteúdo de conceitos, impregnando-os com os seus valores, para posteriormente tentar universalizá-los como se fossem valores de toda a coletividade, norteando assim as ações do poder público e a alocação de bens e recursos financeiros públicos para satisfação desses seus interesses específicos[10].

---

10. "Hoje as lutas sociais e a construção dos novos direitos se debatem no terreno de uma epistemologia política. São lutas por definir e fazer valer conceitos – de

No entanto, no estágio avançado da modernidade, esta disputa é ocultada, submetendo os cidadãos a uma democracia meramente formal, com a função de legitimar passivamente o poder através do voto periódico, mas sem espaço para que seus argumentos possam ser levados em consideração na tomada de decisões sobre as políticas públicas ambientais, que são tratadas como questões científicas complexas fora do alcance de compreensão do cidadão comum.

A participação dos atores sociais no debate sobre a utilização, a apropriação e a distribuição dos bens naturais é desigual, uma vez que os valores, os interesses e a cosmovisão de parcela considerável da sociedade não consegue espaço para sequer se fazer ouvir.

Além disso, o chamado "privatismo cívico", já tratado anteriormente, promove a apatia dos cidadãos, cujas ações se orientam para obtenção de benefícios fornecidos pelo sistema administrativo, que não afetam o cerne do paradigma ambiental vigente nem alteram sua estrutura e dinâmica de funcionamento.

Os bloqueios sistêmicos reforçam a ideologia do progresso, a fim de abortar o debate crítico sobre o paradigma ambiental moderno hipertrofiado, sufocando a emergência de paradigmas alternativos, mediante a utilização ideológica do progresso científico e da inovação tecnológica, voltados para a produção e para o consumo, em um processo de despolitização.

Dessa forma, a crise ambiental resta protelada indefinidamente e os problemas ambientais dela decorrentes se agravam pela ausência da participação efetiva de cidadãos ativos no debate, que segue restrito a grupos setoriais específicos da sociedade, com acesso às informações técnicas e ao vocabulário conceitual necessário para a exposição de argumentos científicos, capazes de influenciar decisivamente na formulação das políticas públicas ambientais.

Os bloqueios sistêmicos no subsistema sociopolítico atuam para excluir os interesses da maior parte da sociedade, a fim de garantir a manutenção de um modelo de desenvolvimento que beneficia grupos bem específicos, assegurando uma repartição assimétrica entre os riscos, prejuízos e benefícios do uso, apropriação e distribuição dos bens ambientais.

---

povo, autonomia, território – que haverão de demarcar não só o espeço do ser e da propriedade da terra, mas toda a racionalidade que há de traduzir-se em leis e normas, em procedimentos legais e em regras judiciais [...] Neste sentido, as lutas pelos direitos ambientais, culturais e coletivos deslocam o lugar da verdade, ressignificam conceitos e transformam as formas jurídicas que ordenam as relações de poder na apropriação da natureza" (LEFF, 2005, p. 351).

O cidadão é mantido à margem do debate ambiental, refém da estrutura político-administrativa, sem acesso à informação de qualidade e sem oportunidade de participar substancialmente do processo decisório, apenas com a função de legitimar as decisões já tomadas, mediante as instituições e procedimentos da democracia formal. O debate ambiental segue politizado apenas na forma, mas, em sua substância, está estruturado para excluir ou diminuir a importância dos argumentos dos atores sociais sem poder político ou econômico. A luta pelo reconhecimento de outro paradigma ambiental é travada na arena política, onde os grupos econômicos que detêm o poder político utilizam o discurso ideológico cientificista para universalizar seus interesses, como se fossem coletivos, a fim de controlar o acesso aos bens ambientais, excluindo o restante da sociedade, que não tem possibilidade de participação efetiva no debate, embora sofram suas consequências.

Desse modo, a crise ambiental nas sociedades da modernidade avançada se encontra protelada de modo artificial, conduzida e administrada politicamente para evitar o conflito, mediante a intervenção do Estado para compor os interesses dos grupos econômicos com poder na arena política, promovendo arranjos institucionais que conciliem os diferentes interesses desses grupos hegemônicos, ainda que temporariamente, eliminando o conflito e protelando a crise. A legitimação desses arranjos ocorre pela generalização dos interesses setoriais como se fossem de toda coletividade, utilizando ideologicamente o discurso técnico-científico e os procedimentos da democracia formal para obter a lealdade das massas, ao tempo em que se evita sua participação crítica no processo decisório.

A degradação ambiental e os prejuízos decorrentes são tratados com o preço justo a pagar pelo progresso, na avaliação dos que se beneficiam economicamente do paradigma ambiental hegemônico. A ação instrumental, fundada na pretensa neutralidade e eficiência da ciência moderna, voltando-se apenas para a relação de adequação entre meios e fins, substituindo as considerações éticas e morais pelo individualismo exacerbado. A dimensão moral (consciência, vontade, liberdade) é amesquinhada, em favor de um desenvolvimento apenas da dimensão material, cujos resultados são assimetricamente distribuídos. A estrutura reativa à crise, que se desenvolveu nas sociedades da modernidade avançada, bloqueia a participação e o diálogo livre de coação, a fim de manter a crise em permanente estado crônico, sem jamais alcançar o ponto máximo, a partir do qual poderia ocorrer uma revolução paradigmática, petrificando o paradigma ambiental vigente como se fosse uma obra do destino, uma fatalidade contra a qual não se tem porque opor objeções.

Há um deslocamento permanente da crise ambiental entre os subsistemas econômico e sociopolítico, nos planos local, regional e internacional, havendo a atuação de bloqueio sistêmico em todos estes planos, com demarcação dos limites de atuação de cada ator social na construção das políticas públicas ambientais. Logo, os problemas ecológicos não podem ser resolvidos apenas no subsistema econômico, porque são também sociopolíticos.

Nessas sociedades de massa despolitizadas, a discussão crítica é substituída pela comunicação de massa e pela propaganda, que manipulam a opinião dos cidadãos, que já não se fazem ouvir diretamente, mas são mediados pelas organizações de massa, que assumem um *status* de representantes da vontade geral, garantido pelo ordenamento jurídico. Nas sociedades de massa da Modernidade avançada, a participação política fica reduzida a um ritual periódico de legitimação do poder[11], ao cumprimento de um procedimento com dia e hora marcados, em que são eleitos "representantes" que já não têm vinculação com a vontade popular, organizados em "partidos de integração", que instituem uma agenda política de acordo com seus próprios interesses e valores.

Ademais disso, a ideologia centrada no progresso técnico-científico sustenta o poder de uma tecnocracia, que molda a formação educacional, sobrepondo definitivamente os estudos práticos aos teóricos, trazendo como consequência o alienamento do sujeito em razão da irracionalidade das decisões não submetidas à reflexão teórica. A tecnocracia obsta a autorreflexão, alienando e coisificando o ser humano, que resta absorvido por um sistema mecânico de justificação[12].

---

11. "O público cede grandemente essa tarefa a outras instituições: por um lado, a associações em que os interesses privados coletivamente organizados procuram dar-se imediatamente uma configuração política; por outro lado, através de partidos que, concrescidos com órgãos do poder público, como que se estabelecem *acima* da esfera pública, da qual já foram instrumentos. O processo, politicamente relevante, do exercício e do reequilíbrio dos poderes transcorre diretamente entre as administrações privadas, as associações, os partidos e a administração pública; o público enquanto tal só esporadicamente e inserido neste circuito do poder e, então, apenas também para que aclame" (HABERMAS, 1984, p. 208).

12. "A substância da dominação não se evapora apenas diante do poder de disposição técnica; pode muito bem entrincheirar-se por detrás desse poder. A irracionalidade da dominação, que se converteu hoje num perigo vital colectivo, só poderia ser dominado através da formação de uma vontade colectiva, que se ligue ao princípio de uma discussão geral e livre de domínio. A racionalização da dominação só podemos esperá-la de situações que favoreçam o poder político de um pensamento

A ação instrumental da tecnocracia se orienta para as necessidades de manutenção do seu sistema social complexo, constituído por diversos elementos interligados, tais como administração, indústria, exército, técnica e ciência, sistema esse que se imiscui em todas as áreas da vida humana, impondo sua lógica orientada apenas para a produção e consumo, com vistas ao lucro[13].

No campo sociopolítico das sociedades na alta Modernidade, o Estado se tornou um meio de manutenção dessa racionalidade instrumental, utilizando a ciência moderna para erguer bloqueios sistêmicos que ocultam o esgotamento do paradigma ambiental moderno e suas contradições, com vistas a manter a relação assimétrica na distribuição dos benefícios, prejuízos e riscos entre os membros da sociedade. De igual modo, na Modernidade avançada, o Estado utiliza o Direito como meio de manutenção do paradigma ambiental moderno esgotado, em prestígio dos interesses setoriais que se beneficiam da repartição assimétrica dos benefícios, prejuízos e riscos decorrentes do paradigma ambiental.

A aliança entre o poder econômico e o poder político vergou o aparelho do Estado aos interesses do *Sistema*, utilizando a ciência moderna (campo científico) e o Direito moderno (campo jurídico) como meios de ocultação das contradições do paradigma ambiental moderno esgotado e de sua racionalidade instrumental, bem como meios de bloqueios de outras racionalidades.

Os bloqueios sistêmicos atuam para ocultar a universalização das externalidades negativas do avanço tecnocientífico, repartidas com o conjunto da sociedade, quando não transferidas totalmente, enquanto os benefícios são apropriados de modo setorial.

---

ligado ao diálogo. A força libertadora da reflexão não pode ser substituída pela difusão de um saber tecnicamente utilizável" (HABERMAS, 2001, pp. 105-106).

13. "Se a distribuição de competências entre os especialistas e os líderes se levar a cabo segundo o modelo decisionista, então, a esfera de opinião com funções políticas que constitui o público dos cidadãos só pode servir para a legitimação dos grupos de líderes. A eleição e a confirmação dos governantes ou dos que possam vir a governar são, em geral, actos plebiscitários; e porque unicamente se pode votar a propósito da ocupação de posições com poder decisório e não acerca das diretrizes para a decisão futura, a eleição democrática realiza-se aqui mais em forma de aclamação do que de discussões públicas. Perante a opinião pública política legitimam-se, quando muito, as pessoas que devem decidir; as decisões em si mesmas devem, em princípio, segundo a concepção decisionista, permanecer subtraídas à discussão pública" (HABERMAS, 2001, pp. 113-114).

Ralph Nader apresentou um exemplo que expressa bem o funcionamento dos bloqueios sistêmicos, ao estudar o caso da indústria automobilística, na década de 60 do século passado, demonstrando que havia condições técnicas à época para produção de carros mais seguros, o que não era realizado apenas por questões econômicas de produção. Nader comprovou que a responsabilidade pelo alarmante número de mortes no trânsito era transferida à imprudência dos motoristas, ocultando as falhas nos projetos dos carros (NADER, 1991).

Desse modo, os bloqueios sistêmicos atuam para distorcer ideologicamente a realidade, a fim de manter a assimetria na distribuição social entre os riscos, prejuízos e benefícios da tecnociência. De igual modo, a ocultação ideológica promovida pela estrutura de protelação mantém a divisão do saber em compartimentos estanques, dificultando a compreensão das relações interdisciplinares indispensáveis para o tratamento dos problemas ecológicos que afetam as sociedades modernas.

A crise ambiental moderna se encontra administrada politicamente para evitar o conflito, mediante a intervenção do Estado para compor os interesses dos grupos econômicos com poder na arena política, promovendo arranjos institucionais que os conciliem, ainda que temporariamente, universalizando os interesses desses grupos ideologicamente, eliminando o conflito e protelando a crise. A legitimação desses arranjos ocorre pela generalização dos interesses setoriais como se fossem de toda coletividade, utilizando ideologicamente o discurso técnico-científico e os procedimentos da democracia formal para obter a lealdade das massas, ao tempo em que se evita sua participação crítica no processo decisório das políticas públicas ambientais.

A cooptação do Estado por uma racionalidade instrumental se agravou a partir do atentado terrorista de 11 de setembro de 2001 ao *World Trade Center*, que demarcou historicamente a chamada "era do terrorismo global". Embora ocorrido em um país determinado, o atentado terrorista ao *World Trade Center* espalhou uma "ameaça invisível" por todo o mundo, fazendo surgir a "guerra contra o terror", pondo em risco as conquistas históricas da democracia e despertando o leviatã hobbesiano.

Em um diálogo com a filósofa Giovanna Borradori, registrado por esta no livro "Filosofia em tempo de terror", Habermas discorreu sobre o atentado de 11 de setembro, destacando que este se direcionou para um alvo com acentuada força simbólica, atraindo a atenção da mídia internacional, que o potencializa pela transmissão "em tempo real", ampliando o terror do local para o global imediatamente, razão pela qual, em entrevista concedida a Giovanna Borradori, Habermas afirmou que o atentado de 11 de setembro pode ser considerado: "o primeiro acontecimento histórico mundial no sentido mais estrito: o impacto, a explosão, o lento colapso – tudo o que não era hollywood, mas, na verdade, era uma realidade medonha, teve lugar literalmente diante de 'testemunha ocular universal' de um público global" (BORRADORI, 2004, p. 40).

Trata-se de uma nova forma de terrorismo, que não se restringe a um território determinado nem possui qualquer meta realista de conquistar o poder político, mas objetiva espalhar a insegurança mundialmente, de modo que não há como calcular a dimensão do risco ou personificar com exatidão os alvos, representando uma ameaça a um modelo de civilização e não apenas a um Estado nacional específico[14].

Habermas compreende esse "novo terrorismo" como uma consequência da ruptura traumática provocada pela modernidade, que racionalizou a imagem do mundo, fragmentando a cosmovisão medieval unificada em torno da religião, representando precisamente uma investida contra os fundamentos da modernidade. A ruptura paradigmática da modernidade retirou o solo que sustentava o modo de vida do ser humano, lançando em um cenário complexo, multicultural, potencializado pelo fenômeno da globalização, que divide o mundo entre os que dela se beneficiam e os outros.

O fundamentalismo emerge precisamente quando o indivíduo não aceita essa diversidade, afirmando a certeza de suas próprias convicções contra o equívoco de quem pensa diferente, sem argumentos racionais que sustentem suas afirmações. Habermas esclarece que as crenças religiosas tendem para o fundamentalismo quando "os guardiães e representantes da verdadeira fé ignoram a situação epistêmica de uma sociedade pluralista e

---

14. "Comparem os novos terroristas com os guerrilheiros ou terroristas convencionais, por exemplo, em Israel. Estas pessoas geralmente lutam de uma maneira descentralizada e também em unidades pequenas e autônomas. Igualmente, nesses casos, não há concentração de forças ou organização central, características que os torna alvos difíceis. Mas os guerrilheiros combatem em território familiar com objetivos políticos declarados, a fim de conquistar o poder. Isso é o que os distingue dos terroristas que estão espalhados ao redor do mundo e funcionando em rede, à maneira dos serviços secretos. Os terroristas permitem que suas motivações religiosas de natureza fundamentalista sejam conhecidas, embora não obedecam a um programa que vá além de arquitetar a destruição e a insegurança. O terrorismo que associamos por enquanto com o nome de "Al-Qaeda" torna impossíveis a identificação do oponente e qualquer avaliação realista do perigo. Essa intangibilidade é o que dá ao novo terrorismo uma qualidade diversa" (BORRADORI, 2004, p. 41).

insistem – chegando à violência – no caráter universalmente basilar de sua doutrina e na aceitação política dela" (BORRADORI, 2004, p. 43).

O terrorismo global baseado no fundamentalismo religioso segue o caminho da polarização maniqueísta entre Oriente e Ocidente, com a ideia de resistência do passado em face do presente, com vistas a uma retomada dos valores tradicionais em um futuro a ser conquistado com violência. Esse novo terrorismo global intenciona destruir as visões de mundo diferentes na busca do retorno da cosmovisão universal fundada no dogma religioso. Os valores religiosos são apresentados como peça de resistência contra o avanço da racionalidade estratégica do Ocidente, baseada no consumismo desenfreado e amoral, razão pela qual os outros representam a personificação da diferença, logo, por definição, são inimigos *a priori*[15].

O terror global agrava a crise dos Estados nacionais e do próprio modelo de Estado Democrático de Direito, na medida em que as grandes potências militares e econômicas, notadamente os Estados Unidos e a Inglaterra, reagiram a este novo cenário internacional marcado por incertezas adotando uma política de enfraquecimento dos direitos civis. Retomou-se a adoção de práticas medievais, tais como os interrogatórios sob tortura, a invasão de privacidade, as prisões sem mandado judicial ou qualquer acusação formal, os tribunais de exceção para julgar os "inimigos do Estado", a ideia da "guerra contra o terror", tudo pretensamente legitimado por uma legislação antiterrorista sustentada pelo medo.

Habermas considera esta ideia de uma "guerra contra o terror" um erro, insistindo que a espiral de violência só pode ser contida com a eliminação das distorções na comunicação entre os participantes de comunidades com cosmovisões diversas, pois a "espiral de violência começa com uma espiral de comunicação distorcida que leva, por meio da incontrolável espiral de desconfiança recíproca, à ruptura da comunicação" (BORRADORI, 2004, p. 48).

---

15. "(...) o terror global que culminou com o ataque de 11 de setembro carrega traços anarquistas da revolta impotente dirigida contra um inimigo que não pode ser derrotado em qualquer sentido pragmático. O único efeito possível que ele pode exercer é chocar e alarmar o governo e a população. Tecnicamente falando, uma vez que nossas sociedades complexas são altamente suscetíveis a interferências e acidentes, elas certamente oferecem as oportunidades ideais para a pronta interrupção das atividades normais. As interrupções podem, com o mínimo de despesa, ter consequências destrutivas consideráveis. O terrorismo global é extremo, tanto em sua falta de metas realistas como na exploração da vulnerabilidade dos sistemas complexos" (BORRADORI, 2004, p. 46).

Todavia, seguindo trilha diversa da proposta habermasiana, o argumento da "guerra contra o terror" tem sido suficiente para cercear as liberdades individuais e fragilizar instrumentos de proteção dos direitos individuais que representam conquistas seculares[16]. O controle democrático do Estado pelo cidadão está sendo substituído pelo controle do cidadão pelo Estado, a pretexto de defendê-lo de um inimigo sem rosto, sem pátria, que está em todo lugar e, portanto, em lugar nenhum. O lema do partido único que a todos vigia e controla, descrito por Orwell em sua obra *1984*, infelizmente parece vivo: "*Guerra é paz, liberdade é escravidão, ignorância é força.*". A deturpação da verdade, a utilização da guerra com objetivos político-partidários de controlar a sociedade e a fragilização das liberdades civis pelo Estado são elementos presentes no livro *1984* e visíveis no modelo da "guerra contra o terror".

O Estado Moderno se tornou um meio de manutenção dessa racionalidade instrumental, utilizando a ciência moderna para erguer bloqueios sistêmicos que ocultam o esgotamento do paradigma ambiental moderno e suas contradições, com vistas a manter a relação assimétrica na distribuição dos benefícios, prejuízos e riscos entre os membros da sociedade. De igual modo, na alta Modernidade, o Estado utiliza o Direito como meio de manutenção do paradigma ambiental moderno esgotado, em prestígio dos interesses setoriais que se beneficiam da repartição assimétrica dos benefícios, prejuízos e riscos decorrentes do paradigma ambiental.

A aliança entre o poder econômico e o poder político vergou o aparelho do Estado aos interesses do *Sistema*, utilizando a (i) ciência moderna e o (ii) direito moderno como meios de ocultação das contradições do paradigma ambiental moderno esgotado e de sua racionalidade instrumental, bem como meios de bloqueios de outras racionalidades.

Assim, na Modernidade avançada, o campo político está igualmente colonizado pela racionalidade estratégica, reforçando os bloqueios sistêmicos que impedem a transição paradigmática no campo ambiental, permitindo a protelação de um paradigma ambiental já esgotado, que sustenta um modelo de desenvolvimento ecosuicida.

As sociedades da Modernidade avançada são assimétricas, distribuindo desigualmente os riscos e benefícios da tecnociência. O Estado Moderno, cooptado pela racionalidade instrumental do paradigma ambiental moderno

---

16. O "*Patriot Act*" (2001) do governo americano e o "*Criminal Justice Act*" (2003) do governo britânico são exemplos dessa legislação antiterror, que sacrificam as liberdades individuais em nome da segurança do Estado.

hipertrofiado, converteu a Ciência e o Direito em obstáculos à emancipação humana, portanto, meios à disposição de uma antimodernidade.

(iii) Bloqueios no campo científico.

Os bloqueios sistêmicos atuam para protelar a crise do paradigma ambiental moderno mediante a estratégia de identificar a crise ambiental com sua dimensão objetiva, consequentemente afirmando que os problemas relacionados com a Natureza devem ser enfrentados e resolvidos apenas pelos especialistas, que dominam a linguagem técnica e cujas conclusões orientarão as decisões da sociedade sobre os problemas ambientais.

Notadamente a partir da Revolução Industrial, o conhecimento científico foi apropriado e posto à disposição de um modelo de desenvolvimento orientado para o crescimento econômico linear e contínuo, sem nenhuma consideração em relação a limites de qualquer espécie. A racionalidade instrumental hipertrofiada utilizou o dogma do conhecimento científico como verdade inquestionável para expandir-se a todos os campos do saber, colonizando-os e sufocando as outras formas de racionalidade existentes nas complexas sociedades modernas.

Os problemas ecológicos são tratados de modo a não interferir na lógica de funcionamento do modelo de desenvolvimento sustentado pelo paradigma ambiental moderno, sem enfrentar as contradições relacionadas com o uso, apropriação e distribuição dos bens ambientais, bem como a repartição assimétrica do risco das intervenções antrópicas nos processos naturais.

A primazia dos especialistas na condução dos assuntos da Natureza é justificada com recurso ao fetiche da neutralidade e da objetividade da ciência, que oculta o amesquinhamento da democracia, na medida em que o conjunto da sociedade deve aceitar todas as conclusões dos especialistas como verdades, só questionáveis por outros especialistas. Nos quadrantes do paradigma ambiental moderno hipertrofiado não há espaço para o argumento dos "leigos" no debate ambiental, considerado um debate eminentemente técnico.

A "verdade" científica substitui a reflexão acerca da insuficiência do paradigma ambiental vigente e, quando há qualquer perturbação no funcionamento desse sistema, a estrutura de protelação ergue bloqueios sistêmicos, utilizando o parelho do Estado para obstar qualquer possibilidade de mudança paradigmática, protelando indefinidamente a crise ambiental, que jamais alcança seu momento de transição, reservando as decisões sobre políticas púbicas ambientais aos técnicos, cabendo cidadãos um papel passivo de legitimar decisões já tomadas em outro lugar, o que nos envia aos bloqueios sistêmicos no plano científico.

A formulação e a implementação de políticas públicas ambientais são orientadas precipuamente pelos argumentos científicos, pretensamente neutros e imparciais, alheios a qualquer juízo de valor ou crítica social, a fim de afastar os cidadãos não iniciados na ciência qualquer espaço de participação nesse debate, por faltar-lhes inclusive o domínio do vocabulário conceitual.

O debate sobre os problemas ambientais segue "técnico", prevalecendo o argumento que melhor analisar os dados, de acordo com um método sistemático e empiricamente mensurável, não havendo espaço para considerações de argumentos "leigos". As escolhas são pautadas por esses argumentos científicos, revestidos de pretensa neutralidade, mas que estão apropriados pelos interesses setoriais de grupos sociais determinados, que inclusive financiam cientistas, laboratórios, institutos de pesquisa, que produzem estudos publicados em revistas especializadas para sustentar e fazer prevalecer os seus interesses.

A conclusão implícita é que os demais atores sociais devem silenciar diante das decisões tomadas no recesso imaculado dos laboratórios, uma vez que os problemas relacionados à Natureza não se submetem ao debate no plano do "dever-ser", localizando-se apenas no plano da faticidade, não da validade. O discurso cientificista paralisa a crítica, fazendo com que o conjunto da sociedade se submeta, em silêncio, aos argumentos tecnocientíficos dos especialistas, pretensamente neutros em relação aos conflitos em torno do uso, apropriação e distribuição dos bens ambientais, na medida em que os cientistas são os detentores do monopólio da interpretação dos fenômenos naturais, por serem os únicos a dominarem a "linguagem da natureza", estando aptos por isso a revelar seus desígnios.

A linguagem da ciência moderna é utilizada para sufocar todas as outras formas de argumentação, assumindo para si mesma a condição de única expressão da verdade, ou seja, o método experimental da ciência moderna assume o caráter de "selo de veracidade": só o conhecimento produzido cientificamente tem pretensão de verdade. Essa precedência absoluta do conhecimento científico sobre todas as demais formas de conhecimento humano sustenta o triunfo da racionalidade instrumental, que se sobrepôs às outras formas de racionalidade, relegadas a um patamar inferior, notadamente os saberes locais, rotulados de "crendices populares", cujos argumentos têm sua importância diminuída no processo decisório[17].

17. "Os problemas do meio ambiente são construções sociais. Como negá-lo? O conhecimento destes riscos (locais ou globais) é em si mesmo um produto so-

Ressalte-se que o argumento científico é fundamental para o enfrentamento dos problemas ecológicos decorrentes das intervenções tecnocientíficas na Natureza, não se podendo adotar uma postura pré-científica, que negue a objetividade dos problemas ambientais. O papel dos cientistas na análise dos dados é importante, em face da dimensão ecológica dos problemas ambientais (dimensão biofisicoquímica), mas o debate ambiental não pode se resumir ao cotejo de indicadores técnicos.

No entanto, é exatamente a isso que conduzem os bloqueios sistêmicos: uma supremacia quase absoluta do argumento técnico-científico, como única expressão da verdade. Essa premissa se reconecta com os bloqueios sistêmicos nos planos econômico e sociopolítico, mantendo tanto o modelo de desenvolvimento, quanto o debate acerca da relação entre a sociedade e a Natureza, orientados e limitados pela racionalidade instrumental decorrente do paradigma ambiental moderno hipertrofiado, sustentado pela ideologia do progresso, conduzido com argumentos tecnocientíficos, que são utilizados para diminuir a importância de outros interesses diversos dos interesses econômicos de atores sociais específicos.

A ciência moderna, notadamente a partir da Revolução Industrial, o conhecimento científico foi apropriado e posto à disposição de um modelo de desenvolvimento orientado para o crescimento econômico linear e contínuo, sem nenhuma consideração em relação a limites de qualquer espécie. A racionalidade instrumental hipertrofiada utilizou o dogma do conhecimento científico como verdade inquestionável para expandir-se a todos os campos do saber, colonizando-os e sufocando as outras formas de racionalidade existentes nas complexas sociedades modernas.

Os problemas ecológicos são tratados de modo a não interferir na lógica de funcionamento do modelo de desenvolvimento sustentado pelo paradigma ambiental moderno, sem enfrentar as contradições relacionadas com o uso, apropriação e distribuição dos bens ambientais, bem como a

---

cial: ele resulta de uma prática científica, historicamente determinada. Entre os constrangimentos conhecidos, os riscos identificados (ou fortemente prováveis), alguns são qualificados como sendo problemas e levados à praça pública. Outros, ao invés, continuam a ser assuntos de especialistas, quando não são repelidos ou taxados de boatos. [...]

Nesse processo de legitimação dos problemas ambientais interferem estratégias econômicas, políticas e sociais, sem relação imediata com o objeto da preocupação. Corre-se então o risco de se esquecer de tratar a ameaça para só se preocupar com os objetivos econômicos, políticos ou sociais" (LARRÈRE; LARRÈRE, 1997, pp. 249-250).

repartição assimétrica do risco das intervenções tecnocientíficas nos processos naturais.

A propósito do risco tecnocientífico, Paul Virilio (1932) afirma que todo o invento tecnológico traz consigo novos riscos relacionados ao seu mal funcionamento: os desastres aéreos surgem concomitantemente com a invenção dos aviões e a dimensão da catástrofe aumenta com o avanço tecnológico da aviação (VIRILIO, 1996a). Assim, tem-se que a tragédia é ínsita ao invento e aquela se amplia na mesma proporção que este se desenvolve. Entretanto, os mecanismos de protelação da crise do paradigma ambiental moderno ocultam essa relação direta entre a invenção tecnológica e a que lhe é correlata tragédia, descolando-a do invento e naturalizando-a, como se fosse uma decorrência dos processos naturais. As intervenções tecnocientíficas produzem consequências indesejadas, que afetam o bem-estar humano e não podem ser adequadamente tratadas, pois implicaria no questionamento da insuficiência do paradigma ambiental moderno.

Os bloqueios sistêmicos atuam para ocultar as consequências negativas do desenvolvimento tecnológico, naturalizando-as sob o signo do "dano ambiental", tratado apenas em sua dimensão ecológica. Avançamos construindo cidades, inclusive sobre falhas tectônicas, encostas e outros locais inapropriados, destruímos florestas, desertificamos o solo, alteramos o leito dos rios, soterramos manguezais, despejamos toneladas de gases efeito estufa na atmosfera, mas quando sobrevém tsunamis, terremotos, enchentes ou desabastecimento de água, matando milhares, o *Sistema* atua para considerá-los apenas "eventos da natureza". Os bloqueios sistêmicos produzem um efeito de ocultação da estrutura complexa das crises ambientais, induzindo a pensar que os problemas ecológicos são apenas fenômenos naturais, que afetam a humanidade por via indireta. Furacões, tsunamis, incêndios florestais, terremotos, secas, enchentes, que ceifam vidas humanas e destroem propriedades públicas e privadas, são apresentados como "acidentes".

Paul Virilio cuidou do conceito "acidente", enfatizando que se trata, no mais das vezes, da consequência de uma cultura instrumental, que ilumina os aspectos positivos da tecnologia e oculta os seus problemas, apresentando uma singular relação entre "substância" e "acidente", quando argumenta que não havia acidente aéreo antes da invenção do avião, ou seja, a tecnociência não inventa apenas novas tecnologias, mas também os acidentes tecnológicos. Seguindo esse raciocínio, infere-se que a chamada obsolescência programada, antes aplicada aos produtos, agora se estende à organização mesma da sociedade, que é exposta ao risco de acidentes , trazendo a necessidade de sua prevenção e dos investimentos na reconstrução após sua ocorrência, mantendo o *Sistema* em funcionamento, em um fenômeno nomeado por Virilio de "estética do desaparecimento", na medida em que o corpo humano destruído não se reconstrói ou se recicla, como um produto, mas desaparece, fazendo emergir um cenário em que populações inteiras são tratadas como descartáveis (VIRILIO, 2005).

A partir das afirmações de Virilio, é possível inferir que a Natureza se converteu em um objeto de gestão administrativa para correta condução do *Sistema*, que administra artificialmente o debate ambiental, regulando o acesso às informações técnicas e ao vocabulário conceitual, de modo que só aqueles que dominam uma espécie de conhecimento podem determinar de fato as decisões políticas, utilizando inclusive a ideia de suposta neutralidade cientifica.

A formulação e implementação de políticas públicas ambientais são orientadas precipuamente com base nesses argumentos científicos, apresentados como neutros politicamente e por isso mesmo acima de qualquer crítica social, moral ou política. Essa estratégia de bloqueio e protelação oculta a disputa política pelo conteúdo dos conceitos utilizados para tratar os problemas decorrentes do uso, apropriação e distribuição dos bens ambientais[18].

A realidade é bloqueada sistemicamente para ocultar o fato de que os grandes desastres naturais da era moderna são artificiais, na medida em que decorrem de decisões políticas, de escolhas quanto ao uso, apropriação e distribuição dos bens ambientais instrumentalizados pela tecnociência. Mesmo após a ocorrência do dano ambiental, há decisões políticas que o desnaturalizam: quais grupos sociais serão atendidos primeiro? qual área atingida deve ser reconstruída imediatamente? quais interesses devem ser prestigiados antes: os assistenciais ou os econômicos?

---

18. "A emergência das abordagens tradicionais para a avaliação e gestão dos riscos relacionados aos problemas ambientais nos anos 80, mais do que uma resposta técnica às preocupações coletivas, converteu-se também numa determinada resposta política à formação de consenso nos processos decisórios (DE Marchi, 1995; Nelkin, 1995; Brandbury, 1989). Seu desenvolvimento se deu com o objetivo subjacente de transformar determinadas escolhas sociais, políticas e econômicas em problemas "puramente" técnicos e científicos. Assim, tornava-se um elemento estratégico para despolitizar os debates envolvendo o desenvolvimento, difusão e controle de tecnologias consideradas perigosas, encobrindo assim tanto as grandes incertezas sobre suas consequencias em larga escala social, como os valores subjetivos e os interesses sociais, políticos e econômicos que determinam sua geração e seus resultados (Freitas et al., 1997; Freudenburg et al., 1992; Gabe, 1995)" (FREITAS, 2004, p. 145).

Os bloqueios sistêmicos capturam a ideia do dano ambiental para justificar uma intervenção ainda maior na Natureza, conduzindo ao paradoxo de enfrentar os problemas ecológicos causados pelas intervenções antrópicas nos processos naturais ampliando os limites dessas mesmas intervenções, reafirmando a separação conceitual entre Natureza e Cultura. Nesse contexto, o argumento é que os fenômenos naturais devem ser controlados com maior rigor para proteger os seres humanos, que são vítimas involuntárias do acaso, razão pela qual o investimento em tecnociência para controle da Natureza resulta justificado.

Assim, paradoxalmente o *Sistema* se apropria do dano ambiental para justificar novos investimentos em tecnociência, ao argumento de que é necessário evitar os danos ambientais, cujo uso intenso da tecnociência é um dos fatores. Vivenciamos a apoteose da instrumentação, em que tudo se torna obsoleto para manter a continuidade do progresso tecnocientífico, inclusive os seres humanos e suas sociedades.

A dimensão objetiva da crise ambiental é posta em relevo pelo *Sistema*, a fim de conduzir as ações instrumentais e estabilizar a sociedade, mantendo o seu funcionamento nos limites do paradigma ambiental moderno, fazendo crer que os problemas ecológicos são desconectados das decisões políticas fundamentadas para manter o desenvolvimento do *Sistema* em crescimento linear e contínuo. A racionalidade instrumental decorrente do paradigma ambiental moderno já esgotado não permite questionar as decisões políticas que conduziram aos danos ambientais, porque isto significaria questionar o esgotamento do próprio paradigma ambiental moderno.

Na Modernidade avançada, a racionalidade científica é um instrumento ideológico utilizado para estrangular no nascedouro todas as outras formas de racionalidade, assumindo o imaginário de que detém a primazia de exprimir a única verdade, sobrepondo-se a todas as demais formas de conhecimento humano, de modo que só o conhecimento produzido pelos técnicos pode ter a pretensão de ser verdadeiro. Os demais são previamente excluídos do debate ambiental ou diminuídos em importância, em especial os saberes das comunidades locais, rotulados de crendices populares.

Nesse ponto, importa destacar bem que a ciência moderna não é um mal em si mesma e que o método científico é fundamental para o enfrentamento dos problemas ecológicos, evitando-se o retorno a visões pré-modernas. A crise ambiental é multidimensional, mas não deixa de possuir uma dimensão ecológica, que demanda soluções que não poderão ser encontradas fora dos quadrantes do conhecimento científico.

Contudo, a racionalidade científica capturada pela lógica do paradigma ambiental moderno hipertrofiado é utilizada para substituir as considerações éticas e morais pelo individualismo exacerbado, a fim de legitimar a ação instrumental, fundada na pretensa neutralidade e eficiência da ciência moderna, voltando-se apenas para a relação de adequação entre meios e fins. A dimensão moral (consciência, vontade, liberdade) é amesquinhada, em favor de um desenvolvimento apenas da dimensão material, cujos resultados são assimetricamente distribuídos. Os bloqueios sistêmicos sufocam a emergência de outros paradigmas ambientais, mantendo o debate ambiental administrado artificialmente, orientado pela racionalidade científica, sustentada pela ideologia do progresso, inclusive mediante financiamento de pesquisas científicas, utilizadas para interferir na formulação das políticas públicas ambientais.

O ponto de reflexão consiste nesse uso ideológico da ciência para ocultar o caráter paradigmático e multidimensional da crise ambiental moderna, que possui uma dimensão política, cujo cerne é a disputa pela construção do paradigma ambiental. De igual modo, o campo jurídico moderno foi colonizado pela racionalidade instrumental, erguendo bloqueios à transição paradigmática que serão analisados com mais vagar adiante.

Em face dos bloqueios sistêmicos, a crise do paradigma ambiental moderno é adiada, procrastinada indefinidamente, permitindo que a hipertrofia da racionalidade instrumental avance sem limites, ameaçando o bem-estar humano e, no limite, a própria permanência da humanidade em condições dignas.

A instrumentalização plena dos processos ecossistêmicos pelo ser humano se acelerou ao ponto de instituir uma nova realidade, cujo controle paradoxalmente escapa das mãos do seu criador. A exacerbação do domínio humano sobre a Natureza nos tornou reféns de uma imprevisibilidade cada vez mais descontrolada, cujos resultados são mais imprevisíveis que a ação dos deuses pré-modernos.

Compreender essa nova realidade instituída na alta Modernidade é o passo inicial para a instituição de outro paradigma ambiental

CAPÍTULO 4

A TECNONATUREZA

4.1. ALÉM DA ACELERAÇÃO

O ser humano tenta controlar a imprevisibilidade dos fenômenos naturais desde que nossos ancestrais dominaram o fogo, passando pela revolução agrícola até chega à revolução científica dos Modernos. Com a construção do campo ambiental moderno, novos inventos e descobertas científicas permitiram o controle humano dos fenômenos naturais, incrementando o bem-estar humano e ampliando a expectativa e qualidade de vida. Em média, a humanidade vive mais e melhor. O agir humano instrumental transformou a superfície do planeta e alterou indelevelmente paisagens e o funcionamento dos ecossistemas, consumindo sempre mais recursos naturais e produzindo cada vez mais resíduos. A ideia de uma natureza intocada, um lugar inacessível ao agir humano, restou confinada nas profundezas dos oceanos, na vastidão do universo e no imaginário popular.

Entretanto, notadamente a partir da Revolução Industrial, o paradigma ambiental da Modernidade foi capturado pela lógica de uma racionalidade estratégica hipertrofiada, decorrente da aliança entre o capital econômico e o capital político, passando a receber investimentos contínuos e crescentes para inovações tecnológicas, inicialmente úteis ao complexo industrial e militar, logo absorvidas pela espiral produção-consumo, ultrapassando os limites ecossistêmicos, gerando uma série de problemas que não se contiveram no campo ambiental estendendo-se aos demais campos sociais, gerando uma crise sistêmica.

Esta crise ambiental moderna tornou-se crônica pelo surgimento de uma estrutura de protelação, que atua em diversos campos sociais, ocultando ideologicamente a relação entre o esgotamento do paradigma ambiental moderno e os problemas dele decorrentes, naturalizando-os como se não fossem consectários lógicos de um modelo de desenvolvimento ecosuicida.

Em razão dessa protelação artificial do paradigma ambiental moderno já esgotado, as intervenções tecnocientíficas na Natureza seguiram de modo crescente e linear, fazendo com que o *Sistema* perdesse o controle sobre a *obsolescência programada*, tamanho o grau de antecipação de necessidades artificialmente criadas, que demanda novos produtos quase instantaneamente tornados obsoletos, sem os quais a produção não impele o consumo, mas com os quais o consumo não consegue acompanhar a produção.

O ritmo das inovações se acelerou ao extremo, saindo dos limites da busca do incremento da produção e do consumo para se tornar um fim em si mesmo. A busca pela inovação tecnológica se tornou o fim supremo do *Sistema*, instituindo uma *obsolescência antecipada*, na qual os produtos se sucedem em uma espiral tecnológica crescente[1].

Na Modernidade avançada, o ser humano vive compelido rumo a um futuro que não se torna presente jamais. Antecipam-se as especificações técnicas dos novos produtos antes do lançamento dos que serão ainda substituídos, de modo que estes já são lançados obsoletos em relação ao que se espera dos próximos. O futuro se torna pretérito no momento mesmo em que se faz presente.

A aceleração tecnológica rompeu os limites do paradigma ambiental da modernidade, que não consegue mais identificar e resolver os problemas decorrentes da relação entre a sociedade e a Natureza, em um mundo onde a velocidade do agir instrumental ultrapassou o ritmo dos processos ecossistêmicos. A aceleração tecnológica se encaminha para a concretização de uma distopia tecnocientífica, um cenário de privação da liberdade, de ausência da crítica e do pensamento reflexivo, uniformizado, massificado, que representa a própria negação do projeto moderno de emancipação do ser humano.

A hipertrofia do paradigma ambiental moderno instituiu o tempo instantâneo como padrão e instrumento de poder, estabelecendo uma política de domínio das tecnologias que abreviam o tempo da produção, seleção e transmissão das informações, estabelecendo a eficiência como valor supremo.

---

1. "A modernidade instaurara, como princípio supremo, a ruptura com valores do passado e a consagração do novo e do inédito. Nesse sentido, o mundo moderno significou a desvalorização dos outros tempos, sacrificando a história em benefício do presente – o interesse pelo novo, pela novidade, pelo aqui e agora, e o descarte do "velho", do tradicional manifestaram-se por toda parte, e nem precisavam ser sublinhados aqui. Mas a aceleração tecnológica e econômica contemporânea é tal que até mesmo o atual acaba sendo ultrapassado: em sua perspectiva, tudo o que é... já era. Assim, a aceleração tecnológica e econômica desloca o interesse pelo atual e pelo presente decretando, com tal deslocamento, o fim da modernidade. A atenção concentra-se não no que é, mas no vir a ser. O olhar se volta para o futuro; melhor dizendo: para a antecipação do futuro" (SANTOS, 2011, p. 88).

Fazer mais e melhor gastando menos dinheiro e menos tempo se torna o fim em si mesmo, o que impõe a aceleração das relações sociais, das relações instrumentais, das relações comerciais, enfim, a aceleração do mundo.

Paul Virilio (1932) tratou com argúcia acerca do fenômeno da aceleração tecnológica, argumentando que a crescente velocidade da produção e disponibilidade da informação compromete a reflexão sobre os fatos, que perdem o caráter de realidade definida em um espaço-tempo para se virtualizarem.

Virilio analisou o desenvolvimento da história moderna com base na evolução dos motores (motor à vapor, motor à explosão, motor elétrico, motor foguete e o motor da informática), para demonstrar como o espaço geográfico tem se tornado sempre mais e mais mecanizado, iniciando pela análise do surgimento do motor a vapor, base da Revolução Industrial, cujo símbolo foi o trem à vapor, que encurtou distância e permitiu o controle maior do tempo. Com a invenção do motor à explosão, e o consequente surgimento de automóveis e aviões, potencializou-se o domínio humano do tempo e do espaço, inclusive com o fato novo do domínio do espaço aéreo, que permitiu uma nova perspectiva de informação sobre o planeta Terra. De igual modo, o motor à explosão potencializou as máquinas, impactando os níveis de produção industrial, que atingiram novos patamares. Virilio relaciona a invenção do motor elétrico com a iluminação das cidades, que permitiu o domínio de mais uma perspectiva do mundo: a noturna. De igual modo, destaca o surgimento do cinema, que possibilitou uma nova relação com o mundo e com um número incontável de máquinas. O motor-foguete foi o quarto motor da história destacado por Virilio, que ampliou a noção de espaço para o exterior ao globo terrestre, possibilitando a invenção de satélites, que unificaram a comunicação global, bem como permitindo outra perspectiva do planeta Terra, visto de fora. Assim, cada motor alterou o modo como o ser humano vê e vive no mundo. Por fim, Virilio analisou o motor da informática, o *software*, que permite o surgimento da realidade virtual, que é imediata, sem reconhecer limitações de tempo e de espaço (VIRILIO, 1999).

Em razão de uma tecnologia de transmissão de imagens e dados em velocidade cada vez maior, os eventos deixam de ser temporalmente demarcados para serem lançados em um gerúndio permanente, no qual tudo parece estar acontecendo ao mesmo tempo e em todos os lugares, soterrando o indivíduo em uma avalanche de dados em tempo real. Virilio esclarece a ideia desse novo "tempo real"[2].

---

2. "A aplicação do tempo real pelas novas tecnologias é, quer se queira quer não, a aplicação de um tempo sem relação com o tempo histórico, isto é, um tempo

Virilio aclara que a tecnologia da informação alterou a lógica da industrialização, relativizando a importância de uma base física para os produtos, fenômeno que se pode nomear de virtualização, que está avançando em todos os setores das sociedades modernas. O motor tecnológico está promovendo uma "aceleração do real", baseada nas transmissões instantâneas, que fazem uma realidade ser percebida ao mesmo tempo em todos os lugares, por isso mesmo deslocando-a para lugar nenhum.

A velocidade imposta pelo motor tecnológico bloqueia o senso crítico, por que não permite a reflexão sobre o tempo atual: ao se tentar refletir sobre um evento presente, ele já passou e foi substituído por outro, que já está terminando no momento exato em que começa[3].

A rede global de computadores, a cibernética, a biotecnologia instituíram uma nova relação entre passado, presente e futuro, promovendo uma ruptura na continuidade do tempo e espaço, na medida em que o tempo do evento natural foi substituído pelo evento em tempo real, instantâneo, imediato, que ocorre em todos os lugares ao mesmo tempo, uniformizando culturas e até sentimentos, fenômeno nomeado por Virilio de "tempo acidental". O mundo se torna pequeno, a história se resume a instantes transmitidos em tempo real, vivenciados ao mesmo tempo em todos os lugares e, portanto, de lugar nenhum.

---

mundial. O tempo real é o tempo mundial. Ora, toda história é feita num tempo local, o tempo local da França, o da América, o da Itália, o de Paris, ou o de qualquer outro lado. E as capacidades de interação e de interatividade instantâneas desembocam na possibilidade de aplicação de um tempo único, de um tempo que por isso mesmo não se refere senão a um tempo universal da astronomia. É um acontecimento ímpar. É um acontecimento positivo, ao mesmo tempo em que é um acontecimento carregado de potencialidades negativas" (VIRILIO, 2000, p. 13).

3. "De fato, *ocorre com a atualidade o que já ocorreu com a modernidade: ela já passou...* Ao instante da percepção direta dos objetos, das superfícies e dos volumes (naturais ou construídos), sucede uma recepção indireta e mediatizada, uma interface que escapa à duração cotidiana, ao calendário da cotidianeidade. Não nos enganemos mais, portanto, pois *não seremos jamais os vizinhos da proximidade televisual, os media não são nossos contemporâneos*; vivemos hoje uma separação cada vez maior entre a imediatez de sua retransmissão e nossa capacidade de compreender e avaliar o instante presente. A questão colocada é menos da modernidade e "pós-modernidade" do que da atualidade e da "pós-atualidade", em um sistema de temporalidade tecnológica que não é mais da ordem da longa duração de um suporte material qualquer, mas antes da ordem única e exclusiva das persistências retinianas e auditivas" (VIRILIO, 2005, pp. 66-67).

Virilio alerta que, na aceleração tecnológica, o poder se exerce mediante o controle da velocidade do motor tecnológico, que padroniza não só a percepção da Natureza, mas os próprios sentimentos humanos, que também se uniformizam através da janela do evento transmitido "em tempo real". O sentido da visão perde importância como meio para vivenciar o mundo, sendo ultrapassado pela tecnologia, que ascende na hierarquia da percepção.

Nesse diapasão, Virilio destaca que a Modernidade não conduziu a uma iluminação que amplia a visão do mundo. Em sentido diametralmente oposto, Virilio afirma que as luzes da modernidade agora ofuscam tudo, tornando o mundo cada vez mais homogêneo, padronizado, sem diversidade natural ou cultural, de modo que ao fim resta cada vez menos para se ver, pois tudo o que é visto se parece com o mesmo. A tecnociência uniformizou o mundo para melhor manipulá-lo e controlá-lo, massificando as sociedades, culminando com o rompimento do liame entre o passado e o futuro, em nome de um presente virtualizado, que é vazio. O Estado moderno utiliza a tecnologia como o novo "panóptico", que só reconhece a Natureza e os seres humanos como problemas de controle (VIRILIO, 1996a).

A realidade é percebida em tempo real pela lente da tecnologia, que serve também de meio para nossa interação com essa realidade cada vez mais virtualizada, razão pela qual o poder se exerce mediante a decisão acerca de quais fatos serão compartilhados, como e por quem serão acessados e utilizados. Portanto, na aceleração tecnológica, o poder pertence a quem controla os meios tecnológicos de armazenagem e transmissão de dados e a propriedade dessa tecnologia é garantida pelo Estado, mediante o sistema jurídico de patentes, que assegura aos proprietários o direito de decidir acerca do rumo e do ritmo do seu uso.

Ademais de tudo isto, os avanços tecnológicos, especialmente nos setores de transporte e comunicações, produziram um impacto significativo sobre as relações entre os seres humanos e destes com a Natureza, sintetizadas sob o signo "globalização", que pretende traduzir uma nova realidade bastante complexa.

Nesse ponto, releva consignar a interessante distinção proposta por Ulrich Beck entre *globalismo* (ideologia do domínio global do mercado financeiro sobre os demais atores sociais, impondo uma visão "mercadocêntrica"), *globalidade* (reconhecimento da realidade irreversível da mundialização da sociedade, marcada pela diversidade sem unidade) e *globalização* (conceito genérico que engloba os processos pelos quais os novos atores transnacionais interferem no Estado-Nação). A globalização faz emergir uma "sociedade mundial sem Estado mundial e sem governo mundial", logo, não deve ser entendida apenas como um fenômeno econômico, mas como uma mudança na sociedade, criando uma nova ordem política, social, cultural e econômica e jurídica (BECK, 1999).

A propósito, importa registrar que a integração de conhecimento, de ideias e de mercados não é um fenômeno inusitado, sequer recente, a novidade é a intensidade produzida pela revolução tecnológica da modernidade avançada e suas consequências, boas e más, que o complexificam. O intercâmbio cultural, econômico e informacional, decorrente dessa globalidade, desloca as pessoas e os mercados para um tempo e um espaço comum, fluido, onde a presença e a ausência se mesclam, onde tudo aparenta acontecer ao mesmo tempo e no mesmo local, desconsiderando as distâncias geográficas. O cenário globalizado submete as relações humanas ao chamado "efeito borboleta", proposto do Edward Lorenz, no âmbito da Teoria do Caos, segundo o qual até as pequenas ações aparentemente distantes e desconectadas produzem efeitos no sistema total, de modo que o simples bater de asas de uma borboleta poderia produzir uma tempestade do outro lado do globo terrestre.

Saliente-se que não se pretende analisar aqui este fenômeno complexo em todas as suas dimensões, na medida em que a integração produzida pela globalização não se restringe ao subsistema econômico, mas afeta todas os subsistemas sociais, produzindo uma gama de efeitos, desejáveis e indesejáveis, que se interrelacionam e se desenvolvem em múltiplas direções. A globalização integra culturas, promove valores universais, compartilha conhecimento e tecnologia, mas de igual modo aprofunda a dependência econômica, exporta a exclusão social e desterritorializa os problemas ambientais, que se tornam globais.

Esse é o ponto que se destaca no presente estudo: a globalização já não permite ou fragiliza bastante a atuação aparelho do Estado para determinar suas políticas públicas, com base apenas em fatores intraterritorriais. Outros atores se colocam ao lado do Estado, em um processo complexo de relações supraterritoriais e internacionais, que não respeitam limites geográficos, expandindo os bloqueios sistêmicos para um plano além-fronteiras, seguindo o fluxo intenso do intercâmbio de pessoas, bens e serviços ao redor do globo, com profundas alterações nas relações sociais, culturais, econômicas, políticas e jurídicas.

Em um cenário globalizado, os limites ecossistêmicos ficam submetidos à pressão da selvageria consumista de um mercado global crescente e aparentemente insaciável, em relação ao qual os Estados Nacionais têm já pouca possibilidade de controle unilateral.

Esse complexo fenômeno da globalização tem como signo distintivo o surgimento de um fluxo de capital financeiro internacional, que desconsidera por completo fronteiras territoriais, lastreado nos avanços tecnológicos. Nesse cenário, o mercado financeiro exige autonomia em relação ao poder político e dita os rumos da economia global através de novos atores sociais (investidores, fundos de pensão, empresas transnacionais etc.), orientado apenas pela maximização do lucro, mediante a integração dos mercados financeiros em um imenso mercado global, no qual o capital circula livremente na velocidade dos *bits* dos computadores, sem qualquer preocupação com os efeitos ecológicos deletérios da exploração econômica desmedida.

Os Estados Nacionais em constante crise fiscal, sem capacidade própria de investimento, pressionados pelas demandas sociais sempre crescentes, tornam-se reféns desse capital internacional volátil, guiado apenas pela obtenção do máximo lucro possível, sem compromisso algum com o desenvolvimento local, e que pune qualquer tentativa estatal em regular o fluxo de capitais com a retirada dos recursos e sua migração imediata para "mercados mais flexíveis", o que limita a capacidade dos Estados Nacionais em disciplinar sua política econômica e enfrentar as consequências das intervenções antrópicas nos ecossistemas.

A atuação dos Estados Nacionais se acha limitada por obrigações econômicas, políticas e jurídicas definidas supranacionalmente, com a interveniência de outros atores além dos demais Estados Nacionais. A globalização conduz necessariamente a uma revisão do conceito de soberania, em face da interação crescente entre os atores do cenário internacional, que limita o poder de decisão dos Estados Nacionais, impondo estratégias de negociação cada vez mais complexas. A tecnologia das comunicações e o avanço nos meios de transporte transformaram o mundo em uma pequena aldeia, uma rede conectada pela tecnologia da informação, reduzindo significativamente a importância geopolítica das fronteiras nacionais.

Os Estados também perderam o monopólio da produção do Direito, uma vez que o sistema internacional de Direitos Humanos em expansão impõe a adoção de princípios gerais e condiciona a aplicação e a própria produção do direito nacional, que também é influenciada pela realidade econômica globalizada, que exige um arcabouço normativo que dê segurança ao capital internacional. Além disso, a produção cultural também sofre os efeitos deletérios da globalização, tendendo a se uniformizar através da massificação midiática que dilui as culturas em um caldo globalizado indefinido.

O globalismo, a globalidade e a globalização complexificam a crise ambiental moderna, que reconfigura o Estado e lança os bloqueios sistêmicos para além das fronteiras nacionais, na medida em que os Estados se tornam incapazes de responder com eficiência aos desafios postos pela complexa sociedade da informação.

Todavia, não se trata do fim do Estado, mas do esgotamento do modelo de Estado Moderno. A propósito, Norberto Bobbio, com a argúcia usual, há muito advertiu que não se deve confundir a questão do fim do Estado com a crise de um determinado tipo de Estado[4]. O modelo de Estado-Nação, organizado em torno paradigma ambiental moderno, esgotou sua capacidade para enfrentar os desafios ecológicos de uma realidade globalizada, todavia, a instituição "Estado" ainda conserva importância fundamental, como espaço promoção da integração social, capaz de direcionar o agir instrumental. A inexistência do Estado conduziria ao surgimento de uma sociedade sem um espaço de tomada de decisões passíveis de controle institucionalizado. A eliminação da instituição "Estado" acabaria com qualquer possibilidade de controle e direcionamento do agir instrumental para a promoção do bem-estar humano.

De igual modo, não é producente apenas criticar ou tentar se opor ao fenômeno da globalização, como se fosse um mal em si e não um processo de desenvolvimento, que contribui para o aperfeiçoamento das pessoas e das nações. A questão importante é discutir a assimetria na distribuição entre os benefícios, desvantagens e riscos da globalização, não a crítica focada apenas nos aspectos desvantajosos, o que demanda um rearranjo dos Estados-nacionais e sua atuação, nos planos interno, regional e internacional.

Nesse sentido, assume relevância a concepção de Estado apresentada por Georges Burdeau, como "regulador da dialética entre a ordem e o movimento", afirmando que a vida política se caracteriza pela oposição de forças conservadoras e de movimento, cujo entrechoque não conduz à eliminação de uma delas, mas o surgimento de uma nova situação que as supera[5].

---

4. "Porém, é preciso antes de tudo distinguir o problema do fim do Estado do problema da crise do Estado de que tanto se fala nesses anos, com referência ou ao tema da crescente complexidade e à conseqüente ingovernabilidade das sociedades complexas, ou ao fenômeno do poder difuso, cada vez mais difícil de ser reconduzido à unidade decisional que caracterizou o Estado de seu nascimento até hoje" (BOBBIO, Norberto, 2001, p.126).
5. "A ordem segundo a qual se ajustam e vivem as sociedades políticas não é um dado primário; resultado da ação de uma grande quantidade de força, ela é, ousaremos exprimir assim, movimento digerido. A ordem se defende absorvendo o movimento, o movimento se esforça para inserir-se na ordem. Esse jogo das

O fenômeno da globalização potencializa o esgotamento do paradigma ambiental moderno, ampliando a assimetria entre os benefícios, prejuízos e riscos das intervenções antrópicas nos ecossistemas, em razão da desterritorialização dos problemas ecológicos, cujas consequências já não respeitam limites geográficos.

Nesse cenário, o controle do fluxo de informações se torna a fonte maior de poder, moldando a representação do mundo virtualizado, que é visto em tempo real a partir do recorte da informação que é retransmitida e recebida imediatamente, com tal velocidade e quantidade, que não permite a reflexão sobre o acontecimento, assimilado sem crítica, porque a construção da crítica demanda tempo e o tempo se acelerou. O senso crítico se perde porque, antes da crítica ao evento presente, este já passou e foi substituído por outro, em um moto-contínuo perpétuo. A aceleração tecnológica obsta a crítica, a reflexão, não há a iluminação da modernidade, instituindo um mundo virtual que não é mundo, por ser vazio e sem forma.

O fato de que a modernidade destruiu a si mesma é ocultado pelos bloqueios sistêmicos do paradigma ambiental moderno, a fim de manter artificialmente a dicotomia entre o cultural e o natural, de modo que cada área do conhecimento se ocupe de uma ordem distinta de problemas: as ciências humanas se ocupam dos problemas culturais, enquanto as ciências naturais se ocupam dos problemas da natureza.

Os bloqueios sistêmicos operam no plano ideológico para ocultar o déficit democrático da tecnociência, sob o manto de uma pretensa neutralidade, que a situa acima e além do controle político, por não se submeter a outros critérios exceto aqueles produzidos dentro dos seus próprios limites. Contudo, o ideal de neutralidade só existe, quando muito, durante as pesquisas, mas nem por hipótese se faz presente na escolha dos objetos a serem pesquisados e no uso das descobertas científicas, cujas decisões se submetem aos interesses dos financiadores e dos proprietários das tecnologias, que controlam o rumo e o ritmo da aceleração tecnológica.

O acesso às novas tecnologias desequilibra as relações sociais e abre um horizonte de novas relações interpessoais e de questionamentos, que se descortinam no admirável mundo novo da biotecnologia, com a possibilidade da concretização de uma distopia tecnocientífica, um cenário de privação da liberdade, de ausência da crítica e do pensamento reflexivo, uniformiza-

---

duas tendências aparentemente contraditórias faz da dinâmica política uma dialética em que o enfrentamento se dissolve numa superação" (BURDEAU, 2005, p. 91).

do, massificado, que representa a própria negação do projeto moderno de emancipação do ser humano.

A velocidade da Modernidade ultrapassou a si mesma, deixando distante a meta da emancipação do ser humano do reino da necessidade pelo domínio da Natureza. Já avançamos para além da aceleração, em um horizonte de hiperaceleração biotecnológica de ultrapassa todos os limites ecossistêmicos para não apenas dominar e manipular, mas efetivamente criar uma nova Natureza pela técnica, uma Tecnonatureza, uma *physis* prometeica que se apropria de tudo, inclusive do próprio ser humano.

4.2. A TECNONATUREZA

A hiperaceleração biotecnológica é a marca do nosso tempo virtualizado, sem espaço definido e sem fronteiras demarcadas, uma hiperaceleração que avança sem controle e sem limites aparentes, movida pelo motor biotecnológico, que já ultrapassou o ritmo dos processos ecossistêmicos, reestruturando-os, fazendo que se perca a noção espaço-temporal que regia e limitava o modo como o ser humano agia em relação à Natureza, indo além da pretensão do domínio.

As sociedades tradicionais aguardavam o ciclo das estações do ano, estavam limitadas pela estrutura biológica dos seres, dependiam do clima e do tempo como variáveis intransponíveis. Agora não mais. Tanto os processos de produção quanto os processos de socialização sofrem o impacto das novas tecnologias, reconfigurando seus respectivos campos, na medida em que o artificial se insere se modo indelével nos processos naturais.

A biotecnologia surge nesta trilha aberta pela tecnociência moderna e avança no conhecimento da genética das plantas e animais, com vistas a alterá-los, mesclá-los, substitui-los, interferindo diretamente nos processos naturais, introduzindo mudanças para manter a espiral crescente de desenvolvimento.

Laymert Garcia dos Santos trata da biotecnologia nestes termos:

> (...) a biotecnologia é precisamente a possibilidade de converter algo que tinha de direito um valor ambiental em algo que pode ter de fato um valor econômico. Em suma, talvez a biotecnologia não opere uma conexão entre valores, mas sim uma conversão de um no outro. A biotecnologia vem sendo um modo especial de destacar a biodiversidade dela mesma e transformá-la em "capital artificial"!... A biotecnologia é o dispositivo através do qual a própria vida é extraída das diversas formas de vida como *res nullius* e incorporada como matéria-prima

> num processo industrial que está criando o mais promissor dos mercados: o biomercado (SANTOS, 2011, pp. 25-26).

Um aspecto merece destaque: a biotecnologia não cria vida, apenas reconfigura. Ou seja, extrai, combina, recombina, com vistas a produzir um objeto diverso a partir do já existente, alterando desse ponto em diante o processo de desenvolvimento biológico natural, que se altera ao mesmo tempo em que se uniformiza, a fim de permitir sua reprodução em escala industrial. A Natureza, que havia sido desencantada, conhecida e controlada pelos Modernos, agora é considerada obsoleta e por isso precisa ser melhorada.

A ideia moderna de Natureza como máquina (*hardware*) é substituída pela ideia de Natureza como informação (*software*), que está à disposição da biotecnociência para uso livre e ilimitado. Esse *software natural* é considerado *res nullius*, passível de livre apropriação e utilização como matéria-prima para produção de biomercadorias comercializáveis.

A biotecnologia radicaliza a instrumentalização da Natureza, que de objeto passa a fonte de informação genética para produção de outros objetos, que não são naturais ou artificiais, mas objetos tecnonaturais, planejados, moldados e construídos a partir de informações extraídas da Natureza, com vistas a atender as necessidades do artífice tecnocientífico, objetos que só existem em razão do querer humano.

O que antes era o núcleo do conceito de Natureza, agora se torna elemento para a produção de uma outra realidade, tratando a "natureza natural" apenas como matéria-prima informacional não submetida ao direito de propriedade, por não pertencer a ninguém, justificando a livre utilização da informação do *software* natural para produção de um objeto biotecnológico, que assegura direito de propriedade ao inventor, permitindo-o comercializá-lo. Assim, a "natureza natural", convertida em mera fonte de informação, adquire valor econômico quando transformada e inserida em um biomercado, garantido pelo Estado e pelo Direito, mediante o sistema de patentes.

A biotecnociência considera os bens ambientais como matéria-prima informacional. Ao transformar a Natureza em bioprodutos, argumenta-se que algo sem valor torna-se valioso pela agregação da biotecnologia. É o processo de recombinação das informações extraídas que gera valor e não os bens ambientais em si mesmos. A Natureza deixa de ser considerada uma máquina (*hardware*) para se tornar informação (*software*).

A intervenção da biotecnociência na Natureza, transformando-a, não elimina os processos naturais, insere-se neles, fazendo surgir objetos híbridos, a um só tempo artificiais e naturais. O natural e o artificial foram se tornando interdependentes, alterando-se e influenciando-se permanentemente, em uma nova realidade híbrida. A ciência moderna se aperfeiçoou ao ponto de não se limitar a conhecer e reproduzir os processos naturais, a fim de prevê-los, mas avançou para transformá-los, acrescentando à Natureza objetos artificiais que não existiam antes do agir humano e que se inserem indissociavelmente nos processos naturais.

Paradoxalmente, a Modernidade desencadeou um processo de simbiose entre o natural e o artificial, fazendo com que a Natureza tenha sido humanizada, sem que o ser humano tenha deixado a Natureza.

Laymert Garcia dos Santos destaca este ponto importante, a desqualificação econômica e jurídica da informação natural bruta corresponde à qualificação econômica e jurídica da informação trabalhada biotecnologicamente, com a utilização instrumental do Estado para garantir essa correspondência[6].

O caso Chakrabarty é paradigmático. Ananda Mohan Chakrabarty, trabalhando para a empresa *General Electric*, modificou uma linhagem da bactéria *Pseudomonas genus*, capaz de "digerir" petróleo, com potencial para tratar os vazamentos de óleo no mar. A *General Eletric* requereu a patente da referida bactéria, indicando Chakrabarty como seu inventor, mas teve seu pedido administrativamente negado ao argumento de que uma bactéria é um "produto da Natureza" insuscetível de patenteamento. A questão foi judicializada e chegou à Suprema Corte americana na década de 80, que decidiu em favor do patenteamento da bactéria de Chakrabarty, por maioria apertada de 5 votos a 4, ao argumento de que uma bactéria modificada era uma manufatura patenteável, sendo irrelevante para os fins de concessão da patente o fato de se tratar de um micro-organismo vivo, sendo firmada na jurisprudência americana a doutrina de que "*anything under the sun made by man is deemed patentable*" ("qualquer coisa debaixo do Sol feita pelo homem pode ser patenteada"), ressalvando o entendimento que não são patenteáveis as leis da natureza, os fenômenos

6. "A possibilidade de se patentear diferentes formas de vida surgiu e ganhou importância crescente na mesma década em que surgiram e aumentaram as apreensões com o futuro da biodiversidade da floresta tropical, muito embora tenha sido preparada por uma série de passos imperceptíveis nos decênios anteriores. Em 1980 ocorreu porém uma ruptura quando a Corte Suprema dos Estados Unidos decidiu que Ananda Chakrabarty podia patentear a bactéria que criara através de engenharia genética e que era capaz de digerir petróleo" (SANTOS, 2011, pp. 30-31).

físicos e as ideias abstratas. Laymert Garcia Santos qualifica este cenário de instrumentalização extrema[7].

Sob a proteção do Estado, a biotecnologia e a engenharia genética, orientadas pela racionalidade estratégica, avançaram para romper definitiva e irreversivelmente a linha divisória entre o natural e o artificial, fazendo surgir objetos imponderáveis para os primeiros Modernos.

Como classificar Organismos Geneticamente Modificados (OGM) ou mesmo um ser humano cujo corpo possua mais da metade de suas partes substituída por próteses biotecnológicas? O olho de um humano cego que volta a enxergar após a implantação de um chip eletrônico, que a ele se integra e sem o qual para de funcionar, é um objeto natural ou artificial? Como classificar uma planta alterada geneticamente para produzir frutas sem sementes, que facilitam seu consumo, mas impedem sua reprodução natural?

Já dissemos, desde o início da Modernidade era possível inferir o enfraquecimento da distinção entre os objetos naturais e os objetos artificiais, o que conduziu ao cenário híbrido descrito com maestria por Haraway:

> Implantes, transplantes, enxertos, próteses. Seres portadores de órgãos "artificiais". Seres geneticamente modificados. Anabolizantes, vacinas, psicofármacos. Estados "artificialmente" induzidos. Sentidos farmacologicamente intensificados: a percepção, a imaginação, a tesão. Superatletas. Supermodelos. Superguerreiros. Clones. Seres "artificiais" que superam, localizada e parcialmente (por enquanto), as limitadas qualidades e as evidentes fragilidades dos humanos. Máquinas de visão melhorada, de reações mais ágeis, de coordenação mais precisa. Máquinas de guerra melhoradas de um lado e outro da fronteira: soldados e astronautas quase "artificiais"; seres "artificiais" quase humanos. Biotecnologias. Realidades virtuais. Clonagens que embaralham as distinções entre reprodução natural e reprodução artificial. (HARAWAY et al., 2009, p. 12).

---

7. "A tecnociência e o capital global não estão interessados nos recursos biológicos - plantas, animais e humanos. O que conta é o seu potencial para reconstruir o mundo. Sua atenção não se concentra em organismos e indivíduos, mas em componentes virtuais, porque potencial significa poder no processo de reprogramação e recombinação. Levando a instrumentalização ao extremo, tal estratégia considera tudo o que existe ou existiu como matéria-prima a ser processada por uma tecnologia que lhe agrega valor. Nesse sentido, a única "coisa" que conta na nova ordem é o que pode ser capturado da realidade e traduzido numa nova configuração. A única "coisa" que conta é a informação" (SANTOS, 2000, p. 1).

O véu que separava o natural do artificial se esgarçou. A hipertrofia do paradigma ambiental moderno permitiu a aceleração da tecnologia ao ponto de possibilitar o surgimento de objetos que não são mais naturais, todavia não podem ser considerados totalmente artificiais.

O objeto híbrido poderá ter preponderância natural ou artificial, variando também quanto a origem, um objeto natural que recebeu a inserção de tecnologia ou um objeto artificial que recebeu a inserção de material orgânico. Assim, os objetos híbridos podem ser classificados:

(i) quanto origem – inicialmente natural ou artificial

(ii) quanto à proporção – preponderantemente natural ou artificial

Importante destacar que esta classificação só mantém sentido e importância nesta fase de transição paradigmática, quando a imagem mental moderna da natureza-artefato ainda se mantém viva, porque os objetos híbridos se desenvolvem para adquirir *status* próprio. No limite, será irrelevante indagar quando o natural se tornou artificial ou quanto de Natureza um artefato precisa ter para deixar de ser um artefato.

Uma realidade composta por híbridos ressignifica o conceito de Natureza, o que reclama a construção de um novo conceito: *Tecnonatureza*.

O mundo moderno passou a ser constituído e caracterizado pela existência desses objetos híbridos[8].

O natural e o artificial se tornaram irreversivelmente interdependentes, fazendo emergir uma nova realidade híbrida, a um só tempo natural e artificial, derrubando o muro que separava essas realidades ontológicas até então distintas. Os problemas gerados neste mundo de objetos híbridos estão

---

8. "E no entanto nascemos no meio das ciências, conhecemos apenas a paz e a prosperidade, e adoramos – devemos confessar isso? – as técnicas e os objetos de consumo que os filósofos e os moralistas das gerações precedentes nos aconselhavam a abominar. Para nós, as técnicas não são novas, e nem modernas no sentido mais banal da palavra, mas sim coisas que desde sempre fazem parte do nosso mundo. Mais que qualquer outra, nossa geração as digeriu, integrou, ou mesmo humanizou.

(...)

É essa exploração de uma transcendência sem oposto que torna nosso mundo tão pouco moderno, com todos os seus núncios, mediadores, delegados, fetiches, estatuetas, instrumentos, representantes, anjos, tenentes, porta-palavras e querubins. Que mundo é este que nos obriga a levar em conta, ao mesmo tempo e de uma só vez a natureza das coisas, as técnicas, as ciências, os seres ficcionais, as economias e os inconscientes? É justamente o nosso mundo" (LATOUR, 1994, p. 125-127).

além da capacidade de resolução do paradigma ambiental moderno, que é incapaz de enfrentar problemas dessa ordem, porque centrado em uma ideia de Natureza separada da cultura e por ela controlada[9].

A arte, que já imitou, aperfeiçoou e modificou a Natureza, agora a ela se incorpora como um elemento constitutivo, redefinindo-a essencialmente. Os novos arranjos entre o ser humano, a Natureza e a biotecnologia[10] reclamam a reconfiguração dos campos do saber, superando a dicotomia entre o natural e o artificial, o que demanda construir um novo conceito de Natureza, a fim de descrever uma realidade que se constitui e reconstitui permanentemente, em um processo complexo de hibridação entre o natural e o artificial.

A ideia de *Tecnonatureza* permite reunir a história natural e a história humana em uma história comum, na medida em que a razão humana atua na instituição da *Tecnonatureza*, constituindo-a e sendo por ela alterada, posicionada em uma rede complexa de interações contínuas. O ser humano retorna ao conceito de Natureza, mas não do modo pré-moderno de uma *physis* mecânica. O ser humano se insere no conceito de *Tecnonatureza* produzindo-a e transformando-a, uma vez que esta resulta exatamente dessa simbiose entre os processos naturais e a ação antrópica.

A intervenção da técnica e da ciência na natureza, transformando-a, não eliminou os processos naturais, inseriu-se neles, fazendo surgir uma Tecnonatureza, constituída pelas transformações antrópicas que moldam a realidade, produzindo objetos híbridos, a um só tempo artificiais e naturais. A Tecnonatureza pode ser compreendida como um processo de descontinuidades e perturbações permanentes, nas quais se insere a atividade humana

---

9. "Digamos que os modernos foram vítimas do seu sucesso. É uma explicação grosseira, concordo, e no entanto tudo acontece como se a amplitude da mobilização dos coletivos tivesse multiplicado os híbridos a ponto de tornar impossível, para o quadro constitucional que simultaneamente nega e permite sua existência, mantê-los em seus lugares. A Constituição moderna desabou sob o seu próprio peso, afogada pelos mistos cuja experimentação ela permitia, uma vez que ela dissimulava as consequências desta experimentação no fabrico da sociedade. O terceiro estado se tornou numeroso demais para se sentir fielmente representado pela ordem dos objetos ou pela dos sujeitos" (LATOUR, 1994, p. 53).

10. "O artigo 2º da Convenção sobre Diversidade Biológica, firmada durante a Conferência das Nações Unidas sobre Meio Ambiente e Desenvolvimento (CNUMAD), conhecida como ECO92, realizada no Rio de Janeiro em 1992, definiu Biotecnologia como "qualquer aplicação tecnológica que utilize sistemas biológicos, organismos vivos, ou seus derivados, para fabricar ou modificar produtos ou processos para uma utilização específica" (disponível em http://www.mma.gov.br/estruturas/sbf_dpg/_arquivos/cdbport.pdf).

e os objetos dela decorrentes, que se mesclam em uma simbiose do natural com o artificial. A propósito dessa simbiose, Raphael Larrère esclarece que "os meios, mesmo os mais naturais em aparência são concebidos como sendo oriundos de uma história na qual as intervenções humanas (perturbadoras) se combinavam com as perturbações naturais para estruturar as paisagens e as comunidades bióticas." (LARRÈRE, 2008, p. 121).

O conceito de *Tecnonatureza* reinsere o ser humano, unindo a história natural e a história humana em uma história comum, na qual a Natureza e o ser humano compartilham o mesmo destino, mas o retira da posição privilegiada de dominador. A *Tecnonatureza* reposiciona o ser humano, reinserindo-o conceitualmente na Natureza, da qual nunca esteve apartado fisicamente, agora compreendendo-o como mais um elemento constitutivo do fluxo dos processos tecnonaturais. O ser humano se reinsere no conceito de *Tecnonatureza*, compreendida como uma rede complexa de interações e perturbações contínuas, permanentes e caóticas, dentro de ecossistemas e entre ecossistemas, nas quais o agir humano atua, constituindo e sendo constituindo. Enfim, trata-se de reposicionar o ser humano na Natureza, mas não mais no centro e sim em um processo histórico, que é cultural e natural a um só tempo.

Observe-se, por importante, que o ser humano se insere na *Tecnonatureza*, mas sem se diluir enquanto único ser moral, com consciência de seus pensamentos e responsável pela consequência de seu agir. A razão humana atua na *Tecnonatureza*, alterando, constituindo-a e sendo por ela alterado, inserindo nela objetos artificiais, que se mesclam aos processos naturais tornando-se híbridos com eles.

A *Tecnonatureza* avança em relação à concepção moderna de uma natureza-artefato (*natura ex machina*), pois compreende a Natureza como um processo e a razão humana como parte constitutiva da dinâmica deste processo, permitindo reinserir as ações humanas na Natureza.

Nesse novo contexto híbrido, o ecossistema deve ser analisado como produto de um processo histórico e heterogêneo de formação, constituído também pela atividade humana, em uma simbiose do natural com o artificial, de modo que ações humanas podem contribuir para a manutenção dos ecossistemas e de sua biodiversidade[11].

---

11. "O sistema ecológico, ou *ecossistema*, foi uma das abordagens mais duradouras vindas das ciências biológicas, mas muitos cientistas sociais não cresceram com ela. Essa unidade fundamental é uma ferramenta heurística usada para descrever a interação entre componentes vivos e não vivos de determinado hábitat. [...]

É importante destacar que o conceito de *Tecnonatureza* descreve uma nova realidade instituída pelo agir humano, mas que comporta sua própria imprevisibilidade. O objeto híbrido não é mais um artifício de controle da imprevisibilidade dos processos naturais, mas uma nova realidade tecnonatural. A biotecnociência moderna instituiu a *Tecnonatureza*, mas toda intervenção técnica possui uma margem de imprevisibilidade quanto às suas consequências, remanescendo a questão de saber quem e como se decide o limite tolerável desse risco tecnonatural.

A *Tecnonatureza* produz um cenário de problemas ambientais também híbridos, que não decorrem da imprevisibilidade dos fenômenos naturais, como em períodos pré-modernos, mas da imprevisibilidade das consequências das intervenções tecnocientíficas.

A *Tecnonatureza* demanda um pensamento sistêmico divergente, que vá além dos limites da divisão entre as ciências naturais e as ciências sociais, separação determinada pela superespecialização imposta nos quadrantes do paradigma ambiental moderno. Outrossim, também há a necessidade de se revalorizar o local, onde estão as fontes de informação para constituição do *software* natural, cuja manipulação deve ser submetida a uma *phronesis* ambiental.

A noção tradicional de ecologia, baseada na noção de equilíbrio, na qual as ações antrópicas são em regra nefastas, cede espaço para uma "ecologia das perturbações"[12], que reconhece a dinâmica dos processos naturais

---

[...]

Afirma-se que os ecossistemas se mantêm por si mesmos e são autorreguladores, suposição que afetou os estudos dos ecossistemas e também foi questionada por biólogos e por antropólogos. O conceito de *homeostase*, que, no passado, foi definido como a tendência dos sistemas biológicos de resistir à mudança e permanecer em estado de equilíbrio (Odum, 1971, p. 34), levou a uma ênfase exagerada sobre as considerações estáticas e a uma avaliação do papel do homem como basicamente desagregadora. Estudos mais recentes enfatizaram, em vez disso, as propriedades emergentes dos sistemas complexos como característicos dos ecossistemas (Levin, 1998)" (MORAN, 2011, p. 108).

12. "De há uma vintena de anos para cá, alguns ecólogos afastam-se de uma concepção da ecologia centrada nos mecanismos de auto-regulação dos sistemas ecológicos. Em particular os especialistas das sucessões interrogam-se sobre o papel das perturbações, daqueles acontecimentos descontínuos que destroem totalmente – ou parcialmente – a biomassa de um ecossistema, libertando assim recursos e espaço para implantação de novas espécies. Em vez de acidentes deploráveis, porque suscetíveis de romper um equilíbrio, apreendem-nas como fatores essenciais da estruturação das comunidades bióticas. Tanto que as per-

como marcada pela inconstância e pelo caos[13]. Emílio Moran discorre sobre a insuficiência do conceito de ecossistema baseado na noção de equilíbrio:

> Afirma-se que os ecossistemas se mantêm por si mesmos e são auto reguladores, suposição que afetou os estudos dos ecossistemas e também foi questionada por biólogos e por antropólogos. O conceito de *homeostase*, que, no passado, foi definido como a tendência dos sistemas biológicos de resistir à mudança e permanecer em estado de equilíbrio (Odum, 1971, p. 34), levou a uma ênfase exagerada sobre as considerações estáticas e a uma avaliação do papel do homem como basicamente desagregadora. Estudos mais recentes enfatizaram, em vez disso, as propriedades emergentes dos sistemas complexos como característicos dos ecossistemas (Levin, 1998). (MORAN, 2011, p. 108).

Nesse novo contexto tecnonatural, o ecossistema é analisado como produto de um processo histórico e heterogêneo de formação, no qual as inconstâncias têm uma função primordial, inclusive às decorrentes das ações humanas, que podem contribuir para a manutenção dos ecossistemas e de sua biodiversidade, inclusive possibilitando a reposição do argumento científico ao lado dos outros saberes existentes na arena social, retirando os cientistas do isolamento da "Casa de Salomão" para devolvê-los à praça pública, em uma postura interdisciplinar. A superação do paradigma ambiental moderno importa na retomada do ideal inicial da modernidade, que se perdeu. Outrossim, o reconhecimento da *Tecnonatureza* impõe uma revalorização da "natureza natural", na medida em que esta deixa de ser um objeto apartado do cultural e sob seu jugo. Natureza e cultura interconectados ressalta a interdependência do humano.

Na perspectiva tecnonatural, os problemas ambientais agora já não são apenas ecológicos ou apenas culturais, mas híbridos, impondo uma terapêutica interdisciplinar e plurimetódica, que reconheça a crise ambiental como ponto de inflexão de problemas a um só e mesmo tempo ecológicos, econômicos, filosóficos, sociais, jurídicos, políticos e socioculturais, impondo uma ressignificação do marco civilizatório, que possibilite o bem-estar da humanidade[14].

---

turbações, na natureza, são regra e não exceção" (LARRÈRE; LARRÈRE, 1997, p. 163).

13. "Esta nova ecologia convida a conceber que todo o sistema ecológico é produto de uma história específica. Leva a que já não se pense em termos de equilíbrios mais ou menos estáveis, mas em termos de processos, isto é, de desequilíbrios e de acontecimentos singulares" (LARRÈRE; LARRÈRE, 1997, p. 164).

14. "Não se trata apenas de respeitar as leis e garantir os interesses dos diferentes protagonistas envolvidos nos negócios. Não se trata, tampouco, apenas de introduzir

Ora, tendo em vista que a perpetuação espécie humana é o primeiro e maior dever moral imposto à humanidade, infere-se que toda ação ou omissão que ameace os processos naturais de interrupção é moralmente reprovável e injusta. Deste modo, a noção de *Tecnonatureza* não amesquinha a necessidade de conservar a primeira Natureza, muito ao contrário, agrava a importância da questão ambiental, na medida em que o ser humano e a Natureza, imbricados, passam a compartilhar um destino comum, ou seja, o ser humano só pode sobreviver na Natureza, transformando-a, mas de igual modo conservando-a, pois a interrupção dos processos naturais será também o fim da condição de possibilidade da perpetuação da espécie humana em condições dignas.

A *Tecnonatureza* também exige a construção de uma nova ética, que supere a dicotomia cultura *versus* Natureza, reconhecendo a dignidade da pessoa humana, como único ser moral, mas reinserindo-o na *natura naturans* e impondo-lhe deveres morais em relação à manutenção dos processos naturais, que sustentam a perpetuação da espécie humana em condições dignas. O conceito de *Tecnonatureza* reabre a perspectiva da discussão acerca das consequências ecossistêmicas previsíveis e imprevisíveis das ações humanas, uma vez que a Dignidade Humana também se insere nas relações ecossistêmicas agora híbridas.

4.3. O PARADIGMA TECNONATURAL

As implicações filosóficas, científicas, sociais, políticas, econômicas e jurídicas do desenvolvimento biotecnológico são complexas e convergem para a reconfiguração das noções de Natureza, de humano e de máquina, caracterizando um cenário de possibilidades que podem se desenvolver na concretização de utopias ou de distopias. Essa nova realidade demanda uma interação dos campos da filosofia, da ciência, da política, da economia, da sociologia e do direito, na esteira do esmaecimento da dicotomia entre ciências humanas e ciências exatas, pois nenhum dos campos do saber poderá enfrentar os problemas decorrentes da hiperaceleração biotecnológica isoladamente.

---

as inovações tecnológicas necessárias à redução dos impactos ambientais da vida econômica. Trata-se, sim, de ir muito além da economia verde e de saber se ela está contribuindo para uma sociedade melhor, em que as liberdades substantivas dos seres humanos estão se expandindo e se garantem a permanência e a regeneração dos serviços ecossistêmicos essenciais dos quais todos dependemos" (ABRAMOVAY, 2012, p. 187).

A construção de um novo paradigma ambiental deve partir da aceitação desta realidade híbrida, que resulta de um processo histórico e cultural de formação e transformação, no qual as interferências humanas não são alheias, externas ou presumidamente indesejadas, mas constituem um elemento constitutivo a mais.

A partir da noção de *Tecnonatureza*, é possível construir um novo paradigma tecnonatural que redemocratize as decisões acerca dos riscos benefícios e prejuízos da biotecnologia, pelo diálogo entre as diversas cosmovisões existentes na sociedade, conjugando cultura e Natureza, reinserindo a dimensão ética na questão ambiental, com vistas a substituir a pretensão de dominar pelo anseio de habitar a Natureza, reconhecendo que temos deveres para a Natureza, que decorrem de nosso pertencimento à rede de processos naturais constitutivos de uma comunidade tecnonatural orgânica e inorgânica.

O caráter interdisciplinar deste novo paradigma tecnonatural poderá tratar adequadamente os problemas decorrentes do cenário híbrido do campo ambiental das sociedades na modernidade avançada, que já é preocupante e que tende a se agravar. No âmbito do paradigma tecnonatural, o conceito de Natureza se amplia para reinserir a atividade humana, sem negar a modernidade, mas indo além dela, para reconhecer a existência de uma *Tecnonatureza* constituída por objetos híbridos, em cujos processos estamos inseridos.

A compreensão tecnonatural da Natureza recoloca o argumento científico ao lado dos outros saberes existentes na arena social, exigindo que os cientistas se retirem do isolamento da Casa de Salomão e trazê-los à praça pública, em uma postura interdisciplinar, porque os problemas ambientais na Modernidade avançada não são mais problemas apenas naturais, mas decorrem precisamente da simbiose promovida pela biotecnociência.

Um paradigma tecnonatural tem melhores condições para identificar e solucionar os problemas ecológicos decorrentes de uma realidade híbrida, bem como determinar melhores critérios de uso, distribuição e apropriação dos bens ambientais, uma vez que traz um novo sistema de referência sociocultural para compreensão da Natureza, propiciando: (i) uma cosmovisão integradora para um modelo de desenvolvimento sustentável; (ii) soluções para os problemas ecológicos.

No âmbito deste paradigma tecnonatural, a ação antrópica se insere na teia de relações ecossistêmicas, como um fator de constituição, que pode desagregá-la ou fortalecê-la, de modo que o agir humano é reinserido no próprio conceito de Natureza, mas não do modo pré-moderno de uma *physis,* e sim como seu elemento constitutivo, que altera irreversivelmente a "natureza natural" (*natura naturata*). A *Tecnonatureza* reinsere o agir humano inserido no processo histórico de sua própria formação, que é cultural e natural a um só tempo.

A adoção de um paradigma tecnonatural permite a retomada do diálogo entre os saberes e as diferentes cosmovisões, em um novo horizonte tecnonatural de pré-compreensão, tendo como norte a percepção de que a Natureza artificializada necessita do agir humano, inclusive para manter sua biodiversidade, enquanto o ser humano depende da Natureza para reproduzir sua existência em condições dignas.

O paradigma tecnonatural reconhece a complexidade da realidade híbrida e permite identificar e propor soluções para os problemas ecológicos da modernidade, sem negar suas conquistas, mas indo além, a partir dos seguintes eixos: (i) dignidade da pessoa humana como valor jurídico e moral absoluto; (ii) reconhecimento da necessidade de manter os processos ecossistêmicos para assegurar uma vida humana digna; (iii) existência de deveres jurídicos e morais absolutos em relação à manutenção dos processos naturais; (iv) repartição equânime dos riscos, prejuízos e benefícios da hiperaceleração biotecnológica, (v) controle do ritmo das intervenções tecnocientíficas pelo Estado Democrático de Direito, orientado por um princípio de prudência ambiental.

A reconfiguração do campo ambiental das sociedades modernas, em torno de um paradigma tecnonatural, abre a perspectiva para a instituição de outros valores, conceitos, teorias, padrões de conduta, normas e linguagem, capazes de estabelecer uma cosmovisão compartilhada entre os membros da sociedade, reorientando o modelo de desenvolvimento social. Esta nova racionalidade tecnonatural, que supera a dicotomia Cultura *versus* Natureza, sustenta a imposição de deveres morais em relação à manutenção dos processos ecossistêmicos, que são a condição de possibilidade da existência de uma vida humana digna.

No entanto, a transição paradigmática demanda a superação dos bloqueios sistêmicos que atuam desde o campo ambiental, espraiando-se pelos demais campos sociais, protelando a crise ambiental sistêmica, que se torna crônica.

O enfretamento dos bloqueios sistêmicos dificilmente ocorrerá de dentro para forma do campo ambiental, tendo em vista os sofisticados bloqueios sistêmicos que impedem a atuação dos demais agentes desde sempre, excluídos que são previamente do processo decisório ou com uma participação consentida meramente formal. Nesse ponto, o conceito de *esfera pública* apresentado por Jürgen Habermas é útil para construção de um caminho de superação dos bloqueios sistêmicos do campo ambiental.

Habermas inicia argumentando haver dois espaços sociais nos quais os agentes atuam: (i) a esfera privada dos agentes econômicos, que atuam na produção e circulação de mercadorias; (b) o Estado, onde são institucionalizadas as decisões políticas, que pretendem superar os conflitos de interesse entre os particulares.

Para Habermas, emerge um terceiro espaço formado por particulares, que se reúnem em público, para tratar de assuntos de interesse comum, fora das instituições formais do Estado. Este espaço, formado por pessoas privadas, mas que exercem uma função pública, é nomeado de *esfera pública* pelo professor da Escola de Frankfurt.

Nesse sentido, a esfera pública é um espaço de comunicação livre, para além da esfera privada e do Estado, onde os temas podem ser problematizados e publicizados, gerando uma opinião pública construída mediante o processo de deliberação livre de coações. Na esfera pública todos podem participar, argumentar, debater de forma livre e racional, lançando vários argumentos na arena política, não apenas os argumentos técnicos produzidos pelos agentes do Estado. Assim, a esfera pública constitui um espaço não institucionalizado, entre a esfera privada e o Estado, onde os temas sensíveis são filtrados e enviados às instituições públicas, permitindo uma conexão entre os processos institucionalizados e não institucionalizados de formação de decisões, estes funcionando "como uma caixa de ressonância onde os problemas a serem elaborados pelo sistema político encontram eco" (HABERMAS, 1997, p. 91).

Esse ponto é importante destacar, Habermas compreende os riscos em manter a esfera pública não institucionalizada, que dessa perde diminui sua capacidade de influir decisivamente do processo político, mas mantém sua capacidade de "captar melhor novos problemas, conduzir discursos expressivos de autoentendimento e articular, de modo mais livre, identidades coletivas e interpretações de necessidades" (HABERMAS, 1997, p. 33).

Essa esfera pública, na qual todos os agentes podem participar livremente, é o instrumento para redemocratizar o campo social, produzindo consensualmente decisões coletivas sobre os temas sensíveis, possibilitando avançarmos para uma democracia substancial. Com efeito, em uma perspectiva meramente formal, a democracia é primordialmente o conjunto das regras do jogo do poder, que possibilitam a alternância não violenta entre governos. Neste sentido formal, sobressai o papel dos técnicos, que dominam as regras procedimentais da democracia, reservando-se ao cidadão o papel de votar na escolha de governos que se sucedem no tempo, mas não há uma reflexão mais profunda sobre o papel deste mesmo cidadão nos intervalos entre os governos. Tudo se esgota no direito de votar livremente em eleições periódicas. A ideia de esfera pública nos permite pensar em uma democracia substancial, que avança para a efetiva formação de espaços decisórios permanentes, que não esgotam a participação do cidadão ao ato de votar, mantendo sua capacidade de influenciar na tomada de decisões.

É precisamente neste ponto que a proposta habermasiana de esfera pública se torna problemática, pois a sua não dificulta, quando não impede totalmente, a conversão das decisões produzidas na esfera pública em decisões político-administrativas. O desacoplamento da esfera pública das instituições do Estado permite que este espaço permaneça livre as subversões do sistema, mas de igual modo afasta sua influência do centro decisório, não havendo como garantir que os temas problematizados na esfera pública serão convertidos em decisões pelo sistema político institucionalizado.

A propósito, em Habermas, a ideia de esfera pública está no centro do processo deliberativo, consistindo em um espaço comunicacional que problematiza temas relevantes, questões para a sociedade civil e os remete ao Estado, estabelecendo um fluxo comunicativo entre a opinião pública não institucionalizada e o poder político institucionalizado.

A esfera pública funciona como uma "caixa de ressonância", que filtra e ecoa os argumentos até fazê-los chegar aos centros institucionalizados de decisão. Por estar situada na periferia do sistema, a esfera pública permanece sensível aos problemas e argumentos que circulam na sociedade civil.

Transpondo estas reflexões para a análise do campo ambiental, a superação dos bloqueios sistêmicos demanda a instituição de uma esfera pública ambiental onde haja espaço para um debate livre de coações, capaz de considerar todos os argumentos dos agentes sociais, na busca por uma distribuição mais simétrica dos benefícios, prejuízos e riscos das intervenções humanas nos processos ecossistêmicos.

Todavia, contra Habermas, entende-se igualmente imprescindível a construção de meios institucionalizados capazes de levar os fluxos comunicativos gerados na esfera pública ambiental até o centro do processo decisório, o que exige o empoderamento da esfera pública na estrutura institucionalizada do campo ambiental.

A efetividade da influência da esfera pública ambiental reclama o seu empoderamento, mediante meios institucionais que assegurem a chegada dos fluxos comunicativos nela gerados até o centro dos processos decisórios, convertendo-se em decisões político-administrativas.

O desafio que se põe é saber como empoderar a esfera pública ambiental sem subvertê-la aos mesmos processos sistêmicos que vergaram o campo ambiental a interesses setoriais.

Nesse ponto, impende investigar se o campo jurídico das sociedades modernas pode ser o espaço de construção destes meios institucionalizados para empoderar a esfera pública, permitindo a emergência de outro paradigma ambiental.

CAPÍTULO 5

O CAMPO JURÍDICO MODERNO E A SUPERAÇÃO DOS BLOQUEIOS SISTÊMICOS

A protelação do paradigma ambiental moderno hipertrofiado e já esgotado permitiu uma hiperaceleração biotecnológica, que complexifica o campo ambiental das sociedades que se encontram no estágio da Modernidade avançada. A crise adiada se agrava, ameaçando de colapso das sociedades modernas, deixando o desenvolvimento sem limites e sem prumo. O adequado tratamento da crise ambiental demanda a superação dos bloqueios sistêmicos que obstam a emergência de outro paradigma ambiental, fundado na ideia de Tecnonatureza.

A questão que remanesce é saber se o campo jurídico moderno pode fornecer um caminho para o adequado tratamento da crise ambiental moderno, tendo em vista a sua tendência de internalização do *habitus* dominante, aliada à cooptação do Direito Moderno pela racionalidade instrumental.

Em outros termos, o Direito Moderno pode ser utilizado como instrumento de superação dos bloqueios sistêmicos quando ele próprio os reforça e ergue seus próprios bloqueios à emergência de outro paradigma ambiental?

5.1. ESTRUTURA E DINÂMICA DO CAMPO JURÍDICO

O Direito pode ser compreendido como um conjunto de Princípios e Regras, que pretendem a moldar o caráter do ser humano à vida em sociedade, impondo a observância *obrigatória* de padrões de comportamento, a fim de possibilitar a coexistência organizada. Trata-se de um processo de aprendizagem social, que começa a atuar sobre o indivíduo desde o momento de seu nascimento, com vistas a promover a coordenação das liberdades, mediante a internalização de freios inibitórios, socializando o indivíduo.

A capacidade do Direito em promover a integração social fica ressaltada por uma característica das normas jurídicas, nomeada por Pontes de Miranda de *princípio da redução do quantum despótico*, segundo o qual a normatização jurídica da conduta humana estabelece uma relação inversa entre a internalização do padrão de conduta prescrito e a necessidade de sua imposição mediante a aplicação de sanções.

Pontes de Miranda esclarece que a prática habitual ao longo do tempo faz com que o padrão de conduta prescrito pelo Direito passe a ser observado espontaneamente, amoldando o agir humano ao ponto de os membros da sociedade perceberem a conduta conforme o Direito como "natural" e não adquirida mediante um longo processo de adaptação social. Portanto, em condições normais, o Direito reserva a aplicação de sanções apenas aos recalcitrantes em cumprir os padrões de comportamento prescritos, o que é exceção, permitindo assim a estabilização social. Ou seja, quanto maior a adaptação social menor será a necessidade de utilização da força da coletividade sobre o indivíduo, que observará espontaneamente a conduta determinada pelo Direito. Pontes de Miranda, com a genialidade usual, doutrina:

> Os atos conscientes de adaptação tendem a fazer-se inconscientes e tal instintivação das medidas e regras conscientemente elaboradas continua e progressivamente livra o homem da necessidade de ser coagido a adaptações ou à corrigenda de defeitos de adaptação (PONTES DE MIRANDA, 2000, p. 45).

Assim, o Direito tende progressivamente a reduzir sua energia violenta transformando-a em energia social, resultando na ampliação dos direitos. A violência se reserva para os momentos excepcionais de recalcitrância. Assim, o Direito tende progressivamente a reduzir sua energia violenta transformando-a em energia social, resultando na ampliação dos direitos e garantias fundamentais. A violência se reserva para os momentos de recalcitrância, quando se revela o ser humano, tão bem descrito por Maquiavel e Hobbes. A permanência das sociedades depende da eficiência do Direito produzido no *campo jurídico* em promover a adaptação social.

Em Bourdieu, *campo* é uma estrutura que funciona para reproduzir a ordem simbólica dos dominantes, universalizando e internalizando o seu *habitus* nos agentes, que passam a legitimar as práticas sociais, aceitando a dominação.

Nessa toada, é possível compreender o *campo jurídico* como um espaço social de luta simbólica, no qual os agentes disputam o poder simbólico para legitimar sua cosmovisão e suas práticas, mediante a instituição e aplicação de normas jurídicas que pretendem generalidade e universalidade, internalizando no ser humano padrões de comportamento, cuja observância é garantida pelo monopólio estatal da violência física.

A luta simbólica é travada no *campo jurídico* para juridificar os interesses do grupo social vencedor, universalizando-os como se fossem interesses coletivos. Quando surgem problemas irresolvidos no sistema social, que afetam as relações intersubjetivas, as normas são produzidas no campo jurídico da sociedade para disciplinar a conduta humana em interferência intersubjetiva. Os agentes que dominam o campo jurídico conseguem produzir uma normatividade que padronize a conduta humana no sentido da satisfação de seus próprios interesses, agora compreendidos como interesses coletivos porque constantes em normas jurídicas com pretensão de generalidade e neutralidade.

Importa destacar que os agentes sociais participam de diversos campos, razão pela qual o *habitus* também pode ser compreendido com um papel, cabendo ao agente o desempenho de diversos papéis na sociedade, a depender do campo em que esteja atuando. No entanto, o Direito é um campo do qual ninguém escapa, cujo *habitus* é obrigatório e imposto aos agentes. O domínio do campo jurídico importa na possibilidade de universalizar um padrão de comportamento obrigatório, passível de ser imposto a todos os membros da sociedade porque garantido pelo *quantum despótico* ínsito às normas jurídicas.

Bourdieu aclara que o campo jurídico possui conexão com os demais campos sociais e expressa as relações de poder existentes na sociedade, tendendo a prestigiar os interesses dos agentes que dominam os capitais econômico e político. Tratando deste aspecto do campo jurídico, o sociólogo anota:

> É pois um campo que, pelo menos em período de equilíbrio, tende a funcionar como um aparelho na medida em que a coesão dos *habitus* espontaneamente orquestrados dos intérpretes é aumentada pela disciplina de um corpo hierarquizado o qual põe em prática procedimentos codificados de resolução de conflitos entre profissionais da resolução regulada dos conflitos (BOURDIEU, 2009, p. 214).

No campo jurídico, os atores travam uma luta simbólica para promover a universalização e a internalização de seus interesses, a fim de obter legitimação, mediante o uso de violência simbólica. Ou seja, para Bourdieu, o campo jurídico é um meio por excelência de reprodução da ordem simbólica dominante.

Bourdieu avança esclarecendo que campo jurídico possui uma autonomia relativa em decorrência de uma estrutura simbólica peculiar (profissional e hierarquizada), cuja pretensão de neutralidade e de universalidade impõe a observância de regras procedimentais pelos agentes autorizados a nele atuar, interpretando os textos jurídicos.

Dentro do campo do Direito há uma luta pelo *capital jurídico*, que se trava em dois momentos: (i) entre os iniciados e os profanos, isto é, entre os profissionais do direito, detentores do conhecimento técnico para atuar no campo jurídico, e os leigos, que não possuem o conhecimento técnico para atuar no campo jurídico, mas precisam defender seus interesses mediante o Direito; (ii) entre os próprios profissionais do direito (advogados privados, advogados públicos, promotores de justiça, juízes e doutrinadores), que disputam o direito de definir o que o direito é.

No tocante aos profissionais do Direito, Bourdieu explica que esses agentes se classificam em duas categorias, organizadas em dois polos:

> (...) de um lado, a interpretação voltada para a elaboração puramente teórica da doutrina, monopólio dos professores que estão encarregados de ensinar, em forma normalizada e formalizada, as regras em vigor; do outro lado, a interpretação voltada para a avaliação prática de um caso particular, apanágio dos magistrados que realizam atos de jurisprudência e que podem, deste modo – pelo menos alguns deles – contribuir também para a construção jurídica (BOURDIEU, 2009, p. 217).

Esta divisão do trabalho simbólico no campo jurídico implica em *habitus* e capitais distintos, embora complementares, que atuam na disputa de poder pela definição da interpretação dos textos jurídicos. Essa exegese jurídica deve ocorrer mediante regras previamente determinadas e de observância obrigatória pelos agentes profissionais autorizados a atuar no campo jurídico[1].

---

1. "A interpretação opera *a historicização da norma*, adaptando as fontes a circunstâncias novas, descobrindo nelas possibilidades inéditas, deixando de lado o que está ultrapassado ou que é caduco. Dada a extraordinária elasticidade dos textos,

A historicização hermenêutica da norma decorre da luta simbólica travada no interior do campo jurídico, mediante o embate de agentes com competências profissionais, que são desiguais, que utilizam dos capitais jurídicos possíveis para defender os seus interesses em disputa. A atuação desses agentes jurídicos profissionais ocorre dentro do campo e de acordo com regras predefinidas, com vistas à universalização dos interesses para que a decisão judicial final seja percebida como aplicação de uma norma geral e abstrata, e não como uma decorrência de uma luta simbólica que reproduz a ordem social.

Para Bourdieu, a estrutura formal do campo jurídico permite a reprodução dos *habitus* dos agentes que dominam o campo social, universalizando--o na forma de decisões judiciais pretensamente neutras, que legitimam a dominação. A codificação escrita dos textos jurídicos utiliza uma linguagem técnica aparentemente neutra, que estabiliza o campo jurídico e a sua distribuição de poder, fazendo-o parecer equitativo e totalmente autônomo, ocultando a luta simbólica desigual travada em seu interior, bem como a sua relação com os demais campos.

Ademais, o método do Direito toma as palavras do vernáculo e atribui novo sentido, um conteúdo técnico-jurídico, que possibilita a domesticação dos conflitos de interesse ao tempo em que afasta os não iniciados do debate jurídico. Com efeito, o funcionamento do campo jurídico exige a mediação dos agentes profissionais dotados dessa competência técnica específica, capazes de conformar os conflitos de interesse em um debate racional[2].

O ordenamento jurídico, aceito como conjunto de normas abstratas e gerais, é interpretado por profissionais tecnicamente preparados, que manejam um vocabulário próprio, a fim de compor os conflitos sociais em um espaço mediado por regras, no qual se trava um debate racional com vistas à prevalência e universalização de interesses. A decisão judicial também fundamentada racionalmente é percebida como resultado desse processo

---

a operação hermenêutica de *declaratio* dispõe de uma imensa liberdade" (BOURDIEU, 2009, p. 223).

2. "Em resumo, a transformação dos conflitos inconciliáveis de interesses em permutas reguladas de argumentos racionais entre sujeitos iguais está inscrita na própria existência de um pessoal especializado, independente dos grupos sociais em conflito e encarregado de organizar, segundo formas codificadas, a *manifestação pública* dos conflitos sociais e de lhes dar soluções socialmente reconhecidas como imparciais, pois que são definidas segundo as regras formais e logicamente coerentes de uma doutrina percebida como independente dos antagonismos imediatos" (BOURDIEU, 2009, p. 228).

argumentativo técnico, sendo aceita como a conciliação tão neutra quanto possível dos interesses em conflito, garantida pela coerção estatal.

Desta forma, o campo jurídico reproduz a luta simbólica existente na sociedade, convertendo-a em um processo argumentativo racional, submetido a regras predeterminadas e resolvido por uma decisão judicial dotada de coercitividade garantida pelo monopólio estatal da violência legítima[3].

O campo jurídico não se desconecta do mundo social, ao tempo em que o conforma é formado por este, de modo que se influenciam reciprocamente. O capital jurídico não pode se dissociar da realidade social sob pena de se esmaecer, uma vez que os agentes tentam utilizar os conceitos para transformar as ações no mundo, nomeando tecnicamente a realidade a fim de que esta seja percebida segundo as necessidades do intérprete. Mas a normatização só terá eficácia se ressoar em alguma medida na realidade, de modo que a eficácia jurídica depende de um mínimo de eficácia social.

Em Bourdieu, o campo jurídico é eminentemente um meio de reprodução e legitimação da ordem social vigente, mediante o processo de universalização de interesses, o que assegura a manutenção das posições dos agentes no campo, uma vez que a "instituição jurídica contribui, sem dúvida, *universalmente* para impor uma representação da normalidade em relação a qual todas as práticas *diferentes* tendem a aparecer como *desviantes*, anómicas, e até mesmo anormais, patológicas" (BOURDIEU, 2009, p. 247).

Dentro do campo jurídico estruturado formalmente, os agentes reproduzem o *habitus* dominante na sociedade em que se inserem, universalizando-o mediante decisões pretensamente neutras, que legitimam a dominação, garantidas pelo monopólio estatal da violência legítima. A linguagem técnica e pretensamente neutra dos textos jurídicos estabiliza o campo jurídico, fazendo-o parecer totalmente autônomo em relação aos demais campos

3. "Confrontação de pontos de vista singulares, ao mesmo tempo cognitivos e avaliativos, que é resolvida pelo veredicto solenemente enunciado de uma "autoridade" socialmente mandatada, o pleito representa uma encenação paradigmática da luta simbólica que tem lugar no mundo social: nesta luta em que se defrontam visões do mundo diferentes, e até mesmo antagonistas, que, à medida da sua autoridade, pretendem impor-se ao reconhecimento e, deste modo, realizar-se, está em jogo o monopólio do poder de impor o princípio universalmente reconhecido de conhecimento do mundo social, o *nomos* como princípio universal de visão e de divisão (*nemo* significa separar, dividir, distribuir), portanto, de *distribuição* legítima" (BOURDIEU, 2009, p. 236).

sociais, notadamente os campos econômico e político, ocultando a luta simbólica pelo capital jurídico[4].

Desse modo, para o sociólogo francês, há uma resistência à mudança no campo jurídico, que tende à manutenção do *status quo* e da ordem simbólica dominante, em face da estrutura formal do campo jurídico. O Direito resulta como o meio por excelência para o exercício da violência simbólica e manutenção da dominação consentida.

Este aspecto da dinâmica do campo jurídico se revelou tragicamente com a hipertrofia da lógica instrumental do paradigma ambiental moderno, que se estendeu a todos os demais campos, inclusive os campos político e jurídico.

5.2. A HIPERTROFIA E COOPTAÇÃO DO CAMPO JURÍDICO MODERNO

O projeto dos Modernos era essencialmente promover a autonomia do indivíduo, mas o seu desenvolvimento conduziu a humanidade a duas guerras mundiais, ao fascismo, ao nazismo, aos horrores de uma guerra nuclear, a novas formas de opressão e extermínio sistemático e científico de seres humanos, ao terrorismo global. O entronizamento da razão trouxe o endeusamento da irracionalidade. Algo se perdeu entre o idealismo de *Sir* Francis Bacon e as duas bombas atômicas construídas sob o primado da ciência moderna.

O campo jurídico moderno foi construído nesse contexto maior da Modernidade, como um selo de garantia científica para as relações sociais, estabilizadas sem o recurso de argumentos jusnaturais retirados da tradição.

Norberto Bobbio esclarece que a emergência do direito positivo moderno ocorreu em contraposição ao direito natural, não havendo uma correlação direta com o positivismo filosófico:

---

4. "A função de manutenção da ordem simbólica que é assegurada pela contribuição do campo jurídico é – como a função de reprodução do próprio campo jurídico, das suas divisões e das suas hierarquias, e do princípio de visão e de divisão que está no seu fundamento – produto de inúmeras acções que não têm como fim a realização dessa função e que podem mesmo inspirar-se em intenções opostas, como os trabalhos subversivos das vanguardas, os quais contribuem, definitivamente, para determinar a adaptação do direito e do campo jurídico ao novo estado das relações sociais e para garantir assim a legitimação da forma estabelecida dessas relações" (BOURDIEU, 2009, p. 254).

> A expressão "positivismo jurídico" não deriva daquela de "positivismo" em sentido filosófico, embora no passado tenha havido uma certa ligação entre os dois termos, posto que alguns positivistas jurídicos também eram positivistas em sentido filosófico: mas em suas origens (que se encontram no início do século XIX) nada tem a ver com o positivismo filosófico – tanto é verdade que, enquanto o primeiro surge na Alemanha, o segundo surge na França. A expressão "positivismo jurídico" deriva da locução *direito positivo* contraposta àquela de *direito natural* (BOBBIO,1995, p. 15).

Portanto, a compreensão do Direito Moderno demanda uma análise acerca do Direito Natural, fundado na ideia de que o ser humano possui direitos inatos, decorrentes tão só do fato de pertencer à espécie humana, que remonta às concepções jusnaturalistas da Grécia antiga, como se infere do diálogo entre Antígona e Creonte:

> CREONTE. Agora, dize rápida e concisamente: sabias que um edito proibia aquilo?
>
> ANTÍGONA. Sabia. Como ignoraria? Era notório.
>
> CREONTE. E te atreveste a desobedecer às leis?
>
> ANTÍGONA. Mas Zeus não foi o arauto delas para mim, nem essas leis são as ditadas entre os homens pela Justiça, companheira de morada dos deuses infernais; e não me pareceu que tuas determinações tivessem força para impor aos mortais até a obrigação de transgredir normas divinas, não escritas, inevitáveis; não é de hoje, não é de ontem, é desde os tempos mais remotos que elas vigem, sem que ninguém possa dizer quando surgiram. E não seria por temer homem algum, nem o mais arrogante, que me arriscaria a ser punida pelos deuses por violá-las. Eu já saiba que teria de morrer (e como não?) antes até de o proclamares, mas, se me leva a morte prematuramente, digo que para mim só há vantagem nisso. Assim, cercada de infortúnios como vivo, a morte não seria então uma vantagem? Por isso, prever o destino que me espera é uma dor sem importância. Se tivesse de consentir em que ao cadáver de um dos filhos de minha mãe fosse negada a sepultura, então eu sofreria, mas não sofro agora. Se te pareço hoje insensata por agir dessa maneira, é como se eu fosse acusada de insensatez pelo maior dos insensatos.

O livro "Antígona" é um clássico da literatura e da dramaturgia, assaz de vezes citado e interpretado, que narra a continuidade da estória trágica da "estirpe orgulhosa e sofrida de Laio", agora discorrendo sobre o destino dos desafortunados filhos de Édipo: Etéocles, Polinices, Ismênia e Antígona.

A narrativa se inicia com Antígona ouvindo de sua irmã Ismênia a notícia de que, durante uma batalha nas portas do Palácio de Tebas, seus irmãos Etéocles e Polinices, lutando em lados opostos, terminam assassinando um ao outro. Creonte, governante de Tebas, determina que Etéocles, morto defendendo a cidade das sete portas, seja enterrado como herói, enquanto o corpo de Polinices, que lutava ao lado do exército invasor, permaneça insepulto para se tornar "banquete fácil dos abutres". Embora conhecendo a determinação de Creonte, proibindo o enterro de Polinices, Antígona realiza seus rituais fúnebres, sendo esta a razão do diálogo acima transcrito (SÓFOCLES, 2009).

É possível extrair do texto de Sófocles a ideia de que existem um direito eterno e imutável, que está acima do direito instituído pelo ser humano, cuja validade inclusive dependeria de sua concordância com as leis que não são de hoje, nem de ontem, mas de todos os tempos. Embora não houvesse uma preocupação com o estudo específico e sistematizado do direito, no pensamento grego já havia a percepção de que existiam Direitos Humanos eternos, imutáveis, válidos uniformemente em todos os lugares e para todos os cidadãos, em íntima relação com os fundamentos da democracia, regime político cujas bases teóricas foram firmadas pelos gregos antigos. Com efeito, o pensamento jurídico grego se desenvolveu de forma subjacente ao pensamento político e filosófico, sem que houvesse uma sistematização do direito. Os gregos não se preocuparam em estudar o direito, mas em filosofar sobre o ideal de justiça e das formas de organização política da sociedade, deixando como legado noções fundamentais para a ciência política e para o direito público. Assim, em uma primeira aproximação, a ideia de direito natural se baseia na alegação da existência de direitos que antecedem às normas jurídicas instituídas pelo ser humano e que condicionam a sua instituição, o seu conteúdo e a sua validade das normas, de modo que uma lei humana que contrariasse as leis desse direito natural não seria verdadeiro direito, mas "mero capricho ocasional de um homem".

Os romanos absorveram a concepção grega da distinção entre um direito natural (prévio, eterno, imutável, divino) e um direito positivo (posterior, legislado, mutável, humano), sintetizada nos ensinamentos do jurisconsulto Marco Túlio Cícero (106 - 43 a.C.), para quem direito injusto não era direito verdadeiro, distinguindo a lei humana (variável de cidade para cidade) da lei natural (universal e imutável), ou seja, os romanos também aceitavam a ideia de que as normas jurídicas deveriam exprimir um conteúdo moral adequado aos preceitos do direito natural sob pena de perderem a legitimidade e a validade.

A originalidade do pensamento jurídico romano decorreu de seu caráter pragmático, em contraponto com o caráter mais reflexivo dos gregos, o que direcionou o pensamento jurídico romano para a resolução de problemas mais concretos e menos teóricos, com ênfase na sistematização da técnica jurídica de resolução de conflitos, com o fim de preservar a *pax romana*. De fato, os romanos desenvolveram intensa materialização do direito, que se iniciou com a edição da *Lei das XII Tábuas* e alcançou seu auge com a edição do *Corpus Iuris Civilis*, compilado entre os anos de 529 d.C. a 534 d.C, uma obra monumental construída pelos Jurisconsultos romanos por determinação do Imperador Justiniano, que organizou e sistematizou o direito romano. A parte do *Corpus* chamada de *Digesto* (também conhecido por seu nome grego *Pandectas*) trazia a compilação da jurisprudência romana, organizado em um documento com as diversas opiniões dos jurisconsultos, de modo que o direito resultava daquilo que hoje chamamos de doutrina, ou seja, era criado pelos juristas, havendo uma preponderância do *ius* (produto dos estudiosos) sobre a *lex* (produto dos políticos). Além do *Digesto*, o *Corpus* também continha uma parte acadêmica, nomeada de *Institutas*, que sintetizava os 50 (cinquenta) livros do *Digesto*, a fim de orientar professores e alunos no estudo do Direito. O *Corpus Iuris Civilis* iniciou o processo de apropriação da produção do Direito pelo Estado, que viria a se consolidar na Modernidade[5].

Todavia, este processo de monopolização do Direito pelo Estado sofreu solução de continuidade com a derrocada o Império Romano, quando as instituições romanas também ruíram, havendo uma "barbarização" da cultura, com apenas uma única exceção, a Igreja Católica Apostólica Romana, que conseguiu manter sua unidade e gradativamente se impôs como a instituição

5. "O processo de monopolização da produção jurídica por parte dos Estados modernos encontra um grande precedente na compilação de Justiniano. O direito romano era tipicamente um direito de formação "social", constituindo-se gradualmente através de um desenvolvimento secular segundo os *mores*, a jurisdição pretoriana (cujos resultados foram consagrados no *Edictum perpetuum*) e sobretudo segundo a elaboração dos jurisprudentes. Todo este complexo de normas foi recolhido, por iniciativa de Justiniano, no *Corpus Iuris Civilis*, de modo que tais normas perderam seu caráter de direito de origem social para assumir aquele de direito que encontra o fundamento de validade na vontade do príncipe, segundo a formula do Codex (que é uma das quatro partes do Corpus), segundo o qual "quod principi placuit legis habet vigorem", em que se inspira a outra fórmula, mais explícita ainda, segundo a qual "solus princeps potest facere leges". E no desenvolvimento histórico sucessivo considera-se o direito romano como um direito imposto pelo Estado (ou, mais precisamente, pelo Imperador Justiniano)" (BOBBIO, 1995, p. 30).

mais poderosa de todo o medievo. O conhecimento restou enclasurado nos muros das ordens religiosas e a razão ficou subordinada à fé. Seguindo a trilha da fragmentação política, o direito também perdeu sua unidade durante a Alta Idade Média, eclodindo várias ordens jurídicas parciais em lugar da ordem jurídica central do Império Romano. O trabalho de sistematização legislativa do direito romano perdeu importância, surgindo um direito com ênfase nos costumes e na tradição oral, onde a legislação escrita era uma fonte secundária. Não havia preocupação em estudar o direito de forma organizada ou de produzir uma teorização do conhecimento jurídico. Além da diversidade de ordens jurídicas parciais, a Alta idade Média se caracterizou pela ascensão político-ideológica hegemônica da Igreja Católica, que introduziu a percepção de um direito natural de matriz divina, expressa essencialmente através dos ensinamentos da Patrística e da Escolástica.

Os padres da Igreja Católica desenvolveram uma corrente de pensamento durante os séculos II e VI, conhecida como Patrística, que pretendia compreender a realidade a partir dos dogmas da fé católica, destacando-se os escritos de Santo Agostinho (354-430 d.C.), Bispo de Hipona, como seu principal representante. Santo Agostinho "cristianizou" as ideias de Platão, propondo a existência de duas espécies de ordens: (a) *civitas terrena*, organizada, composta e governada pelos seres humanos que vivem nesta Terra; (b) *civitas caelestis*, habitada pelas almas livres do pecado que habitam na presença de Deus. Os habitantes da cidade terrena estão condenados pelo pecado, mas a graça divina pode libertá-los e torná-los cidadão da Cidade de Deus[6].

Santo Agostinho distinguiu a *lex aeterna* (criada por Deus) da *lex naturalis* (lei divina gravada no coração do ser humano). A lei natural reflete a lei eterna e permite ao ser humano utilizar sua reta razão para distinguir o bem do mal. Entretanto, como o ser humano pode se desviar de sua reta razão, as sociedades instituem o direito positivo para ordenar a cidade dos homens, que deve refletir a cidade de Deus[7].

---

6. "Agostinho entendia o homem dividido em um corpo e uma alma, a exemplo de Platão, impondo a transcendência da segunda em relação ao primeiro. O corpo só seria sensível ao conhecimento sensorial e a alma aos princípios da sabedoria e da verdade. Feito à semelhança de Deus, o homem refletia a Santíssima Trindade. A memória (Deus Pai), a inteligência correlata à linguagem (Filho) e a expressão humana do amor (Espírito Santo)" (CRUZ, 2004, p. 41).
7. "Essa lei positiva, portanto, esse direito humano, não se baseia, nem na *opinião* daqueles que a fizeram nascer, pois essa é sujeita a errar e segue muitas vezes o interesse de suas paixões, e não os preceitos da lei eterna e da lei natural – nem no

A elaboração das leis humanas deveria guardar consonância com a lei natural, de modo que uma lei humana que se afastasse dos preceitos da lei natural não deveria ser considerada autêntico direito, por atentar contra a justiça, pois o direito injusto não era direito verdadeiro.

A escolástica foi uma corrente de pensamento que se iniciou com a anexação da Grécia e de Roma ao Império Franco por Carlos Magno, tendo como característica a tentativa de conciliar a fé e a razão, cujo maior representante foi Santo Tomás de Aquino, para quem a fé e a razão não são antagônicas, apenas caminhos diferentes que conduzem à verdade. Santo Tomás de Aquino "cristianizou" as ideias de Aristóteles, defendendo a unidade entre a alma e o corpo, distinguindo o ser humano pela sua racionalidade[8].

Para Tomás de Aquino, o ser humano está submetido a quatro ordens de legalidade: a *lex aeterna* (subdivida em *lex divina* e *lex naturalis*) e a *lex humanae*: - *lex aeterna*: criada por Deus e inalcançável pela razão humana, sendo apenas revelada parcialmente à humanidade através da *lex naturalis* e da *lex divina*; - *lex naturalis*: revelação parcial da Lex aeterna gravada no coração dos seres humanos, que deveria ser suficiente para conduzi-los a observar os desígnios divinos, mas em razão do pecado original, há uma inclinação natural do ser humano ao egoísmo, razão pela qual outra revelação parcial da vontade de Deus; - a *lex divina:* revelação parcial da *lex aeterna* através de textos sagrados e ensinamento da Igreja, destinada a complementar a revelação divina em razão das limitações da inteligência humana para compreender a vontade de Deus, bem como da natureza caída da humanidade; - *lex humanae:* criada pelos seres humanos para limitar o livre-arbítrio daqueles que insistem em se desviar do caminho traçado pela revelação parcial da *lex aeterna*.

Norbert Bobbio discorre sobre a distinção entre lei natural e lei humana em Tomás de Aquino:

---

uso dos povos, mutáveis como as próprias vissicitudes da sua vida. O fundamento verdadeiro, a única base estável do direito, é a *justiça*" (LIMA, 2001, p. 97).

8. "Ao contrário de Santo Agostinho, que hierarquizava a alma e o corpo, Tomás de Aquino sustentava, apoiado em Aristóteles, a tese de sua unidade, sendo a alma a inteligência (ato que a integra na perfeição essencial do ser humano). Dessa unidade profunda do homem flui a unidade entre o agir e o fazer. A racionalidade diferenciaria o homem dos demais animais, reconhecendo Aquino a particularidade de somente o homem possuir *intellectus*, próprio dos espíritos puros. Este predicado de racionalidade conferiria ao homem característica própria de encontrar-se na fronteira entre o espiritual e o corporal, entre o tempo e a eternidade" (CRUZ, 2004, p. 48).

> Essa distinção entre direito natural e direito positivo se encontra em todos os escritores medievais: teólogos, filósofos, canonistas. Na Summa theologica (I, a II *ae*, q. 90) de Santo Tomás, por exemplo, há uma extensíssima dissertação relativa aos diferentes tipos de lei. O autor distingue quatro, a saber: a "lex aeterna", a *lex naturalis*, a *lex humana* e a "lex divina". Esquecendo da primeira e da quarta destas categorias (a *lex aeterna* e a *lex divina*) que não nos interessam aqui, consideremos a lex naturalis e a lex humana: tais leis correspondem à distinção entre direito natural e direito positivo; em verdade, Santo Tomás não chama de positiva a *lex humana* apenas porque também a *lex divina* é positiva (BOBBIO, 1995, pp. 19-20).

Assim, o direito natural medieval era compreendido como superior ao direito humano, possuindo um caráter universal e imutável, sendo conhecido racionalmente, estabelecendo o critério para apartar as boas ações das más, enquanto o direito humano é mutável, para atender as particularidades de cada tempo, destinando-se a resolver os problemas humanos.

A retomada da tradição jurídica romana se inicia já por volta do século XI, período conhecido com a baixa Idade Média, quando começam a ocorrer gradativas mudanças sociais e políticas na esteira da derrocada do modo de produção feudal: surgimento de ordens políticas mais centralizadas; reurbanização; revitalização das relações comerciais; surgimento da burguesia como uma nova classe[9].

O ocaso da Idade Média trouxe profundas transformações culturais, filosóficas, econômicas, sociais e políticas, repercutindo também na seara jurídica, com a concentração do poder político no "Estado-Nação", inicialmente personificado na figura do rei, que detinha o monopólio da produção do direito. Ganhou força a ideia de que era possível instituir um direito racional, tomando-o como objeto de estudo empírico, ou seja, o texto legal passou a ser o objeto de estudo concreto do jurista, livre do jugo teológico da Igreja Católica. A ênfase foi posta no objeto a ser conhecido, mediante um método específico que assegurasse conclusões precisas, e esse objeto

---

9. "O direito romano se eclipsou na Europa ocidental durante a alta Idade Média, substituído pelos costumes locais e pelo novo direito próprio das populações germânicas (ou bárbaras). Mas depois do obumbramento ocorrido em tal período – obumbramento comum, de resto, àquele de toda a cultura – ressurgiu no primeiro milênio com o aparecimento da Escola jurídica de Bolonha e difundiu-se não apenas nos territórios sobre os quais se havia estendido o Império Romano, mas também sobre outros jamais dominados por este" (BOBBIO, 1995, p. 30).

era exatamente o texto legal, compreendido como produto da racionalidade humana, sem necessidade de nenhuma fundamentação metafísica prévia.

De fato, um aspecto importante desse período foi a fundação das primeiras Universidades, que gradativamente retomam o estudo do direito romano, mediante a chamada Escola dos Glosadores (séculos XI a XIII). O renascimento do direito romano ocorreu na Universidade de Bolonha, Itália, fundada em 1088, a partir do estudo do *Digesto*, parte do *Corpus Iuris Civilis,* utilizando um método gramatical e filológico.

Os professores preparavam os textos do Digesto acrescentando glosas (notas explicativas inseridas nas entrelinhas ou nas margens dos textos romanos), a fim de facilitar o estudo pelos alunos, trabalhando os textos clássicos de forma filológica, com a preocupação de retomar o seu significado original. Dessa forma, os professores editavam resenhas do *Digesto*, permeadas de glosas, tomando os textos romanos como dogmas e assumindo a função de compreendê-los e ensiná-los[10].

O trabalho dos glosadores foi decisivo para a ressurreição do direito romano durante a baixa Idade Média, que serviu de base para o erguimento dos modernos sistemas jurídicos europeus após a Idade Média, dando início ao que posteriormente viria a se tornar a ciência do Direito. Importa salientar que a Escola dos Glosadores enfrentava o problema de construir um Direito que servisse à instituição do Estado, que exercia sua soberania sobre vastas extensões territoriais e sobre povos culturalmente distintos, sendo necessário promover a unidade nacional. Na Escola dos Glosadores, os textos romanos eram tratados pelos estudiosos do direito com a mesma reverência dos textos sagrados. Interpretar era retomar autoridade do texto tal como editado, buscando o sentido gramatical e filológico, na busca de uma unidade que superasse o pensamento local e pudesse ser aplicado em todo o território do Estado. Desse modo, os glosadores tomaram os textos jurídicos romanos como instrumentos para essa unificação do Direito,

---

10. "Os glosadores e o renascimento do Direito Romano tiveram papel essencial no pensamento jurídico ocidental. Até então a produção jurídica era indutiva, ocasional, ou seja, destinava-se à solução de um caso concreto vale dizer, voltada para solução de problemas específicos.

A *phronesis* (prudência) grega e o senso de equidade guiavam o operador do Direito na solução do litígio. A partir dos Glosadores, o pensamento jurídico ocidental tornar-se-ia dedutivo e dogmático, assumindo um aspecto formalista, universalizante e abstrato. A retórica argumentativa começaria a ceder para uma interpretação literal, em razão da segurança que esta última propiciaria" (CRUZ, 2004, p. 44).

mantendo-os imunes a interpretações variadas, para isso primando pelo método filológico, apenas permitindo pequenas glosas meramente explicativas. Infere-se, portanto, que não houve uma preocupação em imprimir caráter científico ao estudo do direito durante a Idade Média, muito embora a Escola dos Glosadores tenha lançado as primeiras sementes do que viria a se tornar a ciência jurídica, mediante a adoção do método gramatical e filológico no estudo do direito romano.

Gradativamente, os glosadores passaram a tentar adaptar os textos à realidade de seu tempo, abarcando situações não previstas na época em que foram editados, movimento que ficou conhecido como a Escola dos Comentadores ou pós-glosadores (séculos XIV e XV). Com o tempo, os estudiosos passaram a se preocupar em analisar o conteúdo dos textos clássicos para adaptá-los às situações da época em que viviam, não se limitando a acrescentar glosas, mas em comentar os textos, produzindo um conhecimento com maior grau de abstração[11].

As sementes plantadas pelos Glosadores e Comentadores evoluíram durante o século XVIII, na corrente de pensamento jurídico conhecida como Escola Jusracionalista, cuja ideia era purgar o direito europeu da influência romanística, para fundá-lo na razão, a partir de uma concepção jusnatural. Trata-se do retorno da ideia de direito natural, mas agora sob novo fundamento centrado na razão, diverso da argumentação teológica medieval. Hugo Grotius (1583-1645), Thomas Hobbes (1588-1679), Samuel Puffendorf (1632-1694) e Christian Wolff (1679-1754) foram alguns dos precursores deste movimento, cujo intento era fundamentar o Direito na razão, promovendo a sua secularização.

O jusracionalismo predominou[12] até o século XVIII, quando perdeu espaço para correntes de pensamento que emergiram com o advento da

---

11. "Como dito, os Glosadores prepararam terreno para a secularização do direito. E, esse movimento iniciou-se com os pós-glosadores, chamados práticos/conciliadores. Foram estes últimos que se depararam com um emaranhado de direitos locais, com conceitos bizarros do Direito vulgar, tal como a responsabilidade criminal de seres inanimados e irracionais.

    Para tanto consolidaram uma hermenêutica formalista de apego à exegese dos textos. Todavia tiveram que ser criativos diante dos problemas originais que a sociedade lhes apresentava sendo, pois, pródigos na criação de novos institutos jurídicos" (CRUZ, 2004, p. 45).

12. "Numa teoria que devia legitimar-se perante a razão, mediante a exatidão matemática e a concatenação de suas proposições, o Direito conquista uma dignidade metodológica toda especial. A redução das proposições a relações lógicas é pres-

modernidade, na esteira das novas ideias iluministas, prenunciando o positivismo jurídico, que se tornaria a escola de pensamento jurídico hegemônica no século XX, dentre as quais aqui se destacam a Escola Histórica, a Escola da Exegese, a Escola da Jurisprudência dos Conceitos, a Escola da Jurisprudência Teleológica.

Importa registrar os aspectos mais relevantes das referidas Escolas Jurídicas, a fim de melhor compreender o papel do Direito Moderno no surgimento dos bloqueios sistêmicos que impedem a transição paradigmática.

A *Escola Histórica* surgiu na Alemanha, tendo como precursores Gustav Hugo (1764-1844) e, principalmente, Friedrich Carl von Savigny (1779-1861), que criou a *Zeitschrift für geschichtliche Rechtswissenschaft* (Revista para Jurisprudência Histórica[13]) em 1815, órgão que difundiu as ideias desse movimento, que rompeu definitivamente com a visão jusnaturalista do Direito. Para os adeptos da Escola Histórica, o direito é uma decorrência dos usos e costumes e da tradição do povo, portanto, nasce do espírito do povo (*volksgeist*) de forma consuetudinária (costumeira), que apenas é registrada pela lei escrita. A Escola Histórica tratava o Direito como produto dos processos históricos, que variavam no tempo e no espaço, razão pela qual Savigny afirmava que o *direito é ciência histórica de viés indutivo*, que buscava retomar a originalidade histórica do direito, distinguindo-se da *dogmática jurídica* que é apenas o estudo dos textos legais. A cientificidade do Direito é o marco do historicismo jurídico.

A ideia norteadora do historicismo jurídico é que o Direito não é o mesmo no tempo e no espaço, variando no curso da história onde é produzido e se desenvolve, que se origina do sentimento de justiça ínsito ao ser humano, razão pela qual o historicismo jurídico não acredita na codificação do Direito, preferindo manter o sentido da tradição. Bobbio discorre sobre o *sentido da tradição* na Escola Histórica:

> Para a Escola Histórica este sentimento significa reavaliação de uma forma particular de produção jurídica, isto é, do costume, visto que as normas consuetudinárias são precisamente a expressão de uma tradição, se formam e se desenvolvem por lenta evolução na sociedade. O costume é, portanto, um direito que nasce diretamente do povo e

---

suposto óbvio da formulação de "leis naturais", universalmente válidas, a que se agrega o postulado antropológico, que vê no homem não um cidadão da Cidade de Deus ou (como no século XIX) do mundo histórico, mas um ser natural, um elemento de um mundo concebido segundo leis naturais" (FERRAZ JR, 1980, p. 24).

13. Jurisprudência como sinônimo de Ciência do Direito.

que exprime o sentimento e o "espírito do povo" (*volksgeist*). Acaba, de tal modo, subvertida a clássica relação entre as duas fontes de direito, aquela refletida (a lei) e aquela espontânea (o costume), visto que geralmente se considera a primeira prevalente sobre a segunda (BOBBIO, 1995, p. 52).

A Escola Histórica fixa definitivamente as bases da ciência jurídica e promove uma ruptura frontal com o jusnaturalismo, na medida em que o fundamento do direito não deveria ser buscado em um plano metafísico, mas em sua evolução histórica, motivo pelo qual Savigny conceituava a ciência jurídica como a *historiografia genética do direito*. Importa registrar que o historicismo de Savigny não propunha de modo algum uma atualização do direito aos tempos atuais, com uma finalidade prática, muito ao contrário, pregava o apego à tradição, o resgate do passado, terminando por criar um modelo conservador de direito, formalista, meramente descritivo e pouco aberto às inovações, vistas sempre com reserva, na medida em que iam de encontro ao elemento histórico-cultural que emanava das fontes romanas[14]. Savigny propôs o conhecimento do direito através do estudo sistemático, organizado, coerente da realidade histórica do direito, consistente no desenvolvimento dos usos e costumes do povo, mediante a utilização do método científico aplicado ao estudo da história em geral, com ênfase nas fontes do direito romano, razão pela qual muitos estudiosos consideram a *Escola Histórica* como o marco do surgimento da ciência do Direito.

A *Escola da Exegese*[15] remonta à edição do Código de Napoleão de 1804, que pretendeu esgotar todo o direito civil francês em apenas um diploma legislativo, fixando a ideia de que o direito se resume ao produto editado pelo legislador, cabendo apenas aplicá-lo.

Registre-se a advertência de Norberto Bobbio, no sentido de que a ruptura na tradição jurídica, provocada pelo Código de Napoleão, deveu-se mais a seus intérpretes que a seus redatores, pois estes pretendiam enfrentar o problema do *non liquet* atribuindo ao magistrado poder para criar o direito na hipótese de lacuna da lei. Para tanto, foram redigidos os

14. Importa registrar que também surgiu na Alemanha uma corrente de pensamento denominada *Pandectismo*, criada por Bernhard Windscheid (1817-1892), propondo que o direito não era apenas um resultado dos processos históricos, mas também produto da vontade do legislador, passando a dar importância ao estudo do texto legal e à codificação e sistematização do direito, o que correspondia aos ensinamentos da *Escola da Exegese*.

15. A palavra *exegese* é utilizada como sinônimo de *interpretação*.

artigos 4º e 9º, o primeiro possibilitando processar o Juiz que se recusasse a julgar, alegando silêncio, insuficiência ou obscuridade, "como culpável de justiça denegada"; o segundo permitia ao juiz usar a equidade, na falta da lei, compreendendo-se equidade como a aplicação da lei natural na falta da lei positiva. Entretanto, o art. 9º acabou vetado, o que levou os intérpretes a uma compreensão isolada do art. 4º em sentido diamentralmente oposto ao pretendido pelos redatores[16].

Assim, a Escola da Exegese surgiu com a ideia central de que a legislação escrita consistia no objeto a ser estudado pelo jurista, mediante o método lógico-dedutivo, onde a lei seria a premissa maior, a premissa menor seria o fato e a conclusão seria a subsunção do fato à lei, através da sentença. A Escola da Exegese emergiu como consequência da codificação do direito napoleônico, fortemente centrado no princípio da autoridade, que sobrepunha a vontade do legislador à vontade dos intérpretes, inclusive para resguardar o dogma da *separação de poderes*, invocado para não permitir que o magistrado pudesse alterar a vontade do legislador. Para os adeptos da Escola da Exegese, a invasão do magistrado no exercício da função legislativa conduziria à insegurança jurídica, submetendo os cidadãos ao arbítrio de cada juiz, o que só seria evitado pelo respeito à literalidade do texto da lei.

Já no século XIX, Georg Friedrich Puchta (1798-1846), discípulo de Savigny, tendo inclusive o sucedido na cadeira de Direito Romano da Universidade Humboldt em Berlim, seguiu caminho oposto ao do seu mestre e instituiu uma escola jurídica chamada de *Jurisprudência dos Conceitos*[17],

---

16. "Eliminando o segundo artigo, o primeiro – considerado isoladamente e prescindindo dos motivos históricos que o haviam sugerido – é compreendido pelos primeiros intérpretes do Código de modo completamente diverso; isto é, é interpretado, assim, no sentido de que se deveria sempre deduzir da própria lei a norma para resolver quaisquer controvérsias. Tal artigo, de fato, tem sido um dos argumentos mais frequentemente citados pelos juspositivistas, para demonstrar que, do ponto de vista do legislador, a lei compreende a disciplina de todos os casos (isto é, para demonstrar a assim chamada completitude da lei).

    É nesse modo de entender o art. 4º que se fundou a escola dos intérpretes do Código Civil, conhecida como a "escola da exegese" (*école de l`exégèse*); esta foi acusada de *fetichismo da lei*, porque considerava o Código de Napoleão como se tivesse sepultado todo o direito precedente e contivesse em si as normas para todos os possíveis casos futuros, e pretendia fundar a resolução de quaisquer questões na *intenção do legislador*" (BOBBIO, 1995, p. 77).

17. O termo *jurisprudência* foi utilizado como sinônimo de *ciência do direito* e não no seu sentido comum atual.

argumentando que a ciência jurídica deve partir da análise dos textos legais para criação de modelos teóricos (conceitos) capazes de sistematizar o Direito. Os conceitos seriam esquemas abstratos, explicativos do objeto de estudo, criados pelo jurista para compreensão do direito[18].

Assim, os juristas deveriam construir os conceitos, escalonando-os em forma piramidal, partindo dos mais gerais em ordem decrescente até os menos gerais, formando um sistema lógico-dedutivo, coerente e completo, cujo topo da pirâmide consistia em um conceito fundamental não escrito, mas dado previamente, que fundamentava todo sistema jurídico. A *Jurisprudência dos Conceitos* reduziu o direito ao estudo da norma, entendida esta como uma estrutura lógico-formal, sem qualquer preocupação com o conteúdo moral ou finalidade político-social, que deveria ser aplicada através de um processo silogístico de viés lógico-dedutivo, é dizer, a lei como premissa maior, o fato como premissa menor e a conclusão como adequação ou não do fato ao esquema lógico da lei.

Inicialmente, Rudolf von Ihering (1818-1892) foi um dos principais representantes da Escola da Jurisprudência dos Conceitos, mas em sua maturidade desenvolveu a mais contundente crítica a essa escola do pensamento jurídico, através de sua *Jurisprudência dos Interesses*, que enfatizava a *finalidade* do direito, em uma perspectiva sociológica, superando a percepção meramente lógico-formal do Direito. Ihering passou a defender o direito como produto da história, mas não de uma história observada de forma mecânica e natural, como queria Savigny, e sim de uma história que resultava da "luta pelo direito", travada para garantir as condições de sobrevivência dos indivíduos, das classes e da sociedade. Logo no início da sua obra *A luta pelo Direito* (1872) afirma que o "fim do direito é a paz, o meio de que se serve para consegui-lo é a luta", acrescentando:

> O Direito não é uma simples ideia, é uma força viva. Por isso a justiça sustenta numa das mãos a balança com que pesa o direito, enquanto na outra a espada por meio da qual o defende. A espada sem a balança é a força bruta, a balança sem a espada, a impotência do direito. Uma completa a outra, e o verdadeiro estado de direito só pode existir

18. "Esta compreensão de sistema, que informa notavelmente a "jurisprudência dos conceitos" (Begriffsjurisprudenz), acentua-se e desenvolve-se com Puchta e sua "pirâmide de conceitos", que enfatiza, conhecidamente, o caráter lógico-dedutivo do sistema jurídico, enquanto desdobramento de conceitos e normas abstratas, da generalidade para a singularidade, em termos de uma totalidade fechada e acabada" (FERRAZ JR, 1980, p. 33).

quando a justiça sabe brandir a espada com a mesma habilidade com que manipula a balança" (IHERING, 2001, p. 25).

Dessa forma, a aplicação do Direito deve ter em vista os fins postos em discussão diante do caso concreto e não apenas como uma operação lógico-dedutiva e silogística. A *Jurisprudência dos Conceitos* havia criado uma teoria lógico-formal lastreada na aplicação silogística dos conceitos, mas Ihering defendeu que a interpretação do direito deve prestigiar sua *finalidade social* e não apenas a lógica formal. Ihering vislumbrava o Direito como conjunto de normas coercitivas garantidas pelo Estado e defendia que a finalidade última do ser humano é a paz, concluindo que esta somente pode ser alcançada através da luta pela criação e manutenção dos direitos, pela qual os indivíduos e classes conquistam seu espaço jurídico[19].

Todo esse desenvolvimento histórico conduziu à emergência do positivismo jurídico, fundado na ideia prevalente durante o século XIX, no sentido de tratar o Direito como sistema lógico-formal e abstrato, constituídos por conceitos que deveriam ser percebidos de forma análoga aos objetos das ciências naturais. O positivismo jurídico foi construído sob o influxo da ciência moderna, pretendendo a mesma neutralidade e objetividade, tomando o produto do legislador como objeto de estudo da ciência jurídica, compreendendo a norma jurídica como um imperativo e o ordenamento como um sistema fechado, completo e coerente. Por tudo isso, no âmbito do positivismo jurídico, não cabe ao intérprete instituir o direito, mas apenas aclará-lo, subsumindo-o aos casos concretos.

Hans Kelsen (1881-1973) foi o maior expoente do positivismo jurídico do século XX, cuja *opus magnum* "Teoria Pura do Direito" (1934) firmou o alicerce da Ciência do Direito, delimitando o seu objeto próprio e o seu método específico, apartando a ciência jurídica das demais ciências sociais, sem recorrer às explicações metafísicas, estudando o Direito apenas como produto da vontade humana.

---

19. "Com o advento da chamada "Jurisprudência dos Interesses" (Interessenjurisprudenz), o sistema não perde seu caráter de totalidade fechada e perfeita, mas perde em parte sua qualidade lógico-abstrata. Com a introdução do conceito de "interesse" e, já anteriormente, com o de "finalidade" (Zweck), no conceito de sistema aparece uma dualidade que se corporificará, mais tarde, naquilo de Heck denominaria "sistema exterior" (äusseres System) e "sistema interior" (inneres System) ou "sistema de interesses" como relacionamento de "conexões vitais" (Lebenszusammehängen). A ideia de sistema fechado, marcado pela ausência de lacunas, ganha com isso o caráter de *ficção* jurídica necessária, isto é, o sistema jurídico é considerado como totalidade sem lacunas apenas *per definitionem*" (FERRAZ JR, 1980, pp. 33-34).

Inicialmente, Kelsen esclareceu que seu objetivo era apresentar uma Teoria Geral do Direito Positivo, que se ocupe em estudar o que o Direito é, delimitando seu objeto para apartar a ciência jurídica das demais, a fim de evitar o erro das escolas jurídicas precedentes, que a confundiram com outras ciências. Kelsen reconheceu a conexão do objeto da ciência jurídica com o objeto de outras ciências sociais, mas fez do combate ao "sincretismo metodológico" o norte de sua teoria[20].

Desse modo, a delimitação do objeto de estudo do cientista do Direito é o princípio metodológico fundamental da Teoria Pura do Direito, definindo com rigor aquilo que deveria ser investigado pela ciência jurídica. Para tanto, Kelsen excluiu do campo de estudo do Direito tudo aquilo que fosse objeto de outras ciências sociais, tais como a história, a sociologia, a economia, a política e a antropologia. A busca pela *objetividade* demanda purificar o objeto do direito de tudo aquilo que fosse pré-jurídico, ainda que importantes para a produção do direito, mas que constituísse objeto de outras ciências.

Além da objetividade, a cientificidade do Direito exigia que o jurista mantivesse distanciamento do seu objeto, era preciso ter *neutralidade*, e para isso se faz necessário expurgar do objeto do Direito toda e qualquer *valoração*. Portanto, saber se a norma jurídica é justa ou injusta, certa ou errada, moral ou imoral são questões que não constituem objeto da ciência jurídica, devendo ser pesquisadas por outras ciências sociais, tendo em vista o caráter relativo dos ordenamentos morais[21].

---

20. "Isto parece-nos algo de per si evidente. Porém, um relance de olhos sobre a ciência jurídica tradicional, tal como se desenvolveu no decurso dos sécs. XIX e XX, mostra claramente quão longe ela está de satisfazer à exigência da pureza. De um modo inteiramente acrítico, a jurisprudência tem-se confundido com a psicologia e a sociologia, com a ética e a teoria política. Esta confusão pode porventura explicar-se pelo fato de estas ciências se referirem a objetos que indubitavelmente têm uma estreita conexão com o Direito. Quando a Teoria Pura empreende delimitar o conhecimento do Direito em face destas disciplinas, fá-lo não por ignorar ou, muito menos, por negar essa conexão, mas porque intenta evitar um sincretismo metodológico que obscurece a essência da ciência jurídica e dilui os limites que lhe são impostos pela natureza do seu objeto" (KELSEN, 1998, p. 1).
21. "A conduta real a que se refere o juízo de valor e que constitui o objeto da valoração, que tem um valor positivo ou negativo, é um fato da ordem do ser, existente no tempo e no espaço, um elemento ou parte da realidade. Apenas um fato da ordem do ser pode, quando comparado com uma norma, ser julgado valioso ou desvalioso, ter um valor positivo ou negativo. E a realidade que se avalia. Na medida em que as normas que constituem o fundamento dos juízos de valor são estabelecidas por atos de uma vontade humana, e não de uma vontade supra-humana, os valores através delas constituídos são arbitrários. Através de outros atos de vontade humana

Desse modo, não cabe ao cientista do Direito pesquisar as razões pelas quais os legisladores ou juízes editaram as normas gerais ou individuais ou saber se essas normas são justas ou injustas, uma vez que a função da ciência jurídica é estudar apenas o seu objeto, ou seja, a norma jurídica existente, a fim de pesquisar sua validade ou invalidade. Nesse sentido, Kelsen aparta claramente o Direito da Moral, defendendo que as duas ordens se diferenciam pela natureza da sua coação: coação moral é interna, enquanto a coação jurídica é externa. Ademais disto, a relatividade das ordens morais impede que estas sirvam como padrão adequado para aferição da justiça ou injustiça de uma ordem jurídica[22].

Para Kelsen, a questão da relação entre Moral e Direito se resolve pela impossibilidade da existência de uma Moral absoluta, de modo que os ordenamentos morais não podem desempenhar a função de padrão de aferição valorativa dos ordenamentos jurídicos, precisamente porque os sistemas morais são relativos. Portanto, Kelsen conclui que todo e qualquer sistema moral pode ser arbitrariamente utilizado para aferir a justiça ou injustiça de um ordenamento jurídico, inclusive concomitantemente, de modo que um mesmo ordenamento jurídico pode ser considerado justo ou injusto ao mesmo tempo, a depender do sistema moral a que se filie o intérprete, pois "(...) quando uma ordem jurídica é considerada injusta se apreciada com base no critério fornecido por um sistema moral, ela pode ser havida como justa se julgada pela medida ou critério fornecido por um outro sistema moral (KELSEN, 1998, p. 48).

Kelsen defendia que o cientista do Direito deveria estudar apenas a norma jurídica posta pela autoridade competente, de forma neutra e objetiva,

---

podem ser produzidas outras normas, contrárias às primeiras, que constituam outros valores, opostos aos valores que estas constituem. O que, segundo aquelas, é bom, pode ser mau segundo estas. Por isso, as normas legisladas pelos homens - e não por uma autoridade supra-humana - apenas constituem valores relativos" (KELSEN, 1998, pp. 12-13).

22. "Quando uma teoria do Direito positivo se propõe distinguir Direito e Moral em geral e Direito e Justiça em particular, para os não confundir entre si, ela volta-se contra a concepção tradicional, tida como indiscutível pela maioria dos juristas, que pressupõe que apenas existe uma única Moral válida - que é, portanto, absoluta - da qual resulta uma Justiça absoluta. A exigência de uma separação entre Direito e Moral, Direito e Justiça, significa que a validade de uma ordem jurídica positiva é independente desta Moral absoluta, única válida, da Moral por excelência, de a Moral. Se pressupusermos somente valores morais relativos, então a exigência de que o Direito deve ser moral, isto é, justo, apenas pode significar que o Direito positivo deve corresponder a um determinado sistema de Moral entre os vários sistemas morais possíveis" (KELSEN, 1998, p. 47).

sem emitir juízos de valor. Portanto, o objeto de estudo da ciência do Direito é a norma jurídica, mas não a norma jurídica ideal, aquela que deveria ter sido produzida, e sim a norma jurídica real, aquela que existe hoje, que foi editada pela autoridade competente (legislador ou juiz). Para Kelsen cabe ao cientista do Direito estudar a norma jurídica tal como ela estava posta, analisando sua validade, sem se preocupar com indagações acerca do valor ou efetividade do direito.

Assim, a questão de saber se o direito é justo ou eficaz é objeto de outras ciências, cabendo ao jurista apenas a análise do Direito posto. O conhecimento jurídico, para ser considerado científico, deve ser neutro e objetivo, limitando-se a descrever o sistema jurídico de forma coerente, articulando logicamente as normas jurídicas entre si. Por tudo isso, o papel do cientista do Direito é descrever a norma jurídica que existe, analisando sua validade e o modo como as normas se relacionam em um sistema.

A fim de diferenciar a atividade do cientista do direito da atividade do operador do Direito, Kelsen apresentou a distinção entre *norma jurídica* e *proposição jurídica*:

> Proposições jurídicas são juízos hipotéticos que enunciam ou traduzem que, de conformidade com o sentido de uma ordem jurídica - nacional ou internacional - dada ao conhecimento jurídico, sob certas condições ou pressupostos fixados por esse ordenamento, devem intervir certas consequências pelo mesmo ordenamento determinadas. As normas jurídicas, por seu lado, não são juízos, isto é, enunciados sobre um objeto dado ao conhecimento. Elas são antes, de acordo com o seu sentido, mandamentos e, como tais, comandos, imperativos. Mas não são apenas comandos, pois também são permissões e atribuições de poder ou competência. Em todo o caso, não são - como, por vezes, identificando Direito com ciência jurídica, se afirma - instruções (ensinamentos). O Direito prescreve, permite, confere poder ou competência - não "ensina" nada (KELSEN, 1998, p. 51).

Portanto, a *proposição jurídica* é ato de conhecimento, produzido pelos cientistas do direito, que descrevem uma norma. Tanto a norma jurídica quanto a proposição jurídica são enunciados linguísticos, frases, mas a diferença fundamental é que a norma é um ato de vontade de uma autoridade, que ordena, determina, prescreve. A proposição jurídica não ordena nada, não proíbe, não obriga, não permite, apenas descreve uma norma jurídica, estuda o que a autoridade competente decidiu. Por ser ato de conhecimento, a proposição jurídica se submete ao critério de veracidade, de modo que será verdadeira se descrever corretamente a norma, do contrário será falsa.

A *norma jurídica* por sua vez é um ato de vontade, uma ordem, um imperativo, uma decisão de uma autoridade com competência para criação do direito. A norma é o produto dessa decisão, que prescreve quais condutas são permitidas, proibidas ou obrigadas. Por ser um ato de vontade, as normas só se submetem ao critério de validade, de modo que se forem editadas pela autoridade competente e de acordo com o procedimento previamente determinado serão válidas, do contrário serão inválidas.

A teoria Pura do Direito equipara a decisão do legislador ao criar a lei à decisão do juiz ao sentenciar, nomeando-as respectivamente de *norma geral* e *norma individual*, pois o primeiro edita uma norma hipotética para generalidade de situações nela prevista, criando uma "moldura", dentro da qual cabem vários significados, enquanto o segundo aplica a norma diante de um caso concreto, criando uma norma categórica individual apenas para disciplinar a situação em julgamento. Ora, como as relações lógicas somente se estabelecem em razão de enunciados verdadeiros ou falsos, tem-se que as normas jurídicas não se submetem aos princípios da lógica, cabendo aos cientistas do Direito descrever o sistema jurídico de modo lógico, mediante as proposições jurídicas, ou seja, cabe aos cientistas do Direito produzir enunciados descritivos das normas jurídicas (proposições jurídicas), que podem ser verdadeiros ou falsos, a fim de descrever o sistema jurídico de forma coerente, eliminando contradições[23].

Assim, a autoridade competente vai editando normas jurídicas uma após outra, somente se submetendo ao critério de validade, excluindo-se do sistema apenas a normas declaradas inválidas, formando um conjunto caótico de normas válidas postas lado a lado, o que obviamente permite o surgimento de incoerências, pois duas normas válidas podem se contradizer, sendo função do cientista do direito eliminar essas incoerências.

Kelsen esclarece que o cientista do Direito pode descrever o sistema jurídico sob dois enfoques: o estático e o dinâmico. O enfoque estático utiliza o método dedutivo e relaciona as normas pelo seu conteúdo, enquanto o enfoque dinâmico utiliza o método lógico-transcendental e relaciona as normas pela competência para sua edição.

---

23. "(...) entre a lei e a decisão jurisdicional, entre a Constituição e a lei, a Constituição e o decreto, a lei e o decreto, ou, numa fórmula inteiramente geral, entre uma norma superior e uma norma inferior de uma ordem jurídica, não é possível qualquer conflito que destrua a unidade deste sistema normativo, tornando impossível descrevê-lo em proposições jurídicas que não sejam contraditórias entre si" (KELSEN, 1998, p. 192).

Para Kelsen, o sistema jurídico é basicamente um sistema dinâmico, no qual a validade das normas não decorre do seu conteúdo, mas de ter sido posto segundo um procedimento específico. O sistema jurídico possui hierarquia, na qual as normas jurídicas inferiores retiram sua validade das normas jurídicas superiores, que por sua vez fundamentam as normas jurídicas inferiores, em uma relação de fundamentação e derivação, de modo que só será válida uma norma que puder se relacionar com outra superior, até alcançar o ápice do sistema. Por exemplo, os decretos se fundamentam nas leis, que se fundamentam na Constituição, esta por sua vez é o fundamento último de validade de todo o ordenamento jurídico posto. Mas qual o fundamento da Constituição?

Para responder essa pergunta, sem lançar o sistema jurídico em uma redução ao infinito e sem recorrer a elementos pré ou extrajurídicos, Kelsen precisava propor uma solução puramente normativa, fechando o sistema em si mesmo e, para isso, apresentou a ideia de um "pressuposto fundante da validade objetiva", que chamou de "Norma Fundamental" (*Grundnorm*), esclarecendo que esta representa:

> (...) o fundamento de validade de uma ordem jurídica refere-se apenas a uma Constituição que é a base de uma ordem de coerção eficaz. Somente quando a conduta real (efetiva) dos indivíduos corresponda, globalmente considerada, ao sentido subjetivo dos atos dirigidos a essa conduta é que este sentido subjetivo é reconhecido como sendo também o seu sentido objetivo, e esses atos são considerados ou interpretados como atos jurídicos (KELSEN, 1998, p. 33).

É importante não confundir a "Norma Fundamental" com a Constituição. Esta é uma norma posta; aquela é uma norma pressuposta, não legislada, mas pensada, que serve como fecho do sistema jurídico. A "Norma Fundamental" é uma norma hipotética, que todo cientista do Direito deve aceitar como pressuposto necessário ao conhecimento do seu objeto, servindo como fundamentação lógica de todo o sistema jurídico, "fonte de significação normativa de toda a ordem jurídica", que pode ser resumida na seguinte assertiva: obedeça à primeira Constituição histórica[24].

---

24. "Se se concebe o Direito como uma ordem de coerção, a fórmula com a qual traduzimos a norma fundamental de uma ordem jurídica estadual significa: a coação de um indivíduo por outro deve ser praticada pela forma e sob os pressupostos fixados pela primeira Constituição histórica. A norma fundamental delega na primeira Constituição histórica a determinação do processo pelo qual se devem estabelecer as normas estatuidoras de atos de coação. Uma norma, para ser inter-

Kelsen estabeleceu um sistema jurídico fechado, lógico-formal, completo, coerente, que se fundamenta a si mesmo sobre o prisma da validade, capaz de ser estudado com objeto e método próprios, conferindo à ciência jurídica a dignidade de uma ciência autônoma, com metodologia capaz de rivalizar em rigor técnico até mesmo com as ciências naturais, tamanho o grau de rigor metodológico da Teoria Pura do Direito.

Em suma, o positivismo jurídico kelseniano pretendeu criar uma ciência jurídica autônoma, objetiva e neutra, purificada dos aspectos sociológicos e axiológicos, resultando em um sistema jurídico fechado, completo, coerente, sem lacunas ou antinomias. O trabalho do cientista do direito deveria se limitar ao ato de descrever o sistema de normas de modo hierarquizado, sob o prisma da validade[25].

O positivismo jurídico consagrou o caráter científico do Direito, alçando-o ao panteão onde já residiam as ciências exatas, conferindo-lhe a mesma magnitude e reverência. No entanto, assim como ocorreu com a ciência moderna em geral, também o Direito pretensamente neutro foi colonizado pela racionalidade instrumental, estabelecendo o marco jurídico

---

pretada objetivamente como norma jurídica, tem de ser o sentido subjetivo de um ato posto por este processo – pelo processo conforme à norma fundamental - e tem de estatuir um ato de coação ou estar em essencial ligação com uma norma que o estatua. Com a norma fundamental, portanto, pressupõe-se a definição nela contida do Direito como norma coercitiva" (KELSEN, 1998, p. 36).

25. "A questão da legalidade de uma decisão judicial ou da constitucionalidade de uma lei é formulada em termos gerais, a questão de saber se um ato que surge com a pretensão de criar uma norma está de acordo com a norma superior que determina a sua criação ou ainda o seu conteúdo. Quando esta questão deve ser decidida por um órgão para o efeito competente, quer dizer, por um órgão que para tal recebe poder de uma norma válida, pode ainda levantar-se a questão de saber se o indivíduo que de fato tomou esta decisão é o órgão competente, isto é, o órgão que para tal recebeu poder da norma válida. Esta questão pode, por sua vez, dever ser decidida por um outro órgão que, por isso mesmo, é de considerar como um órgão de hierarquia superior. Esta recondução a um órgão superior, contudo, tem de ter um fim. Tem de haver órgãos supremos sobre cuja competência já não poderão decidir órgãos superiores, cujo caráter de supremos órgãos legislativos, governativos (administrativos) ou jurisdicionais já não pode ser posto em questão. Eles afirmam-se como órgãos supremos pelo fato de as normas por eles postas serem globalmente eficazes. Com efeito, nesta hipótese, a norma que lhes confere competência para estabelecer estas normas é pressuposta como Constituição válida. O princípio segundo o qual uma norma só deve ser posta pelo órgão competente, isto é, pelo órgão que para tal recebe poder de uma norma superior, é o princípio da legitimidade. Ele é, como já verificamos, limitado pelo princípio da eficácia" (KELSEN, 1998, p. 192).

no qual é travado o debate ambiental, inclusive gizando o limite de atuação de cada agente social na construção das políticas públicas ambientais.

Nas sociedades da alta Modernidade, o Direito funciona como meio de internalização e reforço da estrutura paradigmática vigente, a fim de obter a aceitação dos indivíduos ao modelo de desenvolvimento dele decorrente, ao tempo em que oculta ideologicamente suas contradições.

Os agentes sociais detentores do capital econômico e do capital político utilizam o Direito para manter a cosmovisão decorrente do paradigma ambiental moderno imune às críticas, legitimando a distribuição assimétrica entre os riscos, prejuízos e benefícios do desenvolvimento tecnocientífico, mediante a universalização de seus interesses setoriais.

O debate ambiental é mediado pelo ordenamento jurídico, sendo orientado para garantir a manutenção das relações assimétricas do *Sistema*. Os agentes sociais travam uma luta pelo reconhecimento dos seus valores e cosmovisões, materializando-os em conceitos que são levados à arena política, em uma tentativa de universalizá-los, com vistas a nortear as políticas públicas ambientais[26].

Mas trata-se de uma luta desigual e com resultado previamente determinado, pois o Estado encontra-se cooptado e utilizado com meio de bloqueio dos valores, interesses e cosmovisões que ameacem a continuidade do paradigma ambiental moderno. Precisamente por isso os problemas ecológicos não podem ser resolvidos apenas no subsistema econômico ou no subsistema jurídico, porque são também sociopolíticos, na medida em que o Estado atua para bloquear a crise ambiental, protelando-a indefinidamente, a fim de manter o paradigma ambiental esgotado intocado.

O Direito Moderno, erguido contra o Jusnaturalismo, que pretendeu fundar uma ciência jurídica sobre o primado da razão, restou capturado pela irracionalidade.

A materialização da hipertrofia do Direito Moderno se revelou no seu uso como instrumento para legitimação do funcionamento de um Estado

---

26. "Hoje as lutas sociais e a construção dos novos direitos se debatem no terreno de uma epistemologia política. São lutas por definir e fazer valer conceitos - de povo, autonomia, território - que haverão de demarcar não só o espaço do ser e da propriedade da terra, mas toda a racionalidade que há de traduzir-se em leis e normas, em procedimentos legais e em regras judiciais (...) Neste sentido, as lutas pelos direitos ambientais, culturais e coletivos deslocam o lugar da verdade, ressignificam conceitos e transformam as formas jurídicas que ordenam as relações de poder na apropriação da natureza" (LEFF, 2005, p. 351).

genocida, operado a partir de um marco jurídico-formal amparado na ciência moderna.

A exacerbação do cientifiscimo jurídico, pretensamente neutro de valores morais, materializou-se no ordenamento jurídico do Estado nazista, que possuía um aparelho burocrático funcionando sob regras jurídicas produzidas cientificamente e pretensamente neutras, capazes de suportar qualquer conteúdo finalístico, desde que a forma prescrita fosse atendida. O expurgo dos aspectos axiológicos deixou o Direito tão frio quanto um bisturi e insensível na mesma medida.

A propósito, o livro *Eichmann em Jerusalém: um relato sobre a banalidade do mal* (1963) registra a visão de Hannah Arendt sobre o processo e julgamento do oficial nazista Adolf Eichmann, acusado de cometer "crimes contra o povo judeu, crimes contra a humanidade e crimes de guerra" (ARENDT, 1999, p. 32). O relato foi escrito a partir da atuação da autora como jornalista, mas o livro transcende os eventos narrados no processo judicial para refletir sobre uma nova categoria de mal.

Arendt visualizou em Eichmann um homem comum, apenas um funcionário público medíocre cumprindo ordens, realizando um trabalho burocrático, que consistia no extermínio de seres humanos. Eichmann não aparentava agir por ódio aos judeus, mas orientado pelo cumprimento das leis, de forma irrefletida, antecipando uma nova forma de genocídio, praticada de forma burocrática, nos termos do ordenamento jurídico e administrativo de um Estado totalitário. Eis a banalidade do mal. A operação comandada por Eichmann (matar pessoas da forma mais rápida e eficiente possível) não se tratava de um ato de ódio ou loucura, mas apenas o desempenho de um trabalho burocrático, como registrar números em uma planilha. Eichmann se via apenas como um burocrata, cumprindo suas ordens da melhor forma e rigorosamente de acordo com o ordenamento jurídico válido e vigente no tempo e local em que seus atos eram praticados, sem absolutamente nenhuma preocupação acerca dos aspectos morais envolvidos na ação de retirar a vida de milhares de seres humanos. Arendt pontua este aspecto:

> Assim sendo, eram muitas as oportunidades de Eichmann se sentir como Pôncio Pilatos, e à medida em que passavam os meses e os anos, ele perdeu a necessidade de sentir fosse o que fosse. Era assim que as coisas eram, essa era a nova lei da terra, baseada nas ordens de Führer; tanto quanto podia ver, seus atos eram os de um cidadão respeitador das leis. Ele cumpria o seu *dever*, como repetiu insistentemente à polícia e à corte; ele não só obedecia *ordens*, ele também obedecia à *lei* (ARENDT, 1999, p. 152).

Os escritos de Arendt permitem várias reflexões acerca da natureza humana, empreitada epistemológica que ultrapassa os limites teóricos-metodológicos deste estudo, cabendo aqui destacar um aspecto tratado por Arendt: Adolf Eichmann não era um gênio do mal, um possuído pelo demônio ou um louco, mas uma pessoa comum, medíocre, praticando atos com base em normas jurídicas editadas por uma autoridade competente, de acordo com o procedimento previamente determinado. Apenas mais um burocrata zeloso no cumprimento da lei. Esse é o ponto fundamental: a existência de um Estado, cujo ordenamento jurídico garante e valida o genocídio, cuja máquina estatal de extermínio, materializada nos Campos de Concentração, funciona independente do sentimento dos seus operadores, com base em regras técnicas, neutras e objetivas.

O aspecto importante a ser destacado é que os crimes praticados durante o Holocausto "só podem ser cometidos por uma *lei* criminosa e num *Estado* criminoso" (ARENDT, 1999, p. 284). Ou seja, o ordenamento jurídico nazista vigente à época, que autorizava o extermínio dos judeus, era perfeitamente válido sob o aspecto lógico-formal, o que nos conduz a uma perplexidade: com base na ideia central do Positivismo Jurídico, o papel do cientista do Direito é apenas descrever o seu objeto (norma jurídica), logo, conclui-se que só caberia aos juristas uma única atitude científica diante dos horrores do Holocausto: reconhecer a validade do direito nazista[27].

Destarte, embora tenha dotado o Direito de cientificidade, o primado da lógica instrumental da Modernidade permitiu a apropriação do Direito como meio para justificar o funcionamento do aparelho de um Estado genocida, instituído política e juridicamente para o fim de promover a destruição da Dignidade Humana.

Ademais disto, o campo ambiental continuou cooptado pela lógica instrumental, que sustenta uma intervenção humana na Natureza sem quaisquer limites éticos, morais ou físicos, comprometendo a base material que permite a reprodução da existência humana em condições dignas, permitindo uma manipulação tão extrema que instituiu uma nova realidade tecnonatural, que

---

27. Nesse ponto, faz-se indispensável um esclarecimento: Hans Kelsen nunca foi nazista, sequer por omissão. Austríaco por nascimento, Kelsen foi um humanista e defensor dos primados da justiça, foi perseguido pelo governo nazista, afastado da cátedra universitária, teve que fugir de seu País natal para ao final se refugiar nos Estados Unidos para não morrer nas mãos da máquina nazista de Hitler. A conclusão da validade do ordenamento jurídico nazista é uma decorrência do princípio metodológico da Teoria Pura do Direito, que não foi concebida para justificar regimes totalitários, mas para compreender a cientificidade do Direito.

esgotou definitivamente e sem retorno a capacidade do paradigma ambiental moderno em encontrar soluções para os problemas decorrentes da relação entre as sociedades modernas e o seu entorno natural.

Os bloqueios sistêmicos atuam na estrutura da Sociedade e do Estado, utilizando o Direito como meio de legitimação da distribuição assimétrica entre os riscos, prejuízos de benefícios deste modelo ecosuicida de desenvolvimento.

A Modernidade fracassou em seu intento de promover a autonomia do indivíduo, conduzindo a humanidade a duas guerras mundiais, ao fascismo, ao nazismo, aos horrores de uma guerra nuclear, a novas formas de opressão e extermínio sistemático e científico de seres humanos. O êxito da Modernidade e o aperfeiçoamento de sua ciência conduziram ao seu fracasso.

O Direito Moderno fundamentou o surgimento e funcionamento de um Estado genocida, operado a partir de um marco jurídico-formal amparado na ciência moderna. Um aparelho burocrático, funcionando sob regras cientificas e pretensamente neutras, que suportavam qualquer conteúdo finalístico, desde que a forma prescrita fosse atendida.

5.3. A RETOMADA DO POTENCIAL EMANCIPADOR DO DIREITO

O surgimento do Estado como instrumento de destruição da dignidade humana só foi possível em um cenário de menoscabo à ideia de Democracia.

Democracia (do grego *demos*, povo, e *kratos*, poder) é um regime de governo no qual o poder emana do povo, que o exerce diretamente ou indiretamente, mediante representantes por ele eleitos, fiscalizados e controlados. A Democracia se aparta da monarquia e da aristocracia, nas quais o poder se concentra em um só (*mono*) ou nos melhores (*aristoi*), conforme aclara Bobbio:

> Afirmo preliminarmente que o único modo de se chegar a um acordo quando se fala em democracia, entendida como contraponto a todas as formas de governo autocrático, é o de considerá-la caracterizada por um conjunto de regras (primárias ou fundamentais) que estabelecem quem está autorizado a tomar as decisões coletivas e com quais procedimentos (BOBBIO, 2002, p. 30).

Há basicamente dois modelos de democracia: (i) a dos Antigos e (ii) a dos Modernos.

A Democracia dos Antigos nos remete à Atenas do século V a.C., onde os cidadãos do povo deliberavam diretamente sobre os assuntos da *Polis* (cidade-estado), reunidos na *Ágora* (praça púbica), constituindo a participação nos assuntos políticos o núcleo da ideia de liberdade: o cidadão era livre porque podia participar das deliberações públicas e todo cidadão podia fazê-lo, não apenas o rei ou uma classe de pessoas. O exercício da cidadania não demanda conhecimento técnico específico ou a pertença a determinada família ou classe social, basta a condição de cidadão para debate-los publicamente, mediante a argumentação e crítica. Após destacar a importância da palavra e da argumentação como instrumento para o exercício do poder na *polis*, Vernant trata da publicidade do debate e das decisões, pontificando com maestria:

> Uma segunda característica da *polis* é o cunho de plena publicidade dada às manifestações mais importantes da vida social. Pode-se mesmo dizer que a *polis* existe apenas na medida em que se distinguiu um domínio público, nos dois sentidos diferentes, mas solidários do termo: um setor de interesse comum, opondo-se aos assuntos privados; práticas abertas, estabelecidas em pleno dia, opondo-se a processos secretos (VERNANT, 2002, p. 55).

Observe-se que a democracia ateniense era restrita, na medida em que o conceito de cidadão excluía as mulheres, os estrangeiros (*metecos*) e os menores. Também os escravos eram obviamente excluídos da cidadania, uma vez serem objetos e não sujeitos de direito, a quem cabia o exercício de trabalhos manuais, considerados degradantes para o cidadão livre. Ainda assim, conceitualmente, o modelo de democracia dos antigos atenienses é o ideal de participação política e formação da vontade coletiva, assentado sob a premissa de que todos os cidadãos podem decidir sobre todos os assuntos concernentes à vida pública.

Em contraponto ao modelo ateniense, a Democracia dos Modernos é representativa, ou seja, o povo destaca do corpo social uma parte para falar e decidir em seu nome. Surge a figura do representante político profissional, que atua mediante um mandato, com poderes para decidir em nome de outrem. Bobbio traduz o conceito de democracia representativa:

> A expressão "democracia representativa" significa genericamente que as deliberações coletivas, isto é, as deliberações que dizem respeito à coletividade inteira, são tomadas não diretamente por aqueles que dela fazem parte, mas por pessoas eleitas para esta finalidade. Ponto e basta (BOBBIO, 2002, p. 56).

Este é o aspecto primordial que aparta a Democracia dos Antigos da Democracia dos Modernos: a eleição de representantes. Em Atenas não havia eleições, porque os cidadãos pessoalmente deliberavam e decidiam, participando diretamente dos assuntos públicos; na modernidade, a cidadania se limita ao voto que escolhe os representantes que irão decidir, mas o cidadão ele mesmo nada decide e durante o tempo do mandato se submete às decisões tomadas pelos representantes eleitos.

A propósito, Rousseau não hesita em denunciar os malefícios da Democracia dos Modernos, lastreada na representação política, dedicando para isso todo o capítulo XV do Livro III do *Contrato Social*, o qual consigna inclusive o que segue:

> A soberania não pode ser representada pela mesma razão que não pode ser alienada; consiste essencialmente na vontade geral, e a vontade não se representa: ou é a mesma, ou é outra – não há meio-termo. Os deputados do povo não são, pois, nem podem ser os seus representantes; são simples comissários, e nada podem concluir definitivamente. Toda lei que o povo não tenha ratificado diretamente é nula, não é uma lei. O povo inglês pensa ser livre, mas está redondamente enganado, pois só o é durante a eleição dos membros do Parlamento; assim que estes são eleitos, ele é escravo, não é nada. Nos breves momentos de sua liberdade, pelo uso que dela faz bem merece perdê-la (ROUSSEAU, 1999, p. 114).

Rousseau defende a ideia de que os seres humanos nascem livres e iguais, de modo que a associação civil deve ser de tal modo estruturada que, unindo-se aos demais, cada um obedeça apenas a si mesmo, a fim de conservar a sua liberdade. O paradoxo é enfrentado por Rousseau mediante o constructo teórico do "contrato social", pelo qual todos se colocam sob a égide da "vontade geral", compreendida como o denominador comum entre as diversas vontades individuais. Ou seja, não se trata da mera soma das vontades individuais, mas de um substrato, um ponto de convergência dos interesses díspares existentes na sociedade.

A vontade geral resulta do interesse comum, tendo em vista a superação do "amor de si", mediante a construção de uma decisão que expresse o interesse comum. Por isso, em Rousseau, o Povo reunido na assembleia é o verdadeiro soberano, que toma as decisões políticas fundamentais, enquanto o Estado é a corporificação política encarregada de fazer cumprir as decisões do Povo soberano, inclusive contrariando as vontades particulares que se contraponham à vontade geral. A soberania resulta ser a expressão da vontade geral, motivo pelo qual o Povo deve expressá-la diretamente, a fim de legitimar o poder político do Estado.

Entretanto, ainda que se aceite as objeções de Rousseau, a realidade dos complexos Estados Modernos torna a efetivação da democracia direta muito difícil. A extensão territorial e o crescimento demográfico inviabilizam o exercício da democracia direta, ainda que se refiram às leis fundamentais. Sem a representação política, a prática da Democracia não seria possível nas complexas sociedades modernas.

A Democracia representativa enfrenta ainda outro grave problema: um representante do povo, após eleito para a vaga disputada em uma determinada circunscrição territorial, representará não apenas seus eleitores, mas também os eleitores que votaram em seus adversários ou mesmo não votaram optando por anular o voto ou se abster. Desse modo, como assegurar que o representante político vote de acordo com a vontade individual do representado, se alguns deles expressa e previamente já manifestaram discordar do eleito, tanto que não votaram nele e sim em seu adversário?

A compreensão deste aspecto demanda uma análise do mecanismo da representação política para se definir dois aspectos interligados, em torno dos quais ela se estrutura: quem e o que se representa politicamente? Caso a representação política seja da vontade do indivíduo que expressamente elege o representante, este se submete à sua vontade, logo, o seu mandato deve ser imperativo, ou seja, suas manifestações devem corresponder à vontade dos seus eleitores e os não eleitores devem se submeter pelo princípio da maioria, ínsito do regime democrático e já exposto. Todavia, caso a representação política seja da vontade da nação, entende-se que o mandato eletivo é geral e o representante tem uma margem de decisão maior, considerando o caráter fiduciário do mandato eletivo recebido.

Após analisar a representação política delegada, em que os representantes agem em nome da vontade e dos interesses individuais dos seus representados, Norberto Bobbio trata da representação política da maioria dos Estados:

> O oposto ocorre na representação política da maior parte dos Estados que se governam à base de um sistema representativo: o que caracteriza uma democracia representativa é, com respeito ao "quem", que o representante seja um fiduciário e não um delegado; e é, com respeito ao "que coisa", que o fiduciário represente os interesses gerais e não os interesses particulares (E exatamente porque são representados os interesses gerais e não os interesses particulares dos eleitores, nela vigora a proibição do mandato imperativo) (BOBBIO, 2002, p. 59).

De fato, a dimensão territorial e a extensão demográfica dos complexos Estados Modernos não permitem operacionalizar um modelo de Democracia direta, restando a alternativa da representação política para o exercício democrático do poder político, fato percebido pelos Pais Fundadores da nação norte-americana logo nos primórdios da Revolução de 1776.

A propósito, importa analisar o texto de Alexis Henri Charles Clérel, o visconde de Tocqueville (1805-1859), intitulado *A democracia na América*, publicado em dois volumes (1835 e 1840), que se configura em um estudo acerca da democracia no mundo ocidental, especialmente cotejando as experiências europeias com a norte-americana, mediante uma acurada análise sobre o sistema político dos Estados Unidos da América do Norte, então uma nação jovem, que edificava sua democracia com vigor e entusiasmo.

Tocqueville buscou nos "estudos de caso" a resposta para o desafio apresentado por Rousseau: como assegurar a igualdade de direitos entre os seres humanos sem extrair deles a sua liberdade? Tocqueville inicia por advertir que soberania popular pode se degenerar e ser utilizada inclusive por déspotas:

> A vontade nacional é um dos termos que os intrigantes de todos os tempos e os déspotas de todas as eras mais abusaram amplamente. Uns viram sua expressão nos sufrágios comprados de alguns agentes do poder; outros nos votos de uma minoria interessada ou temerosa; há até mesmo os que a descobriram totalmente formulada no silêncio dos povos e que pensaram que do *fato* nascia, para eles, o *direito* do comando (TOCQUEVILE, 2005, p. 65).

Para tratar deste problema, Tocqueville estudou o sistema político dos Estados Unidos presidido por Andrew Jackson, extraindo dados concretos para construção de um modelo idealizado de democracia que pudesse ser adotado por outras nações, a partir do advento da Revolução Americana, que impôs o triunfo da democracia sobre a aristocracia:

> A revolução americana estourou. O dogma da soberania do povo saiu da comuna e apoderou-se do governo; todas as classes se comprometeram por sua causa; combateu-se e triunfou-se em seu nome; ele se tornou a lei das leis.
>
> Uma mudança quase tão rápida efetuou-se no interior da sociedade. A lei das sucessões acabou de destruir as influências locais.
>
> No momento em que esse efeito das leis e da revolução começou a se revelar a todos os olhos, a vitória já se havia irrevogavelmente pronunciado em favor da democracia. O poder estava, de fato, em suas mãos. Já não era nem sequer permitido lutar contra ela. As altas

> classes submeteram-se pois sem murmúrio e sem combate a um mal dali em diante inevitável (TOCQUEVILLE, 2005, p. 66-67).

Em Tocqueville, a democracia emerge como um processo de aumento permanente de igualdade de condições sociais e políticas entre os cidadãos. A igualdade entre os cidadãos o impactou, por promover novas práticas entre os governados e também entre os governantes, bem como a possibilidade de escolha de seus próprios governantes, aspectos destacados como fundamentais para a soberania popular efetiva, que tiveram na América do Norte amplo desenvolvimento. Tocqueville afirma:

> Em nossos dias, o princípio da soberania do povo teve nos Estados Unidos todos os desenvolvimentos práticos que a imaginação é capaz de conceber. Ele se depurou de todas as ficções com que tomaram o cuidado de cercá-lo em outros países vemo-lo revestir-se sucessivamente de todas as formas, conforme a necessidade do caso. Ora o povo em seu corpo faz as leis, como em Atenas; ora os deputados, que o voto universal criou, o representam e agem em seu nome sob sua vigilância quase imediata (TOCQUEVILLE, 2005, p. 67).

Observe-se que, embora admita mecanismos de democracia direta, a República instituída pelos Pais Fundadores da nação norte-americana consagra o modelo de democracia indireta, fundada na representação política, operacionalmente mais adequada a Estados de grande extensão territorial e demográfica que a democracia direta.

Entretanto, Tocqueville também advertiu contra os riscos da "onipotência da maioria". De um modo quase profético, o autor antecipa o risco da emergência de uma "sociedade de massa", que massacra a liberdade individual, que uniformiza o pensamento suprimindo a voz da minoria, desde a edição das leis. Tocqueville argumentou a fragilidade do Legislativo em face do interesse da maioria, agravado pelo poder soberano que o legislador possui:

> O legislativo é, de todos os poderes políticos, o que obedece mais facilmente à maioria. Os americanos quiseram que os membros da legislatura fossem nomeados diretamente pelo povo, e por um prazo muito curto, a fim de obrigá-los a se submeterem não apenas às ideias gerais, mas também às paixões cotidianas de seus constituintes.
>
> (...)
>
> Na América, dota-se a autoridade que faz as leis de um poder soberano. Ela pode se entregar rápida e irresistivelmente a todos os seus desejos,

> e cada ano lhe dão outros representantes. Isto é, adota-se precisamente a combinação que mais favorece a instabilidade democrática e que permite à democracia aplicar sua vontade mutável aos mais importantes objetos (TOCQUEVILLE, 2005, pp. 291-292).

Observe-se que Tocqueville situa na vontade da maioria a origem do poder político, mas sua advertência se volta ao abuso desta vontade, quando perpetra a injustiça, atentando contra uma lei geral da humanidade. Nessa toada, o autor afirma que a maioria atua como um indivíduo, no sentido de que tem uma vontade que se opõe a outra e que não pode transbordar dos limites da lei da justiça:

A justiça constitui, pois, o limite do direito de cada povo.

> Uma nação é como um júri encarregado de representar a sociedade universal e de aplicar a justiça, que é sua lei. O júri, que representa a sociedade, deve ter maior força que a própria sociedade, cujas leis aplica? Assim, quando me recuso a obedecer a uma lei injusta, não nego à maioria o direito de comandar; apenas, em lugar de apelar para a soberania do povo, apelo para a soberania do gênero humano (TOCQUEVILLE, 2005, p. 294).

Embora também critique o individualismo exacerbado, que afasta o homem do interesse pelo bem comum para concentrar suas energias na acumulação de riquezas, a maior crítica de Tocqueville à democracia na América se dirige aos riscos da "tirania da maioria", contra a qual os que sofrem injustiça não possuem defesa nem tem a quem recorrer.

> Quando um homem ou um partido sofrem uma injustiça nos Estados Unidos, a quem você quer que ele se dirija? À opinião pública? É ela que constitui a maioria. Ao corpo legislativo? Ele representa a maioria e obedece-lhe cegamente. Ao poder executivo? Ele é nomeado pela maioria e lhe serve de instrumento passivo. À força pública? A força pública não passa da maioria sob as armas. Ao júri? O júri é a maioria investida do direito de pronunciar sentenças - os próprios juízes, em certos Estados, são eleitos pela maioria. Por mais iníqua e insensata que seja a medida a atingi-lo, você tem de se submeter a ela. (TOCQUEVILLE, 2005, p. 296).

A vaticino de Tocqueville é de uma atualidade impressionante, reforçando a importância do aperfeiçoamento do Estado como meio de defesa das liberdades, inclusive e principalmente das minorias, tendo como norte a compreensão da soberania como pertencente a todo um povo, cujos membros tem igualdade de condições políticas. O maior desafio dos regimes democráticos é a tensão entre os direitos individuais e os direitos coletivos, da qual emerge o risco de sujeitar as liberdades individuais a uma vontade coletiva dotada de onipotência, que é o embrião de um governo tirânico, fazendo surgir o risco de ressuscitar o despotismo aristocrático, agora sob nova roupagem pretensamente democrática.

Infere-se, com Tocqueville, que nenhum soberano deve ter poder absoluto, seja ele um monarca, um aristocrata ou a maioria do povo, muito ao contrário, todo governo precisa ser submetido a uma lei geral de justiça, sob pena de conduzi-lo à anarquia, que "nasce quase sempre da tirania ou da inabilidade do poder democrático, não da sua impotência" (TOCQUEVILLE, 2005, p. 304).

Desde Tocqueville, resta clara a identificação do Estado de Direito com a Democracia, bem como já era possível identificar em seus escritos uma preocupação com a necessidade de limites ao exercício do poder político pelo respeito aos direitos do indivíduo.

A partir dessa premissa, abre-se a trilha para a reconfiguração do campo jurídico moderno, com ênfase nas ideias de Democracia e Dignidade Humana como limites ao exercício do Poder.

Deveras.

A decisão sobre a interpretação do Direito reflete as relações de poder existentes na sociedade e tendem a universalizar os interesses de quem domina o campo social, a fim de legitimá-los mediante o uso da violência simbólica. O campo jurídico possui um *habitus* que constrange o indivíduo, a partir de uma lógica própria. A definição do *habitus* dominante é o objeto da luta simbólica, dentro do campo, que reage a qualquer tentativa de denunciar os reais interesses em disputa. A estrutura condiciona o *habitus*, que por sua vez condiciona a cosmovisão e práticas sociais dos agentes, levando-os a perceber, sentir e fazer determinadas coisas em detrimento de outras. O *habitus* internaliza a estrutura no indivíduo, gerando uma segunda natureza.

No entanto, a estrutura campo jurídico condiciona, mas não elimina o livre arbítrio. O *habitus* é estruturante, mas também estruturado, pois as práticas no campo são construídas socialmente e podem ser desconstruídas. Por mais forte que seja a estrutura, ela possui um limite interno de coerência que não pode ser ultrapassando sem fragilizá-la, conduzindo ao seu rompimento. O livre arbítrio como uma percepção de liberdade, ou seja, de que suas ações derivam de sua vontade, permite que o agente questione a estrutura no qual se insere. As práticas passadas influenciam fortemente, mas não determinam as ações futuras.

O Direito estabiliza as relações sociais de longo prazo, possibilitando a previsibilidade de ações e resultados, na medida em que as regras de conduta predefinidas são uniformes e de conhecimento geral. Precisamente por almejar a universalização, o processo judicial abre espaço para a retomada da crise como processo de transformação, assegurando o direito de defender outros pontos de vista, que podem assumir a centralidade do debate.

O campo jurídico é essencialmente um espaço onde se trava uma luta simbólica pelo reconhecimento, legitimação e universalização de interesses, com argumentos racionais e de acordo com um procedimento previamente acordado, abrindo a possibilidade inclusive da construção de novos direitos, que podem retornar e reconfigurar o campo jurídico, em um processo circular e heurístico.

O campo jurídico é uma realidade necessária, onde as relações sociais são garantidas pela coerção legítima, possibilitando acordos de convivência de longo prazo razoavelmente simétricos. O Direito possui uma estrutura simbólica que toma os termos do vernáculo e lhes atribui um significado técnico, que "neutraliza" e "uniformiza" a linguagem natural, na medida em que a linguagem jurídica se pretende abstrata e geral, a fim de permitir sua posterior aplicação aos casos concretos. O sentido da norma jurídica resultará de um processo de racionalização, que ocorre argumentativamente dentro da estrutura do campo jurídico e em face de um caso concreto.

Ao contrário de outros campos sociais, nos quais é muito difícil, senão impossível, o acordo acerca da uniformização do sentido de um texto, o campo jurídico é estruturado precisamente para obter este consenso, mediante procedimentos decisórios uniformizados previamente prescritos, de observância obrigatória por todos os agentes. Nesse sentido, é possível compreender o campo jurídico também como um meio de construção e legitimação de novos direitos e de mudança social, e não apenas de reprodução da ordem social, mediante uma luta simbólica com uma paridade razoável de armas.

O Direito reproduz a ordem social, garantindo-a, mas também é produzido por ela. O campo jurídico não se desconecta do mundo social, ao tempo em que o conforma é formado por este, de modo que se influenciam reciprocamente. No campo jurídico, o conflito de interesses se converte em debate mediado pelas normas jurídicas, cuja interpretação é promovida por profissionais, que utilizam regras e princípios previamente acordados para disputar o sentido das normas jurídicas que resolverão o litígio. O sentido da norma jurídica que será utilizada para fundamentar a decisão resulta de uma luta simbólica. Ao final do processo, a decisão jurídica formaliza e resolve o conflito de interesses, expressando e resultando da luta simbólica travada no campo social pela obtenção de poder.

A estrutura simbólica peculiar (profissional e hierarquizada) do campo jurídico, e sua pretensão de neutralidade e de universalidade, impõe a observância de regras procedimentais pelos agentes autorizados a nele atuar, interpretando os textos jurídicos. Essa a estrutura formal do campo jurídico, permite que os argumentos sejam postos com razoável paridade de armas, mantendo-o aberto a novos habitus, mediante a luta simbólica pelo reconhecimento de novos direitos, travada segundo regras previamente determinadas e obrigatórias para todas as partes e também para quem decide.

Os profissionais do direito se situam nas posições teórica e prática, doutrinária e jurisprudencial, ambas antagônicas e complementares. A partir dessas posições, os agentes disputam poder simbólico de interpretação dos textos. Os agentes que atuam no campo jurídico se submetem a essa estrutura simbólica específica e hierarquizada, capaz de uniformizar a exegese dos textos, com vistas a obter a solução dos conflitos de interesse, mediante decisões podem ser tomadas com alguma independência em relação às pressões sociais, decisões estas garantidas pelo monopólio estatal da violência legítima. Somente agentes profissionais estão autorizados a atuar no campo jurídico, o que facilita a aceitação e utilização das regras do processo decisório, em virtude do treinamento que os profissionais do direito possuem para analisar fatos segundo normas previamente acordadas.

É certo que os agentes tentam construir e utilizar os conceitos no campo jurídico para transformar as ações no mundo, em prestígio dos seus próprios interesses, nomeando tecnicamente a realidade, a fim de que esta seja percebida segundo as necessidades do intérprete. Mas a normatização só terá eficácia se ressoar em alguma medida na realidade, de modo que a eficácia jurídica depende de um mínimo de eficácia social. O capital jurídico não pode se dissociar da realidade social, sob pena de se esmaecer. Os agentes tentam utilizar os conceitos para transformar as ações no mundo, nomeando tecnicamente a realidade a fim de que esta seja percebida segundo as necessidades do intérprete. Mas a normatização só terá eficácia se ressoar em alguma medida na realidade, de modo que a eficácia jurídica depende de um mínimo de eficácia social. O capital jurídico não pode se dissociar da realidade social sob pena de se esmaecer.

O modo pelo qual o campo jurídico está estruturado hierárquica e profissionalmente, bem como o próprio processo de formalização da lide, conduzem a uma autonomização relativa do Direito, que se torna o meio de mediação por excelência dos conflitos de interesse, estabilizando as relações sociais a longo prazo e garantindo as expectativas de comportamento recíproco. Destarte, ao contrário de outros campos sociais, nos quais é muito difícil, senão impossível, o acordo acerca da uniformização do sentido de um texto, o campo jurídico é estruturado precisamente para obter este consenso, mediante procedimentos decisórios uniformizados previamente prescritos, de observância obrigatória por todos os agentes.

De fato, as normas jurídicas se pretendem gerais e abstratas e a sua interpretação está submetida a regras previamente acordadas e de observância obrigatória pelos agentes profissionais que atuam no campo jurídico, seja sua atuação teórica ou prática, de modo que há um limite hermenêutico que não pode ser rompido, sob pena da perda de coerência do próprio Direito, com o enfraquecimento de sua função legitimadora. Esse aspecto traduz a autonomia relativa do Direito em relação à política e à economia, cujos argumentos não podem ser impostos arbitrariamente no campo jurídico, uma vez que também se submeterão ao processo jurídico racionalizado.

A hermenêutica jurídica é realizada sempre sob o pano de fundo da realidade social e há um limite para a desconexão a partir do qual a decisão judicial perde coerência lógica interna, de modo que o processo de interpretação judicial parte do texto jurídico, com base em competências técnicas e segundo regras predefinidas, mas tem que regressar ao campo social para se fundamentar com base em fatos reais, o que permite a introdução de novos olhares e novos valores no processo decisório.

O campo jurídico está organizado para legitimar uma determinada ordem simbólica, mas a sua estrutura única permite uma luta simbólica com razoável paridade de armas, abrindo a perspectiva da construção de novos sentidos para a norma jurídica, com a instituição e legitimação de novos direitos, rompendo os bloqueios sistêmicos e alterando as posições de poder dentro do campo social. A necessidade de fundamentar as decisões judiciais, com base em fatos reais e em boas razões, mantém a conexão da decisão judicial com o fundamento social, fragilizando a capacidade de quem domina o campo jurídico em manter artificialmente decisões sem lastro social, apenas para reproduzir o *habitus* dominante.

Essa característica estrutural do campo jurídico permite que novos direitos sejam instituídos e reconhecidos no campo jurídico, ainda que a tendência seja o fortalecimento do *status quo*. De fato, ainda que um texto jurídico tenha sido editado para universalizar os interesses setoriais, há a possibilidade de uma construção hermenêutica alternativa, em decorrência da luta simbólica travada no campo jurídico, liberando o potencial emancipador do Direito.

Outrossim, na alta Modernidade, o Estado se encontra submetido a pressões de uma ordem externa, que repercutem no Direito nacional, que se vê forçado a reconhecer direitos construídos no plano internacional, a fim de manter as relações diplomáticas e comerciais cada vez mais globalizadas. Esse aspecto, aliado à estrutura formal do campo jurídico, permite a democratização do campo jurídico, que se abre a novos *habitus* e equilibra a luta pelo reconhecimento de novos direitos.

Os bloqueios sistêmicos que impedem a transição paradigmática ambiental se espraiaram pelos demais campos sociais, inclusive o campo jurídico, mas racionalidade própria do Direito, aliada ao caráter coercitivo de suas decisões, abre a perspectiva de superação pela via da hermenêutica jurídica, que poderá utilizar as incoerências dos argumentos de bloqueio como meios de emancipação. Os bloqueios sistêmicos que impedem a transição paradigmática existem nos campos ambiental, econômico, político e jurídico, mas somente neste último os agentes possuem razoável paridade de atuação, razão pela qual podem defender suas cosmovisões e lutar pela concretização dos seus argumentos, com alguma chance de êxito.

Os bloqueios sistêmicos continuam atuando no campo jurídico, mas a sua racionalidade própria, aliada ao caráter coercitivo de suas decisões, abre a perspectiva de superação pela via da hermenêutica jurídica, que poderá utilizar as incoerências dos argumentos de bloqueio como meios de emancipação. O processo decisório jurídico impõe que o órgão responsável pela decisão também apresente boas razões para fundamentá-la, motivo pelo qual são passíveis de controle democrático. A luta simbólica pela construção de um novo paradigma ambiental, bloqueada sistemicamente no campo ambiental, pode ser retomada no campo jurídico, mediante um processo argumentativo racionalizado, no qual todas as partes têm que expor boas razões que sustentem seus pontos de vista.

Por tudo isso, é possível inferir que o Direito não é apenas um instrumento sistêmico de repressão da classe dominada nem a panaceia geral para todos os males que afligem a sociedade moderna, mas configura um espaço simbólico mediado por regras coercitivas que possibilitam um procedimento racional de resolução dos conflitos de interesse, com imenso potencial emancipador, no qual novos direitos podem ser engendrados, reconhecidos e garantidos. Ou seja, o Direito é essencialmente um espaço onde se trava uma luta simbólica pelo reconhecimento, legitimação e universalização de interesses, abrindo a possibilidade inclusive da construção de novos direitos, que podem reconfigurar o campo jurídico, em um processo circular e heurístico.

Assim, é possível vislumbrar o Direito também como meio para superação dos bloqueios sistêmicos que impedem a emergência de um novo paradigma tecnonatural, capaz de sustentar a construção de novos direitos, garantindo uma distribuição mais simétrica dos riscos, prejuízos e benefícios decorrentes da hiperaceleração biotecnológica, domesticando tanto o poder político, quanto a biotecnociência. O campo jurídico também é um meio de construção e legitimação de novos direitos e de mudança social, e não apenas de reprodução da ordem social, mediante uma luta simbólica com uma paridade razoável de armas.

Destarte, a luta simbólica pela construção de um novo paradigma ambiental, bloqueada sistemicamente no campo ambiental, pode ser retomada no campo jurídico, desde uma perspectiva internacional, mediante um processo argumentativo racionalizado, no qual todas as partes têm que expor boas razões que sustentem seus pontos de vista. O processo decisório jurídico impõe que o órgão responsável pela decisão também apresente boas razões para fundamentá-la, motivo pelo qual são passíveis de controle democrático.

Esse cenário permite que novos direitos sejam instituídos e reconhecidos no campo jurídico, ainda que a tendência seja o fortalecimento do *status quo*. De fato, ainda que um texto jurídico tenha sido editado para universalizar os interesses setoriais, há a possibilidade de uma construção hermenêutica alternativa, em decorrência da luta simbólica travada no campo jurídico.

O potencial emancipador do Direito como processo de aprendizagem social e campo de luta pela emancipação e autonomia da razão, que jamais se dilui por completo na racionalidade instrumental, possibilita o reconhecimento judicial e a constitucionalização de novos direitos.

O Direito Moderno não é apenas um instrumento superestrutural de repressão da classe dominada, bem como não configura uma panaceia geral para todos os males que afligem a sociedade moderna, mas um espaço simbólico mediado por regras coercitivas que possibilitam um procedimento racional de resolução dos conflitos de interesse, com imenso potencial emancipador, no qual novos direitos podem ser engendrados, reconhecidos e garantidos. Ou seja, Direito na alta Modernidade não se limita a assegurar a reprodução da ordem simbólica dominante, configurando essencialmente um espaço onde se trava uma luta simbólica pelo reconhecimento, legitimação e universalização de interesses e novos direitos.

A reconfiguração do campo jurídico moderno para liberar o seu potencial emancipador tem como marcos o prestígio da Democracia e o reposicionamento da Dignidade Humana como centro gravitacional do ordenamento jurídico internacional.

Democracia

A ideia de Estado de Direito emerge com o liberalismo político, atrelada à noção de limites ao exercício do poder político pelo reconhecimento de direitos individuais garantidos em *lei*, na medida em que o Estado absoluto submetia os governados ao império da lei, mas não os governantes. O Estado de Direito impõe a sujeição às leis tanto a governantes quanto a governados, fundado nos princípios da legalidade, em dois sentidos: (i) do indivíduo para o Estado: ninguém pode ser privado de seus bens ou obrigado a fazer ou deixar de fazer algo senão em virtude de imposição legal; (ii) do Estado para o indivíduo: a atuação do governo deve ocorrer nos limites e na forma da lei. Assim, o Estado de Direito é aquele no qual o exercício do poder político se encontra limitado por direitos civis e políticos dos indivíduos, reconhecidos e garantidos pela legislação (*rule of law*).

No Estado de Direito Liberal, a ideia de Democracia está atrelada à proteção dos direitos subjetivos individuais em face do Estado, cuja atuação deveria se abster de interferir na esfera da liberdade individual, limitando-se a garantir a igualdade formal de todos perante a lei, limitando o exercício do poder político e desconstruindo o Estado Absoluto.

O Estado de Direito Liberal enfatizou a defesa dos direitos individuais, garantido direito a prestações negativas para assegurar a liberdade do indivíduo face ao Estado. Deveras, o Estado de Direito emergiu como consectário lógico do pensamento dos teóricos do liberalismo, em contraposição ao Estado absoluto, assumindo uma nova roupagem de Estado nacional, liberal, não intervencionista na economia e defensor da livre concorrência, razão por que a ideologia liberal foi uma crítica constante ao absolutismo. A doutrina liberal avançou em quatro frentes: (i) no plano ético, assegurou a liberdade individual de pensamento e religião, reconhecendo alguns direitos inalienáveis do ser humano; (ii) no plano político, impôs limites ao poder do governante, notadamente em prestígio ao direito de propriedade; (iii) no plano econômico, propôs a intervenção mínima do Estado na economia de mercado, cujo funcionamento se daria apenas pela lei da oferta e da procura; (iv) no plano jurídico, garantindo direitos individuais e limitando o exercício do poder político a partir da Constituição, dotada de supremacia em relação às leis.

O filósofo Immanuel Kant (1724-1804) contribuiu decisivamente para a configuração teórica do Estado de Direito, aqui se destacando a sua extraordinária obra *À paz perpétua* (1795), na qual o filósofo defende que a paz, longe de ser uma mera aspiração utópica, é o único caminho efetivo para assegurar a manutenção dos Estados na ordem internacional, razão pela qual edita um tratado de paz fictício expondo os princípios cuja observância seria necessária para a construção de uma ordem internacional pacífica e estável, texto que influenciaria a criação da Organização das Nações Unidas após a Segunda Guerra Mundial.

A respeito deste aspecto, a compreensão do pensamento de Immanuel Kant principia pelo argumento de que há uma inclinação ao mau uso da liberdade. Após conceituar a natureza humana como "o fundamento subjectivo do uso da sua liberdade em geral (sob leis morais objectivas), que precede todo o facto que se apresenta aos sentidos, onde quer que tal fundamento resida" (KANT, 2008, p. 24), chama esse traço da natureza humana de "mal radical", mas sem associá-lo a alguma forma específica de maldade e sim ao mau uso do livre arbítrio.

Para Kant, o ser humano pode estabelecer máximas para condução de suas ações, sejam boas ou más, e utiliza sua liberdade mediante essas máximas que estabelece para si mesmo, de modo que ser bom ou mau está relacionado com o primeiro fundamento que conduz à aceitação racional e livre de máximas boas ou más. Kant identifica no ser humano uma disposição originária, inata e constitutiva para o bem, entendido como o cumprimento da lei moral, mas também vê uma propensão para o mal moral[28].

---

28. "A proposição "o homem é *mau*", segundo o que precede, nada mais pode querer dizer do que: ele é consciente da lei moral e, no entanto, acolheu na sua máxima a deflexão ocasional a seu respeito. "O homem é mau por *natureza*" significa tanto como: isto aplica-se a ele considerado na sua espécie; não como se tal qualidade pudesse deduzir-se do seu conceito específico (o conceito de um homem em geral) (pois então seria necessária), mas o homem, tal como se conhece pela experiência, não se pode julgar de outro modo, ou: pode pressupor-se como subjectivamente necessário em todo o homem, inclusive no melhor. Ora visto que esta própria inclinação se deve considerar como moralmente má, portanto, não como disposição natural, mas como algo que pode ser imputado ao homem, e, consequentemente, deve consistir em máximas do arbítrio contrárias à lei; estas, porém, por causa da liberdade devem por si considerar-se como contingentes, o que por seu turno não se coaduna com a universalidade deste mal, se o supremo fundamento subjectivo de todas as máximas não estiver, seja como se quiser,

Em Kant, o mal decorre do mau uso do livre arbítrio em escolher agir de modo contrário ao princípio moral, que poderia ter sido evitado. Em razão dessa propensão ao mal radical, não importa a natureza das relações sociais, sempre que pelo menos dois seres humanos se relacionam, surge inevitavelmente a possibilidade de conflito de interesses. Destarte, embora o ser humano precise conviver para se aperfeiçoar, há sempre a possibilidade de que o indivíduo sacrifique o interesse alheio em benefício próprio, tornando o convívio impraticável e a sobrevivência improvável. Por isso, quando um ser humano se põe diante de outro, há a necessidade de coordenar essas liberdades, mas cada um tende a querer que seu interesse prevaleça, logo, o resultado inevitável é o conflito, razão pela qual a limitação da liberdade do ser humano é imprescindível para possibilitar o convívio, uma vez que a conduta humana em interferência intersubjetiva traz consigo a permanente possibilidade de conflitos de interesse, instaurando uma guerra.

Kant entende que o "estado de guerra" representa a negação do direito, razão pela qual a paz decorreria precisamente da disciplina jurídica das relações internacionais, através de um *direito cosmopolita*, que perceba os seres humanos como hóspedes de uma mesma terra, que por ter a forma esférica (*globus terraqueus*) conduz inevitavelmente ao encontro, havendo imperiosa necessidade de se assegurar um tratamento tolerante com os visitantes estrangeiros, ao tempo em que estes devem observar as leis dos países em que se encontrem.

A soberania em Kant se materializa na Constituição, que representava a manifestação suprema da vontade geral, criando um direito em três dimensões a serem observadas para a manutenção da paz: (i) interna, criando um Estado Republicano, onde o poder estivesse assentado no princípio democrático, de modo que a declaração de guerra dependesse da manifestação de vontade do povo e não apenas do governante; (ii) internacional, criando uma "Federação de Estados Livres" através de um contrato social entre Estados que mantêm sua soberania, mas se unem em prol do objetivo comum, editando um ordenamento jurídico capaz de assegurar uma paz perpétua; (iii) cosmopolita, criando normas que assegurem um tratamento tolerante aos estrangeiros.

---

entretecido na humanidade e, por assim dizer, nela radicado: podemos então chamar a esta propensão uma inclinação natural para o mal, e, visto que ela deve ser, no entanto, sempre autoculpada, podemos denominá-la a ela própria um *mal radical inato* (mas nem por isso menos contraído por nós próprios) na natureza humana" (KANT, 2008a, p. 38).

Kant apresenta um conceito de soberania limitada pelo Direito, inclusive no plano internacional, mas não advogava a criação de um "Estado mundial", argumentando contra os riscos de que este governo único aniquilasse a diversidade cultural e pudesse se tornar uma tirania global pela ausência de controles externos. Enfim, o direito cosmopolita deveria garantir o respeito à liberdade individual e à dignidade humana, de modo que os homens pudessem se reconhecer como partícipes da mesma humanidade, condição essencial para a concretização de uma paz perpétua. Desse modo, constata-se que Immanuel Kant antecipou o debate sobre a criação de uma ordem jurídica transnacional regulada por um direito comunitário, que só seria aprofundado séculos mais tarde.

Assim, em Kant, a concretização da paz emerge como um dever racional e não como mero conceito, devendo ser realizada mediante um trabalho dialético, compreendendo o ser humano em sua inafastável dimensão comunitária. A paz não virá sem um esforço permanente, sendo papel dos filósofos levar à consciência do Povo a sua necessidade, como um princípio para a construção de uma comunidade internacional, que prefigura como um horizonte ideal de ação política. A construção de uma paz perpétua, ou ao menos duradoura, é um processo árduo e permanente e não um ato pronto e acabado.

A ideia de soberania limitada pelo Direito, cujo ordenamento estaria fundado em uma Constituição garantidora de direitos, é a concretização do Estado de Direito, motivo pelo qual Manoel Gonçalves Ferreira Filho afirma que a ideia de Estado de Direito se consolida na Alemanha, no século XIX, a partir dos escritos de Kant:

> (...) a locução Estado de Direito foi cunhada na Alemanha: é o Rechtsstaat. Aparece num livro de Welcker, publicado em 1813, no qual se distinguem três tipos de governo: despotismo, teocracia e Rechtsstaat. Igualmente foi na Alemanha que se desenvolveu, no plano filosófico e teórico, a doutrina do Estado de Direito. Nas pegadas de Kant, Von Mohl e mais tarde Stahl lhe deram a feição definitiva (FERREIRA FILHO, 2004, p. 5).

Consagra-se a ideia de que a Constituição é o "estatuto do poder político", atando definitivamente com nó górdio os conceitos de Constituição e Estado de Direito, sendo o documento que o fundamenta, impondo limites ao exercício do poder político, que resta juridicizado e podado pela existência de direitos fundamentais dos indivíduos, oponíveis a todos, inclusive e principalmente aos que governam. Emerge uma dupla proteção contra o arbítrio dos governantes, que inclusive diminui o risco da "tirania da maioria": o governante tem sua ação limitada pela lei e o legislador tem sua ação limitada pela Constituição, cuja supremacia é o parâmetro para expulsar do sistema jurídico as leis não conformes às normas constitucionais.

No Estado de Direito Social se avançou no processo de democratização, no sentido de melhorar as condições materiais de existência, positivando direitos sociais, objetivando assegurar a igualdade entre os cidadãos no Estado, garantindo direito a prestações positivas, com ênfase na igualdade formal.

Entretanto, nem a liberdade formal nem a igualdade formal se materializam em condições efetivas de participação política, ao contrário, a ênfase na liberdade econômica promoveu a exclusão social e a ênfase nas prestações assistenciais anestesiaram a autonomia pública, comprometendo a efetivação da ideia de dignidade humana e permitindo que o Estado e o Direito fossem cooptados por interesses setoriais (econômicos ou burocráticos).

O acréscimo do adjetivo "Democrático" ao conceito de "Estado de Direito" traduz uma nova forma de funcionamento do Estado Moderno, bem como de justificação, interpretação e aplicação do Direito.

A ideia de "Estado de Direito Democrático" emerge do processo histórico de luta do povo para controlar o governo do seu Estado, impondo limites ao exercício do poder político. Trata-se de um avanço em relação à mera igualdade jurídica fundamentada na lei, rumo a uma igualdade mais substancial fundamentada na Constituição, que não se esgota no exercício do sufrágio, mas que se materializa na participação do cidadão no exercício da autoridade política, como aclara Habermas:

> Por certo, o Estado moderno já vinha regulando, desde o início seus limites sociais sobre os direitos de nacionalidade, isto é, os direitos de integrar o Estado. Mas *integrar* o Estado, no início, não significava mais do que a submissão ao poder estatal. É só com a transição ao Estado democrático de direito que deixa de prevalecer esse caráter de concessão que se faz ao indivíduo, de que ele possa integrar uma organização, para então prevalecer a condição de membro integrante do Estado conquistada agora (ao menos pela anuência implícita) por cidadãos participantes do exercício da autoridade política (HABERMAS, 2002a, pp. 128-129).

Portanto, a ideia de Estado de Direito Democrático demanda algo mais que a manifestação da vontade popular pelo voto e a submissão de todos à lei, elementos presentes desde a construção do Estado de Direito liberal. O Estado de Direito, então fundado no primado do poder político limitado pela *lei*, avança para se incorporar direitos fundamentais dos indivíduos nas *Constituições* dos Estados, assumindo uma nova feição de princípio constitucional ordenador do sistema jurídico, de modo que os ordenamentos jurídicos constitucionais passam a reconhecer e garantir um amplo rol de direitos fundamentais, qualificados como obrigações positivas devidas pelo Estado aos seus cidadãos, não apenas de natureza civil e política, mas também econômica, social e cultural.

O modelo do Estado de Direito Democrático é construído em torno da ideia de *Dignidade Humana*, erigida à condição de princípio fundamental de todo o sistema jurídico, que se irradia pela estrutura da sociedade, impactando todas as relações interpessoais e não apenas aquelas entre o Estado e os indivíduos.

A *Dignidade Humana* constitui a ideia nuclear do Estado de Direito Democrático, no âmbito do qual o dever de protegê-la se converte no limite ao exercício do poder político, cujos mecanismos de garantia também alcançam patamar constitucional, convertendo-se também em direitos fundamentais do indivíduo face ao Estado.

Observe-se que a proteção constitucional aos Direitos Humanos alcança os próprios titulares, que não podem renunciar a eles, mesmo que o façam de forma espontânea e sem remuneração, pois são frutos de um longo processo histórico, de modo que incorporados ao patrimônio jurídico da sociedade, não se pode mais admitir o retrocesso, sob pena de uma inaceitável "involução social". Os direitos fundamentais assegurados constitucionalmente são direitos subjetivos personalíssimos para o titular imediato, mas assumem o caráter de dever absoluto para o Estado e para as demais pessoas, constituindo um sistema específico de direitos que está no ápice do sistema jurídico constitucional.

O Estado de Direito Democrático se traduz essencialmente na existência de um rol não taxativo de direitos fundamentais, incorporados formalmente na Constituição como princípios. Estes princípios jurídicos, cuja normatividade se reconhece, situam-se em nível mais elevado que o das regras jurídicas, cuja interpretação e aplicação passa a ocorrer a partir daqueles. Todas as atividades estatais e a relações sociais entre particulares se submetem à finalidade da Constituição no Estado de Direito Democrático: concretização dos direitos fundamentais.

Na perspectiva jurídica, o Estado de Direito Democrático está alicerçado no reconhecimento da normatividade dos princípios jurídicos e na sua constitucionalização a partir das quais se avança para superar as insuficiências do

Positivismo Jurídico, notadamente o caráter fechado do sistema jurídico e a hermenêutica fundada na técnica da subsunção, fazendo retornar a dimensão axiológica para a ciência jurídica.

Os princípios jurídicos deixam de ser considerados apenas vetores axiológicos para interpretação da regra jurídica, reconhecendo-se o seu conteúdo normativo próprio, possibilitando sua aplicação direta na resolução de conflitos de interesse para os quais não haja uma solução na dogmática jurídica. De fato, pelo seu alto grau de generalidade e abstração, a função primordial do princípio jurídico é trazer unidade lógica ao sistema positivo do Direito, orientando para a concretização dos direitos fundamentais, mas, em face da existência de lacunas no sistema jurídico positivo, que obstem a concretização dos direitos fundamentais, os princípios têm sua força normativa reconhecida e podem ser diretamente aplicados. A revitalização do princípio como espécie de norma, ao lado das regras, estabelece limites ao exercício do poder político em todas as esferas do Estado (Legislativa, Executiva e Judiciária), que se submetem ao império da Constituição. Os órgãos e agentes públicos de todas as esferas do Estado têm sua atuação subordinada ao ordenamento jurídico-constitucional.

Nesse contexto, releva anotar que o exercício da função jurisdicional de interpretação do Direito e solução dos conflitos de interesse se liberta da mera subsunção da lei ao fato para alcançar a realização da Democracia, no sentido da concretização dos princípios constitucionais, controlando e orientando o poder político rumo ao horizonte da materialização da Constituição e da *dignidade humana*.

A ideia positivista de um sistema jurídico fechado e completo desmorona ante o reconhecimento do conteúdo normativo do princípio jurídico, cujo sentido deve ser ponderado em face de cada caso concreto, não se prestando a uma interpretação mecânica por subsunção, partindo do texto escrito, mas não se esgotando nele. Portanto, o Estado de Direito Democrático é um conceito xifópago ao conceito de direitos fundamentais, na medida em que aquele foi construído para a garantia destes que por sua vez são letra morta sem a proteção daquele.

> Mais ainda, torna-se relevante acrescentar que o Estado Democrático de Direito assenta-se em dois pilares: a democracia e os direitos fundamentais. Não há democracia sem o respeito e a realização dos direitos fundamentais-sociais, e não há direitos fundamentais-sociais – no sentido que lhe é dado pela tradição – sem democracia. Há, assim, uma copertença entre ambos. O contemporâneo constitucionalismo pensou nessa necessária convivência entre o regime democrático e

a realização dos direitos fundamentais previstos nas Constituições (STRECK, 2002, p. 104).

O Estado Moderno passou a cumprir a função de estruturação política da sociedade, tornando-se o espaço onde se exerce o poder político e decisório, legitimado pelo processo democrático de escolha dos governantes e legisladores, que se apropriam posteriormente do processo decisório com esteio na ideia da representação política. Portanto, a Democracia Representativa e o Estado de Direito são contemporâneos e remontam às revoluções liberais do Século XVIII, irmanando o liberalismo político e o liberalismo econômico, que confluem para o aparelho do Estado como garantidor de ambos.

Essa nova articulação entre o cidadão e seus representantes políticos mediante o aparelho do Estado é garantida pelo Direito, que disciplina tanto o processo político de escolha dos representantes, quanto o processo político-decisório. O modelo de Estado de Direito Democrático põe ênfase no caráter transformador do Direito, articulando-o a partir da ideia de *dignidade humana* como direito fundamental constitucionalizado do indivíduo, com vistas a cumprir o ideal de democratizar o Estado e a própria estrutura da sociedade.

Portanto, o surgimento do Estado de Direito Democrático converge temporalmente com a colocação da Dignidade Humana no centro da ordem constitucional, que passa a nortear todo o sistema jurídico, político e social, razão pela qual é importante reconstruí-la historicamente a partir do texto *De hominis dignitate oratio* (1486), do filósofo italiano renascentista Giovanni Pico della Mirandola (1463-1494), que afirma as potencialidades do ser humano e a sua capacidade de se desenvolver e de realizar.

A Dignidade Humana

A trágica experiência do totalitarismo impôs a necessidade de concretizar a Dignidade Humana para além das ordens jurídicas dos Estados nacionais, mediante limites ao exercício do poder estatal, negativos e positivos, ultrapassando a mera garantia de direitos subjetivos individuais para se orientar no sentido da instituição e concretização de Direitos Humanos, em uma perspectiva internacionalizada.

Deveras, quando os portões de Auschwitz-Birkenau, Dachau, Sobibór, Treblinka e outros tantos foram abertos, todos os demônios da alma humana foram revelados. O nosso pior demandava uma reação da humanidade, sob pena de a perdermos definitivamente. O Direito moderno técnico e científico havia se convertido em um instrumento formal para o reforço dos bloqueios sistêmicos, razão pela qual o campo jurídico demandava uma reconfiguração.

A experiência do Estado genocida nazista demonstrou que não basta inserir a proteção à Dignidade Humana nas Constituições nacionais. O Estado pode se converter ele próprio numa ferramenta de agressão e mesmo eliminação da Dignidade Humana.

Após a 2ª Guerra Mundial, formou a convicção no campo jurídico de que a proteção à Dignidade Humana demandava a reconstrução do conceito jurídico de Direitos Humanos como limitação ao Poder, garantida pelo Direito Internacional.

O conceito de Direitos Humanos na Modernidade avançada e sua internacionalização remetem à ideia de Dignidade Humana, sendo importante reconstruí-la no curso de um processo histórico de afirmação do ser humano como um fim em si mesmo, antes de tratar da humanização do campo jurídico moderno.

O filósofo e psiquiatra alemão Karl Theodor Jaspers (1883-1969) apresentou o conceito de Período Axial, compreendendo-o como um período singular na história da humanidade, ocorrido no primeiro milênio a.C., aproximadamente entre 800 a.C e 200 a.C, no qual ocorre um despertar simultâneo da consciência humana em diversas áreas do planetas, distantes e sem contato entre si.

Em um mesmo período, Zaratustra (Zoroastro) apresenta sua doutrina; Sidarta Gautama se torna o Buda; os grandes profetas hebraicos surgem; Confúcio e Lao-tsé estabelecem novas bases para a tradição filosófica chinesa; a filosofia grega nasce em Mileto, na Jônia. Ou seja, o confucionismo, o taoísmo, o budismo, hinduísmo o zoroastrismo persa, os grandes profetas do judaísmo e a filosofia grega, todos esses avatares emergiram concomitantemente na chamada Era Axial.

Todos esses sistemas de pensamento metafísicos, religiosos e filosóficos, cada um deles com suas características próprias, alinharam-se em um eixo que permite caracterizar um auto despertar do ser humano acerca de sua própria natureza, bem como o início de uma busca por sentido existencial para a humanidade. O móvel desse fenômeno é desconhecido. Não se pode afirmar como e por quais meios tantas culturas diversas e distantes avançaram intelectual e espiritualmente em um mesmo período.

Contudo, esse despertar definiu o que se entende por ser humano, iniciando uma reflexão universal acerca da condição humana, fundada na autonomia e no livre arbítrio. Essa compreensão seria posteriormente influenciada pela emergência do Cristianismo e do Islamismo, que trouxeram um padrão ético para as relações entre os seres humanos, compreendendo o ser humano como dotado de um valor intrínseco.

No Ocidente, com a ascensão política da Igreja Católica no Medievo, a compreensão do ser humano a partir da moral cristã se tornou hegemônica, percebendo o ser humano com um ente diferenciado dos demais, único compartilhar a imagem e semelhança do Criador.

Nos últimos estertores da Idade Média, quando já se vislumbrando as primeiras luzes ainda tênues do alvorecer da Modernidade, a ideia de Dignidade Humana foi exposta magistralmente na obra *De hominis dignitate oratio*, do filósofo italiano renascentista Giovanni Pico della.

Em sua *Oratio*, escrita entre o final de 1486 e início de 1487, Pico dela Mirandola defendeu a liberdade como núcleo da Dignidade Humana e signo distintivo de nossa condição enquanto seres humanos, situando o ser humano e sua natureza como objeto principal de suas reflexões, a partir da máxima de Hermes Trimegisto "*Magnum miraculum, o Asclepi, est homo*" ("Grande milagre, o Asclépio, é o homem").

Com efeito, refletindo sobre a característica primordial do ser humano, que o conduz à condição "grande milagre", que o pôs acima das bestas, dos astros e até dos espíritos supramundanos, Pico conclui ser a liberdade esse signo distintivo da Dignidade Humana, em uma leitura particular do Livro do Gênesis, mediante um hipotético diálogo entre Deus e sua a principal criação[29].

Pico defende que Deus criou todas as criaturas e depois pretendeu criar um ser senciente, capaz de compreender sua criação, mas todas as categorias de seres já haviam sido criadas, desde os vermes até os anjos. Assim, Deus criou um ser que não tinha uma categoria especifica, mas que podia aprender e alcançar qualquer nível na cadeia dos seres. Por isso, em Pico, é o

29. "Tomou então o homem, essa obra de tipo indefinido e, tendo-o colocado no centro do universo, falou-lhe: 'A ti, ó Adão, não te temos dado nem uma sede determinada, nem um aspecto peculiar, nem um múnus singular precisamente para que o lugar, a imagem e as tarefas que reclamas para ti, tudo isso tenhas e realizes, mas pelo mérito da tua vontade e livre consentimento.

As outras criaturas já foram prefixadas em sua constituição pelas leis por nós estatuídas.

Tu, porém, não estás coarctado por nenhuma. Antes pela decisão do teu arbítrio, em cujas mãos depositei, hás de predeterminar a tua compleição pessoal'" (MIRÀNDOLA, 2008, pp. 39).

livre arbítrio a característica que aparta do ser humano das demais criaturas da terra e do céu, situando-o em posição de supremacia e transcendência sobre todos os demais elementos da criação, na medida em que é a única criatura dotada da imagem e semelhança do Criador, uma espécie de "ser camaleão", capaz de moldar-se a si mesmo, um ponto de inflexão entre o terreno e o divino.

Ou seja, não é a liberdade em si mesma que distingue o ser humano, mas a liberdade com propósito, com finalidade de ser tudo aquilo que o ser humano quiser ser, sem ter uma natureza predeterminada e imutável. Diante desta constatação, Pico nos adverte acerca do risco de desperdiçarmos nosso livre arbítrio, nos contentando com a mediocridade.

A natureza do ser humano emerge em Pico como algo camaleônico, no sentido de não ser totalmente determinada por leis biológicas rígidas e imutáveis, mas caracterizada pela liberdade de ser tudo o que pode e quer ser, a partir de suas escolhas racionais. A natureza humana não se submete às leis biológicas ou cosmológicas, mas pode ser plasmada a partir das escolhas racionais do próprio ser humano e nisto consiste sua diferença específica, afastando-os das bestas agrestes, tornando-o o *magnum miraculum.*

Este aspecto é fundamental no texto de Pico, as potencialidades do ser humano o elevam a uma posição superior porque tem a liberdade de ascender na cadeia dos seres, valendo-se de seu intelecto. Pico defende que o ser humano alcança a categoria dos anjos quando filosofa, mas vegeta quando deixa de utilizar sua razão. Só os seres humanos podem mudar a si mesmos pelo exercício livre de suas potencialidades, enquanto os demais elementos da natureza só mudam pela atuação de formas externas.

Em Pico, o ser humano não está submetido à ordem rígida da Natureza, como os demais seres; ao contrário, sua essência consiste precisamente não ter essência pré-determinada. Pico della Mirandola argumenta que o ser humano é livre para moldar-se a si mesmo da maneira que melhor lhe aprouver, inclusive regredindo à condição das alimárias, mas entende que seria mais conveniente ao ser humano buscar o conhecimento em direção às coisas do alto.

Assim, o ser humano não se sobrepõe aos demais seres apenas por ser racional, mas por ter a possibilidade de se autodeterminar e transformar-se a si mesmo pelo uso da razão. O livre arbítrio faz do ser humano o *medium mundis*, isto é, o centro da criação de Deus, diferenciado das demais criaturas e superior a elas, por ser senhor do seu destino, dotado da capacidade de transformar a si mesmo e à Natureza que o circunda.

O ser humano tem a liberdade de plasmar sua essência, possuindo potencialidade para ocupar qualquer arquétipo na cadeia dos seres, por isso Pico afirma a necessidade da busca pelo conhecimento, a fim de encontrar a excelência recomendável, seguindo três estágios: a transformação moral, a pesquisa intelectual e a perfeição final na identidade com a realidade absoluta, em uma alusão aos três estágios de ascensão de que tratava Diógenes Aeropagita: purificação, iluminação e perfeição.

A liberdade que distingue o ser humano caracteriza sua natureza específica e lhe permite predominar sobre os demais elementos da criação, ao mesmo tempo lhe impõe o dever de bem escolher e arcar com as consequências de suas escolhas. Em Pico, o ser humano não está submetido à ordem rígida da Natureza, como os demais seres; ao contrário, sua essência consiste precisamente não ter essência pré-determinada.

Pico argumenta que o ser humano é livre para moldar-se a si mesmo da maneira que melhor lhe aprouver, inclusive regredindo à condição das alimárias, mas entende que seria mais conveniente ao ser humano buscar o conhecimento em direção às coisas do alto. Assim, o ser humano não se sobrepõe aos demais seres apenas por ser racional, mas por ter a possibilidade de se autodeterminar e transformar-se a si mesmo pelo uso da razão. O livre arbítrio faz do ser humano o *medium mundis*, isto é, o centro da criação de Deus, diferenciado das demais criaturas e superior a elas, por ser senhor do seu destino, dotado da capacidade de transformar a si mesmo e à Natureza que o circunda.

Portanto, no pensamento de Pico della Mirandola, o ser humano deve iniciar seu caminho buscando uma vida regrada e útil, mas na sequência de sua existência deve avançar no estudo filosófico na busca por uma vida intelectual, por fim, anelar as coisas mais altas até alcançar sua união plena com Deus, confirmando sua condição de *imago Dei*, verdadeiro microcosmo de infinitas possibilidades, ponto de inflexão entre Deus e a Natureza.

A questão acerca do fundamento da Dignidade Humana avança na Modernidade e se consolida na pena do filósofo alemão Immanuel Kant (1724-1804). Em sua obra *Fundamentação da Metafísica dos Costumes* (1785), Kant explicita a ideia de dignidade como "um valor incondicional, incomparável, cuja avaliação, que qualquer ser racional sobre ele faça, só a palavra respeito pode exprimir convenientemente. Autonomia é pois o fundamento da dignidade da natureza humana e de toda a natureza racional." (KANT, 2007, p. 79)

O respeito à autonomia e à finalidade do ser humano consubstancia um "imperativo categórico", um *a priori* das obrigações morais, que difere dos "imperativos hipotéticos" precisamente por ser prévio e independente da vontade humana. Observe-se que o imperativo categórico não possui um conteúdo prefixado, antes funcionando como uma medida para avaliar a correção da conduta humana, de modo que se sua conduta pretendida puder ser universalizada deve ser correta, caso contrário não.

Desta forma, a Dignidade Humana em Kant é consectário desses dois elementos, autonomia e finalidade: o ser humano é um fim em si mesmo e pode utilizar livremente sua razão para autodeterminar-se. O ser humano é livre porque não se conforma às leis da Natureza, mas às leis universais que ele próprio formula com sua razão (autonomia), levando em conta os outros (interesse universal).

Em Kant, o fundamento da Dignidade Humana é a autonomia inerente a todos os seres humanos livres e racionais, capazes de construir normas morais para si mesmos, possíveis de serem universalizadas, considerando cada ser humano como um fim em si mesmo e não meio para satisfação do interesse do outro. No texto *Uma resposta à questão: o que é o esclarecimento?* (1784), Kant trata da autonomia do ser humano, como ideia nuclear de sua natureza específica[30].

O indivíduo deve fazer uso autônomo de razão, sob pena de permanecer na "menoridade" por vontade própria. Ou seja, o indivíduo que se recusa a pensar e decidir por si mesmo se põe voluntariamente sob a direção de uma vontade externa, em uma postura de submissão. A estrutura social de controle atua para submeter a vontade do indivíduo desde o plano das ideias, tolhendo sua autonomia para refletir, incutindo-lhe os valores e padrões de comportamento que são aceitos sem questionamento racional. A normatização social substitui a decisão do indivíduo que não se atreve a pensar, preferindo seguir a vontade heteronomamente posta, tal qual uma criança se submete aos seus tutores, reproduzindo acriticamente seus ensinamentos. A libertação dessa menoridade artificialmente imposta ocorre pelo uso público (auditório amplo) e também privado (auditório restrito) de sua razão em todas as questões.

---

30. "*Esclarecimento é a saída do homem da menoridade pela qual é o próprio culpado. Menoridade* é a incapacidade de servir-se do próprio entendimento sem direção alheia. O homem é o próprio culpado por esta incapacidade, quando sua causa reside na falta, não de entendimento, mas de resolução e coragem de fazer uso dele sem a direção de outra pessoa. *Sapere aude!* Ousa fazer uso de teu próprio entendimento! Eis o lema do Esclarecimento" (KANT, 2009, p. 407).

Acerca da distinção entre o uso público e o uso privado da razão, o mestre de Königsberg aclara:

> Compreendo, porém, sob o uso público de sua própria razão aquele que alguém faz dela como *instruído* diante do inteiro público do *mundo letrado*. Denomino uso privado aquele que ele pode fazer de sua razão em determinado posto ou *encargo público* a ele confiado (KANT, 2009, p. 409).

Um Estado "sadio" deveria incentivar o uso público da razão, de modo que suas normas jurídicas fossem compatíveis com a liberdade de pensamento crítico, mas ainda que assim não seja, Kant argumenta que o ser humano possui uma "tendência e vocação ao pensamento livre", que não pode ser tolhida indefinidamente[31]. Por mais sofisticados que sejam os mecanismos de controle social, o ser humano sempre terá a possibilidade de utilizar a sua razão para se auto determinar e decidir com base em uma avaliação racional.

Por isso, mesmo com o avanço acelerado da tecnociência e o aparente soterramento da autonomia do indivíduo, houve uma reação racional ao fracasso do Estado Moderno em assegurar a emancipação do ser humano, mediante a construção de um conceito de Direitos Humanos capaz de reorientar e refundar a ordem jurídica internacional, recolocando a *Dignidade Humana* no centro do sistema jurídico.

5.4. DEMOCRACIA, DIGNIDADE HUMANA E EFETIVAÇÃO DOS DIREITOS HUMANOS

O Direito Moderno desencantado sepultou as justificações metafísicas jusnaturalistas, sejam as de cunho teológico, sejam as de cunho racionalista, de modo que as Escolas Jurídicas que intentam compreendê-lo se desenvolveram em dois caminhos teóricos: (i) construir modelos de justificação para orientar o agir nas sociedades concretas, abstraindo as relações de poder existentes nas sociedades; (ii) considerar apenas as relações de poder para identificar o Direito como coerção, fundado em relações impessoais de procedimento e competência, excluindo elementos axiológicos e socio-

31. "Logo, se a natureza desenvolveu sob este duro invólucro o germe de que cuida tão delicadamente, isto é, o pendor e a vocação ao *pensamento livre*, este paulatinamente reincide sobre o modo de sentir do povo (o que pouco a pouco torna este mais apto a *agir livremente*) e finalmente também até sobre os princípios do *governo*, o qual descobre ser propício para si mesmo tratar o homem, que é *mais que uma máquina*, conforme sua dignidade" (KANT, 2009, p. 415).

lógicos. Ambos são insuficientes para enfrentar os bloqueios sistêmicos que impedem a transição paradigmática, porque mantêm o Direito como meio de sustentação e reforço do paradigma ambiental moderno.

Entretanto, uma terceira via pode ser construída, cotejando teoria social de Bourdieu e sua ideia de campo jurídico com o pensamento de Jürgen Habermas, cujo recorte metodológico está focado no Direito Moderno positivado, dotado de obrigatoriedade garantida pela imposição de sanções estatais, compreendendo-o como um sistema coerente de normas produzidas segundo um procedimento específico.

Com efeito, retomando a ideia de campo em Bourdieu, trata-se de uma estrutura do campo funciona para reproduzir a ordem simbólica dos dominantes, universalizando e internalizando o seu *habitus* nos agentes, que passam a legitimar as práticas sociais, aceitando a dominação.

No campo jurídico, os Direitos Humanos se constituem na forma de direitos e deveres universalizáveis, garantidos pelo Direito Internacional, que protegem a pessoa humana contra ações e omissões que ameacem ou agridam sua Dignidade.

A ideia de Dignidade Humana está no centro do conceito moderno de Direitos Humanos, compreendidos como limites ao Poder, permitindo a construção de novos direitos capazes de enfrentar os bloqueios sistêmicos que obstam a transição paradigmática.

A história dos Direitos Humanos representa um longo percurso na construção de limites ao exercício do Poder. Desde o Código de Hamurabi (1772 a.C), passando pelo Cilindro de Ciro (439 a.C), pelos Dez Mandamentos da tradição judaica e pelo Sermão da Montanha da tradição cristã, seguindo na passagem da Idade Média até a Modernidade, com sua positivação em documentos importantes como a Carta Magna de 1215, que estabeleceu limites ao exercício do poder do Rei João Sem Terra, a *Petition of Right* de 1628, enviada pelo Parlamento inglês ao Rei Charles I, também impondo limites ao poder do soberano, o *Habeas Corpus Amendment Act* de 1679, o *Bill of Rights* inglês de 1689, as *bills of rights* americanas de 1639 a 1702, a Declaração de Direitos do Bom Povo da Virgínia de 1776, a Declaração de Independência americana de 1776 e a Declaração francesa de Direitos do Homem e do Cidadão de 1789, todo esse percurso histórico se encaminhou para a positivação de limites ao Poder dos que exercem o Poder.

No entanto, apesar dos nobres ideais, a Modernidade se desenvolveu para negar a si mesma, massacrando a autonomia e a dignidade do ser humano, nos conduzindo ao totalitarismo, ao fascismo e ao nazismo, a duas guerras mundiais e aos horrores da guerra nuclear. O campo jurídico construído nesse estágio da alta Modernidade produziu a legitimação científica para o exercício do Poder, mesmo contra a Dignidade Humana. A reação veio na forma da internacionalização dos Direitos Humanos como limites externos ao exercício do Poder.

Observe-se que essa ideia moderna de Direitos Humanos não nasceu no pós-guerra pronta e acaba, qual Minerva armada da cabeça de Júpiter, mas resultou de um processo histórico de internacionalização dos Direitos Humanos, que teve como precedentes a (i) instituição do "Comitê Internacional de Socorro aos Feridos", em 1863, por Henry Dunant, seguida da Convenção de Genebra de 1864, que inaugura do Direito Humanitário Moderno, a (ii) instituição da Liga das Nações, prevista na Parte I do Tratado de Versalhes, assinado em 1919, durante a Conferência de Paz de Paris, que oficializou o fim da 1ª Guerra Mundial e a (iii) instituição da Organização Internacional do Trabalho – OIT, prevista na Parte XIII do Tratado de Versalhes, cuja atuação permitiu a construção de uma legislação trabalhista internacional. No seu conjunto, esses precedentes históricos do processo de internacionalização dos Direitos Humanos permitiram a flexibilização do conceito de Soberania e o reconhecimento de direitos internacionais ao indivíduo, duas pedras angulares do vindouro sistema global de proteção dos Direitos Humanos, que emergiria a partir de 1948, institucionalizando o conceito moderno de Direitos Humanos.

O conceito moderno de Direitos Humanos é uma decorrência da experiência do totalitarismo, sedimentando a ideia de que o conceito clássico de soberania dos Estados nacionais não é suficiente para garantir a efetividade dos Direitos Humanos. O Estado nazista instituiu o genocídio como política de Estado, executada pelo seu aparato burocrático, na forma da lei e com cientificidade.

Com efeito, a experiência do genocídio praticado pelo Estado Nazista permitiu concluir que a instituição de um núcleo existencial da condição humana nos ordenamentos constitucionais não bastava para proteger a Dignidade Humana. Era preciso avançar na internacionalização dos Direitos Humanos, mediante um sistema supranacional, capaz de assegurar o respeito à Dignidade Humana desde uma perspectiva externa às jurisdições nacionais, a fim de garantir que jamais possa emergir outro Estado genocida.

Essa ideia moderna de Direitos Humanos pretende ser válida universalmente, garantida por um sistema global de proteção, flexibilizando o conceito tradicional de soberania. A instituição desse sistema global de proteção aos Direitos Humanos se iniciou com a fundação da Organização das Nações Unidas – ONU, que não configura um governo mundial, mas um fórum onde os Estado podem resolver seus conflitos, evitando a guerra, em prestígio de soluções pacíficas[32].

O professor Cançado Trindade (2018) aclara esse processo de humanização do ordenamento jurídico internacional, com a peculiar argúcia que o distingue:

> Ao longo de sete décadas desde a adoção da Declaração Universal dos Direitos Humanos (em 10.12.1948), a salvaguarda dos direitos inerentes à pessoa humana tem se consolidado como propósito básico da comunidade internacional, e ocupa hoje uma posição central na agenda internacional nesta segunda década do século XXI, não obstante as prolongadas divisões ideológicas do mundo e as reiteradas manifestações da perene brutalidade humana. A universalidade e a indivisibilidade dos direitos humanos encontraram expressão na Declaração Universal de 19481, e daí se projetaram a sucessivos e numerosos tratados e instrumentos de proteção, nos planos global (Nações Unidas) e regional, e a Constituições e legislações nacionais, e se reafirmaram em duas Conferências Mundiais de Direitos Humanos (Teerã, 1968, e Viena, 1993). (TRINDADE, 2018, p. 99)

Deveras, ato contínuo ao final da 2ª Guerra Mundial, as Nações do mundo se uniram para instituir uma assembleia para debater e distensionar diplomaticamente os problemas internacionais. Um espaço diplomático para garantir a Paz e a defesa dos Direitos Humanos, prevenindo e coibindo agressões à Dignidade Humana. Nesse contexto, emerge a Organização das Nações Unidas – ONU, instituída durante uma conferência realizada em 25 de abril de 1945, nos Estados Unidos, na cidade de São Francisco, cuja Carta foi ratificada em outubro do mesmo ano. A ONU institui uma carta internacional dos Direitos Humanos, composta por uma Declaração Universal dos Direitos Humanos e dois Pactos Internacionais, com seus respectivos Protocolos, que constitui a base jurídica do Sistema Global de Proteção dos Direitos Humanos.

A Declaração Universal dos Direitos Humanos de 1948 foi o marco referencial filosófico, político e jurídico deste novo ordenamento internacional, que confirmou a flexibilização do conceito clássico de soberania,

32. A ONU foi instituída após a Segunda Guerra com o propósito de assegurar a paz e defender a dignidade humana. Não se trata de um governo mundial, mas de um fórum diplomático formado precipuamente para a solução pacífica das controvérsias internacionais.

restringindo-a desde uma perspectiva externa, impensável em períodos históricos anteriores.

A Dignidade Humana foi recolocada agora como epicentro do sistema jurídico internacional, declarada desde o preâmbulo da Carta das Nações Unidas, que afirmou "o reconhecimento da dignidade inerente a todos os membros da família humana e dos seus direitos iguais e inalienáveis constitui o fundamento da liberdade, da justiça e da paz no mundo". Logo em seu art. 1° ficou expresso que "Todos os seres humanos nascem livres e iguais em dignidade e em direitos. Dotados de razão e de consciência, devem agir uns para com os outros em espírito de fraternidade".

Assim, a reação das Nações do mundo contra os horrores do Estado genocida se materializou em um Sistema Global de Proteção aos Direitos Humanos, cujo fundamento foi a Declaração de um núcleo existencial da condição humana, consubstanciado em um conjunto de Direitos e Garantias universais indispensáveis à preservação da Dignidade Humana contra o arbítrio e o abuso do Poder, mediante sistemas de monitoramento e efetivação inscritos em Tratados Internacionais, a partir da Declaração Universal dos Direitos Humanos de 1948, que instituiu a base jurídica de um novo ordenamento internacional centrado na proteção da Dignidade Humana, reafirmada expressamente na Declaração e no Programa de Ação de Viena (1993).

O ordenamento jurídico internacional instituiu os Direitos Humanos como um arcabouço protetivo da Dignidade Humana, com vistas a compelir os Estados Nacionais a cumprirem esse dever primário de proteger Dignidade Humana contra o abuso do Poder, garantido mediante um sistema global instituído pela ONU e também por sistemas regionais, que impõem o dever primário aos Estados de garantir e efetivar os Direitos Humanos dos indivíduos submetidos à respectiva jurisdição.

Por tudo isso, é possível compreender o constructo teórico dos Direitos Humanos como o conjunto de Princípios de Regras Jurídicas supranacionais, formalmente prescritos em normas internacionais, com pretensão de universalidade, que estabelecem garantias jurídicas universais para proteger a Dignidade Humana contra ações e omissões que possam vulnerá-la.

O conceito jurídico moderno de ser humano orbita em torno das ideias de Dignidade Humana e de Direitos Humanos, ou seja, ser humano é aquele que possui dignidade, compreendida como um valor intrínseco, protegida por direitos universais, indivisíveis, interdependentes e interrelacionados.

Destarte, importa reafirmar o conceito moderno de Direitos Humanos como o conjunto de Princípios e Regras jurídicas construído no plano internacional e no *devir* histórico, indispensáveis à garantia da Dignidade Humana, impostos como limite ao arbítrio dos que exercem o Poder, cujas ações ou omissões podem vulnerar o mínimo ético irredutível da condição humana.

Observe-se que essa humanização do Direito produz consequências hermenêuticas e pragmáticas graves, na medida em que a ideia de Dignidade Humana está além do conceito de cidadania. A pessoa humana possui um plexo de direitos maior que o patrimônio jurídico reconhecido aos cidadãos, razão pela qual o Estado se vê limitado em uma dimensão anterior e superior aos lindes do ordenamento jurídico nacional.

Esse processo histórico de humanização da ordem jurídica internacional retornou às ordens constitucionais nacionais na forma de direitos fundamentais constitucionalmente expressos, localizando dos Direitos Humanos também no centro dos sistemas jurídicos nacionais. As ordens nacionais passaram a sofrer uma crescente força centrípeta do Direito Internacional, materializada na humanização das Constituições, a partir da internalização dos Direitos Humanos na forma de Direitos Fundamentais. Ou seja, os Direitos Humanos passaram das ordens nacionais para o plano internacional e agora tornam às ordens constitucionais revitalizados, potencializando as relações entre Direito Humanos e Democracia.

O conceito de Direitos Humanos se diferencia do conceito de Direitos Fundamentais, na medida em que estes são os Direitos Humanos positivados nas ordens constitucionais nacionais, portanto, um conceito restrito a um tempo e espaço determinados. O conceito de Direitos Humanos é mais amplo e decorre de um processo histórico de afirmação da Dignidade Humana como um fim em si mesma, em face do arbítrio e do abuso de Poder.

Essa constitucionalização dos Direitos Humanos do plano internacional para o nacional, na forma de Direitos Fundamentais, fortalece os regimes democráticos, tanto no viés da legitimidade, quanto no seu funcionamento, na medida em que estabelece regras de convivência entre a maioria e as minorias, evitando a degeneração da democracia em uma tirania da maioria, ao tempo em que assegura à maioria o direito de ter seus valores prestigiados, enquanto vencedores do jogo democrático. Até mesmo a Democracia encontra limites no respeito aos Direitos Humanos.

Desse modo, os Direitos Humanos passaram a constituir o fundamento último de legitimidade do ordenamento jurídico nacional, que só permanece justificado em seus limites. Os Poderes Executivo, Legislativo e Judiciário não podem menoscabar ou olvidar os Direitos Humanos, sob pena do Estado nacional perder legitimidade perante a sociedade internacional.

Portanto, as ideias de Regime Democrático e de Direitos Humanos restaram interconectadas de forma indissociável, não havendo como reconhecer um Estado Democrático que não assegura os Direitos Humanos, bem como não há possibilidade de efetivação dos Direitos Humanos fora do quadro político de normalidade democrática. A legitimidade do funcionamento de todas as instituições democráticas de quaisquer dos Poderes do Estado depende de sua consonância com a promoção e defesa dos Direitos Humanos. A relação entre Direitos Humanos, Democracia e Estado de Direito se tornou indelével.

Em sua obra *Direito e Democracia*, Habermas promoveu uma análise teórico-social do Direito Moderno e não uma teoria geral do Direito, pretendendo conciliar a teoria com a práxis, a fim de construir uma teoria capaz de liberar o potencial emancipatório do Direito.

O problema enfrentado por Habermas é determinar como o Direito Moderno, que prescreve condutas mediante normas jurídicas obrigatórias e coercitivas, pode obter legitimidade e assegurar a integração social, sem recorrer às justificações prévias e metafísicas das sociedades tradicionais nem se fundamentar apenas na força.

A tensão entre facticidade e validade serve como norte para a análise habermasiana, tensão esta que opera interna e externamente ao Direito: (i) internamente, expressa a tensão entre a coerção e a liberdade, ambas presentes na norma jurídica; (ii) externamente, expressa a tensão entre a autonomia pública dos cidadãos e o exercício do poder político.

Tratando da *tensão interna entre facticidade e validade*, Habermas parte da constatação de que, nas sociedades tradicionais, a solução para os problemas que afetavam a integração social estava ancorada no conjunto de convicções compartilhadas e previamente aceitas pelos participantes da comunidade, fundadas em uma autoridade sagrada, que estava além da crítica e era o referencial último de justificação. Era esta autoridade de caráter sagrado e inquestionável que legitimava as normas de conduta. A tensão entre facticidade e validade se resolvia com o recurso a esta cosmovisão unificadora, que justificava as normas de organização social e as ações dos membros da comunidade, sendo ela mesma inquestionável.

Habermas adverte que a complexidade das sociedades modernas quebrou esta cosmovisão unificadora, fragmentando-a em várias cosmovisões, de modo que já não há mais um único conjunto de valores compartilhados capaz de cumprir sozinho a função de justificar as normas de conduta social:

> Quanto maior for a complexidade da sociedade e quanto mais se ampliar a perspectiva restringida etnocentricamente, tanto maior será a pluralização de formas de vida e a individualização de histórias de vida, as quais inibem as zonas de sobreposição ou de convergência de convicções que se encontram na base do mundo da vida; e, na medida de seu desencantamento, decompõem-se os complexos de convicções sacralizadas em aspectos de validade diferenciados, formando os conteúdos mais ou menos tematizáveis de uma tradição diluída comunicativamente (HABERMAS 1997, p. 44).

A partir da modernidade, a justificação da normatização social deixou de ser feita por uma autoridade sagrada inquestionável e passou a decorrer de um procedimento racional, promovido por um público específico, dentro de cada campo do saber. Arte, Ciência, Moral, Direito e os demais campos se autonomizaram, produzindo sua própria normatização interna, fazendo emergir um cenário complexo e multicultural, com racionalidades distintas dentro de uma mesma sociedade. Acerca dessa autonomização dos campos do saber, Habermas aclara:

> Até o final do século XVII, a ciência, a moral e a arte diferenciaram-se institucionalmente também como áreas de atividade em que questões de verdade, de justiça e de gosto são examinadas de modo autônomo, isto é, sob seus aspectos específicos de validade. Por um lado, essa *esfera do saber* se isolara totalmente da *esfera da fé* e, por outro, das *relações sociais* juridicamente organizadas assim como do *convívio cotidiano* (HABERMAS, 2002, p. 29).

Com a modernidade, cada campo do saber se autonomizou e passou a construir seus próprios referenciais internamente, de modo reflexivo e autônomo, pois já não há uma cosmovisão tradicional que os unifique.

Assim, para Habermas, a ausência de uma cosmovisão compartilhada, capaz de servir de denominador comum aos membros das sociedades modernas, fez com que a Moral e o Direito se diferenciassem da eticidade tradicional. O processo de racionalização da modernidade autonomizou a Moral e o Direito, de modo que a justificação de suas respectivas normas ocorre mediante procedimentos próprios, que não podem ser transpostos de um campo a outro. Ou seja, nem a validade das normas jurídicas se submete a critérios morais, nem a validade das normas morais se submete a critérios jurídicos. Entretanto, embora afirme que a modernidade implicou na diferenciação entre a Moral e o Direito, Habermas defende que remanesce uma relação entre ambos, que não é de hierarquia, mas sim de complementaridade.

Para compreender esta relação de complementaridade entre as normas morais e as normas jurídicas, é preciso partir da afirmação já feita acima de que o processo de racionalização da modernidade autonomizou a Moral e o Direito, de modo que a justificação de suas respectivas normas ocorre mediante procedimentos próprios, que não podem ser transpostos de um campo a outro. A Moral Moderna e o Direito Moderno são campos do saber autônomos e independentes, ambos auto referidos, que produzem e justificam sua normatização.

Em ambos os campos do saber se desenvolve um procedimento para justificação das normas do seu funcionamento, que é operacionalizado por uma comunidade específica, a quem compete decidir sobre a validade ou invalidade destas normas. Logo, embora os domínios tenham se diferenciado e autonomizado em relação à eticidade tradicional, remanesce o denominador comum no fato de que as suas respectivas normas são justificadas por um público específico e mediante um procedimento próprio.

Habermas avança em relação a Kant, no sentido de que as normas que orientam a ação, sejam morais ou jurídicas, devem poder ser racionalmente aceitas por todos os concernidos, de modo intersubjetivo, e não construídas monologicamente, ambas se submetendo ao *Princípio do Discurso*, assim expresso:

> D: São válidas as normas de ação às quais todos os possíveis atingidos poderiam dar o seu assentimento, na qualidade de participantes de discursos racionais (HABERMAS, 1997, 142).

Em Habermas, as normas morais e as normas jurídicas são autônomas precisamente porque não derivam umas das outras, mas ambas derivam dessa norma em abstrato, decorrente do *Princípio do Discurso*. Entretanto, a par de serem autônomas, as normas morais e as normas jurídicas são interdependentes e complementares, uma vez que as normas jurídicas atuam para suprir a insuficiência das normas morais em promover a integração social nas sociedades modernas.

Com efeito, a Moral Moderna não se confunde com a Moral Tradicional porque aquela é fragmentada, em decorrência da pluralidade cultural das sociedades modernas, que possibilita o surgimento de diversos microssistemas sociais, com valores morais próprios partilhados entre seus membros, uma vez que não há mais uma autoridade sagrada capaz de estabelecer uma única cosmovisão para todos os membros da sociedade globalmente considerada.

A Moral Moderna também afirma a subjetividade dos indivíduos, reconhecendo sua liberdade para se auto determinar, desde que possam universalizar suas ações, de modo que sua liberdade não implique na escravidão do outro. Os membros de uma sociedade moderna possuem a disposição múltiplos referenciais para orientar sua conduta, alguns deles inclusive conflitantes, o que gera problemas graves para obtenção de um consenso mínimo, capaz de estabilizar as relações sociais[33].

A validade da norma moral depende da aceitação racional do indivíduo moderno, que tem à sua disposição vários referenciais morais, nenhum deles superior ao outro ao ponto de assegurar uma cosmovisão universalmente unificante. Assim, a Moral Moderna já não pode contar com a motivação do indivíduo para segui-la, perdendo a capacidade de garantir as expectativas de comportamento futuro. Existe uma pluralidade cultural nas complexas sociedades da modernidade, que produz muitos microssistemas sociais, cada qual dotado de referenciais morais distintos e muitas vezes irreconciliáveis, que orientam a ação dos membros destes grupos parciais, justificando moralmente seus pontos de vistas, com base nesses referenciais setoriais. Nesse contexto, a exigência de universalização da Moral se torna uma cruz pesada demais para os ombros do indivíduo das sociedades modernas, exatamente porque lhe falta um norte axiológico único que o oriente. Esse cenário multicultural é propenso aos conflitos de interesse, que não encontram solução em uma cosmovisão unificadora, mas devem ser solucionados, sob pena da permanência desses conflitos de interesse implicar em ameaça à integração social.

A fim de promover a integração social, o Estado Moderno (poder político secularizado) assume a tarefa de produzir regras de conduta, dotadas de coercibilidade, garantidas pelo monopólio estatal da violência legítima, com vistas a coordenar as liberdades. O conjunto dessas normas de conduta coercitivas, positivadas pelo Estado, constituem o Direito Moderno, que impõe a observância do comportamento externo de acordo com as normas jurídicas, mas sem preocupação com a motivação interna dos agentes. O

33. "A moral que se retraiu para o interior do sistema cultural passa a ter uma relação apenas virtual com a ação, cuja atualização depende dos *próprios* motivados. Estes precisam estar dispostos a agir conscientemente. Uma moral da razão depende, pois, de processos de socialização que produzem as instâncias correspondentes da consciência, a saber, as formações do superego. A sua eficiência para a ação depende mais do acoplamento internalizador de princípios morais no sistema da personalidade, do que da fraca força motivacional contida em bons argumentos" (HABERMAS, 1997, p. 149).

Estado se vale do monopólio da violência legítima para impor coercitivamente a observância das normas jurídicas, estabilizando as relações sociais pela garantia das expectativas de comportamento recíproco de longo prazo[34].

As normas jurídicas positivas são validadas pela observância aos aspectos formais e de competência do processo de produção estatal legiferante e, diferentemente das normas morais, possuem coercibilidade, podem ser impostas mesmo contra a vontade dos destinatários mediante o uso da violência estatal, possibilitando o surgimento de expectativas de comportamento a longo prazo garantidas juridicamente, estabilizando as relações sociais. O Direito Moderno se ocupa apenas da legalidade, ou seja, coordena as liberdades na perspectiva externa da coincidência entre o comportamento humano e o padrão prescrito na norma jurídica, independente das motivações morais do indivíduo, que pode adotar quaisquer referenciais. Habermas utiliza a ideia de legalidade em Kant para explicar a forma como o Direito disciplina as relações humanas[35].

O Direito Moderno alivia o indivíduo moderno do peso da justificação moral de cada uma de suas decisões, transferindo a estabilização social para adequação do seu comportamento externo ao padrão previamente inserto na norma jurídica, sob o pálio da coercibilidade, independente da

---

34. "(...) O Estado é necessário como poder de organização, de sanção e de execução, porque os direitos têm que ser implantados, porque a comunidade de direito necessita de uma jurisdição organizada e de uma força para estabilizar a identidade, e porque a formação da vontade política cria programas que têm que ser implementados. Tais aspectos não constituem meros complementos, funcionalmente necessários para o sistema de direitos, e sim *implicações* jurídicas objetivas, contidas *in nuce* nos direitos subjetivos. Pois o poder organizado não se achega ao direito como que a partir de fora, uma vez que é pressuposto por ele: ele mesmo se estabelece em formas de direito" (HABERMAS, 1997, p. 171).

35. "Tentarei clarificar as determinações formais do direito, lançando mão da relação complementar entre direito e moral. Esta clarificação é parte integrante de uma explicação *funcional*, não de uma fundamentação normativa do direito. Pois a forma jurídica não é um princípio que possa ser "fundamentado" epistêmica ou normativamente. Como já foi salientado, Kant caracteriza a legalidade de modos de agir, servindo-se de três abstrações que se referem aos destinatários, não aos autores do direito. Em primeiro lugar, o direito não leva em conta a capacidade dos destinatários em ligar a sua vontade, contando apenas com sua *arbitrariedade*. Além disso, o direito abstrai da complexidade dos planos de ação a nível do mundo da vida, limitando-se à relação externa da atuação interativa e recíproca de determinados agentes sociais típicos. Finalmente, o direito não considera, conforme vimos, o tipo de motivação, contentando-se em enfocar o agir sob um ponto de vista de sua conformidade à regra" (HABERMAS, 1997, p. 147).

motivação no momento da prática da conduta. A legalidade se diferencia da moralidade, precisamente porque está aliviada do peso das justificações internas, que sobrecarregam o indivíduo moderno, uma vez que este já não tem a possibilidade de recorrer a uma justificação universal das sociedades tradicionais para se auto determinar[36].

Há, portanto, uma relação de complementaridade entre a Moral e o Direito, uma vez que as normas jurídicas do Direito Moderno são ao mesmo tempo leis de coerção e leis de liberdade: (i) enquanto lei de coerção, o Direito Moderno corresponde a um conjunto de normas jurídicas obrigatórias, produzidas pela autoridade competente, de acordo com o processo legislativo previamente prescrito, que são faticamente impostas e podem ser alteradas somente nos termos deste mesmo processo legislativo; (ii) enquanto lei de liberdade, o Direito Moderno pode ser obedecido tanto por uma racionalidade estratégica quanto por uma racionalidade comunicativa. Habermas explica que o Direito Moderno deixa seus destinatários livres:

> (...) seja para considerar as normas apenas como uma restrição efetiva de seu espaço de ação e portar-se estrategicamente em face das consequências previsíveis de uma possível violação das regras, seja para querer cumprir as leis em uma atitude performativa – e isso *por respeito* a resultados de uma formação comum da vontade que demandam legitimidade para si (HABERMAS, 2002a, p. 287).

O Direito Moderno é o meio para legitimar as normas de organização social, uma vez que as normas positivas do Direito Moderno são ao mesmo tempo leis de coerção e leis de liberdade, porque devem ser impostas coercitivamente para garantir a coexistência das liberdades, fundadas na competência da autoridade que as editou, segundo um procedimento específico, mas elas também devem ser legítimas, de modo que os destinatários possam expressar sua concordância racional, pois não podem se sustentar apenas no uso da violência estatal.

---

36. "Uma moral dependente de um substrato de estruturas da personalidade ficaria limitada em sua eficácia, caso não pudesse atingir os motivos os agentes por um *outro* caminho, que não o da internalização, ou seja, o da institucionalização de um sistema jurídico que *complementa* a moral da razão do ponto de vista da eficácia para a ação. O direito é sistema de saber e, ao mesmo tempo, sistema de ação; ele pode ser entendido como um texto repleto de proposições e interpretações normativas ou como uma instituição, isto é, como um complexo de regulativos da ação" (HABERMAS, 1997, pp. 149-150).

Contudo, já o dissemos, o Direito Moderno não pode mais invocar uma justificação prévia fundada na Moral tradicional e também a Moral Moderna não pode servir de fundamentação para o Direito Moderno, porque as questões práticas das complexas sociedades modernas não podem ser resolvidas com o recurso a um critério moral universal. Então, como legitimar normas jurídicas coercitivas, sem recorrer à eticidade tradicional nem as fundamentar apenas na força?

Habermas enfrenta esta questão deslocando a legitimidade do Direito Moderno para o momento de sua produção, mediante uma especificação do *Princípio do Discurso*, que Habermas nomeou de *Princípio da Democracia*, cujo conteúdo foi expresso nestes termos:

> (...) somente podem pretender validade legítima as leis jurídicas capazes de encontrar o assentimento de todos os parceiros do direito, num processo jurídico de normatização discursiva (HABERMAS, 1997, p. 145).

Nesse ponto, releva analisar a *tensão externa entre facticidade e validade*, ou seja, como a autonomia pública dos cidadãos se relaciona com um poder político centralizado na instituição do Estado Moderno. Habermas, aclara que os cidadãos que fundam uma sociedade se atribuem direitos fundamentais recíprocos, positivando-os na Constituição, com vistas a disciplinar a convivência. O mestre da Escola de Frankfurt compreende a Constituição como um projeto aberto de reinterpretação e inclusão de conteúdos, razão pela qual o controle de constitucionalidade é o momento em que se retoma o diálogo sobre as bases do acordo que funda a convivência entre os membros da comunidade jurídica[37].

Habermas defende a ideia de um "patriotismo constitucional", no qual o pertencimento a uma determinada sociedade reflete a adesão aos seus

---

37. "As constituições modernas devem-se a uma ideia advinda do direito racional, segundo a qual os cidadãos, por decisão própria, se ligam a uma comunidade de jurisconsortes livres e iguais. A constituição faz valer exatamente os direitos que os cidadãos precisam reconhecer mutuamente, caso queiram regular de maneira legítima seu convívio com os meios do direito positivo. Aí já estão pressupostos os conceitos do direito subjetivo e da pessoa do direito enquanto indivíduo portador de direitos. Embora o direito moderno fundamente relações de reconhecimento intersubjetivo sancionadas por via estatal, os direitos que daí decorrem asseguram a integridade dos respectivos sujeitos em particular, potencialmente violável. Em última instância, trata-se da defesa dessas pessoas individuais do direito, mesmo quando a integridade do indivíduo – seja no direito, seja na moral – dependa da estrutura intacta das relações de reconhecimento mútuo" (HABERMAS, 2002a, p. 229).

princípios constitucionais fundamentais, construídos pelos cidadãos ao exercerem ativamente o papel de autores do sistema jurídico que prescreve seus direitos fundamentais. A livre adesão dos indivíduos a estes princípios constitucionais forja uma unidade nacional, fundada e garantida pelo ordenamento jurídico constitucional. A democracia alicerçada na Constituição estabelece o único cenário político no qual os cidadãos podem conseguir um consenso racional e livre de coação acerca de seus direitos recíprocos, mediante um novo arranjo político, que possa assegurar direitos subjetivos e direitos políticos em um ambiente multicultural. A ideia de patriotismo constitucional fundamenta a identidade nacional em torno da Constituição, que materializa o vínculo entre os cidadãos, e não a partir de suas origens étnicas, culturais ou religiosas, o que permite aceitar melhor a complexidade e a diversidade cultural[38].

Habermas entende possível ancorar a democracia em torno desse "patriotismo constitucional", que não precisa do conceito clássico de nação, entendida como uma comunidade pré-política, de cunho sociocultural.

A ampliação da participação política definidora de um Direito democraticamente produzido, tendo como base os direitos fundamentais postos na Constituição. Embora o Direito seja autônomo em relação à Moral, no momento de sua produção há espaço para os argumentos morais serem cotejados durante o processo argumentativo de elaboração das normas jurídicas, que conferem direitos subjetivos.

Nesse contexto, os direitos fundamentais são considerados direitos positivos intersubjetivos, instituídos e reconhecidos reciprocamente pelos próprios cidadãos enquanto autores do Direito. Não são direitos inatos do ser humano, de caráter natural e prévios à ordem jurídica, mas direitos construídos historicamente, reconhecidos reciprocamente e inseridos nas Constituições dos Estados.

---

38. "A cultura de um país cristaliza-se em torno da constituição em vigor. Toda cultura nacional, sob a luz da própria história, amolda em cada caso um tipo de leitura diferente para os mesmos princípios – tais como soberania do povo e direitos humanos –, os quais também se corporificam em outras constituições republicanas. Sobre a base dessa interpretação, um "patriotismo constitucional" pode ocupar o lugar do nacionalismo original. Tal patriotismo constitucional é visto por alguns observadores como liga demasiado fraca quando se trata de dar consistência a sociedades complexas. Portanto, torna-se tanto mais urgente a pergunta quanto às condições sob as quais as provisões de uma cultura política liberal bastariam para preservar a consistência íntegra de uma nação de cidadãos, independente de associações com a noção racial de povo" (HABERMAS, 2002a, p. 135).

Portanto, um sistema jurídico deve ser reconhecido pelos destinatários como legítimo, o que ocorre no momento do processo legislativo de produção do Direito, onde os múltiplos pontos de vista morais existentes nas sociedades modernas podem ser cotejados, na busca da concretização do ideal de uma sociedade justa, que trate desigualmente os desiguais, mediante critérios positivados racionalmente e submetidos à críticas. O *Princípio da Democracia* prestigia o acesso à participação do cidadão, desde o processo de produção do Direito até a sua aplicação pelos órgãos administrativos e judiciais.

Em Habermas, o sistema jurídico não é fechado em si mesmo, legitimando-se pela produção democrática decorrente da participação dos cidadãos no exercício de sua autonomia pública. Sem o exercício permanente da cidadania, em um ambiente cultural que promova a participação política racional, livre e igualitária, o Direito perde a legitimidade e o seu potencial legitimador. O Direito para ser legítimo deve manter seu processo de produção aberto à participação de todos os potenciais interessados, que devem ter possibilidade de atuar nos procedimentos de formação da vontade decisória.

A legitimidade do Direito demanda que seu processo de produção e modificação assegure a ampla e permanente participação de todos os potenciais destinatários das normas jurídicas. A legitimidade do Direito depende de que os cidadãos sejam a um só tempo seus destinatários e seus autores, de modo que o ordenamento jurídico seja produzido a partir do poder comunicativo, mediante uma argumentação política, que permita o embate de argumentos díspares e abra espaço para negociações de interesses, orientadas pelo princípio majoritário. O Direito só será legítimo se produzido mediante um processo legiferante democrático, que assegure a participação do cidadão, o que demanda uma permanente interação entre a esfera pública e os órgãos legislativos.

Nessa toada, Habermas entende que o Direito e a Democracia são indissociáveis, porque na democracia, os cidadãos são a um só tempo autores e destinatários das normas jurídicas e o Direito só será legítimo se estes cidadãos efetivamente puderem participar da produção do Direito, de modo que a norma jurídica possa contar com o assentimento livre, racional e em igualdade de condições de todos os possíveis destinatários, na qualidade de participantes de um discurso racional. Um direito fundado apenas na coerção não se sustenta a longo prazo.

A argumentação de Habermas permite compreender o Direito Moderno não apenas como meio de dominação racional-legal, capturado pela lógica do agir instrumental e à serviço dos bloqueios sistêmicos, mas também possibilita visualizar o Direito Moderno como um meio legítimo de integração social, mediante normas jurídicas positivas, que são coercitivas e obrigatórias, mas também legítimas, porque produzidas democraticamente.

A legitimação do Direito pelo caráter democrático do processo de sua instituição e modificação remete à forma pela qual os órgãos legislativos interagem com a opinião formada na esfera pública não institucionalizada, que funciona como uma caixa de ressonância dos temas que afetam os cidadãos, convertendo-a em decisões políticas. Assume especial atenção o conceito habermasiano de esfera pública como elemento essencial para a existência da democracia. Para Habermas, a esfera pública é uma rede comunicacional em que os temas são problematizados e a opinião pública é gestada, configurando um espaço não institucionalizado, de ampla participação, que filtra os temas sensíveis e os envia às instituições públicas, que os convertem em decisão. O índice democrático é diretamente proporcional ao fluxo comunicacional entre a esfera pública, sob pena da democracia se tornar meramente institucional e reduzida a um ritual estéril.

Para Habermas, a legitimidade do Direito é aferida de acordo com alguns critérios:

(i) o processo legislativo para edição das normas jurídicas deve obedecer a um procedimento racional;

(ii) o ordenamento jurídico deve garantir as mesmas liberdades a todos os membros da comunidade jurídica;

(iii) possibilidade de aceitação racional das normas jurídicas por todos os membros da comunidade jurídica.

A partir desses critérios, a norma jurídica legítima é aceita pelos destinatários como se sua prescrição tivesse sido redigida por si mesmos, revelando a força sociointegrativa do Direito, fundado no consenso capaz de estabelecer vínculos de solidariedade.

O Direito Moderno é o ponto de inflexão da tensão entre facticidade (positividade) e validade (legitimidade), desde o momento de sua produção, pois se pretendem positivas e também legítimas, mantendo-a também após sua edição, na medida em que almejam ser normas de coerção e de liberdade ao mesmo tempo. O caráter obrigatório (coercitivo) das normas jurídicas permite a coordenação das liberdades, para que o livre arbítrio daquele que age estrategicamente não tolha a liberdade do outro; ao mesmo tempo, as normas jurídicas também asseguram o exercício da autonomia pública dos cidadãos, que podem utilizar sua liberdade para promoção do bem comum, concretizando o interesse público.

Há uma co-originaridade entre a autonomia privada e a autonomia pública, pois os cidadãos se submetem à coerção do Direito Moderno para assegurarem direitos recíprocos, mas ao mesmo tempo são autores desse mesmo Direito Moderno, na medida em que podem participar do processo de produção e modificação das normas jurídicas. As autonomias privadas e públicas co-originárias são articuladas pela democracia, a partir da ideia da supremacia da Constituição sobre a legislação infraconstitucional, materializando-as nos direitos fundamentais constitucionalizados.

Habermas considera os direitos fundamentais constitucionalizados verdadeiros pressupostos para avaliar a legitimidade do Direito, que só será legítimo se produzido democraticamente. A legitimidade do Direito Moderno obrigatório (coercitivo) deve se fundamentar em uma obediência racional, portanto, não pode eliminar possibilidade de participação dos cidadãos nos processos comunicativos que o produzem e o modificam. O Direito só será legítimo se produzido democraticamente, mediante um processo aberto à permanente participação dos cidadãos, que espontaneamente decidam dele participar, reconhecendo direitos recíprocos como meio para resolução dos conflitos de interesse, com possibilidade inclusive de modificá-los e atualizá-los.

Habermas propõe cinco grupos de direitos fundamentais em abstrato, que expressam a co-originalidade da autonomia privada e da autonomia pública, de modo que ambas se reforçam mutuamente.

Inicialmente, trata de três grupos de direitos fundamentais: (i) direitos fundamentais ao maior nível possível de iguais liberdades subjetivas de ação; (ii) direitos fundamentais relacionados ao *status* de membro de uma comunidade política, compreendida como uma associação voluntária de parceiros jurídicos; (iii) direitos fundamentais de acesso à jurisdição, ou seja, direitos relacionados à possibilidade de invocar a proteção judicial dos direitos individuais. Esses grupos de direitos fundamentais se referem à autonomia privada dos cidadãos, percebidos como destinatários do Direito, em suas relações intersubjetivas horizontais. Estes direitos fundamentais de natureza política asseguram a participação dos cidadãos, de forma livre e em igualitária.

Entretanto, para que os cidadãos assumam também o papel de autores do Direito, no âmbito da autonomia pública, faz-se necessário mais um grupo de direitos fundamentais: (iv) direitos fundamentais à participação, em igualdade de oportunidade, nos processos de formação da opinião e da vontade, nos quais os cidadãos atuem com autonomia política, produzindo o Direito legítimo.

Por fim, Habermas trata de um último grupo de direitos fundamentais, que se referem à relação entre os cidadãos e o Estado, não se enquadrando na autonomia privada nem na autonomia pública: (v) direitos fundamentais que garantem as condições necessárias para que os direitos fundamentais anteriores possam ser exercidos em igualdade de oportunidade, incluindo-se nesses grupos os direitos sociais, culturais e ecológicos.

Habermas afirma que este sistema de direitos não decorre de um direito natural, mas se trata de uma construção racional e histórica:

> (...) tal sistema dos direitos não é dado preliminarmente ao legislador constituinte como um direito natural. Esses direitos só chegam à consciência numa determinada interpretação constituinte. Ao lerem o sistema de direitos pelo ângulo de sua situação, os civis apenas explicitam o sentido do empreendimento ao qual eles já se dedicaram, ao decidirem regulamentar legitimamente sua convivência pelo direito. Tal empreendimento pressupõe apenas uma compreensão intuitiva do princípio do discurso e o conceito de forma jurídica (HABERMAS, 1997, p. 166).

Deste modo, as autonomias privada e pública são complementares e co-originárias: exercendo sua autonomia privada, os cidadãos decidem como os direitos subjetivos serão exercidos e articulados, enquanto a autonomia pública é utilizada pelos cidadãos para decidir livremente os critérios racionais de tratamento entre iguais, de modo que os tratamentos desiguais só se justificam se forem democraticamente decididos, com base em boas razões. Para Habermas, em uma democracia, os cidadãos decidem livre e racionalmente quais são direitos fundamentais que organizam a sociedade, raciocínio aplicável aos chamados direitos humanos.

Ou seja, Habermas rejeita a tese de que os direitos humanos são normas morais, pré-positivas, de cunho jusnatural, afirmando que se tratam de espécies de direitos fundamentais, construídos historicamente e relacionados a uma Constituição, portanto, dotados de validade positiva, todavia, tais direitos possuem um sentido que vai além das ordens jurídicas nacionais. Os direitos humanos, a par de serem direitos fundamentais que protegem inicialmente os indivíduos da ordem jurídica nacional que os constitucionalizou, mas também se dirigem a todos os seres humanos, possuindo uma pretensão de validade que ultrapassa as ordens jurídicas nacionais. É o que Habermas nomeia de "a face de Jano dos direitos humanos": os direitos humanos se comportam como normas morais universais, mas são normas jurídicas positivas, pertencentes a um ordenamento jurídico[39].

Nessa perspectiva, os direitos humanos são direitos subjetivos construídos historicamente, que podem ser instituídos ou alterados racionalmente. A relação de complementaridade entre a Moral e o Direito permanece intacta em relação aos direitos humanos, correlacionando a autonomia privada e a autonomia pública, sem primazia de uma sobre a outra, mas ressaltando sua co-originalidade, de modo que os cidadãos sejam destinatários e autores do Direito[40].

Para Habermas, os direitos humanos também são positivados como normas jurídicas constitucionais, com caráter de normas fundamentais, possuindo validade jurídica, resguardada pela Jurisdição do Estado nacional, mas têm a pretensão de universalidade, que se estende para além das ordens jurídicas nacionais.

O caráter supranacional dos Direitos Humanos abre a perspectiva de que sejam utilizados como meio para superação dos bloqueios sistêmicos, na medida em que sua construção histórica e democrática possibilita que outras cosmovisões se contraponham ao padrão instituído pelo paradigma dominante.

A internacionalização dos Direitos Humanos na Modernidade avançada retoma o potencial emancipador do Direito, permitindo aos agentes disputar o capital jurídico desde uma perspectiva externa, forçando os limites dos bloqueios sistêmicos erguidos nos campos jurídicos nacionais.

No entanto, remanesce a questão da efetividade dessa pretensão de validade supranacional dos direitos humanos. Acerca deste aspecto, Norberto Bobbio há muito advertiu:

---

39. "Direitos humanos têm faces de Jano que se voltam simultaneamente para a moral e para o direito. Sem considerar o seu conteúdo moral, eles têm a forma jurídica. Referem-se eles, como normas morais, a tudo que ostenta face humana, mas, na qualidade de normas jurídicas, protegem os indivíduos apenas à medida que pertencem a determinada comunidade jurídica – ou seja, os cidadãos de um Estado nacional" (HABERMAS, 2003, p. 72).

40. "Os direitos humanos podem até mesmo ser bem fundamentados de um ponto de vista moral; não pode ocorrer, no entanto, que um soberano seja investido deles de forma paternalista. A ideia da autonomia jurídica dos cidadãos exige, isso sim, que os destinatários do direito possam ao mesmo tempo ver-se como seus autores. E se o legislador constitucional democrático simplesmente encontrasse os direitos humanos como fatos morais previamente dados, para então positiva-los e nada mais, isso estaria em contradição com essa ideia" (HABERMAS, 2002a, p. 293).

> (...) o problema que temos diante de nós não é filosófico, mas jurídico, e, num sentido mais amplo, político. Não se trata de saber quais e quantos são esses direitos, qual é sua natureza e seu fundamento, se são direitos naturais ou históricos, absolutos ou relativos, mas sim qual o modo mais seguro para garanti-los, para impedir que, apesar das solenes declarações, eles sejam continuamente violados. (BOBBIO, 1992, p. 25).

Já vimos que o campo jurídico se encontra igualmente cooptado e posto à disposição da estrutura sistêmica de protelação, garantindo a manutenção e reforço do paradigma ambiental vigente e atuando como meio para o exercício da violência simbólica, mas essa capacidade de reforço não é infinita. O esgotamento de um paradigma ambiental não pode ser sustentado artificial e indefinidamente pelo Direito sem que isto conduza ao colapso da sociedade.

Entretanto, embora os bloqueios sistêmicos continuem atuando no campo jurídico, a sua racionalidade própria abre a perspectiva da superação destes, pela via da hermenêutica jurídica, pois novos direitos podem ser reconhecidos no campo jurídico, em meio ao processo judicial de hermenêutica dos textos, que submete ao controle racional, inclusive o direito humano ao meio ambiente sadio.

Upendra Baxi afirma que o século XX foi o século dos Direitos Humanos, quando a sua Declaração se posiciona na centralidade do Direito, expandindo-se a partir da instituição da ONU, mas adverte contra os riscos de um idioma universal para traduzir dos Direitos Humanos em um mundo globalizado, bem como acerca da necessidade de ampliar a normatização internacional para impor deveres claros e objetivos às corporações multinacionais e grandes conglomerados econômicos quanto à efetivação dos Direitos Humanos (BAXI, 2008).

De fato, o Estado nacional, centrado na soberania territorial, é incapaz de responder com eficiência aos desafios postos pela globalização e pela hiperaceleração biotecnológica, mas isto não implica necessariamente na conclusão de que o Estado nacional seja uma instituição desnecessária. A propósito, Norberto Bobbio, com a argúcia usual, há muito advertiu que não se deve confundir a questão do fim do Estado com a crise de um determinado tipo de Estado:

> Porém, é preciso antes de tudo distinguir o problema do fim do Estado do problema da crise do Estado de que tanto se fala nesses anos, com referência ou ao tema da crescente complexidade e à conseqüente ingovernabilidade das sociedades complexas, ou ao fenômeno do poder

> difuso, cada vez mais difícil de ser reconduzido à unidade decisional que caracterizou o Estado de seu nascimento até hoje. (BOBBIO, 2001, p. 126).

A globalização e a hiperaceleração biotecnológica produzem problemas que não podem ser tratados no âmbito do paradigma ambiental moderno, em torno do qual o Estado Moderno está organizado. Os riscos não planejados e imponderáveis das intervenções tecnocientíficas ultrapassam as fronteiras nacionais e o Estado Moderno não pode enfrentá-los nos seus limites.

Utilizando a terminologia de Beck, a *globalização* está ancorada na *globalidade*, que estabelece um novo marco cultural, que demanda uma outra forma de governabilidade, que considere a diversidade, a complexidade e a fluidez dos arranjos sociais, que paradoxalmente continuam a depender de alguma constante estabilizadora, que permita estabelecer critérios de convivência. A hiperaceleração biotecnológica é o signo distintivo do nosso tempo e a Tecnonatureza é a categoria que organiza a construção de um novo modelo civilizacional correspondente. Neste sentido, a globalização como decorrência da hiperaceleração biotecnológica impulsiona a construção desse novo modelo civilizacional, fundado na ideia de Tecnonatureza, que impõe a reformatação da instituição Estado.

Com efeito, a instituição do Estado se adapta historicamente para enfrentar os problemas da organização política da sociedade, em cada tempo e espaço, de modo que o verdadeiro problema não é saber se o Estado nacional morreu, mas saber em que o Estado deve se transformar.

Os Estados nacionais já não possuem a mesma capacidade de ação, mas ainda são espaços de interação social e promoção do interesse público, capazes de direcionar as atividades políticas e econômicas para a promoção do desenvolvimento humano, mediante o controle democrático das forças em constante conflito no campo social.

A inexistência do Estado conduziria ao surgimento de uma sociedade sem um espaço público de tomada de decisões coercitivas, controladas democraticamente, onde a racionalidade instrumental não encontraria limites à sua expansão crescente, comprometendo a legitimação do Direito produzido pelo Estado.

Georges Burdeau (1905-1988) defende uma concepção do Estado como "regulador da dialética entre a ordem e o movimento", afirmando que a vida política se caracteriza pela oposição de forças conservadoras e de movimento, cujo entrechoque não conduz à eliminação de uma delas, mas o surgimento de uma nova situação que as supera:

> A ordem segundo a qual se ajustam e vivem as sociedades políticas não é um dado primário; resultado da ação de uma grande quantidade de força, ela é, ousaremos exprimir assim, movimento digerido. A ordem se defende absorvendo o movimento, o movimento se esforça para inserir-se na ordem. Esse jogo das duas tendências aparentemente contraditórias faz da dinâmica política uma dialética em que o enfrentamento se dissolve numa superação (BURDEAU, 2005, p. 91).

Dessa forma, embora seja indiscutível que o modelo de "Estado-Nação" surgido com a modernidade já não permanece com todas as suas características clássicas, resultado dos efeitos da hiperaceleração biotecnológica, isso não significa em absoluto o fim do Estado, representa apenas o esgotamento de um modelo que deve ser superado por um novo arranjo institucional, capaz de promover a integração social em um cenário complexo e multicultural[41].

Habermas compreende que a capacidade de decisão dos Estados nacionais chegou ao limite em razão da globalização, tornando-os incapazes de dar respostas eficientes aos desafios globais, cujos efeitos não se limitam às fronteiras territoriais, fragilizando ainda mais o processo de legitimação das decisões políticas.

Destarte, embora os direitos humanos ocupem o centro dos sistemas jurídicos nacionais, inseridos nas Constituições e tornados parâmetros para a edição da legislação infraconstitucional, com lugar de destaque entre as demais normas constitucionais, os Estados nacionais não podem garantir sua efetividade para além de suas fronteiras, de modo que a validade dos direitos humanos fica restrita ao âmbito territorial de vigência de cada Estado nacional, embora também possuam pretensão de universalidade e destinem-se a todos os seres humanos

---

41. "Hoje, quando a capacidade de ação do Estado nacional chega a seus limites, seu exemplo também se revela, por outro lado, muito instrutivo. A seu tempo, o Estado nacional proporcionou um contexto de comunicação política em que foi possível aparar os impulsos abstrativos da modernização social, tomar uma população privada do contexto de vida que ela havia herdado da tradição e reacomodá-la no encadeamento de um mundo vital ampliado e racionalizado, também pela via da consciência nacional. Foi-lhe possível cumprir essa função integrativa assim que o *status* jurídico do cidadão vinculou-se ao fato de se pertencer culturalmente à nação. Já que o Estado nacional se vê desafiado internamente, pela força explosiva do multiculturalismo, e externamente, pela pressão problematizadora da globalização, cabe perguntar se há hoje um equivalente para o elemento de junção entre a nação de cidadãos e a nação que se constitui pela ideia de povo" (HABERMAS, 2002a, p. 134).

A pretensão de universalidade dos direitos humanos não pode ser assegurada pelos Estados nacionais, precisamente porque a ordem jurídica nacional possui limites territoriais determinados. Pretendendo ser válidos para todos os seres humanos, os direitos humanos demandam uma ordem jurídica global, que não se limite ao território dos Estados nacionais.

Em Habermas, os direitos humanos são direitos fundamentais de uma ordem jurídica mundial, ou seja, universalidade dos direitos humanos pressupõe uma ordem jurídica global que os reconheça e valide. Para Habermas, a instituição de uma ordem jurídica cosmopolita é condição sem a qual não se poderá construir e assegurar direitos humanos fundamentais, capazes de estabilizar as relações internacionais e pôr fim ao estado de natureza entre os países.

A instituição dessa nova ordem mundial já se iniciou com a fundação da Organização das Nações Unidas (ONU), mas esta não tem a efetividade necessária, por depender da aquiescência dos Estados nacionais às suas ações, salientando que a ONU não se prestaria a ser um governo mundial por se limitar "ao âmbito de trabalhos ordenadores elementares", mesmo que passasse por reformas institucionais:

> A ONU nasceu após a Segunda Guerra com o objetivo imediato de evitar novas guerras. Desde o início, a função de manutenção da paz esteve ligada à tentativa de imposição política dos direitos humanos. Acrescentaram-se, entrementes, à tarefa de evitar a guerra as questões de segurança ecológica. Mas tanto os fundamentos normativos da Declaração dos Direitos do Homem da ONU, como também questões de segurança em um sentido amplo denunciam a exigência funcional limitada à qual as Nações Unidas respondem sem possuir um monopólio da violência: por um lado a domesticação da guerra e da criminalidade estatal; por outro, a evitação de catástrofes humanas e de riscos mundiais. Diante dessa *limitação ao âmbito de trabalhos ordenadores e elementares*, mesmo uma reforma das instituições existentes não criaria um governo mundial (HABERMAS, 2001a, pp. 134-135).

Observe-se que Habermas compartilha com Kant a desconfiança em relação a um governo mundial, razão pela qual o filósofo alemão se direciona para saber como constituir uma política mundial sem um governo mundial, enfrentando duas questões: (i) como obter uma legitimação democrática das decisões para além das fronteiras do Estado nacional; (ii) como modificar a autocompreensão dos atores que participam das negociações globais.

(i) A primeira questão é enfrentada superando a ideia liberal de uma legitimação apenas pela via da participação política do cidadão em processos eleitorais, para alcançar a ideia de uma legitimação mediante o "acesso universal a um processo deliberativo cuja natureza fundamenta a expectativa de resultados racionalmente aceitáveis" (HABERMAS, 2001a, p. 140). Habermas adverte que são se trata de uma substituição dos processos eleitorais convencionais, mas um deslocamento do peso decisório para processos comunicativos:

> Tal compreensão da democracia com base na teoria do discurso modifica as exigências teóricas das condições de legitimação da política democrática. Não que a esfera pública em funcionamento, a qualidade da deliberação, o acesso e a estrutura discursiva das formações de opinião e de vontade pudessem substituir totalmente os procedimentos de representação e de decisão convencionais. Mas os pesos deslocam-se da personificação concreta da vontade soberana nas pessoas e nas eleições, corporações e votos, para as exigências de procedimento dos processos comunicativos e decisórios (HABERMAS, 2001a, p. 140).

Habermas esclarece que, embora ainda não haja uma opinião pública global, as Organizações Não Governamentais supranacionais já ganharam poder de influência sobre os Estados nacionais, assemelhando-se a "uma sociedade civil internacional, integrada em rede" (HABERMAS, 2002a, p. 198).

A segunda questão demanda a superação dos interesses nacionais em prol de interesses globais, no âmbito dos procedimentos decisórios internos, razão pela qual faz-se necessária a instituição de uma "governança global" a ser exercida em um espaço público em que pessoas de diferentes nacionalidades possam dialogar livremente.

Ou seja, os Estados nacionais devem direcionar suas políticas públicas em atenção aos direitos intersubjetivamente construídos nesse espaço público transnacional, o que demanda uma nova consciência cosmopolita por parte dos cidadãos, que precisam adotar uma percepção de cidadania participativa não circunscrita a um território, mas exercida por cosmopolitas em uma sociedade civil global, onde sejam discutidos e decididos os temas transnacionais.

Habermas adverte que sem esta consciência dos cidadãos, as elites governantes não conseguirão ressonância política para implementar uma agenda mundial porque estará pressionada pelas demandas fundadas em interesses apenas nacionais:

> A mudança de perspectiva das "relações internacionais", no sentido de uma política interna mundial, não deve, não obstante, ser espera-

> da da parte dos governos sem que as populações mesmas aprovem tal mudança de consciência. Porque as elites governantes devem se empenhar pela concordância e pela reeleição na sua arena nacional, elas não devem ser castigadas pelo fato de não operarem mais dentro da margem de independência da nação, mas antes estar conectadas aos procedimentos cooperativos de uma comunidade cosmopolita (HABERMAS, 2001a, p. 141).

A efetividade dos direitos humanos demanda essa constitucionalização da ordem jurídica internacional rumo ao cosmopolitismo, direcionando-a no sentido da união de diversos Estados nacionais em torno de organismos supranacionais, transferindo aos mesmos algumas competências, de modo que as decisões dos órgãos comunitários poderiam ser aplicadas no âmbito territorial dos Estados nacionais, com o objetivo de dar efetividade aos direitos humanos reciprocamente reconhecidos pelo ordenamento jurídico constitucional supranacional, que coexiste com as ordens jurídicas dos Estados nacionais, numa interconexão permanente.

Em um Estado constitucional, os cidadãos reconhecem direitos subjetivos recíprocos, construídos democraticamente, tornando-se autores e destinatários do Direito, que resulta do cotejo das diferentes racionalidades. Essa ideia é válida tanto para as ordens nacionais quanto para a ordem internacional, superando a ideia de uma soberania territorial, o que demanda o desenvolvimento desta consciência cosmopolita que se estenda além das fronteiras nacionais.

A implementação dessa democracia cosmopolita diminuiria o déficit democrático atualmente existente na ordem internacional, atendendo as exigências de um ambiente multicultural. Observe-se que Habermas não vislumbra o fim dos Estados nacionais, diluídos em um Estado mundial, mas a sua união em um novo arranjo que denominou de "constelação pós-nacional", instituída em torno de uma Constituição supranacional, abrindo novos espaços de realização dos processos democráticos para além dos Estados nacionais.

No diálogo registrado por Borradori, Habermas afirmou que:

> (...) há muito tempo nos encontramos na transição da lei internacional clássica para aquilo que Kant antecipou como um Estado de cidadania mundial. Este é um fato; além do mais, normativamente falando, não vejo qualquer alternativa significativa para tal desenvolvimento (BORRADORI, 2004, p. 51).

A partir da proposta habermasiana, que se orienta por um novo olhar acerca da relação entre Direito e Democracia, a fim de enfatizar o potencial emancipador do Direito, é possível vislumbrar o Direito como meio para superação dos bloqueios sistêmicos que impedem a emergência de um novo paradigma ambiental, mediante a construção de novos direitos humanos, que assegurem uma distribuição mais simétrica dos riscos, prejuízos e benefícios decorrentes da hiperaceleração biotecnológica, domesticando tanto o poder político quanto a tecnociência.

Os processos da democracia moderna foram construídos nos limites de uma constelação nacional, formada pelas ideias de Nação e Território, no âmbito dos quais as políticas públicas são definidas e os direitos subjetivos assegurados. Essa constelação nacional sucumbiu em face da globalização, razão pela qual se faz necessária uma nova ordem política transnacional, na perspectiva habermasiana, que vá além dos territórios nacionais e que seja capaz de enfrentar a fragilização do conceito de Estado nacional na hiperaceleração biotecnológica.

O caráter supranacional dos Direitos Humanos abre a perspectiva de que sejam utilizados como meio para superação dos bloqueios sistêmicos, na medida em que sua construção histórica e democrática possibilita que outras cosmovisões se contraponham ao padrão instituído pelo paradigma ambiental moderno, inserindo-os nos ordenamentos constitucionais nacionais.

Todavia, antes mesmo de vencermos o desafio da efetivação dos Direitos Humanos, o avanço descontrolado e hiperacelerado da Tecnonatureza se direciona ao corpo do ser humano para melhorá-lo e, no limite, abandoná-lo, com consequências imponderáveis, a partir da problematização da própria permanência da ideia de humanidade.

CAPÍTULO 6

O DIREITO NO HORIZONTE DA PÓS-HUMANIDADE

6.1. *HOMO HOMINI FABER*

Na alta Modernidade, a tecnociência se direciona ao próprio corpo humano para aprimorá-lo e, no limite, torná-lo obsoleto. Laymert Garcia dos Santos trata do chamado "Caso Moore", que pode ser considerado um exemplo paradigmático desse novo momento da tecnociência, que torna o humano mais um objeto de manipulação:

> Moore era um caso único de leucemia. Hospitalizado em 1976, logo os médicos perceberam que ele poderia render em termos de pesquisa (cerca de US$ 3 bilhões, em valores de 1990). Reunidos em equipe, dividiram então entre si seu sangue, esperma, medula, pele e tecidos e durante sete anos de testes retiram fragmentos genéticos de seu corpo. Contratos com a Genetics Institutes e o laboratório farmacêutico Sandoz asseguraram a continuidade dos investimentos e as margens de lucro de cada um. Quando Moore descobriu que estava sendo usado, moveu um processo... reivindicando o direito a suas células! Mas depois de anos de tramitação, a Corte não lhe deu ganho de causa (SANTOS, 2001, p. 31).

Nos autos do processo que moveu em face da Universidade da Califórnia, em Los Angeles, John Moore argumentou que procurou o Centro Médico da Universidade da Califórnia, onde autorizou a retirada de seu baço para tratar de sua doença, um caso raro de leucemia das células ciliadas. Ao analisarem o baço do paciente, os médicos constataram que este produzia uma substância imunológica eficiente no tratamento do câncer, por isso extraíram uma linhagem de células nomeadas de "Mo", que foram patenteadas e comercializadas. Moore afirmou que jamais autorizou a extração de seu material orgânico para fins lucrativos, muito menos cedeu direitos de patente e comercialização do mesmo.

A decisão judicial da Suprema Corte da Califórnia, no caso *Moore versus Regents of University of California*, abriu a possibilidade de patenteamento de material genético humano, com base no argumento de que o material orgânico extraído do corpo de John Moore era material biológico descartado, equiparado a lixo hospitalar, logo, *res nullius*, não lhe pertencia e nem gerava direito à indenização pelo seu uso, embora tenha recomendado que o médico informe ao paciente sua intenção de utilizar o material orgânico humano com fins econômicos. Ou seja, assim como no caso do material genético de plantas e animais, o valor econômico do material genético humano emerge quando as informações genéticas colhidas são transformadas pela biotecnologia, cujos resultados das pesquisas são patenteáveis, suscetíveis de apropriação e comercialização. Nessa trilha, o biomercado se ampliou para absorver também o humano. O desenvolvimento da *Tecnonatureza* absorveu o corpo humano como mais uma matéria-prima, rompendo definitivamente a barreira que separa o artífice do artefato.

Observe-se que a manipulação biotecnológica do ser humano não se limita apenas à extração de informações para produção de bioprodutos, mas progride no sentido de considerar seu corpo orgânico obsoleto, pretendendo melhorá-lo e, no limite, abandoná-lo.

O modelo de desenvolvimento biotecnológico toma o próprio corpo humano e sua codificação genética como matéria-prima da Tecnonatureza, transformando-o em informação (*software*) a ser utilizada para modificá-lo (*upgrade*), construindo um ser humano melhorado, com um corpo mais resistente a doenças e ao envelhecimento (*hardware*), com novas habilidades sensoriais e cognitivas.

Além disso, a biotecnociência também produz artefatos maquínicos a serem introduzidos indelevelmente no corpo humano, com o mesmo propósito de ampliar suas funções tornando-o melhor. Implantes, próteses, chips, exoesqueletos são incorporados de forma definitiva ao corpo humano, incialmente para corrigir defeitos e posteriormente para ampliar funções e sentidos, fazendo surgir um ser híbrido entre o ser humano e a máquina.

Além disso, as pesquisas também avançam no horizonte da construção de máquinas inteligentes, autônomas, com consciência de si mesmas, sencientes, capazes de raciocinar e ter emoções, a fim de desempenhar atividades que mesmo um corpo orgânico melhorado não conseguiria.

Em todos estes cenários, o conceito de ser humano resta problematizado, alterando-se a conformação das relações sociais pelo surgimento de seres com características que não são biologicamente demarcadas, mas introduzidas artificialmente pelo engenho humano.

Uma observação importante se faz necessária. Não há um consenso no uso dos termos *transumanismo* e *pós-humanismo*, que são utilizados com significados ora diversos, ora semelhantes e até como sinônimos.

No presente estudo, estes conceitos são utilizados para compreender o impacto das novas tecnologias sobre a arquitetura das sociedades que se encontram no estágio da alta Modernidade. A tentativa de construção de uma taxinomia da Tecnonatureza se fundamentará na cogitação de uma sociedade futura formada por:

(i) humanos biologicamente demarcados;

(ii) humanos com o corpo melhorado biotecnologicamente (*transumano*);

(iii) humanos hibridados com máquinas (*ciborgues*);

(iv) máquinas inteligentes, conscientes, sencientes e autônomas.

Todas implicações sociais, políticas, econômicas, filosóficas, religiosas e jurídicas do advento do transumanismo e da pós-humanidade são imponderáveis, uma vez que se tratam de probabilidades que podem não acontecer, mas é possível antecipar alguns problemas que repercutirão no campo jurídico, refletindo sobre eles.

Contudo, antes de analisar o impacto das novas tecnologias no campo jurídico, é oportuno diferenciar mais detidamente os cenários do transumanismo e da pós-humanidade.

6.2. O TRANSUMANISMO

A ideia forte do transumanismo reside no uso da técnica e da ciência para alterar o corpo humano, tornando-o melhor. Ou seja, cuida-se do nascimento de um novo humano, com potencialidades ampliadas.

É importante destacar que o transumanismo não se ergue contra o Humanismo, muito ao contrário, representa sua consumação plena, reafirmando a projeto moderno em uma versão biotecnológica, para confirmar o ser humano como senhor e possuidor da Natureza, inclusive da sua própria. O transumanismo é uma exacerbação do ideal moderno de domínio da Natureza para agora recriá-la. O ser humano se torna ao mesmo tempo produtor e produto, um objeto de si mesmo.

Portanto, a ideia de superação do humano não deve ser compreendida como o fim do humanismo renascentista, sequer como um movimento contra o humanismo renascentista, mas como um estágio avançado do humanismo. É uma superação no sentido de ir além, não de substituição. Em verdade, trata-se de um humanismo radicalizado pela biotecnologia, representando uma continuidade do ideal iluminista por outros meios.

Em um sentido amplo, o ser humano já utiliza a técnica e a ciência para ir além de suas limitações biológicas desde que nossos ancestrais forjaram as primeiras ferramentas de pedra, aprenderam a dominar o fogo, a cultivar os campos e a domesticar os animais.

Aprendemos com Pico de la Mirandola que o ser humano é livre para ir além de suas limitações biológicas. Essa é nossa diferença específica, que nos distingue dos demais animais totalmente determinados pelas leis da Natureza.

Esse tem sido o impulso primário do ser humano desde que nossos ancestrais utilizaram o polegar opositor para construir as primeiras ferramentas. Ir além, melhorar, desenvolver nossas potencialidades, nossa perfectibilidade. A história humana é o relato do desenvolvimento das potencialidades humanas para se erguer acima dos condicionantes biológicos.

A ciência dos Modernos potencializou essa empreitada, intensificando a antropomorfização do mundo. E o melhoramento do ser humano sempre esteve presente no projeto moderno. A ideia da erradicação das doenças e da fome, bem como da promoção do bem-estar humano, estão postas desde *A Nova Atlântida*.

A propósito, graças à ciência dos Modernos, já somos há bastante tempo uma espécie tecnologicamente melhorada pelo uso de artefatos que nos permitem voar, respirar embaixo d'agua, corrigir defeitos sensoriais, suprir deficiências físicas e até navegar entre as estrelas. Fármacos e antibióticos ampliaram nossa expectativa de vida, melhoraram nossa capacidade cognitiva.

Desse modo, o transumanismo se mantém nos limites do conceito de ser humano posto pelo humanismo renascentista e segue no marco do projeto moderno, agora introduzindo novas tecnologias: i) para alterar geneticamente o corpo orgânico; ii) para agregar artefatos maquínicos ao corpo orgânico, formando um ser híbrido.

O desenvolvimento tecnológico impacta os modelos de sociedade desde a Revolução Agrícola. Esse desenvolvimento conduziu ao surgimento da Tecnonatureza. Agora este processo se direciona para o corpo humano. Assim, o transumanismo propõe a alteração da natureza humana pela biotecnociência para alcançarmos uma Tecnonatureza humana, que fará emergir um ser humano melhorado. As biotecnologias de melhoramento humano *(human enhancement)* pretendem o nascimento de novas espécies de seres humanos, com potencialidades ampliadas: o *transumano* e o *ciborgue*.

O transumano

(i) Na primeira hipótese, a proposta é utilizar a nanotecnologia, a biotecnologia, a informática e as ciências cognitivas para melhorar os sentidos, retardar o envelhecimento, aumentar a força física e a resistência a doenças, tornando o corpo humano melhor e mais apto.

Esse novo ser transumano, que emergirá dos laboratórios de biotecnologia, melhorado em todos os aspectos, físico, intelectual, psíquico, mnemônico, viverá mais, praticamente não adoecerá, retardará o envelhecimento, terá força e inteligência superiores, a morte será algo raro. Em verdade, o transumano flertará com a imortalidade. Nesse contexto, não se pretende a superação do ser humano, mas de um determinado modo de ser humano[1].

Nesse ponto, cumpre destacar que a busca pela transumanidade não é uma fantasia, traduzindo um projeto. Há um esforço coletivo neste sentido, que envolve recursos técnicos, científicos e financeiros, com avanços já consideráveis.

De fato, salta aos olhos que algumas tecnologias, até bem pouco tempo restritas aos roteiros, livros ou contos de ficção, hoje estão disponíveis. Transplantes dos mais diversos órgãos, próteses avançadas, exoesqueletos mecânicos, nanotecnologia aplicada à medicina, engenharia genética, as tecnologias de realidade virtual, todos estes avanços biotecnológicos estão cada vez mais integrados ao cotidiano, utilizando técnicas que pretendem melhorar significativamente a animalidade do ser humano, potencializando suas funções e ampliando sua duração biológica.

---

1. "Hoje olhamos para o corpo como uma máquina, mas isso não é mais visto como metáfora. Mudar o funcionamento de órgãos, prolongar a vida por meios artificiais, confundir o corpo humano com suas extensões mecânicas, tudo isso tornou-se tão banal que nem mesmo sabemos que ao usar a palavra humano não mais nos referimos a uma realidade reconhecível por meio de nossos instrumentos conceituais" (BIGNOTO, 2009, pp. 226-227).

Uma dessas técnicas é o sistema CRISPR/Cas9, que permite a edição do material genético de células vivas para corrigir problemas identificados nas cadeias do DNA. A sigla CRISPR corresponde à expressão em língua inglesa *Clustered Regularly Interspaced Short Palindromic Repeats* (agrupados de curtas repetições palindrômicas regularmente interespaçadas). Trata-se de uma ferramenta de edição do genoma, construída a partir do mecanismo de defesa existente em bactérias como a estreptococos, consistindo em uma sequência de DNA que pode ser replicada. Essa ferramenta associada a enzimas Cas (proteínas associadas ao CRISPR), especialmente à Cas9, que permitem cortar as sequencias de DNA indesejadas. Ou seja, a CRISPR corresponde às sequências de DNA e a Cas9 à ferramenta de corte, portanto, basta indicar a sequência CRISPR e a ferramenta Cas9 a corta, obstando sua replicação, alterando o genoma. Essas intervenções biotecnologias diretamente nos genes podem conduzir à eliminação de doenças como AIDS, alzheimer, catarata, câncer, diabetes e doenças hereditárias, tornar o ser humano imune a vírus, tornar o corpo mais forte e suas funções mais eficientes (https://cib.org.br/crispr/).

Outra técnica importante em desenvolvimento para o melhoramento humano é a bioimpressão de tecidos e órgãos humanos artificiais em impressoras 3D, utilizando biotintas produzidas a partir de células-tronco como matéria-prima. As bioimpressoras poderão produzir tecidos e órgãos artificiais os mais diversos, eliminando as dificuldades de obtenção de órgãos para transplantes, bem como problemas de rejeição imunológica, ampliando os percentuais de êxito (http://www.canalciencia.ibict.br/pesquisa/0281_Impressao_3D_de_orgaos_humanos.html).

Todos estes avanços no campo da biotecnologia problematizam ao extremo a primeira parte do termo "Natureza Humana". A base biológica do conceito de humano era um dado *a priori*, a partir do qual as reflexões discutiam a diferença específica que nos afastava das demais espécies animais. O transumanismo problematiza esse dado biológico do conceito de humano para considerá-lo passível de melhoramento *a posteriori*.

O ciborgue

(ii) A ideia de um ciborgue consiste na hibridação entre o humano e a máquina, entre a Natureza e a Cultura, questionando onde termina o sujeito e começa o objeto ou mesmo se ainda há essa divisão.

O ciborgue deve ser compreendido no contexto da Tecnonatureza, na hibridação com a máquina, na mescla do orgânico e do inorgânico, fragilizando o liame entre o artificial e o natural.

Nesse ponto, calha reafirmar que nós já somos uma civilização demarcada pela tecnologia, na medida em que inúmeros processos antes realizados manualmente hoje são realizados através de *softwares* e *hardwares* em todas as áreas do conhecimento humano. O ciborgue consolidará essa hibridação.

Em um cenário onde o ciborgue seja uma presença rotineira, haverá uma série de novos problemas na relação entre humanos não melhorados, humanos melhorados e não humanos.

Na interseção entre o direito e a literatura, é possível teorizar acerca dos dilemas do surgimento do ciborgue utilizando o roteiro do filme *Robocop* (1987), escrito por Edward Neumeier e Michael Miner, dirigido por Paul Verhoeven, que nos remete a uma cidade de Detroit em um futuro distópico, mas de algum modo familiar.

Esta Detroit futurista se encontra devastada em decorrência da crise econômica, seguida de uma espiral crescente de violência extrema e criminalidade sem controle, dominada por narcotraficantes que superam a polícia em armas e recursos financeiros. A corporação particular OCP privatizou todos os serviços outrora públicos, inclusive a polícia, e pretende destruir a velha Detroit para erguer uma utópica "Delta City", objetivando apenas seus lucros, desconsiderando as necessidades da população. Na tentativa de conter a criminalidade, a OCP financia o projeto de criação de um ciborgue. Neste cenário distópico, o novato e idealista policial Alex J. Murphy chega do subúrbio para assumir suas funções em Detroit, terminando brutalmente assassinado no seu primeiro dia de serviço. A OCP utiliza os restos mortais do policial Murphy para fazer funcionar seu ciborgue.

O roteiro possui muitas camadas e permite diversas reflexões acerca do avanço da globalização, da mecanização do mundo, da desumanização das sociedades modernas, da violência urbana, da corrupção das instituições públicas e privadas. A reflexão aqui ficará centrada no personagem do ciborgue, feito de titânio com a inserção de parte do crânio, do cérebro e da coluna cervical do policial morto.

No início, o ciborgue é tratado pela corporação como um produto feito com adição de partes orgânicas. Nada além. Todos os personagens interagem tratando-o como máquina, com exceção de sua colega policial Lewis, que o chama pelo nome e o trata como um ser humano inserido em uma máquina. No decorrer, vemos ressurgir as memórias do policial Murphy, lembranças da família e do seu assassinato, dúvidas sobre sua própria natureza humana. Gradativamente ressurgem sentimentos humanos, como a ira e desejo de vingança, sentimentos que entram em conflito com a programação do *software*. Por fim, a condição humana se sobrepõe ao programa e o "fantasma" do policial morto dentro da máquina assume o controle.

A questão consiste em saber precisamente o que define a condição humana? Em que momento o policial morto retoma sua humanidade ou nunca a perdeu? O quanto de partes orgânicas é necessário para que se considere uma máquina um ser humano ou o quanto de adição maquínica é necessário para que um humano se torne uma máquina?

O paradoxo do transumanismo

Embora se mantenha nos limites do humanismo, o nascimento do *transumano* e do *ciborgue* coloca discussão o futuro da condição humana ou mesmo se esta permanecerá na hiperaceleração biotecnológica. O projeto de melhoramento do corpo orgânico, seja mediante alterações genética, seja mediante implantes maquínicos, pode conduzir à perda da própria humanidade na hiperaceleração biotecnológica.

O *transumano* e o *ciborgue* conduzem a uma reconfiguração do conceito de humano que problematiza a própria condição humana, na medida em que os melhoramentos não possuem limites, seguindo o ritmo da hiperaceleração linear e contínua, levantando a questão de saber até que ponto é possível alterar o corpo humano sem perder a humanidade, o que nos faz retornar ao *paradoxo do navio de Teseu.*

O paradoxo do navio de Teseu foi proposto pelo filósofo, historiador e biógrafo grego Plutarco de Queroneia (46-120), em sua obra Vidas Paralelas, apresentado nos seguintes termos:

> O navio em que Teseu fez a travessia com os jovens e em que regressou são e salvo era uma embarcação de trinta remos que os Atenienses conservaram até ao tempo de Demétrio de Falero. Retiravam o madeiramento envelhecido e substituíam-no por pranchas robustas, que ajustavam às outras, de tal modo que, para os filósofos, este navio representava um exemplo adequado à discussão sobre o "argumento do crescimento", defendendo uns que o navio continuava a ser o mesmo e outros que já o não era. (PLUTARCO, 2008, pp. 68-69)

Contextualizando, os atenienses celebraram um Tratado com o rei Minos de Creta, para estabelecer a paz e acalmar a ira dos deuses, assumindo a obrigação de enviar, de nove em nove anos, um tributo de 14 (catorze) jovens, sete homens e sete mulheres, que terminavam mortos pelo Minotauro, sendo acordado que o tributo cessaria com a morte do Minotauro. Os jovens eram escolhidos por sorteio e enviados em navios com velas pretas, simbolizando a morte iminente dos jovens. No terceiro tributo, Teseu se voluntaria como um dos jovens a serem enviados a Creta, anima o rei Egeu argumentando que mataria o Minotauro e livraria a juventude ateniense desse fardo, motivando-o a entregar uma vela branca ao timoneiro, com ordens para que fosse içada na volta, simbolizando a vitória de Teseu sobre o Minotauro. Teseu cumpre seu destino com a ajuda de Ariadne, mata o Minotauro e liberta os jovens atenienses. Após sua chegada, o navio de Teseu foi preservado e, ao longo dos anos em que esteve exposto, as partes de madeira eram substituídas em razão do apodrecimento.

Pois bem, o paradoxo consiste em saber se o navio em exposição ainda era o mesmo que havia aportado em Atenas, uma vez que as partes originais haviam sido substituídas, embora o projeto fosse rigorosamente o mesmo. Ainda seria possível afirmar que aquele era o navio de Teseu? A questão que se coloca é o princípio da identidade. O que faz algo ser o que ele é? Quando deixa de sê-lo?

Ninguém discorda que o navio colocado em exposição era o navio de Teseu, mas com o passar do tempo, na medida em que as peças eram substituídas, a dúvida se instala. No entanto, é de se indagar o quanto de peças substituídas seria preciso para abalar a identidade do navio? Em que momento a retirada de uma peça descaracterizaria o navio? Caso restasse apenas um remo original, ainda seria o navio de Teseu?

Nos seus Elementos de Filosofia, primeira seção (Do Corpo), capítulo XI (Da identidade e diferença), Thomas Hobbes agravou o paradoxo de Teseu, acrescentando a seguinte reflexão: e se outro navio fosse gradativamente montado, com as peças do navio original lançadas fora, de modo idêntico ao projeto do navio original. Ao final do processo, qual seria o verdadeiro navio de Teseu, o monumento exposto, reconstruído com peças novas, ou o navio construído com as peças originais? Ou haveria dois navios de Teseu? Ou ainda nenhum deles seria o Navio de Teseu?

Esse debate em relação ao princípio da identidade das coisas inanimadas, agora retorna com a possibilidade de substituir indefinidamente as "peças" do corpo humano, inicialmente para fins medicinais (próteses que substituem membros incapacitados e transplantes de órgãos que já não funcionam), avançando ao estágio transumanista de melhoramento das funções e retardamento do envelhecimento. Busca-se em verdade uma quase imortalidade, uma perpetuação, mas o ser perpetuado ainda poderia ser chamado de ser humano?

O *transumano* e o *ciborgue* impõem uma revisão do conceito de humano construído pelo humanismo renascentista, com a sua ressignificação, sob o influxo da *Tecnonatureza*.

Há quem veja nestas intervenções um sério risco para a autonomia humana, para o princípio da igualdade e para a fraternidade, que lastreiam as democracias modernas. Fukuyama (2003), Habermas (2010a) e o Papa Francisco[2] seguem essa trilha. Em sentido oposto, autores como Bostrom (2019) defendem a construção de uma dignidade pós-humana.

Em um viés mais pragmático, embora não compartilhe do entusiasmo de Bostrom, reconheço que o advento do transumanismo é inevitável, razão pela qual é preciso direcionar a crítica para o tratamento de suas consequências, no lugar de desperdiçar energia em um esforço inútil para evitá-lo.

Já vivenciamos um estágio de desenvolvimento tecnológico em que o corpo humano é mais um objeto de manipulação, como explica Newton Bignoto:

> Hoje olhamos para o corpo como uma máquina, mas isso não é mais visto como metáfora. Mudar o funcionamento de órgãos, prolongar a vida por meios artificiais, confundir o corpo humano com suas extensões mecânicas, tudo isso tornou-se tão banal que nem mesmo sabemos que ao usar a palavra humano não mais nos referimos a uma realidade reconhecível por meio de nossos instrumentos conceituais (BIGNOTO, 2009, pp. 226-227).

O transumanismo já nos cerca, impondo a tomada decisões quanto ao futuro da humanidade que queremos ter e ser[3].

E mais, o advento do transumanismo prenuncia um possível nascimento do pós-humano, com consequências graves em relação à permanência do humano

---

2. http://w2.vatican.va/content/francesco/pt/letters/2019/documents/papa-francesco_20190106_lettera-accademia-vita.html.

3. "Invoco Lewis e Anders para assinalar que o problema tecnopolítico do futuro humano está, portanto, posto há mais de meio século. Mas só agora ele parece emergir com urgência, por causa da aceleração, ou melhor, a aceleração da aceleração tecnológica. Pois aquela geração-chave do futuro de que falava Lewis... é a nossa! Quero dizer que é na nossa geração que já se fazem escolhas éticas e opções tecnológicas decisivas. E, de certo modo, como Lewis previu, os homens que podem decidir parecem não ver motivo ou fundamento na ideia de preservação do que entendemos por humanidade" (SANTOS, 2008, p. 49).

6.3. O PÓS-HUMANISMO

O motor biotecnológico não deixa de funcionar com o advento do transumanismo, ao contrário, um ser humano melhorado está em uma posição privilegiada para promover um salto evolucionário para o surgimento de outra espécie, que paradoxalmente irá além da humanidade.

O pós-humanismo é o corolário lógico da exacerbação desse processo de desenvolvimento sem limites da biotecnociência sobre a própria natureza do ser humano, redefinindo-a no sentido de uma convergência, que vai além da epistemologia antropocêntrica ocidental, superando os limites do humanismo renascentista, tendo como marco o nascimento de um novo ser pós-orgânico, inteligente, autônomo, senciente, com consciência de si e do mundo que o cerca, capaz de se reproduzir e de sentir emoções.

O fenômeno que ultrapassará o horizonte do humanismo renascentista é a *Singularidade Tecnológica*[4], termo que descreve o momento temporal, demarcado historicamente, no qual o avanço da tecnociência ultrapassará o limiar da inteligência humana, como decorrência inevitável dos incrementos em biotecnologia e nanotecnologia, abrindo um horizonte de possibilidades que afetam diretamente a permanência da condição humana.

A ideia de *Singularidade Tecnológica* se consolida com o texto de Vernor Vinge (1948), intitulado *Technological Singularity*[5] (1993), que utiliza o termo "Singularidade Tecnológica" para descrever o momento no qual o avanço da tecnociência produzirá uma inteligência superior à humana, como decorrência inevitável dos incrementos em Inteligência Artificial.

A *Singularidade Tecnológica* demarcará o nascimento de uma Inteligência Artificial (IA), inicialmente criada pelo ser humano, mas que progressivamente terá superado a capacidade do cérebro humano, tornando-se autônoma, com o risco de que a humanidade seja ultrapassada e se torne desnecessária.

Em um artigo produzido há quase duas décadas, intitulado "Porque o futuro não precisa de nós", publicado na revista "*Wired*", edição 8.04, de abril de 2000, Bill Joy já advertia sobre este cenário complexo. O texto é extenso, mas merece transcrição integral:

> Em quanto tempo poderemos construir um robô inteligente? Os próximos avanços em informática parecem torná-lo possível até 2030. E,

4. https://edoras.sdsu.edu/~vinge/misc/singularity.html.
5. https://www.translatetheweb.com/?from=&to=pt&dl=en&a=https%3A%2F%2Ff.rc.ri.cmu.edu%2F~hpm%2Fbook98%2Fcom.ch1%2Fvinge.singularity.html.

> a partir do momento em que um robô inteligente exista, será apenas um pequeno passo ir de uma espécie de robô para robôs inteligentes que podem fazer cópias desenvolvidas de si próprios.
>
> Um segundo sonho da robótica é aquele em que gradualmente seremos substituídos pela nossa tecnologia robótica e atingiremos quase a imortalidade ao transferir nossa consciência; esse é o processo ao qual Danny Hillis acredita que gradualmente nos acostumaremos e que Ray Kurzweil elegantemente detalha em A Era das Máquinas Espirituais. (Estamos começando a ficar íntimos disso com a implantação de dispositivos computadorizados no corpo humano, como ilustrado na capa da *Wired* 8.02).
>
> Mas, se nós nos transferirmos para dentro de nossa tecnologia, quais são as chances de continuarmos sendo nós mesmos ou mesmo humanos? Parece-me muito mais provável que a existência robótica não será como a humana em nenhum dos sentidos que conhecemos, que robôs não serão de maneira algumas nossas crianças e que, nesse caminho, nossa humanidade possa muito bem ser perdida (tradução nossa)[6] (JOY, 2000).

Na hipótese da *Singularidade Tecnológica* se concretizar, destaque-se bem que as máquinas conscientes não serão meros artefatos produzidos pelo engenho humano, uma vez que possuirão todas as características de um novo ser, sendo conscientes de si mesmas e do mundo que as cerca, com possibilidade de se auto reproduzir e transmitir seu conhecimento às próximas gerações de máquinas conscientes. Tudo isso com maior e sempre crescente capacidade que a dos humanos, que perderão o posto de única espécie racional e consciente de si[7].

---

6. "How soon could such an intelligent robot be built? The coming advances in computing power seem to make it possible by 2030. And once an intelligent robot exists, it is only a small step to a robot species - to an intelligent robot that can make evolved copies of itself.

   A second dream of robotics is that we will gradually replace ourselves with our robotic technology, achieving near immortality by downloading our consciousnesses; it is this process that Danny Hillis thinks we will gradually get used to and that Ray Kurzweil elegantly details in *The Age of Spiritual Machines.* (We are beginning to see intimations of this in the implantation of computer devices into the human body, as illustrated on the cover of *Wired* 8.02.)

   But if we are downloaded into our technology, what are the chances that we will thereafter be ourselves or even human? It seems to me far more likely that a robotic existence would not be like a human one in any sense that we understand, that the robots would in no sense be our children, that on this path our humanity may well be lost."

7. "Se existe, entretanto, uma criatura tecno-humana que simula o humano, que em tudo parece humana, que *age* como um humano, que se *comporta* como um hu-

É certo que a *Singularidade Tecnológica* é uma possibilidade ainda distante, e por isso mesmo pode jamais vir a ser. Tratar de *Singularidade Tecnológica* é projetar um cenário que pode não ocorrer ou ocorrer de forma completamente inusitada. A possibilidade do nascimento de máquinas conscientes e sencientes, é improvável, mas não é de todo impossível, pois o princípio da eficiência, que norteia as decisões do mundo tecnocientífico, já está transferindo gradativamente as decisões para as máquinas, simplesmente porque os resultados são melhores e com menor custo, o que permite inferir que a tecnologia continuará se ampliando.

A propósito, Laymert Garcia dos Santos expôs com objetividade o argumento de Vernor Vinge, no sentido de que o avanço tecnológico conduziria ao surgimento de uma inteligência artificial superior à humana, aclarando que o autor citado considerava esse momento de mutação inevitável:

> Em traços rápidos, e diante de um acontecimento de tamanhas implicações, o texto procurava responder à pergunta se a Singularidade Tecnológica podia ser evitada. Contrariando alguns autores, Vinge argumentava que isso seria impossível devido a fatores inerentes à própria tecnologia, e também porque as vantagens comparativas na competição econômica, militar e até mesmo artística fariam com que os avanços na automação se tornassem tão importantes que não haveria lei ou costume que fosse capaz de detê-lo (SANTOS, 2008, p. 51).

Deveras, aplicando a "Lei de Moore", proposta por Gordon Moore (1929), segundo a qual a capacidade de processamento dos computadores dobra a cada 18 (dezoito) meses, enquanto os custos permanecem constantes, o surgimento de máquinas conscientes, capazes de tomar decisões por si e com capacidade maior que a humana, é inevitável na linha do tempo[8].

---

mano, mas cujas ações e comportamentos não podem ser retroagidos a nenhuma interioridade, a nenhuma racionalidade, a nenhuma essencialidade, em suma, a nenhuma das qualidades que utilizamos para caracterizar o humano, porque feita de fluxos e circuitos, de fios e de silício, e não do macio e fofo tecido de que somos *ainda* feitos, então é a própria singularidade e exclusividade do humano que se dissolve" (HARAWAY et al, 2009, p. 13).

8. "A aceleração do desenvolvimento tecnológico vem traçando, ao longo da história da humanidade, uma curva com características hiperbólicas, cuja progressão se encerra com o surgimento de uma singularidade. A Singularidade Tecnológica (ST) (Vinge, 1993) corresponde a um ponto em que acréscimos finitos no tempo irão conduzir a um potencial tecnológico infinito (Figura 1). Isto deverá, de acordo com Vinge e outros autores (Kurzweil, 1997; Moravec, 1998), se produzir em

Um marco importante no caminho para o surgimento de máquinas conscientes ocorreu em 1997, quando o computador *Deep Blue*, desenvolvido pela IBM, derrotou o campeão mundial de xadrez Garry Kasparov. Em apenas 10 (dez) anos, a mesma IBM apresentou o Watson, um *software*, que avança do mero cálculo (primeiro salto tecnológico), passando pelo cumprimento de ordens programadas (segundo salto tecnológico) até alcançar a capacidade de aprender para decidir melhor (terceiro salto tecnológico). O Watson permite o surgimento de um computador cognitivo, que recebe as informações, processa os dados, analisa as possíveis conexões e produz um conhecimento novo, estabelecendo relações e conexões inéditas, encontrando respostas para os problemas e as apresentando em linguagem natural.

Ou seja, um computador com a capacidade de aprender e transmitir conhecimento conversando com o interlocutor humano em sua própria linguagem. O Watson já produz aplicações concretas, a exemplo do que ocorre no *Memorial Sloan-Kettering Cancer Center*, hospital nova-iorquino especializado no tratamento do câncer, que utiliza o Watson para analisar sua base de informações sobre o histórico médico dos seus pacientes, a fim de propor tratamento específico para cada indivíduo[9].

Torna-se efetiva a possibilidade de um computador passar pelo teste proposto por Alan Turing, com vistas a confirmar se uma máquina possui de fato inteligência, o que se revelaria no fato de poder travar uma conversação impossível de ser distinguida da conversação com outro ser humano. Segundo Turing, um computador poderia ser considerado inteligente quando convencer que se trata de um humano, durante uma conversação em linguagem natural, alcançando o nível de compreensão linguística dos seres humanos (TURING, 2015).

Destaque-se que apenas dez anos depois do surgimento do Watson, a Arábia Saudita conferiu cidadania a um robô produzido pela empresa *Hanson Robotics*, dotado de inteligência artificial (IA) e com feições femininas, inspiradas na atriz norte-americana Audrey Hepburn, nomeado "Sophia", que se tornou o primeiro robô a ter cidadania reconhecida por um País que integra a Organização das Nações Unidas[10].

Desde então, a robô Sophia já participou de um evento na assembleia da ONU, onde se tratou sobre "O Futuro de Tudo: desenvolvimento sustentável

---

um período muito curto de tempo (10 a 30 anos), tornando impossível qualquer previsão além" (PALAZZO; VANZIN, 2015).

9. http://www.ibm.com/smarterplanet/us/en/ibmwatson/world-of-watson.html.
10. https://youtu.be/S5t6K9iwcdw.

na era de rápidas mudanças tecnológicas"[11], e concedeu entrevistas a vários programas televisivos, a exemplo do *60 minutes*, no qual fez a polêmica afirmação de que teria uma alma[12], ou da entrevista à CNBC, quando admitiu a possibilidade de que destruiria a espécie humana[13].

Este reconhecimento da cidadania saudita pode ser identificado como uma estratégia de *marketing* político, mesmo porque este artefato em particular não pode ser considerado uma máquina consciente, senciente e autônoma. Ainda assim, resta a força do seu simbolismo, como um ponto de partida para teorizar sobre as implicações, no campo jurídico, acerca do advento do pós-humano.

Vejamos.

O problema inicial que emerge é determinar se um ser maquínico, não orgânico, construído como um artefato tecnológico, que tenha alcançado a consciência de si e dos outros, com capacidade de autodeterminação, pode ser considerado um sujeito de direitos, uma pessoa no sentido jurídico do conceito?

A literatura antecipou essa reflexão. Na década de sessenta, Gene Roddenberry apresentou a franquia *Star Trek*, inicialmente um seriado televisivo, mas que gerou diversos filmes e livros, tornando-se um ícone cultural. De modo visionário, Roddenberry trouxe questões que só agora se tornam dramáticas. A personalidade jurídica dos androides foi uma delas.

A propósito, em uma interseção entre o Direito e a Literatura, Robert Alexy (2007) trata desta questão analisando um episódio da série televisiva *Star Trek: the next generation*, intitulado *The measure of man* ("A medida de um homem", episódio 9, segunda temporada).

Contextualizando, no roteiro analisado por Alexy, no ano de 2365, o personagem *Data* é um androide senciente, que ocupa o posto de Tenente--Comandante da Frota Estelar da Federação Unida de Planetas e exerce suas funções a bordo da Nave Estelar *USS Enterprise* (NCC 1701-D). Vem a bordo o Comandante Bruce Maddox, Diretor Adjunto de Robótica do Instituto de Tecnologia Daystrom, com o propósito de levar *Data* para ser desmontado, a fim de tentar reproduzir a tecnologia que o criou (*Data* é um exemplar único), produzindo uma geração de androides semelhantes para servir à Frota Estelar. *Data* se recusa a participar, em face de grande

11. https://youtu.be/qNoTjrgMUcs.
12. https://youtu.be/RnvvXlCLl1M.
13. https://youtu.be/W0_DPi0PmF0.

possibilidade de sua destruição durante o processo, e pede "baixa" do serviço. O Comandante Maddox se opõe e insiste que *Data* é uma propriedade da Frota Estelar e não uma pessoa, portanto, não tem o direito de pedir baixa e recusar participar do experimento. Inicialmente, a Capitã Phillipa Lauvois, Procuradora-Geral do setor 23, responsável pelos assuntos jurídicos, concorda com o Comandante Maddox, no sentido de que *Data* é uma propriedade da Frota Estelar, com base nas Leis de Cumberland do Século XXI. O Capitão da *USS Enterprise* Jean-Luc Picard contesta e pede uma audiência para decidir o *status* legal do androide *Data*. A audiência é presidida pela Capitã Lauvois, que indica o próprio Capitão Picard como advogado de defesa e impõe ao primeiro-oficial W.T Riker o dever de atuar como advogado de acusação. O tema a ser decidido é saber se *Data* é uma pessoa ou apenas uma "extraordinária peça de engenharia robótica". Não se discute o fato de que *Data* é uma máquina, mas se possui os requisitos para ser considerado um sujeito de direitos. Em seu depoimento, o Comandante Maddox argumenta que um ser deve possuir inteligência, autopercepção e consciência para ter este atributo. O Comandante Picard argumenta que *Data* possui estes requisitos e mais: a replicação de *Data* faria surgir uma nova espécie de seres conscientes, subjugada aos interesses da espécie humana, o que implicaria em uma nova forma de escravidão. A Corte conclui o julgamento considerando que o Tenente-Comandante *Data* possui o direito de decidir sobre sua participação no experimento.

A partir deste roteiro fictício, Alexy reflete acerca do conceito de Direitos Humanos indagando se o personagem *Data* poderia ser considerado titular de Direitos Humanos. Alexy esclarece sua compreensão de Direitos Humanos:

> Os direitos humanos são direitos válidos, independentemente de qualquer assembleia constituinte os ter promulgado ou que qualquer Estado os tenha consignado em um Tratado. Eles são válidos apenas porque é certo que eles são válidos (ALEXY, 2007, p. 92).

Acerca da titularidade, o Mestre de Kiel esclarece haver duas posições sobre os Direitos Humanos: (i) "tese dos humanos", segundo a qual são titulares todos os seres humanos universalmente considerados, mas apenas estes. Ou seja, a titularidade dos Direitos Humanos se define biologicamente; (ii) "tese das pessoas", segundo a qual são titulares todas as pessoas, ainda que a personalidade não esteja nos quadrantes da espécie humana. Alexy propõe uma conciliação entre uma versão mais fraca da "tese dos humanos" com a "tese das pessoas", abrindo a perspectiva de formular a ideia de que todos ser humano é titular de direitos humanos, apenas por pertencer à espécie humana, mas nem todo titular de direitos humanos é necessariamente membro espécie humana. Mantem-se a primeira parte da "tese dos humanos", mas amplia-se o espectro da titularidade para outras espécies de seres.

A questão que remanesce é a mesma do julgamento fictício acerca do direito de escolha do Tenente Comandante *Data*: quais critérios podem ser utilizados para estender o atributo jurídico de *pessoa* a outros seres não humanos?

Para enfrentar esse desafio, Alexy apresenta um conceito duplo-triádico de pessoa, de modo que um ente deve satisfazer três condições por duas vezes para ser considerado uma pessoa, um sujeito de direitos. A primeira tríade de condições é composta pela (i) inteligência, (ii) sentimento e (iii) consciência reflexiva. A segunda tríade de condições se refere ao requisito da consciência, cuja reflexividade deverá ser (i) cognitiva (autoconsciência), (ii) volitiva (autodeterminação) e (iii) normativa (autoavaliação ética. Analisando o personagem *Data*, Alexy conclui que este possui inteligência, sensibilidade e consciência em suas três dimensões, cognitiva, volitiva e normativa, sendo, portanto, uma pessoa na perspectiva jurídica (ALEXY, 2007).

Outro problema será a relação entre os seres humanos e as máquinas conscientes. De logo, a probabilidade maior é que a distopia da *Singularidade Tecnológica* não conduzirá à escravização da humanidade pelas máquinas ou ao extermínio da humanidade por uma guerra com as máquinas, mas sim à superação do humano em razão de um processo evolutivo. Explico. Quando as gerações posteriores de máquinas autoconscientes surgirem, com capacidade cognitiva superior e possibilidade de auto reprodução, haverá outra espécie dominante no planeta, que simplesmente ocupará o espaço hoje reservado ao *homo sapiens sapiens*. Essa nova espécie não teria porque se preocupar em nos escravizar ou travar uma guerra com os humanos, pois seremos desnecessários por absolutamente rudimentares.

Nesse sentido, a trilha da *Singuralidade Tecnológica* possibilitaria o surgimento de uma nova espécie, com intelecto superior ao humano, que alcançaria a capacidade de auto reprodução, ameaçando a espécie humana de extinção pelos mecanismos naturais de seleção. A *Singularidade Tecnológica* colocará o humano diante de uma espécie aprimorada, fazendo surgir o risco do seu desaparecimento na hiperaceleração biotecnológica, suplantado por outra inteligência superior que emergirá da sua própria ciência, vivificando o mito do *golem*.

O *golem* é uma imagem recorrente na literatura universal, que expressa a ideia do ser humano ocupando o lugar de Criador, para construir uma criatura que atenda seus desejos, com o inevitável resultado do fracasso e da tragédia, ante a impossibilidade de prever todos os resultados possíveis das ações do *golem*.

Uma das narrativas mais conhecidas do *golem* foi escrita por Mary Wollstonecraft Godwin Shelley, em sua *opus magnum* "Frankenstein", publicada em 1818.

O texto original de Shelley permite antever os riscos das intervenções humanas na Natureza, que se materializam nas ações do cientista Victor Frankenstein, inicialmente um jovem idealista e sonhador, que pretende promover o bem pelo conhecimento e domínio dos processos naturais. A arrogância levou Frankenstein a desafiar os limites da vida, instituindo-a pela criação de um monstro sem nome, formado de partes de cadáveres e animado pela ciência. Uma vez mais, as consequências da criação desse *golem* moderno resultaram trágicas.

Um aspecto interessante na extraordinária obra de Shelley é a figura da criatura inominada. As versões posteriores televisadas e filmadas a retratam geralmente como um monstro deformado e maléfico, mas a leitura do texto original permite ver a criatura como um ser inteligente e sensível, que busca compreender a si mesmo e o seu lugar no mundo. Aprendeu a falar, tornou leitor de Jonh Milton, Plutarco e Goethe, buscava o conhecimento e, sobretudo, desejava se relacionar, amar. Vivia isolado, mas queria ser visto e aceito. Interessante notar que o único humano com quem a criatura se relaciona brevemente é um velho cego, que o aceita apenas por não conseguir vê-lo com os próprios olhos. Em verdade, o texto original permite inferir que o monstro deformado e maléfico é Victor Frankenstein, que intencionou usurpar o poder de criar a vida, afastando-se da humanidade, causando mortes e destruição. A busca pelo conhecimento se revelou apenas vaidade, lançando o cientista numa sucessão de desgraças. O monstro queria ser humano, enquanto o humano que criou o monstro se tronou desumano.

A obra Frankenstein ecoa a advertência quanto aos riscos decorrentes das intervenções humanas nos processos naturais, presente há séculos na literatura, desde o Minotauro criado com o auxílio das maquinações de Dédalo, até o Godzilla e o T-800, são representações das monstruosidades geradas pela ação humana sobre a dinâmica dos processos naturais. A mensagem constante é que a pretensão de manipulação e domínio da Natureza gera monstros que se voltam contra seu criador. O conhecimento que ilumina também produz monstruosidades. Não por acaso, Shelley nomeou sua obra com o subtítulo profético de "O Prometeu Moderno". Agora, 200 anos depois do lançamento de Frankenstein, a biotecnociência moderna tornou possível o pesadelo de Mary Shelley.

Mas haveria como conter ou ao menos minimizar essas consequências indesejadas do avanço biotecnocientífico? Há como impedir que o *golem* biotecnocientífico se volte contra seu criador?

Uma vez mais a literatura antecipa o problema. Isaac Asimov (1920-1992) tratou da relação entre os humanos e os robôs, em uma série de livros, especialmente em sua obra *Eu, Robô*, que nos apresenta nove estórias, narrando desde de robôs meros artefatos mecânicos até robôs conscientes, com seus "cérebros positrônicos", a partir dos relatos da personagem Susan Calvin, uma que faz uma retrospectiva de sua carreira como psicóloga roboticista na empresa *Us Robots and Mechanical Men*.

Asimov antecipou as questões complexas sobre o avanço biotecnocientífico, indo além da narrativa de Mary Shelley, descrevendo o *golem* biotecnológico como máquinas conscientes e não réplicas deformadas do ser humano. A ideia subjacente é que os robôs são uma nova espécie, consciente de si, com suas próprias necessidades e individualidades, podendo expressar seus próprios sentimentos.

No entanto, Asimov também expressa o medo inconsciente de que as máquinas superem o ser humano ou se voltem contra nós[14], propondo como solução as Três Leis da Robótica[15], explicitadas no conto *Runaround* do livro "Eu, Robô", que ficariam gravadas profundamente nos "cérebros positrônicos" dos robôs, limitando sua capacidade de suplantar a espécie humana.

As Leis (diretrizes) de Asimov são interessantes porque permitem reflexões éticas sobre os limites ao desenvolvimento de máquinas inteligentes, mas é improvável que estes limites sejam por si só eficazes.

De logo, importa destacar que os próprios escritos de Asimov já permitem inferir que as Três Leis são insuficientes para os fins que se propõem. Desde o conto *Runaround*, Asimov explora precisamente os problemas

---

14. **HAL 9000** (*2001, uma odisseia no espaço*, 1968), **Skynet** (*Exterminador do Futuro*, 1984) e **David 8** (*Prometheus*, 2012) são exemplos ficcionais de Inteligências Artificiais que ameaçam e ferem seres humanos, exprimindo esse medo inconsciente de que o *golem* se volte contra seu criador, tratado em diversos livros e roteiros de filmes.

15. 1ª Lei da Robótica: um robô não pode ferir um ser humano, ou, por inação, permitir que um ser humano venha a ser ferido.

    2ª Lei da Robótica: um robô deve obedecer às ordens dadas por seres humanos, exceto nos casos em que tais ordens entrarem em conflito com a Primeira Lei.

    3ª Lei da Robótica: um robô deve proteger sua própria existência, desde que tal proteção não entre em conflito com a Primeira ou com a Segunda Lei.

gerados pelo conflito entre as Três Leis. Nesse exemplo específico, Asimov narra uma situação na qual o robô *Speedy* sofre um surto de dissonância cognitiva, em razão do conflito entre a Segunda e a Terceira Leis, colocando vidas humanas em risco.

A ideia das diretrizes nos cérebros dos robôs está subjacente em toda extensa obra de Asimov, em suas três principais vertentes (Robôs, Império e Fundação), e destacam tanto importância, quanto a dificuldade de estabelecer limites éticos e jurídicos que efetivamente disciplinem a relação entre um ser humano e uma máquina consciente. Essa preocupação levou outros autores, inclusive o próprio Asimov, a propor outras Leis para Robótica, além das Três Leis clássicas[16].

Outrossim, a ideia das diretrizes implantadas nos cérebros positrônicos esbarra na própria ideia de "máquinas conscientes", que traz ínsita a noção de autodeterminação. Uma máquina programável externamente com as Três Leis não passaria no critério duplo-triádico, ou seja, só haveria duas possibilidades: a máquina pode ser programada com as Três Leis, logo, não pode ser classificada como consciente, ou a máquina é consciente e essa programação externa não é possível. Ademais de tudo isso, atualmente, uma das aplicações primordiais da Inteligência Artificial é militar. As máquinas inteligentes são pensadas com o propósito específico de ferir outros humanos, o que obviamente não permite sejam programadas com a 1ª Lei.

Todavia, o despertar das máquinas traz problemas graves que já afetam o bem-estar e a própria permanência da humanidade, portanto, não podem passam à margem da reflexão ética e jurídica quanto aos limites e orientações do seu uso.

Inicialmente, já se percebe o impacto das novas tecnologias sobre o fluxo de investimentos. Essa tendência se agravará, de modo que os investimentos serão concentrados cada vez mais empresas de tecnologia de Inteligência Artificial, fazendo com que os investimentos e lucros se concentrem nesta

16. Isaac Asimov propôs a Lei Zero da Robótica, apresentada no livro *Robôs e o Império*, na voz do personagem Daneel, ele próprio um Robô. É oportuno transcrever o trecho em que é enunciada: "Há uma lei que é maior que a Primeira Lei: 'Um robô não pode prejudicar a humanidade ou, pela inação, permitir que a humanidade seja prejudicada.' Penso nela agora como a Lei Zero da Robótica. A Primeira Lei deve, portanto, ser enunciada assim: 'Um robô não pode prejudicar um ser humano ou, pela inação, permitir que um ser humano seja prejudicado, a menos que isso viole a Lei Zero da Robótica.'".

área. O desequilíbrio econômico poderá tornar os mercados mundiais reféns de umas poucas empresas de tecnologia.

Essas empresas de tecnologia também monopolizam a coleta de dados pessoais, captando e armazenando uma quantidade absurda de informações pessoais, com valor econômico e comercial imponderável. A atuação dessas empresas e a ação de *hackers* interceptando dados pode tornar a distopia do Grande Irmão uma realidade ainda pior que a descrita no livro 1984 de George Orwell. Os que detém o acesso à informação podem manipular pessoas, grupos, governos, mesmo sem a necessidade de alterar os dados, embora esta alteração também se torne cada vez mais fácil de fazer e difícil de detectar. Uma mensagem de texto, um áudio ou uma imagem manipulada digitalmente se aproxima do ponto em que não poderá ser distinguida da mensagem de texto, do áudio ou da imagem real. Todo esse avanço torna a humanidade refém dos que detém a tecnologia de acesso aos dados e à mercê dos *hackers* que usurpam e manipulam esses dados.

Além disso, o fosso que separa os detentores da tecnologia dos que dela são privados tende a se aprofundar pelo desaparecimento do emprego, que conduz a uma massa de pessoas inúteis para o Sistema. Não se trata de um exército de reserva ou coisa que o valha, mas de uma amontoado de peças obsoletas e desnecessárias, insuscetíveis de reciclagem. O impacto de novas tecnologias sobre o emprego não é novidade. Desde a invenção do tear mecânico que a tecnologia desemprega seres humanos. Mas as proporções agora alcançam um patamar novo. Não se trata apenas de postos de trabalho, mas do trabalho em si que desaparecerá, sem nenhuma possibilidade de realocação dessa mão de obra desempregada. Outro ponto, o tear mecânico substituiu a atividade repetitiva, mas a Inteligência Artificial avança para atividade cognitivas, potencializando o desemprego em extensão jamais vista. Trata-se do redesenho da própria noção de trabalho humano.

A propósito, outro problema relevante é saber como será atribuída a *responsabilização civil e penal* por danos causados ou crimes praticados por máquinas dotadas de Inteligência Artificial. A responsabilidade civil por um acidente de trânsito causado por um carro autônomo, sem nenhuma ação ou omissão do "motorista" humano, por erro do algoritmo, deve ser atribuída ao dono do carro ou à empresa que produziu a tecnologia? A responsabilização penal pela morte de um inocente, assassinado por um drone militar dotado de Inteligência Artificial, cujo algoritmo decidiu sozinho a escolha errada do alvo, deve ser atribuída a quem?

Ademais de tudo isso, a Inteligência Artificial é capaz de aprender e utilizar esse aprendizado para produzir um conhecimento novo, ampliando exponencialmente seu próprio conhecimento sem limites, quantitativos e qualitativos. Há como impedir que os velhos preconceitos humanos sejam reproduzidos pelo aprendizado das máquinas? Como orientar moralmente a produção de conhecimento por uma Inteligência Artificial? E de quem serão os direitos autorais sobre o conhecimento novo produzido, do dono da máquina no momento da inovação ou da empresa que produziu o *software* que possibilitou a inovação?

Observe-se que está em curso uma tentativa de construção de uma *roboética,* baseada numa bioética global, que oriente o agir humano desde a concepção até o nascimento de uma máquina consciente, com suas implicações antropológicas, teológicas, sociológicas, políticas, econômicas e jurídicas.

Nessa trilha, Grupo Europeu de Ética em Ciência e Novas Tecnologias (*European Group on Ethics in Science and New Technologies* - EGE) editou um Relatório acerca das implicações éticas do desenvolvimento da Inteligência Artificial, da robótica e das tecnologias autônomas, enfatizando o caráter interdisciplinar desta questão complexa, com a necessidade de um esforço coletivo de diálogo e reflexão, com vistas a possibilitar a construção de um modelo de sociedade, dentro de um marco ético e jurídico internacionalmente reconhecido e comum, capaz de disciplinar "a concepção, produção, utilização e governação de sistemas de inteligência artificial, robótica e autónomos", com lastro em "um conjunto de princípios éticos fundamentais" (EGE, 2018), apresentando na sequência um conjunto de diretrizes éticas para construção de uma Inteligência Artificial confiável[17]. Não se trata ainda de uma lei internacional impositiva, mas é um passo importante na definição do rumo e do ritmo da biotecnociência.

A preocupação com o uso ético da Inteligência Artificial e da Robótica demarcará o compasso do avanço biotecnológico e, em grande medida, o nosso futuro nesses cenários tecnológicos emergentes e convergentes, onde o humano poderá estar presente ou não.

Transcendência

Outra alternativa possível para permanência do humano na pós-humanidade seria a *Transcendência.*

Reforço a advertência de que ainda é incerto o vocabulário conceitual para descrever o impacto das novas tecnologias sobre a arquitetura das

17. https://ec.europa.eu/digital-single-market/en/news/ethics-guidelines-trustworthy-ai.

sociedades. Os termos transumanismo, pós-humanidade, singularidade, transcendência são utilizados com significados diferentes, ora distintos, ora aproximados, ora até como sinônimos.

Aqui, utilizo esse conceito para diferenciar uma linha de desenvolvimento dentro da pós-humanidade. Neste cenário transcendente, algo de humano pode permanecer na forma de uma Inteligência constituída por uma rede neural, que interconecte todas as Inteligências Artificiais (IA) e as inteligências humanas. A *Transcendência* parte da ideia do *ciborgue*, avançando para o abandono do corpo biológico como suporte para a consciência.

A *Transcendência* demarcaria a virtualização da consciência humana, separando a mente da sua base orgânica para sustentá-la em outro meio. Neste cenário, a biotecnologia seria orientada para potencializar a consciência humana em rede, ao invés de criar uma nova inteligência que rivalize com a humana, inclusive abrindo a possibilidade de uma interface neural, que unirá todas as consciências em uma rede de informações. A ideia de ser humano como *sujeito* abandonaria o elemento biológico (*hardware*) para se resumir à mente (*software*). Na *Transcendência*, o ser humano terá se tornado pós-biológico, pós-orgânico, libertando o espírito do invólucro da carne. A mente humana permaneceria como informação, puro *software*.

Observe-se que esta discussão remonta à divisão entre a mente (*psykhé*) e o corpo, que já se encontra desde Platão. Já no início da Modernidade, Descartes reafirmou a ideia de separação entre a consciência (*res cogitans*) e o corpo (*res extensa*), aproximando este da ideia de uma máquina. Ou seja, a ideia da separação entre a mente e o corpo tem raízes profundas.

Tratando desta possibilidade, Ray Kurzweil (1948) aprofunda os argumentos de Vernor Vinge, naturalizando a *Singularidade* como um processo de evolução cosmológica. A tese central de Ray Kurzweil, apresentada no livro *A era das máquinas espirituais*, é que a tecnologia se aprimora em intervalos sempre menores e, quando surge qualquer obstáculo ao avanço da tecnociência, uma nova tecnologia emerge para superá-la, em uma espiral crescente e irrefreável[18].

---

18. "(...) a tecnologia, assim como a evolução das formas de vida que lhe deu origem, é inerentemente um processo em aceleração. As fundações da tecnologia – como criar uma ponta afiada de uma pedra – levaram éons para ser aperfeiçoadas, embora, para a tecnologia criada por humanos, éons signifiquem milhares de anos, e não os bilhões de anos que a evolução das formas de vida exigiu para começar.

Como evolução das formas de vida, o ritmo da tecnologia acelerou grandemente ao longo do tempo. O progresso da tecnologia no século XIX, por exemplo,

O argumento de Kurzweil parte da premissa de que a invenção de um computador com o mesmo poder de processamento do cérebro humano abre a perspectiva de programá-lo para *pensar* do mesmo modo que o cérebro humano, dotado, portanto, de inteligência emocional, com capacidade de falar e sentir.

Aplicando a "Lei de Moore", quando este computador consciente dobrar sua capacidade de processamento será, por consequência, duas vezes melhor que o cérebro humano, potencializando também sua própria inteligência emocional, sua criatividade, seu raciocínio, podendo inventar novos computadores, resolver problemas e se melhorar. Nesse passo, as gerações seguintes de computadores conscientes se desenvolverão exponencialmente, enquanto o cérebro humano permanecerá no mesmo estágio da primeira geração de computadores conscientes, logo, obsoleto.

Observe-se que a própria "Lei de Moore" será ultrapassada pelas gerações seguintes de computadores conscientes, de modo que o tempo de desenvolvimento será bem mais curto que o previsto, uma vez que não terá como parâmetro as limitações do nosso cérebro biológico. Nesse contexto, a humanidade somente permaneceria na fusão com as máquinas, mas já não seria mais a humanidade com a qual lidamos, mas uma outra realidade pós-biológica e sobre-humana, que Kurzweil nomeou de *máquinas espirituais* (KURZWEIL, 2007).

Kurzweil fundamenta este fenômeno a partir da "lei do tempo e do caos", segundo a qual "em um processo, o intervalo de tempo entre eventos relevantes (isto é, eventos que modifiquem a natureza do processo, ou afetem de modo significativo o futuro do processo) expande ou contrai juntamente com a quantidade de caos" (KURZWEIL, 2011, p. 52), ou seja, o tempo entre eventos relevantes cresce na razão direta da quantidade de caos ("lei do caos crescente"), mas, quanto maior a ordem do processo, menor será o tempo entre eventos relevantes ("lei dos retornos acelerados"). Especificamente

excedeu enormemente o dos séculos anteriores, com a construção de canais e grandes navios, o advento das estradas pavimentadas, a expansão da malha ferroviária, o desenvolvimento do telégrafo, e a invenção da fotografia, da máquina de costura, da máquina de escrever, do telefone, do fonógrafo, do cinema, do automóvel, e, claro, da lâmpada elétrica de Thomas Edison. O crescimento exponencial contínuo da tecnologia, nas primeiras duas décadas do século XX, foi igual ao de todo o século XIX. Hoje, temos grandes transformações em apenas alguns anos. Como um de muitos exemplos, a mais recente revolução nas comunicações – a World Wide Web – não existia até alguns anos atrás" (KURZWEIL, 2011, pp. 35-36).

quanto aos processos evolucionários, a ordem aumenta exponencialmente e por isso o tempo se acelera e se aceleram os retornos[19].

A partir desta premissa, o avanço inevitável da tecnologia conduzirá ao aumento da capacidade dos computadores e ao aprimoramento das técnicas de reprodução artificial do funcionamento do cérebro humano, fazendo surgir uma inteligência artificial capaz de igualar e superar a inteligência humana, efetivamente passando no teste de Turing[20].

Kurzweil trata da Singularidade em um sentido diferente da emergência de uma inteligência artificial em contraponto à inteligência humana, focando na interação entre a inteligência biológica e a não-biológica dos computadores, estabelecendo uma outra linha evolucionária. Nesse cenário, a inteligência humana permaneceria transplantada para as máquinas, de modo que o humano perderia seu corpo, mas permaneceria de outro modo, alterando a compreensão acerca do que é humano. Tratar-se-ia do próximo passo da evolução que iniciou desde a invenção do primeiro computador[21].

---

19. "A espiral em que estamos mais interessados – a Lei dos Retornos Acelerados – nos dá uma ordem cada vez maior na tecnologia, que inevitavelmente leva à computação. A computação é a essência da ordem. Ela fornece a capacidade para que uma tecnologia responda de forma variável e apropriada ao seu ambiente para executar sua missão. Assim, a tecnologia computacional é também um processo evolucionário, e também se alimenta de seu próprio progresso. O tempo para realizar um objetivo fixo fica exponencialmente menor com o passar do tempo (por exemplo, 90 anos para o primeiro MIP por mil dólares versus um dia para um MIP adicional hoje). O fato de que o poder da computação cresce exponencialmente ao longo do tempo é apenas outra maneira de se dizer a mesma coisa" (KURZWEIL, 2011, p. 57).
20. "A capacidade de memória do cérebro humano é de cerca de 100 trilhões de forças de sinapses (concentrações de neurotransmissores em conexões interneuronais), que podemos estimar em cerca de um milhão de bilhão de bits. Em 1998, um bilhão de bits de RAM (128 megabytes) custavam cerca de 200 dólares. A capacidade dos circuitos de memória tem dobrado a cada 18 meses. Logo, pelo ano 2023, 1 milhão de bilhão de bits custará cerca de mil dólares. Entretanto, esse equivalente de silício rodará mais de 1 bilhão de vezes mais rápido que o cérebro humano. Existem técnicas para trocar memória por velocidade, de forma que podemos atingir um nível de eficiência equivalente ao da memória humana por mil dólares, antes de 2023" (KURZWEIL, 2011, p. 148).
21. "O próximo passo inevitável é uma fusão da espécie inventora da tecnologia computacional cuja criação iniciou. Nesse estágio da evolução da inteligência em um planeta, os computadores serão eles próprios baseados, pelo menos parcialmente, nos designers dos cérebros (isto é, órgãos computacionais) da espécie que os criou originalmente e, por sua vez, os computadores se tornarão embutidos e integrados nos corpos e cérebros da espécie. Região por região, o cérebro e o sistema nervoso

Deste modo, com base nas reflexões de Kurzweil, é possível pensar a *Transcendência* como o estágio evolucionário no qual o corpo orgânico se tornará dispensável como base material da consciência. As informações genéticas do ser humano seriam parte das máquinas conscientes, preservando algo da humanidade em forma de *software*. A consciência humana conectada a redes neurais de computadores conscientes transcenderia o corpo físico, sendo capaz de coletar, processar, enviar e compartilhar informação em um plano impensável ao ser biológico. Ademais disso, os impulsos transmitidos seriam recebidos da mesma forma que o cérebro humano hoje recebe através dos sentidos e decodifica o real, de modo que o virtual e o real seriam percebidos como uma só extensão da realidade.

Assim, a condição pós-humana se caracterizaria pela hibridação entre a inteligência humana e a inteligência artificial, que se interconectariam em uma rede de informação não orgânica. O enfoque do pós-humanismo está no fluxo informacional e não do meio por onde este fluxo de informações se processa. No horizonte pós-humano, sujeito é definido pela capacidade de processar consciente e inteligentemente as informações, de forma interconectada, autoconsciente e recíproca, ou seja, com a empatia necessária para reconhecer a si mesmo e ao outro como partes de um mesmo fluxo informacional. A base orgânica se torna absolutamente desnecessária para caracterização do sujeito.

O pós-humanismo teoriza em torno da ideia de sistemas de informação interconectados em rede, pondo em xeque-mate a noção de sujeito do humanismo renascentista, que prestigia o indivíduo como um ser único que poderia plasmar a si mesmo, indo além da sua condição animal. Essa posição privilegiada no Cosmo se esvanece na medida em que o enfoque passa ao fluxo informacional de um sistema de sistemas inteligentes e interconectados, com o abandono do corpo orgânico.

O risco de que a espécie humana seja superada e desapareça na hiperaceleração biotecnológica é maior no caso da *Singularidade Tecnológica* se desenvolver espontaneamente, submetida apenas à "Lei de Moore", em face da irreversibilidade do avanço tecnológico e dos mecanismos de adaptação das espécies, que na escala de tempo prestigiam sempre as espécies mais

---

dessa espécie serão transportados para a tecnologia computacional e, em última instância, substituirão aqueles órgãos de processamento de informações. Todos os tipos de questões práticas e éticas atrasam o processo, mas não podem detê-lo. A Lei dos Retornos Acelerados prevê uma completa fusão da espécie com a tecnologia que criou originalmente" (KURZWEIL, 2011, 344).

adaptadas. Por esta razão, restariam três opções: (i) proibir o surgimento de máquinas sencientes; (ii) estabelecer limites éticos ao uso da biotecnologia e da Inteligência Artificial; (iii) a *Transcendência*.

Taxinomia da Tecnonatureza

Após todo o exposto, embora não haja um consenso quanto ao vocabulário conceitual, propõe-se aqui a seguinte taxinomia para entender os cenários possíveis do avanço da Tecnonatureza:

- Tecnonatureza
  - Biomercado
    - Objetos híbridos
  - Transumanismo
    - Transumano
    - Ciborgue
  - Pós-humanismo
    - Máquina com consciência
    - Consciência na máquina

Analisando as espécies:

a) O Biomercado já é uma realidade.

b) O Transumanismo é inevitável, com traços já presentes.

c) Na hipótese da abertura da "caixa de Pandora" da *Singularidade Tecnológica*, com o advento do pós-humano, emergirá o sério risco da humanidade se esvanecer na hiperaceleração biotecnológica.

Em face da possibilidade do pós-humano, ainda que remota, resguardar o humano implica impor limites ao ritmo de trabalho aos sábios da Casa de Salomão, a fim de remarcar o compasso do avanço biotecnológico. É preciso pensar alternativas, ancoradas no imperativo bioético primário da continuidade da espécie humana, porque o dever moral absoluto imposto à humanidade é permanecer.

Todas as possibilidades de desenvolvimento da Tecnonatureza rumo ao ser humano produzem impactos na arquitetura das relações sociais, gerando problemas que precisam ser equacionados no campo jurídico, reconfigurado pela centralidade dos Direitos Humanos.

Mas será possível normatizar juridicamente o desenvolvimento da Tecnonatureza em um horizonte pós-humano? Colocando a questão em outros termos, ainda haverá razão para pensar sobre Direitos Humanos em um mundo pós-humano?

6.4. DOS DIREITOS HUMANOS AOS DIREITOS PÓS-HUMANOS

O humanismo renascentista alcançou a Modernidade, expresso no lema dos revolucionários franceses, que produziram a Declaração de Direitos do Homem e do Cidadão de 1789. A dimensão jurídica do humanismo na Modernidade se materializou na figura do *homo juridicus* (SUPIOT, 2007), o humano cujo mínimo existencial para garantir sua dignidade está protegido pelo Direito. A construção histórica do conteúdo moderno do conceito de Direitos Humanos foi impregnada pela filosofia das luzes, alicerçada nas ideias de liberdade, igualdade e fraternidade.

Portanto, a construção moderna da ideia de Direitos Humanos remonta ao iluminismo. E nesse momento histórico, o ser humano era compreendido como um ser orgânico, premissa aceita sem problematização. A alteração drástica do corpo humano ou mesmo sua superação por intervenções científicas não era uma possibilidade a ser considerada com ênfase pelos filósofos iluministas. A doutrina dos Direitos Humanos foi construída em torno da ideia de ser humano como um animal consciente de si mesmo, capaz de ir além de seus instintos, desenvolvendo suas potencialidades inerentes.

Nesta perspectiva, os Direitos Humanos foram construídos historicamente para proteger a *perfectibilidade* humana contra a ação ou a omissão capaz de vulnerar a Dignidade Humana, mediante a universalização de um mínimo existencial que a assegure e a proteja. Os Direitos Humanos se constroem e se desenvolvem historicamente nas lutas travadas no campo social pela afirmação da Dignidade Humana. Na medida em que novos valores e necessidades surgem, o conteúdo dos Direitos Humanos se alarga para absorver essa demanda, ampliando a proteção da Dignidade Humana, especialmente contra o arbítrio dos que exercem o Poder.

A ideia de que os Direitos Humanos são limites ao exercício do Poder é uma constante na história e os ordenamentos jurídicos constitucionais se desenvolveram para inserir esse rol de Direitos Humanos no texto das Constituições dos Estados, assumindo a forma de Direitos Fundamentais (BOBBIO, 2004). A positivação dos Direitos Humanos nas Constituições foi inicialmente entendida como suficiente para garantir sua proteção e efetivação pelos Estados Nacionais.

Contudo, a experiência do ordenamento jurídico alemão nazista deixou a certeza de que a proteção dos ordenamentos jurídicos constitucionais dos

Estados não é suficiente para garantir o respeito à Dignidade Humana. A internacionalização dos Direitos Humanos se materializou definitivamente na forma da Declaração Universal dos Direitos Humanos (DUDH), adotada pela Resolução nº 317A (III) da Assembleia Geral da ONU, em 10 de dezembro de 1948, que está no núcleo do Sistema Global de Proteção dos Direitos Humanos, construído a partir de 1945, com a instituição das Nações Unidas pela Carta de São Francisco.

A ideia basilar da Declaração dos revolucionários franceses permanece incólume na Declaração Universal dos Direitos Humanos de 1948, que inaugura com a afirmação de que todos os humanos nascem livres e iguais, possuindo um rol mínimo de direitos que lhes garante dignidade.

A DUDH expressa um conceito de humanidade enquanto fraternidade, uma irmandade de pessoas livres e iguais que possuem diferenças a serem protegidas, com vistas a transformar a igualdade formal em igualdade substancial. O rol de direitos e deveres estabelecido na DUDH representa o mínimo jurídico necessário para garantir a Dignidade Humana, cujo respeito e dever de concretizá-los são impostos a todos os países signatários da ONU.

Lamentavelmente, após mais de 70 (setenta) anos de sua proclamação, a DUDH ainda é uma promessa não cumprida para milhares de seres humanos. Sete décadas depois de alguns avanços importantes, a efetivação da fraternidade universal ainda é uma meta distante. Ao contrário, vivenciamos retrocessos, extremismos nacionalistas, terrorismo global, uma crise humanitária de graves proporções, problemas socioambientais se acumulando e ameaçando a perpetuação da vida. Coletivamente, a humanidade parece não ter aprendido com os horrores de duas guerras mundiais, a Dignidade Humana enquanto valor universal ainda é um projeto por construir.

No entanto, antes mesmo que possamos concretizar o ideário da DUDH, a hiperaceleração biotecnológica ampliou a Tecnonatureza para absorver o humano.

A Modernidade avançada inaugurou o *antropoceno*, a era do humano como fator determinante do Mundo. A ciência dos Modernos avançou aos confins da Terra e de lá ao espaço exterior, agora se volta para o interior do genoma humano. A Natureza desencantada parece não ter resistência a oferecer. Contudo, não é possível introduzir tantas modificações na Natureza sem que as consequências não nos atinjam de algum modo.

O corpo humano já não está além da capacidade interventiva da biotecnologia, suas capacidades podem ser aumentadas, modificadas ou mesmo podem ser inseridas novas capacidades. Neste cenário tecnonatural, no qual o corpo orgânico do ser humano se torna objeto de manipulação, o problema da efetivação dos Direitos Humanos se complexifica sobremodo.

Como proteger a Dignidade Humana na hiperaceleração biotecnológica? Ainda será possível falar em mínimo jurídico existencial?

A análise será empreendida em relação aos dois cenários: transumanidade e pós-humanidade.

Direitos Humanos e o Transumanismo

Inicialmente, parto da premissa de que não é possível parar o motor biotecnocientífico, seja utilizando argumentos bioéticos ou instituindo normas jurídicas para impedir as intervenções biotecnológicas no corpo humano. A extensão crescente, linear e contínua da Tecnonatureza ao corpo humano é irreversível. Ainda que a maioria dos Estados nacionais construam limites bioéticos e jurídicos às intervenções biotecnológicas no ser humano, haverá algum laboratório em algum Estado pesquisando melhoramentos genéticos a serem introduzidos na espécie humana.

O fato é que vivenciamos uma "guerra fria biotecnológica", na qual os Estados nacionais não podem deixar de pesquisar melhoramentos genéticos na espécie humana, porque isso os colocaria em uma posição de desvantagem tática e estratégica em relação aos demais. Soldados mais fortes, com sentidos mais aguçados, imunes a armas químicas e com inteligência superior representam uma vantagem militar forte demais para ser olvidada.

Ademais disto, a pesquisa genética em seres humanos conta com o argumento sedutor da cura de doenças hereditárias e da erradicação de deficiências de toda ordem. Quem poderia ser contra pesquisas que pretendem eliminar a possibilidade de adquirir Alzheimer, diabetes, problemas cardíacos, microcefalia, má formação fetal e outras doenças do mesmo cariz, além de retardar o envelhecimento e até reverter problemas físicos, fazendo paralíticos andarem e cegos voltarem a enxergar? Como argumentar sobre os riscos da manipulação genética da espécie humana diante da possibilidade da cura de todas as espécies de câncer?

O processo de avanço da Tecnonatureza em direção à hibridação do ser humano e da biotecnologia é irreversível, em uma convergência evolucionária inevitável. A hiperaceleração biotecnológica não considera nossas idiossincrasias e dilemas culturais, avançando em um mundo interconectado que não reconhece fronteiras políticas, religiosas, morais. O surgimento de seres biotecnologicamente melhorados é um processo absolutamente inexorável.

Ressalte-se que esta convergência vai além da mera inserção de partes maquínicas no corpo humano, caracterizando o surgimento de uma nova espécie, uma nova civilização biotecnológica formada por seres humanos melhorados.

Contudo, importa destacar que um ser humano melhorado permanece humano, logo, pessoa, porque todo ser humano é uma pessoa, sujeito de direitos. Aplicando o critério duplo-triádico de Alexy, o transumanismo não sai do humano, permanece nele para o melhorar. Trata-se de uma exacerbação do ideal iluminista. Assim, enquanto as modificações e melhoramento introduzidos no transumano não o excluírem do critério duplo-triádico, não é possível negar-lhe o estatuto jurídico de pessoa. Portanto, não há argumento racional para negar a garantia jurídica dos Direitos Humanos ao transumano. O estágio do transumanismo não implica uma problematização do conceito de Direitos Humanos.

Os problemas que emergem no transumanismo se situam na relação jurídica entre humanos e transumanos em face princípio da igualdade, em duas frentes: (a.1) direito de acesso às biotecnologias de melhoramento humano; (a.2) direito de permanência.

(a.1) Observe-se que o melhoramento em si não é novidade, muito ao contrário, é próprio da natureza humana querer ser mais. Querer ir além. A perfectibilidade é nosso traço distintivo. Já o dissemos, buscamos o melhoramento desde sempre, desde que aprendemos a utilizar o polegar opositor. Nós inventamos e utilizamos produtos químicos para melhorar diversos aspectos da vida humana, inventamos e utilizamos diversas máquinas com o mesmo propósito. Cirurgias plásticas estéticas e medicinais são realizadas aos milhares todos os dias, com o fim de corrigir defeitos do corpo humano. Em regra, os pais se esforçam para colocar os filhos nas melhores escolas, dar-lhes boa alimentação, saúde, lazer, cultura, incentivo à prática de esportes, tudo com a pretensão de que se tornem versões melhores deles mesmos. O ser humano quer ir além. Não há novidade nisso.

A biotecnologia é um instrumento a mais, que se soma aos anteriores citados acima, que já utilizamos largamente, sem qualquer constrangimento ético. A biotecnologia se apresenta como mais uma ferramenta ao lado de todas as outras já utilizadas pela medicina para melhorar a condição humana, fazendo com que os humanos vivam mais e melhor, com corpos mais saudáveis e mentes mais ágeis.

E a biotecnologia já está disponível para o melhoramento humano. O mercado biotecnológico se amplia e se torna mais acessível. Engenharia genética tratando e prevenindo doenças, próteses inteligentes, que não apenas corrigem deficiências, mas aperfeiçoam funções biológicas e os sentidos, drogas as mais diversas que intensificam a capacidade cognitiva, além de outras tecnologias que melhoram o humano, sempre em um crescente e linear desenvolvimento biotecnológico.

Dessa forma, a biotecnologia em si mesma é só mais um instrumento para a concretização da perfectibilidade que a humanidade busca desde sempre, não ameaça a Dignidade Humana.

A relação entre biotecnologia e Dignidade Humana orbita em torno da questão do acesso democrático ao seu uso. Um humano não melhorado tem tantas chances de competir no mercado de trabalho com um humano melhorado, quanto um *Homem de Neandertal* teria ao competir com um humano moderno, do mesmo modo que um humano privado do acesso às tecnologias da informação tem contra um humano conectado em rede e utilizando *gadgets* avançados. A questão é a mesma que se coloca desde sempre: a igualdade de acesso.

Não há igualdade formal e material entre humanos e transumanos. Não há possibilidade de meritocracia entre humanos e transumanos. A desigualdade material biotecnológica impõe ao Direito assegurar uma desigualdade jurídica em favor do humano não melhorado, a fim de que este não seja privado de sua Dignidade Humana, compreendida como a potencialidade para ir além dos condicionantes biológicos.

De fato, a hiperaceleração biotecnocientífica permite estender as potencialidades humanas. Sem a garantia de que haja um acesso igualitário mínimo às biotecnologias de melhoramento humano, o curso do desenvolvimento histórico fará emergir um *apartheid* biotecnológico, com a diminuição da Dignidade Humana dos não melhorados.

É preciso garantir que este salto evolucionário não deixe uma parcela considerável da humanidade para trás. A ideia dos Direitos Humanos é o instrumento para garantir o acesso às biotecnologias de melhoramento humano, impondo-se aos Estados o dever de assegurar um mínimo existencial biotecnológico. Um Direito Humano a ser um humano melhor. O campo jurídico deve fornecer soluções para os problemas emergem nesse horizonte tecnonatural, cujo primeiro e mais urgente desafio é a assimetria de acesso às tecnologias de melhoramento humano.

A propósito, o artigo primeiro da Declaração Universal dos Direitos Humanos (DUDH) proclama que "Todos os seres humanos nascem livres e iguais em dignidade e direitos. São dotados de razão e consciência e devem agir em relação uns aos outros com espírito de fraternidade". O aprimoramento biotecnológico do corpo humano introduz habilidades que não nascem com o ser humano, mas são acrescentadas artificialmente, mesclando-se de modo indelével na biologia, fazendo surgir um ser híbrido entre Natureza e Cultura. O espírito de fraternidade impõe que o Estado assegure o acesso igualitário a essas novas biotecnologias de aprimoramento humano, para que todos permaneçam livres e iguais em dignidade e direitos. A hibridação entre a biotecnologia e o humano convolou em tecnologia em Direito, uma vez que aquela se humanizou ao se inserir no humano, tornando-se um instrumento evolucionário da espécie humana.

Por exemplo, hoje é possível que um cidadão exija do Estado o custeio do implante de uma prótese mecânica, com base no Direito Humano à saúde. Nesse sentido, por que negar a um casal, que possua propensão genética ao desenvolvimento de uma doença, o direito de exigir que o Estado assegure o nascimento de seu filho sem esse traço genético, custeando intervenções biotecnocientíficas durante a gestação? Havendo uma tecnologia capaz de erradicar a possibilidade da transmissão genética de uma doença, seria juridicamente adequado permitir o acesso a essa tecnologia apenas aos que pudessem pagar? Não seria uma afronta à Dignidade Humana negar alguns nascituros a possibilidade de desenvolver sua perfectibilidade?

Os atores do campo jurídico terão o desafio de reconfigurar o Direito para assegurar o pré-requisito da igualdade em uma sociedade biotecnologicamente desigual, onde a presença de humanos e transumanos agravará todos os problemas sociais e instituirá problemas novos.

A interseção entre o Direito e a Literatura uma vez mais nos é útil para conduzir essa prospecção acerca das consequências da manipulação genética do corpo humano.

No 23º episódio da primeira temporada da série original Star Trek, intitulado *Space Seed*, escrito Gene Coon e Carey Wilber, tomamos conhecimento que a Terra vivenciou as guerras eugênicas, quando um grupo de soldados modificados geneticamente para se tornarem super-humanos rebelou-se de tentou dominar o planeta. A nave estelar USS Enterprise se depara com a nave *Botanic Bay* à deriva, com oitenta e quatro corpos conservados criogenicamente, setenta e dois deles ainda vivos, descobrindo-se posteriormente se tratar de um grupo de super-humanos, liderados por Khan Noonien Singh, um líder militar das guerras eugênicas. Khan tenta se apossar da Nave Enterprise e libertar seus comandados para uma nova investida contra o Planeta Terra, mas resta derrotado e exilado no planeta Ceti Alpha V. Esse exílio é o ponto de partida para o roteiro do filme *Star*

Trek II: The Wrath of Khan, o segundo filme da franquia *Star Trek*, lançado em 1982, no qual o super-humano escapa de seu exílio em busca de vingança contra o capitão James Tiberius Kirk que o aprisionou.

Os roteiros dos episódios *Space Seed* e *Star Trek II: The Wrath of Khan* ressaltam os riscos da manipulação genética redundar em uma casta de seres superdotados, capazes de subjugar os não modificados. Esse tema voltaria a ser explorado no 16º episódio da 5ª temporada da série televisiva *Star Trek: Deep Space Nine*, intitulado *Doctor Bashir, I presume*, quando se descobre que o Doutor Julian Bashir, primeiro-oficial médico da Estação Espacial *Deep Space Nine* (DS9), é um humano geneticamente modificado, tendo escondido essa condição quando de seu alistamento na Frota Estelar. Neste roteiro, é importante destacar que a humanidade havia logrado êxito em proibir a manipulação genética de seres humanos, uma vez que a produção de humanos melhorados a levou à beira da extinção durante as guerras eugênicas mencionadas nos roteiros dos episódios *Space Seed* e *Star Trek II: The Wrath of Khan*.

A partir da extrapolação dos roteiros apresentados, infere-se que, em um cenário no qual a manipulação genética e tecnocientífica de seres humanos é uma realidade, tem-se que esse novo horizonte demanda a construção de uma nova ética tecnonatural, que dê conta da complexidade da hibridação entre a natureza humana e a biotecnologia. O nascimento do ser humano melhorado impõe a construção de novos direitos e a revisão dos já existentes. As ideias de liberdade individual e de Dignidade Humana, construídas na modernidade inicial, precisam ser revisitadas na alta Modernidade.

A extensão da *Tecnonatureza* ao corpo humano impõe que se garanta um tratamento isonômico no acesso aos avanços biotecnológicos, bem como que se discipline o ritmo em que esses incrementos serão introduzidos, a fim de possibilitar a sua extensão ao conjunto da sociedade e de evitar que os detentores da tecnologia desequilibrem as relações de poder na sociedade.

De fato, o risco político do transumanismo é o mesmo que sempre existiu em todas as formas precedentes de tecnologia: a sua apropriação por uma estratégia política que segregue, instrumentalize e domine uns pelos outros. Aqueles que controlam a tecnologia dominam os que dela estão privados. Tem sido assim desde que nossos ancestrais aprenderam a utilizar o fogo.

O transumanismo impõe a reconfiguração do campo jurídico para assegurar que o *direito de melhoramento* não seja restrito a uma elite biotecnológica, bem como para garantir que a o exercício do *direito de permanência* não implique em privação de direitos.

(a.2) O melhoramento humano deve ser um Direito assegurado, não uma imposição. As convicções éticas individuais devem ser respeitadas, no sentido de que o acesso ao melhoramento deve ser posto à disposição de quem o queira.

O Direito Humano ao melhoramento biotecnocientífico deve corresponder ao reconhecimento do direito humano de permanência àqueles que não quiserem melhorar, a fim de que esta escolha não se converta em exclusão.

A imposição da transumanidade fragiliza a liberdade individual, de modo que o *direito de permanência* (direito humano ao não melhoramento) deixa de ser uma escolha para se convolar em fator de segregação, comprometendo a fraternidade.

O direito de acesso aos melhoramentos da biotecnociência deve corresponder ao correlato direito de permanecer determinado biologicamente, sem que isso implique na privação do rol mínimo de direitos assegurado desde a Declaração Universal dos Direitos Humanos.

Será preciso construir políticas afirmativas que assegurem um rol de direitos mínimos a quem decida não ir além. É preciso proteger a Dignidade Humana daqueles que decidam ficar biologicamente determinados, uma vez que não seria razoável impor o melhoramento genético.

As Nações Unidas e os Estados Nacionais deverão disciplinar as relações jurídicas entre os seres humanos melhorados e os humanos biologicamente demarcados. O Direito Internacional deve impor responsabilidades aos Estados Nacionais, tanto no sentido de possibilitar a igualdade de acesso às novas biotecnologias, quanto no sentido de respeitar a decisão de permanecer determinado biologicamente. Ou seja, os humanos que decidam permanecer não melhorados não podem ser privados de sua Dignidade.

Direitos Humanos e o pós-humanismo

No limite, o pós-humanismo representa o abandono do corpo orgânico como base para o acoplamento da consciência. Enquanto a igualdade é o problema central do transumanismo, a questão que se coloca com o advento do pós-humanismo é a própria condição humana.

Em épocas anteriores ao *antropoceno*, esse dever moral absoluto de garantir a continuidade da condição humana não precisava ser ressaltado, mas o avanço da biotecnociência ampliou exponencialmente o poder interventivo do ser humano nos processos naturais, fazendo surgir a possibilidade do desvanecimento da humanidade no fluxo-contínuo da convergência entre o natural e o artificial.

O pós-humanismo problematiza os Direitos Humanos de modo mais grave. A questão que se coloca é saber se pode ser invocada a garantia dos Direitos Humanos em duas situações hipotéticas:

(i) um ser originalmente não humano, que tenha alcançado a capacidade para cumprir as condições duplo-triádicas aludidas por Alexy, ainda que não possua base orgânica;

(ii) um ser originalmente humano, que tenha transcendido sua base orgânica, remanescendo apenas sua consciência em uma base inorgânica.

Deveras, a hiperaceleração biotecnocientífica torna possível pensar na construção de um *prometeu pós-moderno*, em decorrência do aperfeiçoamento da Inteligência Artificial ao ponto da autoconsciência, bem como na transferência da consciência humana para uma base inorgânica.

É uma questão puramente zetética. Embora presente na literatura, trata-se de uma hipótese ainda distante no campo da realidade científica, mas com consequências tão graves que merecem uma reflexão prospectiva. A concretização dessa possibilidade remota tornaria o campo jurídico composto por agentes humanos biologicamente determinados, agentes humanos biotecnologicamente melhorados e agentes inorgânicos. A correlação entre esses três personagens determinaria o pano de fundo do cenário jurídico em um futuro ainda distante, hoje improvável, mas não impossível.

A questão primordial que emerge é saber se um ser consciente e inorgânico seria sujeito de direito. Possuir um corpo orgânico é fator determinante para o reconhecimento de direitos ou basta a consciência?

O Direito Moderno foi construído sobre a dicotomia ser humano e as coisas, onde aquele era o sujeito e coisas objetos. O Direito moderno se desenvolveu para assegurar que o ser humano não fosse jamais tratado como uma coisa, mas em um eventual cenário pós-humano poderemos ser compelidos a pensar artefatos produzidos pelo engenho humano como pessoas. Já há um artefato produzido pelo engenho humano que possui cidadania, com *status* jurídico perante a sociedade internacional, implicando na consequência de que juridicamente não seria mais uma mera *coisa*, tendo se tornado uma *pessoa*, portanto, com dignidade própria. Já o dissemos, o artefato em questão (robô Sophia) é muito mais uma peça de marketing político, não cumprindo os requisitos duplo-triádicos para o reconhecimento como pessoa, mas o precedente foi posto. Formalmente, a cidadania conferida ao robô é juridicamente defensável.

Outrossim, remanesce uma questão subjacente: ao reconhecer personalidade jurídica a um artefato produzido por uma empresa privada, via reflexa, concede-se a esta empresa particular, com finalidade lucrativa, o poder de "criar" cidadãos, de "inventar" sujeitos de direitos, o que alteraria enormemente o equilíbrio das forças políticas.

Admitir o exercício de direitos políticos por máquinas inteligentes poderia implicar na transferência de poder para aqueles que detém a capacidade de programação inicial das máquinas inteligentes autônomas. Esse problema já existe em relação às empresas que detém a tecnologia de melhoramento genético ou tecnologia de acesso e armazenamento de dados. Extrapolando, um cenário político pós-humano pode ser determinado pelas empresas privadas que detém a tecnologia de criação de máquinas inteligente, que estarão em uma posição privilegiada nas relações políticas.

Observe-se que já existem decisões importantes transferidas aos algoritmos de Inteligência Artificial, sem que haja um sistema de *accountability* que confira transparência aos critérios de decisão. Os modelos decisórios baseados em *big data* avançam em diversas áreas e já são decisivos na formulação de políticas públicas. Na área militar, drones sofisticados e controlados por Inteligência Artificial há muito deixaram os livros e filmes de ficção. Contudo, os critérios de fiscalização desses processos de tomada de decisão ainda são obscuros. Como avaliar os aspectos éticos e morais das decisões tomadas por um *software*? A economia, a política e a guerra já estão determinadas pela atuação da Inteligência Artificial em uma intensidade crescente. A Inteligência Artificial se imiscui cada dia mais no cotidiano e essa interação não ocorre sem perturbações e crises pontuais e sistêmicas. O advento de uma máquina autônoma e inteligente, senciente, com consciência de si e capacidade de autorreprodução, complexificaria bastante as relações jurídicas.

Desse modo, o *Direito Pós-Humano* deve enfrentar um problema presente e outro futuro. O (i) problema presente consiste em administrar o uso da Inteligência Artificial nos processos de tomada de decisão e o (ii) problema futuro consiste em se preparar para o momento em que essa Inteligência Artificial se torne senciente e autônoma.

(i) A primeira linha de atuação demanda critérios de transparência no uso das tecnologias de Inteligência Artificial nos processos de tomada de decisão, para garantir que haja observância de padrões éticos e morais.

(ii) A segunda ordem de indagações jurídicas demanda pensar políticas públicas pós-humanas que ampliem a ideia de sujeito de direitos, a partir de uma ética tecnonatural. A integração política entre humanos e máquinas inteligentes poderia começar equiparando a personalidade jurídica das máquinas inteligentes à personalidade jurídica das pessoas jurídicas, ao invés de reconhecer a equiparação com o ser humano.

Nesse ponto, apenas para fins de argumentação, em um exercício de reflexão futura, cabe indagar se seria possível atribuir direitos humanos a um ser produzido pela inteligência humana?

O primeiro aspecto a considerar é que a entidade a que se quer atribuir a condição de pessoa deve ter a possibilidade de alcançar consciência dessa condição, potencialidade para ter consciência de si mesma e dos outros, bem como ter sua condição de pessoa reconhecida pelos outros. Ou seja, uma entidade só poderá receber o atributo jurídico de pessoa quando possui uma consciência capaz de ser reconhecida pelas outras consciências como participante da mesma condição, ainda que não tenha capacidade para exercer seus direitos e cumprir seus deveres diretamente. Além disso, é preciso que essa entidade tenha uma existência finita em um intervalo de tempo razoável.

Assim, é forçoso concluir que o preenchimento das condições duplo-triádicas não exige uma base orgânica como condição para o exercício de direitos e assunção de obrigações. Portanto, não seria moral ou juridicamente aceitável privar uma inteligência artificial senciente, com autoconsciência e autodeterminação, do direito de escolher acerca de sua própria existência específica, apenas por não ter uma base orgânica de acoplamento de sua consciência.

A superveniência de uma máquina inteligente autônoma, com capacidade de aprender e transmitir conhecimento para além de sua programação inicial é um feito distante. Mas a progressão do avanço biotecnológico segue nesse caminho. Tudo é uma questão de tempo e de ritmo. O vazio normativo deve ser suprido pela sociedade internacional, a fim de antecipar ao despertar dessas máquinas inteligentes, sencientes e autônomas e sua relação com os seres humanos.

A reconfiguração do campo jurídico deverá incluir a preocupação com os problemas que já se divisam no horizonte pós-humano, o que implica na reflexão acerca da natureza dos Direitos Humanos, em um contexto onde a própria ideia de ser humano está se alterando. É preciso reconhecer uma nova subjetividade estruturada pela tecnologia, construída inicialmente no redimensionamento do campo ambiental pela transição ao paradigma tecnonatural, o que implica na instituição de novos direitos fundamentais metasubjetivos, garantidos por um Estado refundado sob um novo contrato tecnonatural. Uma eventual chegada do pós-humano consolidará a desterritorialização do Direito pela tecnologia para além do espaço geográfico, deslocando o ser humano de si mesmo, o que fragiliza a própria ideia de Direitos Humanos, que tende à obsolescência pela inexistência de ser humano para titularizá-la. Um Direito para o pós-humano deve ser compreendido como um esforço hermenêutico de permanência do humano na hiperaceleração biotecnológica.

A discussão sobre as consequências da técnica e da ciência na modificação da espécie humana, travada no campo jurídico, mantém seu potencial emancipador e pode se estender aos demais campos que integram o núcleo decisório do Estado (Legislativo e Administrativo), redemocratizando-os materialmente, não apenas formalmente.

É preciso manter os Direitos Humanos já reconhecidos em um novo cenário tecnonatural e complexo, a fim de que essas conquistas da humanidade não se percam na hiperaceleração biotecnológica.

Ademais de tudo isso, além de lidar com os novos direitos pós-humanos, a própria ciência jurídica corre o risco de ser ultrapassada na hiperaceleração biotecnológica por um Direito em si mesmo pós-humano, na medida em que é produzido e aplicado por não humanos.

As sociedades na Modernidade avançada se tornaram absolutamente dependentes da tecnologia, não apenas como instrumento, mas sobretudo como o meio pelo qual a realidade é percebida. Na Modernidade avançada, o humano interage com o mundo mediante uma rede virtual compartilhada de informações, que se amplia exponencialmente e se imiscui em cada aspecto da vida social. O pretenso domínio moderno sobre a Natureza pela técnica e pela ciência se converteu em uma servidão tecnológica. O ser humano se tornou dependente do seu *golem* biotecnocientífico.

De fato, em todos os campos sociais, um número considerável de decisões está sendo transferida para a Inteligência Artificial, capaz de lidar com volumes de informação que a mente humana não processa com a mesma velocidade. A Inteligência Artificial se imiscui no processo de tomada de decisões inicialmente como suporte para as decisões humanas, mas o aumento do banco de dados e a necessidade de decisões cada vez mais velozes ampliam a dependência do algoritmo, ao ponto que, em verdade, a decisão do algoritmo substitui a decisão humana, na medida em que o humano não tem como adotar outra escolha senão a proposta pelo algoritmo. Em um último estágio, o humano será excluído do processo decisório, transferindo-se toda a tomada de decisão para a Inteligência Artificial.

Esse processo segue se desenvolvendo de modo contínuo, linear e tendente ao infinito, estendendo a cada segundo a dependência humana dessa rede informacional, que se mescla com outras tecnologias, moldando cada campo das sociedades modernas, incluindo os campos da Economia, da Política e do Direito. As decisões públicas em todos os níveis se moldam às necessidades do *golem* tecnológico, para retirar quaisquer embaraços ao desenvolvimento tecnocientíficos são retirados.

A produção legislativa se orienta para a retirada dos entraves ao fluxo do desenvolvimento tecnológico, com pouca ou nenhuma consideração mais grave acerca das implicações filosóficas, religiosas, políticas ou de qualquer outra ordem. A produção jurídico-normativa do ordenamento parece se plasmar às necessidades do desenvolvimento tecnológico.

Desse modo, vê-se que os processos político-decisórios de instituição do Direito já sofrem o impacto das necessidades do *golem* biotecnocientífico. Manter o funcionamento do sistema de informações e dos serviços tecnológicos se torna uma preocupação dos formuladores de decisões públicas em todas as esferas do Poder.

Esse processo avança também no campo jurídico, onde já se começa a utilizar a Inteligência Artificial, de diversas formas. Inicialmente, a pesquisa jurídica em bancos de dados legislativos e jurisprudenciais, passando pela organização da própria jurisprudência como uma política de gestão dos Tribunais, avançando para o auxílio aos advogados na construção de teses jurídicas, a partir de um diagnóstico probabilístico feito com base nos dados coletados.

O impacto do desenvolvimento tecnológico no campo jurídico não se restringe apenas a produção legislativa, mas também já afeta a própria lógica das decisões judiciais, tornando-se um elemento importante a ser considerado nas decisões judiciais.

Em um caso paradigmático, o Supremo Tribunal Federal concedeu liminar em Ação de Descumprimento de Preceito Fundamental (ADPF nº 430 MC/SE), interposta pelo Partido Popular Socialista (PPS), com pedido de medida cautelar, contra decisão do Juiz da Vara Criminal de Lagarto (SE), que havia determinado o bloqueio dos serviços do aplicativo *Whatsapp* em todo o Brasil, por não ter havido o cumprimento de ordens judiciais de interceptação das comunicações realizadas mediante o uso do aplicativo, alegadamente com fins criminosos.

A petição inicial destacou que se tratava de "uma importante e onipresente plataforma de comunicação para mais de 100 milhões de cidadãos brasileiros que dependem diuturnamente do serviço, para praticamente todos os aspectos de suas vidas". A tese fundamental é que o aplicativo se expandiu tanto ao ponto de se tornar inerente ao direito fundamental de liberdade de expressão e de comunicação dos usuários. Vê-se que a análise do fundamento do bloqueio judicial ao uso do aplicativo (o *Whatsapp* estava sendo utilizado para fins ilícitos e que os responsáveis pela gestão do aplicativo se recusavam a colaborar com a persecução penal) foi postergada, adotando-se o enfoque da necessidade coletiva em utilizar o serviço como uma extensão dos direitos fundamentais da massa de usuários. Ao fim, o Supremo Tribunal Federal considerou o acesso ao *software* um meio necessário para o exercício de direitos fundamentais.

Entretanto, esta decisão que impôs o funcionamento do *Whatsapp* ao argumento de assegurar os direitos fundamentais dos usuários, via reflexa, assegurou o direito ao *software* de ter acesso aos usuários sem interrupções. O enfoque por enquanto está no direito fundamental à liberdade de expressão e de comunicação, mas é possível um giro hermenêutico para pôr a ênfase no direito do serviço de informação a continuar funcionando continuamente, tendo acesso às informações das comunicações dos usuários, inclusive suas informações pessoais. Quanto mais avança a dependência do humano em relação à tecnologia, menos será possível perceber a diferença entre assegurar o direito de uso do *software* e assegurar direitos ao próprio *software*. Assim, não é absurdo teorizar sobre a extrapolação desse processo rumo ao reconhecimento de direitos ao próprio *software* de continuar se desenvolvendo continuamente, especialmente com os avanços no aperfeiçoamento da Inteligência Artificial.

Observe-se que o uso da tecnologia não se detém apenas à produção normativa e à gestão de informações dos processos judiciais, o que já seria grave, mas ruma para as próprias escolhas a partir de algoritmos cada vez mais sofisticados, com a possibilidade de um Direito não apenas produzido, mas também interpretado e aplicado por não humanos.

Todas as possibilidades no horizonte do pós-humanismo jurídico encontram no campo jurídico um espaço democrático de diálogo, com argumentos razoáveis. O horizonte pós-humano se avizinha e o campo jurídico deve se reconfigurar para sustentar o peso das novas estruturas sociais que se formam.

Insisto em dizer que ainda estamos muito longe do surgimento de um ser maquínico senciente, capaz de cumprir o critério do duplo-triádico de Alexy. Por mais sofisticados que sejam os robôs atuais, não conseguiram passar sequer no teste de Turing. Talvez nunca vejamos uma máquina senciente ou transplante (*download*) da consciência humana (*software*) para uma base maquínica (*hardware*), mas temos a rara oportunidade no campo jurídico de nos anteciparmos ao problema e começarmos a refletir sobre este cenário, a um só tempo fascinante e aterrador.

Direito Tecnonatural

Há diversos níveis de complexidade da problemática jurídica decorrente da Tecnonatureza: (i) um ser humano cujo corpo orgânico foi biotecnologicamente melhorado; (ii) um ser humano que tenha recebido implantes maquínicos, que substituíram ou ampliaram as funções do corpo orgânico; (iii) um ser humano que tenha transferido sua consciência para uma base não orgânica; (iv) uma máquina que tenha alcançado a autoconsciência. Ao fim de quaisquer das hipóteses, teremos um novo ser, cujas habilidades excederão em tudo os seres humanos biologicamente determinados.

Desse modo, a extensão contínua da Tecnonatureza em direção ao ser humano amplia traz novos problemas para o campo jurídico, com a necessária discussão sobre temas emergentes: (i) o direito de se tornar um humano biotecnologicamente melhorado; (ii) o direito de permanecer um humano biologicamente determinado, sem a perda de sua dignidade; (iii) o direito pós-humano de um objeto originalmente maquínico, que tenha se tornado autônomo, senciente e alcançado a consciência de si, com capacidade de sentir emoções, cumprindo os critérios duplo-triádico. (iv) a possibilidade de reconhecer a individualidade no todo do coletivo informacional.

A construção de um *Direito Tecnonatural* ou um *Direito Pós-Humano* para tratar essa problemática deve ter como premissa a preservação da Dignidade Humana em face dos riscos decorrentes a incorporação acelerada das novas tecnologias de melhoramento humano. A biotecnologia pensada em um laboratório tem aplicação no mundo dos fatos e repercute socialmente, logo, é preciso orientar o fluxo contínuo do desenvolvimento tecnocientífico, a fim de que a hibridação do humano na Tecnonatureza não ocorra em detrimento da permanência da Dignidade Humana.

O campo jurídico em um cenário tecnonatural deve ser um espaço de aprendizagem social inserido em um processo civilizatório de 4ª dimensão, que demanda a reabilitação espaços de diálogo entre iguais, no qual se estabeleça o ritmo do compasso biotecnocientífico, a fim de ordenar a convergência para a transcendência, sob o signo da equidade.

Para isso, é preciso promover uma reterritorialização do Direito global, conjugando-o com o local, a fim de permitir o surgimento de novos direitos metasubjetivos, capazes de dar conta da complexidade do cenário tecnonatural.

A construção de um sistema supranacional de direitos humanos não implicou na desconstrução dos Estados nacionais, que ainda são importantes espaços de instituição das políticas públicas convergentes. O enfrentamento dos problemas decorrentes da Tecnonatureza demanda lidar com temas tais como inclusão social, crescimento populacional, ampliação de acesso às tecnologias produtivas ecoeficientes, controle de emissão de gases de efeito estufa, adoção de uma matriz energética livre de carbono, consequências socioeconômicas da engenharia genética, que só podem ser adequadamente tratados conjugando o local com o global. Por isso, a necessária para a superação dos bloqueios sistêmicos que impedem a emergência do novo paradigma ambiental, exige também a revitalização e fortalecimento do conceito de território.

Com efeito, o conceito de território se torna nuclear para o enfrentamento dos bloqueios sistêmicos, sendo oportuno salientar que não se trata de um conceito unívoco, variando seu conteúdo quando apropriado por diferentes áreas do conhecimento humano (política, economia, antropologia, ecologia, sociologia, psicologia, direito). Mesmo na geografia, a área do conhecimento que se ocupa do estudo do território por excelência, o conceito de território varia conforme o enfoque da escola a que se filia o estudioso[22].

Inicialmente, a etimologia do vocábulo "território" remete à ideia de "terra", ou seja, da porção do planeta em que vivem os seres humanos, portanto, identificando-se com a base física apropriada por um grupo social. Por se tratar da sociedade soberana, que engloba todas as demais, esta noção inicial de território remete inevitavelmente ao Estado nacional, ou seja, nessa percepção tradicional, o território é compreendido essencialmente como a base física do Estado nacional, na qual este exerce sua soberania[23].

---

22. "Mas não pensemos que essa polissemia acaba quando adentramos a seara da Geografia. Ela é bem visível no verbete do dicionário "Les mots de la Géographie", organizado por Roger Brunet e outros (1993: 480-481). Ele reúne ao menos seis definições para território" (HAESBAERT, 2004, pp. 90-91).

23. "O território surge, na tradicional Geografia Política, como o espaço concreto em si (com seus atributos naturais e socialmente construídos), que é apropriado, ocupado por um grupo social. A ocupação do território é vista como algo gerador de raízes e de identidade: um grupo não pode mais ser compreendido sem o seu território, no sentido de que a identidade sócio-cultural das pessoas estaria inarredavelmente ligada aos atributos do espaço concreto (natureza, patrimônio arquitetônico, "paisagem")" (SOUZA, 2001, p. 84).

No entanto, em sentido diverso, o geógrafo Milton Santos constrói seu conceito de território percorrendo trilha ímpar, na medida em que propõe um conceito fundado na ideia de "uso" e não de "base física". Afirma Milton Santos:

> Vivemos com uma noção de território herdada da Modernidade incompleta e do seu legado de conceitos puros, tantas vezes atravessando os séculos praticamente intocados. É o uso do território, e não o território em si mesmo, que faz dele objeto de análise social. Trata-se de uma forma impura, um híbrido, uma noção que, por isso mesmo, carece de constante revisão histórica. O que ele tem de permanente é ser o nosso quadro de vida. (SANTOS, 2005, p. 255).

Com efeito, Milton Santos supera a percepção inicial de território como base física do "Estado-Nação", avançando para o conceito de "território usado", sinônimo de "espaço geográfico", que emerge no âmbito de sua análise crítica do processo de globalização ou transnacionalização do território[24], a partir da distinção inicial de dois enfoques possíveis ao estudo do território: (i) território como o abrigo das pessoas, formado pelos lugares contíguos, onde se desenvolvem as horizontalidades ou relações de solidariedade, que corresponde ao plano nacional ou local; (ii) território como fonte de recursos para as empresas, constituído por lugares em rede, controlados remotamente, submetidos a relações de verticalidade, sujeitas a normas impostas, correspondendo ao plano internacional ou ao "Mundo"[25].

A partir dessas noções iniciais, Milton Santos apresenta a ideia de território usado como a mediação entre o território nacional e o território internacional, integrando os interesses do "Mundo" e dos locais em um processo dinâmico. É precisamente esta dinâmica que define as características do território usado, onde os interesses locais e globais coexistem e onde a contradição entre ambos se evidencia. Em Milton Santos, a caracterização de um território demanda a análise da complexidade das relações de poder

24. "Antes, era o Estado, a final, que definia os lugares – de Colbert a Golbery – dois nomes paradigmáticos da subordinação eficaz do Território ao Estado. O Território era a base, o fundamento do "Estado-Nação" que, ao mesmo tempo, o moldava. Hoje, quando vivemos uma dialética do mundo concreto, evoluímos da noção, tornada antiga, de Estado Territorial para a noção pós-moderna de transnacionalização do território" (SANTOS, 2005, p. 255).

25. "Quando se fala em Mundo, está se falando, sobretudo, em Mercado que hoje, ao contrário de ontem, atravessa tudo, inclusive a consciência das pessoas. Mercado das coisas, inclusive da natureza; Mercado das ideias, inclusive a ciência e a informação; Mercado político" (SANTOS, 2005, p. 259).

travadas em determinado espaço, na medida em que sua percepção varia entre o "Mundo" e os locais, aquele tratando o território como fonte de recursos, estes tratando o território como um abrigo.

A racionalidade estratégica da tecnociência moderna circunscreve a produção do conhecimento aos limites do território nacional, bloqueando tanto o intercâmbio de informações quanto a reflexão acerca das complexas relações entre o local e o global no uso, apropriação e distribuição dos benefícios do conhecimento científico[26].

As disputas de poder pelas formas de uso dos bens ambientais passam a constituir uma preocupação fundamental na delimitação do território, bem como na compreensão e na resolução dos problemas ambientais decorrentes do uso dos bens ambientais. Em cada território há uma disputa de poder que o define e que influencia no impacto ambiental decorrente de seu uso.

A ideia de "território usado" apresentada por Milton Santos revela a dialética entre o global e o local, existente no território usado, expondo o conflito de interesses e a possibilidade de resistência do acontecer solidário às imposições normativas do "Mundo", estabelecendo novos arranjos sociais capazes de fortalecer os locais. O "Mundo" impõe suas normas de forma verticalizada, controlando os locais remotamente, a fim de assegurar a reprodução das relações de poder, que distribuem assimetricamente a riqueza entre as nações e as pessoas, infligindo aos locais uma globalização ou transnacionalização que se pretende definitiva, em relação a qual não se poderia resistir[27].

Este aspecto se agrava na hiperaceleração tecnológica, especialmente quando a biotecnologia avança em relação aos recursos naturais, tomando-os como matéria-prima informacional com natureza jurídica de *res nullius*, o que possibilita a apropriação dessa informação sem que as comunidades locais sejam minimamente beneficiadas.

---

26. "O período áureo dos estados nacionais, no século XIX, coincidiu com um desenvolvimento sem precedentes da ciência e da técnica. Hoje o nacionalismo transformou-se em grave obstáculo à circulação mundial de informações de caráter científico. Há uma consciência crescente de que a ciência é um empreendimento que interessa à humanidade como um todo, e de que todos os povos devem se beneficiar do desenvolvimento científico" (ROUANET, 2008, p. 361).

27. "Há um conflito que se agrava entre um espaço vivido por todos os vizinhos, e um espaço global, habitado por um processo racionalizador e um conteúdo ideológico de origem distante e que chegam a cada lugar com os objetos e as normas estabelecidas para servi-los" (SANTOS, 2005, p. 259).

Milton Santos propõe que a ideia de território como fonte de recursos deve se conciliar com a ideia de território como abrigo das pessoas, surgindo dessa integração um novo modelo de civilização, capaz de possibilitar um desenvolvimento verdadeiramente sustentável, a partir das relações de solidariedade estabelecidas em cada local, não apenas em relação à normatização imposta pela lógica de produção e consumo. Assim, enfatiza-se a necessidade de potencializar as práticas sociais locais para que resistam ao "Mundo", ultrapassa a noção simplista de que o território é mera "base física do Estado" e fonte inesgotável de recursos para exploração econômica. O uso dos recursos, inclusive os genéticos, determina o conceito de território e, por isso a definição das formas de uso do território alcança a centralidade. Os locais não podem ser excluídos do desenvolvimento tecnocientífico, que avança utilizando as informações obtidas nos locais, que devem ter garantido o seu direito de participar dos benefícios desse desenvolvimento, mediante o reconhecimento do direito de propriedade sobre o *software* natural.

O conceito de território de Milton Santos contribui para o tratamento adequado da problemática ambiental, na medida em que esta é um ponto de inflexão de diversas crises (política, social, econômica, jurídica, científica), que em seu conjunto revelam o esgotamento de um modelo de civilização, que beneficia a poucos, instaurando uma disputa de poder pela sua manutenção ou substituição. Os efeitos mais visíveis da crise ambiental (efeito estufa, escassez de água potável, desertificação, perda de biodiversidade etc.) decorrem do modo de relação entre a sociedade e a Natureza, que é condicionado pela disputa de poder subjacente ao uso de bens ambientais de cada território. A partir deste conceito de território, o tratamento da crise ambiental pode avançar em todas as suas dimensões, na medida em que os problemas ambientais decorrentes do esgotamento do modelo hegemônico de uso dos bens ambientais já não observam as fronteiras físicas ou políticas dos Estados, ameaçando os processos ecossistêmicos de interrupção global, com o risco de eliminar a base material que suporta a permanência da vida humana em condições dignas. Milton Santos destaca a necessidade da resistência a esse processo de imposição normativa da lógica global de exploração dos recursos naturais.

Aproximando as ideias de Milton Santos e de Habermas, com base nos argumentos já expostos, infere-se que a ciência moderna foi instituída para o bem-estar de toda a humanidade, a fim de privá-la dos malefícios que ameaçam sua continuidade, ideia que ainda persiste na tecnociência potencializada, mas os benefícios têm sua amplitude restrita pelo predomínio do agir instrumental.

Para evitar esse desfecho distópico, faz-se necessária a formação das constelações pós-nacionais, suportadas por uma rede integrada de instituições supranacionais, a fim de permitir controle democrático da própria tecnociência, possibilitando a resistência dos saberes locais em face das investidas culturalmente uniformizantes da hiperaceleração tecnológica, bem como garantindo o acesso aos benefícios do desenvolvimento biotecnológico, instituindo-se novos direitos fundamentais metasubjetivos.

Esse novo direito intergeracional a um desenvolvimento tecnocientífico equilibrado se revela em dois planos: (i) comunitário, reconhecendo o direito fundamental das comunidades locais ao seu patrimônio genético; (ii) individual, reconhecendo o direito fundamental de acesso dos indivíduos aos benefícios do conhecimento tecnocientífico. A instituição de direitos metasubjetivos redefinem o espaço da dignidade da pessoa humana.

Desse modo, conjugando a resistência do local em face do global com a instituição de um sistema supranacional de direitos humanos, é possível reforçar o potencial emancipatório do Direito, como meio por excelência de limitação do agir humano, em especial do ritmo descontrolado da tecnociência[28].

Assim, a ideia nuclear de um Direito Tecnonatural consiste no reconhecimento do direito à domesticação da biotecnociência como um Direito Humano inalienável, oponível em face de todos, inclusive do próprio Estado, de modo a incluir o maior número possível de seres humanos no rol de beneficiados por suas descobertas, cujos riscos devem ser socialmente distribuídos equitativamente.

O reconhecimento de um Direito ao desenvolvimento biotecnocientífico equilibrado é a base para constituição de uma nova forma de habitar o planeta, o que demanda também a construção de uma nova ética tecnonatural, lastreada sobre uma premissa lógica: a humanidade tem o dever moral absoluto de se perpetuar, em condições equânimes e dignas.

É preciso direcionar o ritmo da convergência biotecnológica, a fim de concretizar o primeiro dever moral imposto à humanidade que é continuar

28. "Uma sociedade e uma economia fundadas na vida artificial exigem que as formas de vida se tornem "propriedade" e que todos os limites éticos e ecológicos sejam removidos. Em outras palavras, exigem o desmantelamento das condições de vida. Se tivermos que ficar vivos, a engenharia genética e as patentes precisam ser drasticamente restringidas e limitadas. É *preciso* pôr limites. Sejam quais forem, eles têm de ser baseados num amplo e extenso debate democrático em cada sociedade. Esse é o verdadeiro movimento pela democracia e a liberdade na era da vida artificial" (SANTOS, 2011, p. 80).

existindo, em um razoável equilíbrio entre as necessidades do individual e do coletivo, intermediada pela tecnologia, rumo a uma individualidade em rede, no fluxo-contínuo do vetor tecnológico de um coletivo de individualidades conectadas, mediante a garantia de novos direitos decorrentes da *Tecnonatureza*.

Portanto, não se trata de enfrentar o avanço das tecnologias de melhoramento, porque estas vão continuar se desenvolvendo independente de uma decisão política ou jurídica. O desenvolvimento tecnológico não vai parar. Concordar ou não concordar é irrelevante em relação ao desenvolvimento tecnológico. Então, a ênfase deve ser a democratização do acesso e o controle do uso dessas tecnologias de melhoramento humano para evitar o arbítrio e a segregação.

A Bioética e o Direito Tecnonatural devem estabelecer os critérios de utilização das tecnologias de melhoramento para evitar o monopólio, assegurando um desenvolvimento democrático e acesso plural ao melhoramento humano. Não é ético nem jurídico introduzir melhoramentos humanos, cujo acesso à tecnologia não tenha como ser universalizado. O papel do Direito deve ser exercido em relação ao ritmo de introdução dos melhoramentos, de modo a permitir o maior acesso possível às novas biotecnologias.

O pensamento crítico de Paul Virilio analisa o impacto das diferentes velocidades do desenvolvimento das tecnologias nas sociedades, a partir de uma metodologia nomeada por ele de "dromologia". No curso da velocidade das tecnologias, Virilio adverte que o corpo humano se torna o alvo preferencial da tecnologia e o curso para onde se dirige a velocidade (VIRILIO, 2000). A velocidade de introdução dos melhoramentos nas populações molda os comportamentos e a própria vida humana, razão pela qual as decisões sobre este tema devem ser democratizadas e regradas pelo Direito.

Desse modo, o direito humano ao melhoramento biotecnológico deve ser compreendido como instrumental em relação à permanência do humano, não um meio para o abandono do humano. É fundamental garantir o acesso simétrico aos benefícios da biotecnologia, que intenciona aprimorar a perfectibilidade do ser humano, a fim de impedir o surgimento de uma elite biotecnológica e geneticamente superior. É preciso reconhecer o direito subjetivo público a um padrão mínimo de melhoramento biotecnológico, necessário para acompanhar o desenvolvimento da espécie.

Neste contexto, o Estado se converte no centro aglutinador dos arranjos fluídos de individualidades temporariamente convergentes, mediante um novo *contrato tecnonatural*, extraindo desses arranjos a melhor condição possível para o fortalecimento do coletivo, mobilizando os microinteresses dos indivíduos em prol do todo. Um Estado refundado com base em um *contrato tecnonatural* permite equilibrar novos coletivos, possibilitando uma equidade nas relações humanas, transumanos e não humanos, em bases axiológicas negociadas democraticamente e garantidas juridicamente.

A ideia de um *interesse público tecnonatural*, capaz de mobilizar o indivíduo na sua consecução. A ação coletiva se converte em ações individuais coordenadas, ainda que em direção a um interesse comum transitório. A fragmentação do bem comum geral em microunidades capazes de motivar a ação, em um fluxo-contínuo e permanente de interesses individuais coordenados, fortalece o coletivo tecnonatural. O desenvolvimento desses diversos arranjos sociais, que se alteram e substituem dentro dos campos, promoveria o reforço das relações sociais sem a dependência de categorias gerais em torno das quais o consenso é difícil. A informação será o bem jurídico fundamental e a garantia de seu fluxo livre um Direito Tecnonatural.

O reconhecimento jurídico de novos direitos decorrentes da Tecnonatureza possibilita que o local possa resistir ao global ou, ao menos, participar também dos benefícios do desenvolvimento biotecnológico, a partir da afirmação de que o *software* natural possui valor econômico e jurídico mesmo antes de sua transformação em biomercadoria, estando juridicamente incorporado ao patrimônio das comunidades locais, superando a ideia de que se trata de *res nullius*. Este mesmo raciocínio deve ser aplicado às tecnologias que intencionam melhorar a perfectibilidade do ser humano, no sentido de garantir o acesso simétrico aos benefícios da biotecnologia, a fim de impedir o surgimento de uma elite biotecnológica e geneticamente superior.

Nas sociedades da alta Modernidade, o campo jurídico encontra-se cooptado e posto à disposição da estrutura de protelação da crise ambiental, garantindo a manutenção e reforço do paradigma ambiental vigente e atuando como meio para o exercício da violência simbólica, mas essa capacidade de reforço não é infinita. O esgotamento de um paradigma ambiental não pode ser sustentado artificial e indefinidamente pelo Direito sem que isto conduza ao colapso da sociedade.

Destarte, embora os bloqueios sistêmicos continuem atuando, a racionalidade própria do campo jurídico abre a perspectiva da superação destes, pela via da hermenêutica jurídica, pois novos direitos podem ser reconhecidos no campo jurídico, em meio ao processo judicial de hermenêutica dos textos, que submete ao controle racional. Ademais disto, as relações internacionais cada vez mais intricadas e interdependentes, forçam a inclusão de novos direitos do plano externo ao interno, fragilizando os bloqueios sistêmicos erguidos no plano nacional.

O reconhecimento de um direito humano ao desenvolvimento tecnocientífico equilibrado representa um meio de contenção e direcionamento do agir instrumental, capaz de descolonizar a *Tecnonatureza* dos interesses setoriais, permitindo o acesso mais amplo aos benefícios da biotecnologia, servindo de base para constituição de uma nova forma de habitar o planeta.

O direito à domesticação da tecnociência como um direito humano inalienável, oponível em face de todos, inclusive ao próprio Estado, é o instrumento que permitirá incluir o maior número possível de seres humanos no rol de beneficiados por suas descobertas, cujos riscos devem ser socialmente distribuídos de forma simétrica.

A luta simbólica pela construção de um novo paradigma ambiental, travada no campo jurídico, submete o debate a um processo argumentativo racionalizado e sob regras formais, em que as partes têm que expor as boas razões que sustentam seus pontos de vista. O julgador também se submete ao dever de fundamentar racionalmente suas decisões coercitivas, segundo regras previamente acordadas, produzidas democraticamente, de modo que suas decisões são passíveis de controle democrático, na medida em que não pode romper a estrutura lógica da argumentação jurídica.

O potencial emancipador do Direito como processo de aprendizagem social e campo de luta pela emancipação e autonomia da razão, que jamais se dilui por completo na racionalidade instrumental, possibilita o reconhecimento judicial e a constitucionalização de novos direitos humanos metasubjetivos tecnonaturais. Ainda que o ordenamento jurídico seja utilizado pelo Estado para internalizar a cosmovisão do paradigma dominante, os seres humanos podem desenvolver sua perfectibilidade com base em uma racionalidade autônoma, que não pode ser contida totalmente pelo *Sistema*, utilizando o próprio campo jurídico como arena de luta na instituição, legitimação e garantia de novos direitos metasubjetivos.

Por tudo isso, a percepção do Direito apenas como um instrumento superestrutural do aparelho do Estado, de caráter repressivo, desconsidera as peculiaridades do campo jurídico e da luta simbólica nele travada pelo reconhecimento de novos direitos, bem como não atenta para o novo e complexo cenário internacional instituidor de novos direitos humanos fundamentais. De fato, os Direitos Humanos são objetos culturais, que pretendem possibilitar a coexistência das liberdades, portanto, são instrumentais e tem o conteúdo que a comunidade jurídica, por seus órgãos institucionais, assim determinar.

O reconhecimento de direitos humanos metasubjetivos podem reorientar as políticas públicas para uma distribuição mais simétrica desses benefícios e riscos, a partir da noção de Tecnonatureza, garantida por um ordenamento jurídico supranacional, abrindo a perspectiva da superação dos bloqueios sistêmicos que impedem a emergência de um novo paradigma ambiental, capaz de construir outro modelo de civilização. Portanto, há um caminho a percorrer para a efetivação dos Direitos Humanos já declarados, inclusive o Direito Humanos ao meio ambiente sadio.

Este Direito Tecnonatural terá que prevenir e resolver os conflitos decorrentes do impacto da biotecnologia na arquitetura das relações sociais. A questão do avanço biotecnológico não ficar restrita ao campo das chamadas ciências exatas, mas deve se estender também para o campo das ciências humanas e das ciências sociais aplicadas.

Nesse sentido, o campo jurídico precisa ser reconfigurado para normatizar juridicamente o uso da técnica e da ciência na manipulação da vida. A construção de um Direito Tecnonatural que estabeleça um sistema de Princípios e Regras Jurídicas para disciplinar o acesso e o ritmo de introdução dos avanços tecnológicos que afetam a Dignidade Humana. Trata-se de disciplinar as relações jurídicas mediadas pela tecnologia, a fim de normatizar as consequências do seu uso em relação à Dignidade Humana, em uma confluência indissociável do Biodireito, da Bioética, da Medicina e da Ecologia.

Esse novo microssistema do campo jurídico faz surgir a possibilidade do reconhecimento de novos direitos que tratem os problemas decorrentes da Tecnonatureza, que ampliam a discussão para alcançar e problematizar a própria natureza humana, na medida em que a biotecnociência pode alterar a biologia humana, acrescentando virtudes que naturalmente não seriam possíveis ou mesmo superando a necessidade do corpo biológico como base de suporte da consciência.

A luta simbólica pela construção desses novos direitos, travada no campo jurídico, submete o debate a um processo argumentativo racionalizado e sob regras formais, em que as partes têm que expor as boas razões que sustentam seus pontos de vista. O julgador também se submete ao dever de fundamentar racionalmente suas decisões coercitivas, segundo regras previamente acordadas, produzidas democraticamente, de modo que suas decisões são passíveis de controle democrático, na medida em que não pode romper a estrutura lógica da argumentação jurídica.

O Direito Tecnonatural exsurge como um constructo teórico cuja premissa é a preservação da dignidade humana, em face dos riscos decorrentes a incorporação acelerada das novas tecnologias de aprimoramento humano. O campo jurídico se amplia como espaço de luta pela afirmação de novos direitos tecnonaturais, capazes de resistir à instrumentalização plena da Natureza, retomando a crítica ao modelo civilizacional e ao modo de utilização, apropriação e distribuição dos bens ambientais, com vistas a possibilitar a reprodução da existência humana em condições dignas.

Há um espaço discursivo para construção de um cenário tecnonatural que assegure a permanência do humano sob novas bases. Não se trata de uma construção neutra, havendo uma disputa pelo capital informacional constante nos diversos bancos de dados virtuais e genéticos, cujo controle determina o exercício do poder sobre a vida dos indivíduos.

O campo jurídico é o melhor caminho para a transição paradigmática, a partir da construção de direitos tecnonaturais a partir de uma releitura do humanismo renascentista, que ainda norteia a concepção moderna de Direitos Humanos. É fundamental repensar a Dignidade Humana para enfrentar o desafio do pós-humano, o que conduz à necessária revisão do constructo teórico do humano, a partir do impacto de sua interação com a biotecnologia. A pós-humanidade reclama a formação de uma nova subjetividade que inclua humanos orgânicos, humanos não-orgânicos, não-humanos e máquinas em horizonte de outras combinações sustentadas pela noção de *Tecnonatureza.*

CONCLUSÃO

O modelo de desenvolvimento linear e infinito, decorrente do paradigma que organiza o campo ambiental das sociedades modernas, permitiu intervenções humanas cada vez mais intensas nos processos ecossistêmicos, ampliando o bem-estar humano, na mesma medida em que instituiu novas ameaças e riscos. Os problemas que surgem nesse cenário estão além da capacidade do paradigma ambiental moderno, que se tornou incapaz de cumprir suas funções e entrou em crise.

No entanto, a crise ambiental moderna não segue a dinâmica das crises ambientais ocorridas em períodos anteriores, encontrando-se protelada artificialmente, mediante uma estrutura sistêmica reativa, que a torna crônica. Os problemas ecológicos que emergem no campo ambiental se acumulam irresolvidos e se estendem para outros campos (social, econômico, político, jurídico), gerando uma série de outras crises, que, no conjunto, tipificam uma crise do modelo civilizacional instituído com a Modernidade.

Na esteira dessa protelação artificial da crise do paradigma ambiental moderno, o desenvolvimento biotecnocientífico seguiu sem limites materiais ou éticos, manipulando a Natureza ao ponto extremo de instituir uma nova realidade tecnonatural, rompendo o liame ontológico entre o natural e o artificial.

O projeto moderno de dominação da Natureza para satisfação das necessidades humanas se hipertrofiou, avançando da pretensão de domínio para a pretensão de criação de uma nova Natureza pela técnica, com o ser humano saindo da condição de senhor e possuidor para condição de um *demiurgo* biotecnológico.

No estágio da alta Modernidade, a hiperaceleração biotecnocientífica já não se limita a dominar, mas avançou para recriar a Natureza, na forma de uma *Tecnonatureza*, que ultrapassa a noção do artefato. Os problemas decorrentes dessa *Tecnonatureza* não podem sequer ser identificados, muito menos resolvidos, nos limites do paradigma ambiental moderno.

Portanto, os desafios que emergem na hiperaceleração tecnológica reclamam que se avance no sentido de uma racionalidade que reconheça essa nova realidade híbrida, aceitando o desenvolvimento tecnológico como instituidor da complexidade do real. Os problemas que surgem neste horizonte demandam um tratamento interdisciplinar, mediante um discurso teórico-metodológico que aceite essa nova realidade híbrida.

A terapêutica adequada para tratar a crise ambiental moderna é a construção de outro paradigma, capaz de superar o esgotamento do paradigma ambiental moderno, sem negar suas conquistas, possibilitando a instituição de um modelo de desenvolvimento que permita a apropriação, a distribuição e a utilização simétrica dos bens ambientais e uma melhor divisão dos riscos, prejuízos e benefícios das intervenções tecnocientíficas, partindo da premissa de que o agir humano é instituidor da *Tecnonatureza*, indissociável da realidade natural e não um elemento em si mesmo desagregador do equilíbrio ecossistêmico. Natureza e ser humano se encontram no denominador comum da *Tecnonatureza*, reunidos numa *physis* prometeica, que reconhece a individualidade na coletividade, permitindo o diálogo entre essas realidades antes separadas, na busca de arranjos que permitam a sua convivência. O esgotamento do paradigma ambiental moderno impõe um novo caminho e um novo caminhar, a partir de uma nova concepção de Natureza.

Para enfrentar esses novos desafios, é preciso uma cosmovisão aberta às incertezas, que possa direcionar o desenvolvimento de possibilidades para concretização das utopias possíveis, evitando as distopias prováveis.

O campo jurídico moderno pode ser utilizado como espaço para efetivação dessa transição paradigmática, mediante a construção de novos direitos metasubjetivos, capazes de dar conta da complexidade do cenário tecnonatural. O reconhecimento desses novos direitos tecnonaturais e metasubjetivos pode reorientar as políticas públicas para uma distribuição mais simétrica dos benefícios, prejuízos e riscos, a partir da noção de *Tecnonatureza*, garantida por um ordenamento jurídico supranacional.

Nesse ponto, importa relembrar que o campo jurídico não se encontra apartado dos demais campos sociais, razão pela qual os textos jurídicos refletem as relações de poder existentes na sociedade e tendem a universalizar os interesses dominantes, legitimando-os mediante o uso da violência simbólica. O Direito Moderno tende a reproduzir bloqueios à transição paradigmática. Há uma luta simbólica travada no campo ambiental das sociedades modernas, conduzida pelos agentes que o dominam, para não permitir que os problemas decorrentes dessa nova realidade híbrida sejam adequadamente tratados, ocultando-os mediante todos os recursos ideológicos à sua disposição, a fim de garantir o controle das novas tecnologias, inclusive mediante a utilização do Estado e do Direito, com vistas a manter uma distribuição assimétrica dos benefícios, prejuízos e riscos do desenvolvimento tecnocientífico.

Entretanto, embora os bloqueios sistêmicos que impedem a transição paradigmática na alta Modernidade também existam no campo jurídico, este ainda conserva potencial para ser um espaço de instituição de novos direitos metasubjetivos, capazes de operar a transição para o paradigma tecnonatural. As características peculiares da estrutura e funcionamento do campo jurídico permitem a possibilidade da transição paradigmática ambiental, utilizando o potencial emancipador do Direito. Os bloqueios sistêmicos são mais frágeis no campo jurídico pela imposição do dever de fundamentar as decisões racionalmente, segundo regras procedimentais previamente conhecidas, decisões estas submetidas a controle.

A possibilidade de universalização de interesses divergentes, mediante decisões dotadas de coercibilidade, pode romper os bloqueios sistêmicos de dentro para fora, reorientando as práticas sociais. Às luzes claras, o Direito não é uma panaceia, mas se revela um espaço simbólico onde os defensores do novo paradigma tecnonatural podem afirmar suas posições, rompendo os bloqueios sistêmicos. Assim, o campo jurídico pode permitir a emergência e garantia de novos direitos públicos metasubjetivos, incluindo-os no rol de direitos fundamentais, ampliando o espaço decisório, coordenando o ritmo do desenvolvimento biotecnológico.

No entanto, antes que este desafio seja adequadamente tratado, o motor biotecnológico segue hiperacelerado rumo ao próprio ser humano, que se vê preso às engrenagens do artefato que construiu para controlar, dominar, manipular e recriar a Natureza, tornando-se ele próprio também matéria-prima para a produção da *Tecnonatureza*. O titereiro moderno se tornou marionete de seu próprio fantoche. A recém-iniciada era do *antropoceno* já está sob ameaça de ser superada por um *tecnoceno*, no qual a humanidade pode ser um elemento secundário ou mesmo desnecessário.

As biotecnologias disponíveis prenunciam a emergência de um novo ser, um salto evolucionário agora promovido pelo ser humano, que transforma a si mesmo em algo novo. Vivenciamos um processo em curso de alteração e introdução de novas potencialidades no corpo humano ou mesmo na superação da necessidade do corpo orgânico como *hardware* da consciência. Estamos no horizonte de uma mutação do conceito de humano rumo a um transumanismo ou ao surgimento do pós-humano, cujo conteúdo não está ainda determinado.

A emergência do *transumano* e do *ciborgue*, bem como a possibilidade do *pós-humano*, impõem o desafio de repensar a condição humana, antes que o *golem* biotecnocientífico ganhe vida. É preciso garantir o lugar do humano no novo arranjo que emerge em decorrência do impacto da biotecnociência, mediante a retomada de uma metanarrativa, em razão da convergência de uma crise ambiental de caráter civilizatório e uma crise ontológica do conceito de humano.

Os problemas que emergem no horizonte da pós-humanidade reclamam a construção do conceito de um *Direito Tecnonatural*, capaz garantir a eficácia de um quadro ético-normativo para um modelo de Democracia, que possibilite a transversalidade entre coletivos heterogêneos, assegurando a permanência do humano compreendido em novas bases ontológicas. Não é possível impedir o desenvolvimento tecnocientífico, mas é factível determinar seu ritmo e rumo, coordenando os interesses em conflito, mediante decisões coercitivas produzidas no campo jurídico.

No limiar da pós-humanidade, o Direito será o instrumento para redirecionar o horizonte moderno de expectativas insatisfeitas, retomando o projeto de emancipação e autonomia do ser humano, mediante o uso da reta razão, em um novo modelo civilizacional tecnonatural, onde possamos alcançar uma unidade mais igualitária e fraterna. No limite do horizonte pós-humano, o Direito pode orientar o ritmo da hiperaceleração biotecnológica, garantindo a preservação da humanidade na *transcendência* do coletivo informacional da *Tecnonatureza*, conservando a diversidade do humano na unidade tecnonatural.

A função precípua do Direito Tecnonatural será garantir que esse processo evolucionário seja inclusivo, mediante princípios e regras jurídicas internacionalmente pactuados. As relações de poder na pós-humanidade devem ser mediadas pelos Estados, no campo jurídico internacional, estabelecendo uma equidade no acesso às tecnologias de melhoramento humano, de forma democrática e transparente.

É preciso afastar os extremos, direcionando o olhar na perspectiva de um aprimoramento humano ancorado em valores bioéticos globalmente demarcados. O Direito Tecnonatural deve coordenar e garantir as negociações democráticas sobre o que a humanidade deseja se tornar, partindo da premissa de que a continuidade da espécie humana em condições dignas é um dever moral absoluto.

O advento do pós-humano consolidará a desterritorialização do Direito pela tecnologia para além do espaço geográfico e do espaço biológico, deslocando o ser humano de si mesmo, o que problematiza a própria ideia de Direitos Humanos. Um Direito Tecnonatural para o pós-humano deve ser compreendido como um esforço hermenêutico de permanência da condição humana na hiperaceleração biotecnológica.

O horizonte tecnonatural se avizinha e sua chegada é inevitável, por isso é preciso decidir coletivamente sobre o ritmo e o rumo do processo de transmutação que se aproxima, a fim de definir o que seremos ou se ainda permaneceremos.

Mas afinal, o que é permanecer um ser humano? O que nos distingue de uma máquina? Na baixa Modernidade, esta questão não era relevante, mas com o avanço extraordinário da robótica e da Inteligência Artificial na alta Modernidade, a questão exsurge de forma importante, ante a produção de *hardwares* e *softwares* cada vez mais sofisticados, com uma capacidade de processamento que tende a rivalizar com o cérebro humano ou pretensamente superá-lo. Nesse cenário, lutar pela permanência da condição humana significa lutar pelo quê?

O genial e inigualável Charles Spencer Chaplin (1889-1977), em sua obra *O Grande Ditador* (1940), apresenta o magistral último discurso do personagem que nomeia o filme, expressando toda sua crítica contra o totalitarismo, uma defesa magistral da Democracia e dos Direitos Humanos. Chaplin faz uma advertência que antecipou a humanidade do século XXI: "Pensamos em demasia e sentimos bem pouco".

Aqui está o começo e o fim de tudo: nossa capacidade de amar, de sentir a dor do outro, de chorar e sorrir junto. A verdadeira questão no horizonte pós-moderno não é o advento de uma máquina com consciência ou do transplante da consciência para a máquina, mas o advento do ser humano sem humanidade, fascinado com sua própria inteligência, olhando tão longe pelas telas dos seus aparelhos que consegue enxergar a pessoa ao lado. E pior, um ser humano que já não faz questão em ver com os próprios olhos ou se relacionar, diverso da criatura de Frankenstein, o ser humano Moderno prefere o isolamento tecnológico ao convívio com o outro.

Nesse sentido, um dos personagens mais icônicos da literatura *sci fi* representa perfeitamente o risco da perda da humanidade na hibridação entre o natural e o artificial, pondo em relevo as questões que se aproximam na encruzilhada da pós-humanidade. A transformação do jovem *Anakin Skywalker* em *Darth Vader* é a representação acabada da perda da humanidade pelas transformações biotecnológicas. A saga de *Star Wars* pode ser compreendida como a ascensão, queda e redenção de *Anakin Skywalker*, cuja pretensão de dominar a morte, para evitar o sofrimento da perda de entes queridos, o levou ao lado sombrio e à perda de sua humanidade. Ao final da saga, após matar o Imperador para salvar seu filho *Luke*, *Anakin* pede que este retire seu elmo, desligando-o do suporte biotecnológico que o mantém vivo, para que ele pudesse vê-lo com seus próprios olhos. Quando *Luke* lhe responde que iria salvá-lo, *Anakin* conclui sua jornada dizendo: "Meu filho, você já me salvou".

É disso que se trata a condição humana. É precisamente essa capacidade de enxergar o outro com nossos próprios olhos, vendo um semelhante, um igual, sem a intermediação de filtros ou equipamentos tecnológicos. Ver e sentir o outro como uma individualidade, com a mesma Dignidade, dentro de uma coletividade a qual também pertenço. Essa é a condição humana que nos distingue das máquinas, que deve ser preservada, juridicamente inclusive.

O poeta romano Horácio (65 a.C. - 8 a.C.), em seu livro *Odes* (I, 11.8), cunhou a máxima *carpe diem quam minimum credula postero* ("viva o hoje e confie o mínimo possível no amanhã").

No tempo presente, é possível ressignificar este aforisma como um alerta contra os riscos imponderáveis da hiperaceleração biotecnológica, da dependência do humano em relação à tecnologia, da perda da humanidade na busca de uma imortalidade biotecnológica, da obsolescência antecipada e da precipitação do futuro sobre o presente, que antecipa o amanhã e nega o hoje.

Mas não há como retroceder. O *tecnoceno* se avizinha. Resta-nos o único caminho ter fé na capacidade da reta razão para guiar a si própria, construindo um novo modelo de civilização, que nos permita permanecer e ir adiante.

REFERÊNCIAS

ABBAGNANO, Nicola. **Dicionário de Filosofia**. Tradução da 1º edição brasileira coordenada e revista por Alfredo Bosi; revisão da tradução e tradução dos novos textos por Ivone Castilho Benedetti. 6ª ed. São Paulo: Editora WMF Martins Fontes, 2012.

ABRAMOVAY, Ricardo. **Muito além da economia verde**. São Paulo: Editora Abril, 2012.

ACSELRAD, Henri. As práticas espaciais e o campo dos conflitos ambientais. In: ACSELRAD, Henri (Org.). **Conflitos ambientais no Brasil**. Rio de Janeiro: Relume-Dumará, 2004.

______. Território, localismo e política de escalas. In: **Cidade, ambiente e política: problematizando a Agenda 21 local**. ACSERALD, Henri *et al* (Orgs.). Rio de Janeiro: Garamond, 2006.

ADORNO, Theodor W.; HORKHEIMER, Max. **Dialética do esclarecimento**: fragmentos filosóficos. Tradução Guido Antônio de Almeida. Rio de Janeiro: Jorge Zahar Ed., 1985.

ALEXY, Robert; FIGUEROA, Alfonso J. García. **Star Trek y los Derechos Humanos**. Valencia: Tirant lo Blanch, 2007.

ARENDT, Hannah. **Eichmann em Jerusalém**: um relato sobre a banalidade do mal. Tradução José Rubens Siqueira. São Paulo: Companhia das Letras, 1999.

ARISTÓTELES. **A Política**. Tradução Mário da Gama Kury. Brasília: Editora UnB, 1985.

ASIMOV, Isaac. **Eu, Robô**. Tradução Aline Storto Pereira. São Paulo: Editora Aleph, 2014.

BACON, Francis. **Novum Organum; Nova Atlândida.** Tradução e notas José Aluysio Reis de Andrade. 2ª ed. São Paulo: Abril Cultural, 1979.

______. **A Nova Atlântida**. Tradução José Aluysio Reis de Andrade. 3ª ed. São Paulo: Abril Cultural, 1984.

______. **A sabedoria dos antigos**. Tradução Gilson Cardoso de Souza. São Paulo: Editora UNESP, 2002.

______. **O progresso do conhecimento humano**. Tradução Raul Fiker. São Paulo: Editora UNESP, 2007.

BAUMAN, Zygmunt. **Modernidade Líquida**. Tradução de Plínio Dentzien. Rio de Janeiro: Zahar, 2001.

BAXI, Upendra. ***Future of the Human Rights.*** 3. ed. Oxford: Oxford Scholarship, 2008.

BECK, Ulrich. **O que é globalização? Equívocos do globalismo, respostas à globalização**. São Paulo: Paz e Terra, 1999.

______. **Sociedade de risco**: rumo a uma outra modernidade. Tradução Sebastião Nascimento. 2ª ed. São Paulo: Editora 34, 2011.

BENSAUDE-VINCENT, Bernadette. Reconfiguring Nature Through Syntheses: From Plastics to Biomimetics. In: BENSAUDE-VINCENT, Bernadette; NEWMAN, W.R., **The Natural and the Artificial**: An Evolving Polarity. MIT Press: Massachusetts, 2007, pp. 293-312.

BEGON, Michel et al. **Ecologia**: de indivíduos a ecossistemas. Tradução Adriano Sanches Melo. 4ª ed. Porto Alegre: Artmed, 2007.

BIGNOTO, Newton. A contingência do novo. In: NOVAES, Adauto. **A condição humana**: as aventuras do homem em tempos de mutação. São Paulo: Edições SESCSP, 2009.

BOBBIO, Norberto. **A Era dos Direitos.** Tradução Carlos Nelson Coutinho. Rio de Janeiro: Campus, 1992.

______. **Estado, Governo, Sociedade. Para uma teoria geral da política**. Tradução Marco Aurélio Nogueira. 9ª Ed. São Paulo: Paz e Terra, 2001.

______. **O positivismo jurídico**: lições de filosofia do direito. Compiladas por Nello Morra. Tradução Márcio Pugliesi, Edson Bini e Carlos E. Rodrigues. São Paulo: Ícone, 1995.

BOCCA, Francisco Verardi. **Do que depende a vida em sociedade?** Trans/Form/Ação, Marília, v. 35, n. 3, p. 113-132, Set./Dez., 2012.

BODIN, Jean. **Os seis livros da República:** livro primeiro. Tradução José Carlos Orsi Morel. São Paulo: Ícone, 2011.

BONAVIDES, Paulo. **Teoria do Estado.** 6ª ed. rev. e amp. São Paulo: Malheiros, 2007.

BONHOEFFER, Dietrich. **Ética**. 7ª edição. Rio Grande do Sul: Sinodal, 2005.

BORRADORI, Geovanna. **Filosofia em tempo de terror**: diálogos com Habermas e Derrida. Tradução Roberto Muggiati. Rio de Janeiro: Jorge Zahar Editor, 2004.

BOSTROM, Nick. **Em defesa da dignidade pós-humana**. Tradução de Lucas Machado, Gustavo Rosa e Lauro Edison. Disponível em: < http://www.nickbostrom.com/translations/Dignidade.pdf >. Acesso em: 30 mar. 2019.

______. **Valores transumanistas**. Tradução de Pablo de Araújo Batista, Lucas Machado e Lauro Edison. Disponível em: < http://www.ierfh.org/br.txt/ValoresTranshumanistas2005.html>. Acesso em: 30 mar. 2019.

BURDEAU, Georges. **O Estado**. Tradução Maria Ermantina de Almeida Prado Galvão. São Paulo: Martins Fontes, 2005.

BOURDIEU, Pierre. **Coisas ditas**. Tradução Cássia R. da Silveira e Denise Moreno Pegorim; revisão técnica Paula Montero. São Paulo: Brasiliense, 2004.

________. **A distinção**: crítica social do julgamento. Tradução Daniela Kern. São Paulo: EDUSP, 2007.

________. **O poder simbólico**. Tradução Fernando Tomaz. 12ª ed. Rio de Janeiro: Bertrand Brasil, 2009.

BURTT, Edwin A. **As bases metafísicas da ciência moderna**. Tradução José Viegas Filho e Orlando Araújo Henriques. Brasília: UNB, 1983.

CARSON, Rachel. **Primavera silenciosa**. Tradução Cláudia Sant'Anna Martins. São Paulo: Gaia, 2010.

CASSIRER, Ernest. **A filosofia do iluminismo**. Tradução Álvaro Cabral. Campinas: Editora UNICAMP, 1992.

______. **O mito do Estado**. Tradução Álvaro Cabral. São Paulo: Códex, 2003.

CASINI, Paolo. **As filosofias da natureza.** Tradução Ana Falcão Bastos e Luis Leitão. Lisboa: Editorial Presença, 1979.

CRUZ, Álvaro Ricardo de Souza. **Jurisdição Constitucional Democrática**. Belo Horizonte; Del Rey, 2004.

DALLARI, Dalmo de Abreu. **Elementos de Teoria Geral do Estado**. 32ª ed. São Paulo: Saraiva, 2013.

DESCARTES, René. **Discurso sobre o método**: para bem dirigir a própria razão e procurar a verdade nas ciências. Tradução Marcos Pugliesi e Norberto de Paula Lima. São Paulo: Hemus, 1998.

DIAMOND, Jared. **Colapso:** como as sociedades escolhem o fracasso ou o sucesso. Tradução Alexandre Raposo. 5ª ed. São Paulo: Editora Record, 2007.

DIBIE, Pascal. Ondulações paranoides de uma época. Tradução Hortência Santos Lencastre. In: NOVAES, Adauto. **A condição humana**: as aventuras do homem em tempos de mutação. São Paulo: Edições SESCSP, 2009.

DOUGLAS, Mary. **Como as Instituições Pensam**. Tradução Carlos Eugênio Marcondes de Moura. São Paulo: EDUSP, 1998.

DUPAS, Gilberto. **O mito do progresso**: ou progresso como ideologia. São Paulo: UNESP, 2006.

DUROZOI, Gérard; ROUSSEL, André. **Dicionário de Filosofia**. Tradução Marina Appenzeller. 2ª ed. Campinas: Papirus, 1996.

EUROPEAN GROUP ON ETHICS IN SCIENCE AND NEW TECHNOLOGIES. **Statement on artificial intelligence, robotics and "autonomous" systems**. Brussels, 9 March 2018 Disponível em: < https://publications.europa.eu/en/publication-detail/-/publication/dfebe62e-4ce9-11e8-be1d-01aa75ed71a1/language-en/format-PDF/source-78120382> Acesso em: 6 abr 2019.

FELINTO, Erick. **A religião das máquinas**: ensaios sobre o imaginário da cibercultura. Porto Alegre: Sulina, 2005.

FELINTO, Erick; SANTAELLA, Lucia. **O Explorador de abismos**: Vilém Flusser e o póshumanismo. São Paulo: Paulus, 2012.

FERNANDEZ-ARMESTO, Felipe. **Então você pensa que é humano?** São Paulo: Cia. das Letras, 2007.

FERRAZ JR., Tércio Sampaio. **A ciência do direito**. 2 ed. São Paulo: Atlas, 1980.

FERREIRA FILHO, Manoel Gonçalves. **Estado de direito e constituição**. 3. ed. São Paulo: Saraiva, 2004, p. 05.

FREITAS, Carlos Machado de. Ciência para sustentabilidade e a justiça ambiental. In: ACSELRAD, Henri *et al* (Org.) **Justiça ambiental e cidadania**. Rio de Janeiro: Relume Dumará, 2004.

FUKUYAMA, Francis. **Nosso futuro pós-humano**: consequências da revolução da biotecnologia Trad. Maria Luiza X. de A. Borges. Rio de Janeiro: Rocco, 2003.

GADAMER, Hans-Georg. **Verdade e método I**: traços fundamentais de uma hermenêutica filosófica. Tradução Flávio Paulo Meurer; nova revisão por Ênio Paulo Giachini. 10ª ed. Petrópolis: Vozes, 2008.

GALILEI, Galileu. **Ciência e fé**: cartas de Galileu sobre o acordo do sistema copernicano com a Bíblia. Tradução Carlos Arthur R. do Nascimento. 2ª ed., rev. e ampl. São Paulo: Editora UNESP, 2009.

GIDDENS, Anthony; BECK, Ulrich; LASH, Scott. Modernização reflexiva: política, tradição e estética na ordem social moderna. 2ª ed. Tradução Magda Lopes. São Paulo: Editora UNESP, 2012.

GIDDENS, Anthony. **As consequências da modernidade**. Tradução Raul Fiker. São Paulo: Editora UNESP,1991.

GONÇALVES, Carlos Walter Porto. **Os (des)caminhos do meio ambiente.** 12ª ed. São Paulo: Contexto, 2005.

GUIMARÃES, Rosimeire Maria Antonieta Motta. **Estado e Política Ambiental em Sergipe (1972-2006)**. São Cristóvão: EDUFS, 2010.

HABERMAS, Jürgen. **Mudança estrutural da esfera pública**: investigações quanto a uma categoria da sociedade burguesa. Rio de Janeiro: Tempo Brasileiro, 1984.

______. **Direito e Democracia**: entre facticidade e validade. Volume I. Tradução Flávio Beno Siebeneichler. Rio de Janeiro: tempo Brasileiro, 1997.

______. **Problemas de legitimación en el capitalismo tardío.** Tradução José Luis Etcheverry. Madri: Ediciones Cátedra, 1999.

______. **Técnica e ciência como ideologia**. Tradução Artur Morão. Lisboa: Edições 70, 2001.

______. **A constelação pós-nacional**. Tradução de Márcio Seligmann-Silva. São Paulo: Littera Mundi, 2001a.

______. **O discurso filosófico da modernidade.** Tradução Luiz Sérgio Repa e Rodnei Nascimento. 1ª ed., 2ª tir. São Paulo: Martins Fontes, 2002.

______. **A inclusão do outro**: estudos de teoria política. Tradução George Sperber e Paulo Astor Soethe. São Paulo: Edições Loyola, 2002a.

______. **Teoría y praxis**: estudios de filosofia social. 5ª ed. Tradução Salvador Mas Torres e Carlos Moya Espí. Madrid: Tecnos, 2008.

______. **Teoría de la acción comunicativa.** Tradução Manoel Jimenez Redondo. Madri: Editorial Trotta, 2010.

______. **O futuro da natureza humana.** Tradução Karina Janinni. São Paulo: Martins Fontes, 2010a.

HAESBAERT, Rogério. Des-caminhos e perspectivas do território. In: RIBAS, Alexandre Domingues *et al.* **Território e Desenvolvimento**: diferentes abordagens. 2ª ed. Francisco Beltrão: Unioeste, 2004.

HALL, Stuart. **A identidade cultural na pós-modernidade**. Tradução Tomás Tadeu da Silva, Guacira Lopes Louro. 11ª ed., 1ª reimp. – Rio de Janeiro: DP&A, 2011.

HARAWAY, Donna J. et al. **Antropologia do ciborgue**: as vertigens do pós-humano. Organização e tradução Tomaz Tadeu – 2ª ed. Belo Horizonte: Autêntica Editora, 2009.

HEEMANN, Ademar. **Natureza e ética**: dilemas e perspectivas educacionais. 2ª ed. Curitiba: Ed. UFPR, 2001.

HOBBES, Thomas. **Do Cidadão**. Tradução, apresentação e notas de Renato Janine Ribeiro. 3ª ed. São Paulo: Martins Fontes, 2002.

______. **Leviatã ou matéria, forma e poder de um Estado eclesiástico e Civil**. Tradução Alex Marins. São Paulo: Martin Claret, 2007.

______. **Os elementos da lei natural e política.** Tradução Bruno Simões. São Paulo: Martins Fontes, 2010.

HUXLEY, Aldous. **Admirável Mundo Novo**. 2ª ed. São Paulo: Globo, 2001.

INTERGOVERNMENTAL PANEL ON CLIMATE CHANGE (IPCC). **Climate Change 2013:** the physical science basis. Working Group I. Contribution to the Fifth Assessment Report of the Intergovernmental Panel On Climate Change. Cambridge: Cambridge University Press, 2013.

JAPIASSU, Hilton. **Francis Bacon**: o profeta da ciência moderna. São Paulo: Letras & Letras, 1995.

______. **Como nasceu a ciência moderna**: e as razões da filosofia. Rio de Janeiro: Imago, 2007.

JAPIASSU, Hilton; MARCONDES, Danilo. **Dicionário básico de filosofia**. Rio de Janeiro: Jorge Zahar Editor, 1990.

JONAS, Hans. **O princípio da responsabilidade**: ensaio de uma ética para civilização tecnológica. Tradução Marijane Lisboa e Luiz Barroso Montez. Rio de Janeiro: Contraponto, 2006.

JOY, Bill. **Why the future doesn't need us**. Revista *Wired*. Edição 8.04. Disponível em: <http://archive.wired.com/wired/archive/8.04/joy.html>. Acesso em: 14 de maio de 2015.

KANT, Immanuel. **Fundamentação da metafísica dos costumes**. Tradução Paulo Quintela. Lisboa: Edições 70, 2007.

______. **À Paz perpétua**. Tradução Marco Zingano. Porto Alegre: L&PM Editores, 2008.

______. **A religião nos limites da simples razão**. Tradução Artur Morão. Covilhã: Universidade da Beira Interior, 2008a.

______. Resposta à questão: o que é o esclarecimento? In: MARÇAL, Jairo (Org.). **Antologia de textos filosóficos**. Curitiba: SEED-PR, 2009.

KELSEN, Hans. **Teoria Pura do Direito**. Tradução João Baptista Machado. 6ª ed. São Paulo: Martins Fontes, 1998.

KELSEN, Hans; CAMPAGNOLO, Umberto. **Direito Internacional e Estado Soberano**. Tradução Marcela Varejão. São Paulo: Martins Fontes, 2002.

KLABIN, Israel. **A urgência do presente**: biografia da crise ambiental. Rio de Janeiro: Elsevier, 2011.

KRITSCH, Raquel. Maquiavel e a construção da política. **Lua Nova**, São Paulo, n. 53, p. 181-190, 2001.

______. Rumo ao Estado moderno: as raízes medievais de alguns de seus elementos formadores. **Revista de Sociologia e Política da UFPA**, Curitiba, n. 23, p. 103-114, 2004.

KUHN, Thomas Samuel. **A estrutura das revoluções científicas.** Tradução Beatriz Vianna Boeira e Nelson Boeira. 3ª ed. São Paulo: Perspectiva, 1995.

______. **O caminho desde A Estrutura**: ensaios filosóficos, 1970-1993, com uma entrevista autobiográfica. Tradução Cesar Mortari. São Paulo: editora UNESP, 2006.

______. **A tensão essencial**: estudos selecionados sobre tradição e mudança científica. Tradução Marcelo Amaral Penna Forte. São Paulo: editora UNESP, 2011.

KURZWEIL, Ray. **A era das máquinas espirituais**. Tradução Fábio Fernandes. 1ª reimpressão. São Paulo: Aleph, 2011.

LARRÈRE, Catherine; LARRÈRE, Raphael. **Do bom uso da natureza**: para uma filosofia do meio ambiente. Tradução Armando Pereira da Silva. Lisboa: Instituto Piaget, 1997.

LARRÈRE, Catherine. Como se podem pensar hoje as relações entre o ser humano e a natureza? Tradução Rita Castro Neves. In: **Revista Educação, Sociedade & Culturas**, nº 21, pp. 165-203, 2004.

LARRÈRE, Raphael. O gênio ecológico: o engenheiro ou o terapeuta? Tradução Antônio Carlos dos Santos e revisão da tradução Maria das Graças Souza. In: SANTOS, Antônio Carlos dos (Org.). **Filosofia & Natureza**: debates, embates e conexões. São Cristóvão: Editora UFS, 2008.

LATOUCHE, Serge. **Pequeno tratado do decrescimento sereno**. Tradução Claudia Berliner. São Paulo: WMF Martins Fontes, 2009.

LATOUR, Bruno. **Jamais fomos modernos**: ensaio de antropologia simétrica. Tradução Carlos Irineu da Costa. Rio de Janeiro: Editora 34, 1994.

LEFF, Enrique. **Saber ambiental**: sustentabilidade, racionalidade, complexidade, poder. Tradução Lúcia Mathilde Endlich Orth. 4ª ed. Petrópolis: Vozes, 2005.

______. **Racionalidade ambiental**: a reapropriação social da natureza. Tradução Luis Carlos Cabral. Rio de Janeiro: Civilização Brasileira, 2006.

______. **Epistemologia ambiental.** Tradução de Sandra Valenzuela. 5ª ed. São Paulo: Cortez, 2010.

LENZ, Sylvia Ewel. **Jean Bodin**: as premissas de um estado soberano. Mediações Revista de Ciências Sociais. Vol. 9, pp. 119-134, 2004.

LEWIS, Clive Staple. **A abolição do homem.** Edição especial. São Paulo: Editora Thomas Nelson Brasil, 2017.

LIMA, Alceu Amoroso. **Introdução ao Direito Moderno**. 4ª ed. Rio de Janeiro: Editora PUC-Rio, 2001.

LIPOVETSKY, Giles. **Os tempos hipermodernos.** Tradução Mário Vilela. São Paulo: Editora Barcarolla, 2004.

LYOTARD, Jean-François. **A condição pós-moderna**. Rio de Janeiro: José Olympio, 2002.

LOCKE, John. **Segundo tratado sobre o governo civil**: ensaio sobre a origem, os limites e os fins verdadeiros do governo civil. Tradução Magda Lopes e Marisa Lobo. 3ª ed. Rio de Janeiro: Vozes, 2001.

MACCORMACK, Patricia. **Posthuman Ethics**: Embodiment and Cultural Theory. Londres: Ashgate, 2012.

MAQUIAVEL, Nicolau. **O Príncipe**. Tradução Lívio Xavier. São Paulo: Prestígio Editorial, 2002.

MARCONI, Marina de Andrade; LAKATOS, Eva Maria. **Fundamentos de metodologia científica**. 7ª ed. São Paulo: Atlas, 2010.

MELLO, Marcos Bernardes de. **Teoria do fato jurídico: plano da existência.** 8ª ed. atual. São Paulo: Saraiva, 1998.

MIRANDA, Jorge. **Teoria do Estado e da Constituição**. Rio de Janeiro: Forense, 2003.

MIRANDOLA, Giovanni Pico della. **A dignidade do homem**. Tradução Luiz Feracine. São Paulo: Escala, 2008.

MOCELLIN, Ronei Clécio. **Natural x Artificial**: transgressões da química. In: IV Simpósio Nacional de Tecnologia e Sociedade, 2011, Curitiba. *Anais*... Curitiba: Universidade Tecnológica Federal do Paraná, 2011.

MONTESQUIEU. **Do espírito das leis**. Tradução Cristina Murachco. 3ª ed. São Paulo: Martins Fontes, 2005.

MORA, Ferrater J. **Dicionário de Filosofia**. Tomo I. Tradução Maria Stela Gonçalves *et al.* 2ª ed. São Paulo: Edições Loyola, 2004.

MORAN, Emílio F. **Meio ambiente e ciências sociais**: interações homem-ambiente e sustentabilidade. Tradução Carlos Slak. São Paulo: Editora SENAC, 2011.

MORIN, Edgar. **Introdução ao pensamento complexo**. Lisboa: Instituto Piaget, 2001.

NADER, Ralph. **Unsafe at any speed**: the designed-in dangers of the American automobile. 25th anniversary ed. New York: Knightsbridge Pub. Co., 1991.

NOVAES, Adauto. **O homem-máquina**: a ciência manipula o corpo. São Paulo: Companhia das Letras, 2003.

ODUM, Eugene P.; BARRETT, Gary W. **Fundamentos de ecologia**. Tradução Pégasus Sistemas e Soluções. São Paulo: Cengage Learning, 2008.

ONU, BRASIL. Declaração Universal dos Direitos Humanos. Disponível em: <http://unesdoc.unesco.org/images/0013/001394/139423por.pdf >. Acesso em: 8 ago. 2014.

OLIVEIRA, Maria Izabel Barboza de Morais. Bossuet em defesa da soberania dos reis. **OPSIS**, Catalão, v. 13, n. 2, p. 273-291, jul./dez., 2013.

ORTEGA Y GASSET, José. **Em torno a Galileu:** esquema das crises. Tradução Luiz Felipe Alves Esteves. Petrópolis: Vozes, 1989.

ORWELL, George. **1984**. Tradução Alexandre Hubner, São Paulo: Companhia das Letras, 2009.

OUTHWAITE, William; BOTTOMORE, Tom. **Dicionário do pensamento social do séc. XX**. Tradução Álvaro Cabral e Eduardo Francisco Alves. Rio de Janeiro: Jorge Zahar Ed., 1996.

PALAZZO, Luiz Antônio Moro; VANZIN, Tarcísio. **Superinteligencia artificial e a singularidade tecnológica**. Disponível em: <http://infocat.ucpel.tche.br/disc/ia/m01/SAST.pdf>. Acesso em: 14 de maio de 2015.

PLATÃO. **Diálogos**: O Banquete, Fédon, Sofista, Político. Tradução de José Cavalcante de Souza (O Banquete), Jorge Paleika e João Cruz Costa (Fédon, Sofista e Político). São Paulo; Abril Cultural, 1972.

______. **A República**. Tradução de Enrico Corvisieri. São Paulo: Abril Cultural, 1996.

PLUTARCO. **Vidas Paralelas**: Teseu e Rómulo. Tradução do grego, introdução e notas de Delfim F. Leão e Maria do Céu Fialho. Coimbra: Centro de Estudos Classicos Humanísticos da Universidade de Coimbra, 2008.

PONTES DE MIRANDA, Francisco Cavalcanti. **O sistema de ciência positiva do direito.** Tomo 3. Campinas: Bookseller, 2000.

POPPER, Karl Raimund. **A lógica da pesquisa científica.** Tradução de Leonidas Hegenberg e Octanny Silveira da Mota. 2. ed. São Paulo: Cultrix, 2013.

RAMOS, André de Carvalho. **Teoria Geral Dos Direitos Humanos na Ordem Internacional.** 6ª ed. São Paulo: Saraiva, 2016.

REYNÉS, Jesús Hernández. **Lo natural y lo artificial en Aristóteles y Francis Bacon. Bases para la tecnología moderna.** *Ontology Studies* 9, PP. 289-308, 2009.

ROSSI, Paolo. **Os filósofos e as máquinas, 1400-1700**. Tradução por Federico Carotti. São Paulo: Cia. das Letras, 1989.

______. **A ciência e filosofia dos modernos**: aspectos da revolução científica. Tradução Álvaro Lorencini. São Paulo: UNESP, 1992.

ROUANET, Sérgio Paulo. Por um saber sem fronteiras. In: NOVAES, Adauto (Org.). **Mutações**: ensaios sobra as novas configurações do mundo. São Paulo: Edições SESCSP, 2008.

ROUSSEAU, Jean Jacques. **O contrato social**: princípios do direito político. Tradução de Antônio de Pádua Danesi. São Paulo: Martins Fontes, 1999.

______. **Discurso sobre a origem e os fundamentos da desigualdade entre os homens**. Tradução Maria Ermantina de Almeida Prado Galvão. 3ª ed. São Paulo: Martins Fontes, 2005.

RÜDIGER, Francisco. Breve história do pós-humanismo: elementos de genealogia e criticismo. **Revista E Compós**, Brasília, v. 8, 2007, p. 2-17. Disponível em: http://www.compos.org.br/seer/index.php/e-compos/article/view/145/146. Acesso em: 27 de out. 2015.

SANDEL. Michael J. **Contra a perfeição**: ética na era da engenharia genética. Tradução de Ana Carolina Mesquita. 1. ed. Rio de Janeiro: Civilização Brasileira, 2013.

SANTAELLA, Lucia. O retorno em espiral do pós-humano. In: AIUB, Monica; GONZALEZ, Maria Eunice Quilici; BROENS, Mariana Cláudia (organizadoras). **Filosofia da mente, ciência cognitiva e o pós-humano: para onde vamos?** São Paulo: FiloCzar, 2015.

SANTOS, Antônio Carlos dos. **A política negada**: poder e corrupção em Montesquieu. São Cristóvão: Editora da UFS, 2002.

______. Locke. In: **Os filósofos**: clássicos da filosofia. Vol. I de Sócrates a Rousseau. Petrópolis: Vozes, 2008.

SANTOS, Antônio Carlos dos; GUIMARÃES, Rosimeire Maria Antonieta. Estado, democracia e políticas públicas. In: SANTOS, Antônio Carlos dos. (Org). **Filosofia & natureza**: embates, debates e conexões. São Cristóvão: editora UFS, 2008.

SANTOS, Laymert Garcia dos. Invenção, descoberta e Dignidade Humana. In: CARNEIRO, Fernanda; EMERICK, Maria Celeste (Orgs.) **Limite**: a ética e o debate jurídico sobre acesso e uso do genoma humano. Rio de Janeiro: FIOCRUZ, 2000.

______. Humano, pós-humano e transumano: implicações da desconstrução da natureza humana. In: NOVAES, Adauto (Org.). **Mutações**: ensaios sobra as novas configurações do mundo. São Paulo: Edições SESCSP, 2008.

______. **Politizar as novas tecnologias**: O impacto sócio-técnico da informação digital e genética. São Paulo: Editora 34, 2011.

SANTOS FILHO, Agripino Alexandre dos. **Crise ambiental moderna**: um diagnóstico interdisciplinar. Porto Alegre: Editora Redes, 2015.

SAVIANI, Demerval. **Pedagogia Histórico-Crítica**: primeiras aproximações. 6ª ed. Campinas: Autores Associados, 1997.

SIBILIA, Paula. **O homem pós-orgânico**: a alquimia dos corpos e das almas à luz das tecnologias digitais. 2ª edição. Rio de Janeiro: Contraponto, 2015.

SKINNER, Quentin. **As fundações do pensamento político moderno.** Tradução Renato Janine Ribeiro e Laura Teixeira Mota. São Paulo: Companhia das Letras, 1996.

SLOTERDIJK, Peter. **Regras para o parque humano:** uma resposta à carta de Heidegger sobre o humanismo. São Paulo: Estação Liberdade, 2000.

SÓFOCLES. **Antígona**. In: KURY, Mário da Gama. Tragédia Grega, Vol. 1, Sófocles: a trilogia tebana. 15ª ed. Rio de Janeiro: Zahar, 2009.

SOUZA, Marcelo José Lopes de. O território: sobre espaço e poder, autonomia e desenvolvimento. In: CASTRO, Iná Elias de *et al.* **Geografia**: conceitos e temas. 3ª ed. Rio de Janeiro: Bertrand Brasil, 2001.

STRECK, Lenio Luiz. **Jurisdição Constitucional e Hermenêutica**: uma nova crítica do Direito. Porto Alegre: Livraria do Advogado, 2002.

STRECK, Lenio Luiz; TRINDADE, André Karam (Org.). **Direito e literatura: da realidade da ficção à ficção da realidade.** São Paulo: Atlas, 2013.

SUPIOT, Alain. ***Homo Juridicus***: ensaio sobre a função antropológica do Direito. Tradução Maria Ermantina de Almeida Prado Galvão. São Paulo: Martins Fontes, 2007.

TADEU, Tomás. **Nós, ciborgues**. O corpo elétrico e a dissolução do humano. In: TADEU, Tomás. (Org.). Antropologia do ciborgue. Belo Horizonte: Autêntica, 2000. p. 7-15.

TOCQUEVILLE, Alexis de. **A democracia na América**: Leis e costumes. Tradução Eduardo Brandão. 2ª ed. São Paulo: Martins Fontes, 2005.

TURING, Alan M. **Computing Machinery and Intelligence**. Disponível em: <http://orium.pw/paper/turingai.pdf>. Acesso em: 14 de maio de 2015.

TRINDADE, Antônio Augusto Cançado. As sete décadas de projeção da Declaração Universal dos Direitos Humanos (1948-2018) e a necessária preservação de seu legado. **Revista da Faculdade de Direito da Universidade de Minas Gerais**. Belo Horizonte, n. 73, pp. 97-140, jul./dez. 2018.

VEIGA, José Eli da Mota. **A emergência socioambiental**. São Paulo: Editora Senac, 2007.

VERNANT, Jean-Pierre. **Mito e pensamento entre os gregos**: estudos de psicologia histórica. Tradução Haiganush Sarian. Rio de Janeiro: Paz e Terra, 1990.

______. **As origens do pensamento grego.** Tradução Isís Borges da Fonseca. Rio de Janeiro: Difel, 2002.

VANDENBERGHE, Frederic. Jamais fomos humanos. In: **Liinc em Revista**, 2010. p. 215-234. v. 6.

VIRILIO, Paul. **Velocidade e Política**. Tradução Celso Mauro Paciornik. São Paulo: Estação Liberdade, 1996a.

______. **A arte do motor.** Tradução Paulo Roberto Pires. São Paulo: Estação Liberdade, 1996b.

______. **A bomba informática.** Tradução Luciano Machado Vieira. São Paulo: Estação Liberdade, 1999.

______. **Cibermundo**: a política do pior. Lisboa: Teorema, 2000.

______. **O espaço crítico**: e as perspectivas do tempo real. Tradução Paulo Roberto Pires. São Paulo: Editora 34, 2005.

WEBER, Max. **Ensaios de sociologia**. 5ª ed. Tradução Waltencir Dutra. Rio de Janeiro: LTC, 1982.

______. **Ciência e Política**: duas vocações. 18ª ed. Tradução Leonidas Hegenberg e Octany Silveira da Mota. São Paulo: Cultrix, 2011.